台湾研究

南开大学经济学院资助研究成果

战后台湾经济增长思想研究

周呈奇　著

九州出版社
JIUZHOUPRESS

图书在版编目(CIP)数据

战后台湾经济增长思想研究/周呈奇著. —北京：九州出版社，2007.9

ISBN 978-7-80195-726-9

Ⅰ.战…　Ⅱ.周…　Ⅲ.经济增长—经济思想史—研究—台湾省—现代　Ⅳ.F092.6

中国版本图书馆CIP数据核字(2007)第145286号

战后台湾经济增长思想研究

作　　者	周呈奇　著
出版发行	九州出版社
地　　址	北京市西城区阜外大街甲35号(100037)
发行电话	(010)68992190/2/3/5/6
网　　址	www.jiuzhou press.com
电子信箱	jiuzhou@jiuzhoupress.com
印　　刷	三河东方印刷厂
开　　本	720×1020毫米　16开
印　　张	19.125
字　　数	313千
版　　次	2007年11月第1版
印　　次	2007年11月第1版　第1次印刷
书　　号	ISBN 978-7-80195-726-9/F·126
定　　价	38.00元

内容提要

二战以后，随着国际资本自由流动、产业国际分工以及信息技术革命的开展，如何维持一个经济体系长期持续的经济增长已成为战后世界各国大多数主流经济学学者所关切的重大课题。

对于台湾地区在战后经历的经济增长，已经提出了诸多的解释和探讨，但其大多为经济史方面的研究成果，从经济思想史角度进行探讨的还十分缺乏。本书在战后台湾的经济增长史实和相关研究成果的基础上，进入经济增长思想史的视角，拨开台湾经济增长过程中的种种表象，提出市场自由化才是推动战后台湾经济增长的最为持续和根本的动力。虽然台湾过去不是、现在也仍然不是完全的自由市场经济，但是战后台湾经济增长最重要的趋势就在于朝着更大自由化的市场方向迈进。从战后台湾经济增长思想的演变和发展来看，台湾的政策经验以及相关的经济思想也表明，经济增长得益于始终一贯地向着自由市场的方向转变。这个通常称为经济自由主义的思想趋势正体现了战后台湾经济制度非政治化的变迁路径。

本书将以对战后台湾地区引起广泛影响的自由主义经济思想为基点和核心，结合中外各种重要经济学说，系统地论述战后台湾经济发展进程中所涌现的经济增长思想。在涉及每个不同经济增长领域的论题之下，本书选择具有代表性的主政官员和经济学家的经济思想，并以当时的学术、社会、政治、经济、人文环境为背景来展开探讨。在结构上，本书将从经济制度、宏观经济政策、微观经济政策、经济永续发展、人文思潮与文化等各个不同的层次和领域，多角度、多方位地去探讨在市场自由化进程中台湾的经济增长思想。

本书对战后台湾经济增长思想的研究，其重要的意义也许并不在于提供明确的结论，而是在于对解释台湾经济增长提供新的视角、发现新的问题和开拓新的探讨领域。本书期望在台湾经济增长思想史中所呈现出的台湾经济增长的教训和问题，最终也能为东亚经济研究和发展中国家和地区的经济发展提供参考和借鉴。

序一

周呈奇博士的《战后台湾经济增长思想研究》出版了。这是他的第一部学术专著。我作为多年从事中国经济思想史教学和研究的教师，当然深感欣慰。

上个世纪五六十年代以来，台湾地区的经济获得了高速增长，和香港、韩国、新加坡一起被誉为亚洲四小龙. 台湾地区的经济增长成为经济研究的热门话题，出版了不少论文和专著。但是，周呈奇博士的专著与众不同，他是从经济思想史的角度，研究台湾地区在这一时期，经济思想对当局的经济政策，从而对经济增长的作用，这是研究台湾地区经济增长的一个新视角。

这本专著是以经济思想为研究对象的，可以说是一部有关经济思想史的学术专著。这部著作不仅论述了这一时期台湾地区经济增长思想演变的历程，论述了这些思想产生的社会、政治、经济的背景，而且，也论述了这些思想的渊源。有的追溯到中国古代经济思想，中国近代经济思想，孙中山的经济思想；有的追溯到从亚当·斯密到当代的西方经济学各个学派。这部专著具有鲜明的经济思想史著作的特点，台湾学者研究中国经济思想史的专著我见到过几部，如侯家驹教授的几部有关中国经济思想史的著作。但是，专门研究台湾地区经济思想的著作，我还没有见到。周呈奇博士的专著应是第一部了。从这个角度来说，这部专著对经济思想史学科的建设具有一定的意义。

这部著作内容非常丰富，不仅论述了从战后的20世纪40年代末直至21世纪初，长达60年台湾地区的经济增长思想。而且涉及了从宏观到微观，从生产到进出口贸易、财政，金融等各方面的问题。系统地介绍了战后经济学家、文化学者和经济部门的负责人，对台湾地区经济增长的各种见解，介绍了有关争论。从经济思想的角度，对台湾地区的经济增长，作出了自己的总结。不管是否同意他的总结，他的这一研究视角，将有助于人们对台湾地区经济增长的认识和进一步深入研究。书中谈到的多位经济学家，我曾有过交往，读来也深感亲切。

周呈奇博士出生于台湾，在台湾读的大学，之后又在大陆生活、学习、工作了多年，对海峡两岸的各方面均有深入的了解。所以他论述台湾地区经济的著作更适于大陆同胞阅读。所以，这部著作有助于大陆同胞了解台湾经济的真实情况，有助于两岸的交流，大陆与台湾地区社会制度不同，但是在走向市场经济的过程中，还是会遇到不少共同问题的，台湾地区的成功经验和失败教训，对大陆的经济发展，不无参考借鉴的意义。

我与周呈奇博士相识于1999年，至今已八九年。他在北京大学经济学院攻读博士学位时，我已退休。但是，也还有不少接触，对他学习的勤奋努力，研究工作的严谨认真，待人的诚恳热情，均有深刻的印象。他的夫人冯杨博士，也是北京大学经济学院的学生，并在北大获得博士学位，我也很熟悉。他们在学习和研究上互相帮助、互相切磋，也给了我留下深刻印象。在周呈奇博士第一部学术著作出版之际，我预祝他们的第二部、第三部著作陆续出版。

石世奇

2007年6月1日于蓝旗营寓中

序二

本书是周呈奇博士的第一部学术著作。周呈奇博士系经济学科班出身，曾就读于台湾东吴大学经济学系、英国伯明翰大学经济学系和北京大学经济学院，近两年在南开大学台湾经济研究所从事博士后研究，具有扎实的现代经济学功底。作者为写作此书倾注了大量的心血，作为周呈奇博士在做博士后研究期间的合作导师，我很乐意向研究台湾经济问题的专业人士和对此问题有兴趣的朋友推荐此书。

纵观二战以来国际及东亚地区经济发展，台湾经济一直是一个值得关注的具有理论价值的个案。目前台湾经济总量近3500亿美元，名列全球第25位左右。台湾已结束工业化阶段，进入“后工业化时期”，农业产值占国民经济总量的比例不足2%，工业产值所占比例不足25%，而第三产业产值比例在74%。

台湾经济的这些成就是如何取得的呢？哈佛大学经济系的帕金斯（Dwight H. Perkins）教授说：“台湾经济发展的成功并非由于其领导者发现了一个成功的发展模式，坚守不移，而是由于发现了好几个发展模式，于需要时加以变换。”

台湾自1953年实施第一期经济建设四年计划以来，开始有规划地推动经济发展，从20世纪50年代到90年代先后制定并实施了六期“四年经济建设计划”、一期“六年经济建设计划”、“经济建设十年计划”（1980—1989年）、“‘国家’建设六年计划”（1991—1997年）。

与此同时，台湾也在推动经济的市场化与自由化。1958年的外汇改革是台湾经济迈向自由化的重要一步，这一改革的理念，是希望回归市场机制，以汇率调节外贸促进经济成长，减少失业。被李国鼎先生称之为局部自由化。1984年5月台湾“中央银行”总裁兼“经建会”主任委员俞国华先生出任台湾“行政院长”，宣布台湾经济发展所谓“自由化、国际化、制度化”三项基本原则，此后这三项原则成为台湾经济政策的基本出发点。

1992年邓小平南方讲话中有一句名言：“社会主义有市场，资本主义有计划,”计划与市场都是资源配置的手段或模式，哪种模式能使资源的配置更为有效就应采取哪种。市场化的意见分歧在台湾也曾争论不休，1984 年“自由化、国际化、制度化”三项基本原则出台后，方达成难得一见的共识。当我们深入观察这些模式变换的基本原则，发现其是在走一条顺应市场、倚重市场，最终使经济更为市场化或自由化。

周呈奇博士的专著《战后台湾经济增长思想研究》正是从这一角度出发，通过大量的考证和评述给我们描述了战后台湾经济增长策略背后的经济增长思想的演进。正如作者所言，战后台湾的经济增长思想，不仅包括“政府”经济政策所体现出的思想，实际上还包括实际参与台湾经济实践的相关“政府”顾问和学者的思想，这些思想代表学界以及与台湾经济发展密切相关的外籍人士对台湾经济成长中每一个步骤和过程的认识、理解及散播。同时作者也通过史例分析指出，战后台湾的经济增长思想是在“政府”与学界之间的相互对话、角力、甚至博弈的过程中演进的，台湾的经济增长既不是完全符合新古典学派的药方，也不是完全由当局扮演了全能的、促进经济增长的正面角色，而是包含了更为复杂的博弈和过程。

作者的结论中隐含的意义或许是任何经济发展模式都必须与实际相符才能达成经济增长的目的。

最后需要指出的是，台湾曾一度因其在教育、研发和高科技产业发展上的成就被视为亚洲的新星，甚至诺贝尔经济学奖得主克莱因（Lawrence R. Klein）教授早在 1986 年即预测台湾和韩国在发展中国家或地区中最有可能继日本之后于 20 世纪末跨越从“发展中”到“发达”的界线。然而，如今已是 2007 年，台湾似乎离“发达地区”的境界尚有差距，其中可能有深层的制度和文化的因素未能具备，同时也可能更需要岛内的思想者和决策者鉴往知今，以更为开放开明的思维面对已发生巨大变动的世界经济特别是东亚经济，并尽快找到自己的新定位、新角色。

曹小衡

2007 年 6 月 7 日

目 录

绪 论

第一节 战后台湾经济增长思想研究的意义

如何认识战后台湾的经济增长？怎样理解台湾在二战结束后几十年来的经济成长历程？在国际学术界，对于日本、韩国、台湾等东亚国家和地区在战后的高速经济增长的研究，曾经引起了广泛的关注。由于经济增长是战后发展中国家和地区经济政策普遍的主要目标，因此，这些研究大部分都是从经济政策的有关文献入手，探讨经济政策对经济增长的作用，并由此引出政府在东亚经济增长中的作用问题。然而，尽管分析的角度普遍相近，各派学者们提出来的解释却各不相同，莫衷一是。

最早提出东亚经济增长研究成果的是新古典学派。该学派认为，东亚经济之所以取得巨大成就，主要是因为稳定的宏观经济为储蓄、投资和高水准的人力资本积累提供了适宜的激励，而政府对经济干预或者不起作用，或者幸运地没有造成太坏的影响。例如，费里克斯、利特尔等学者就将台湾的做法视为完全符合新古典学派所开的药方。他们指出，台湾在1958—1962年间所取得的经济成就来源于四个关键条件的组合：一个有效的自由贸易体制和广泛的低贸易保护主义，一个自由的劳动力市场，高利率，以及稳健的“政府”预算，“在经济的因果史上，很少能有如此清楚的例子……离开这些原因，就很难找到解释台湾1963—1973年间持续工业繁荣的更好办法。”①由于新古典学派的观点只赞同促进市场效率和市场发展的政府行为，所以，世界银行出版的《1991年世界发展报告》将之称为“亲善市场论”。

然而，近年来，许多研究者对新古典学派的这种观点表示了怀疑，难道政府在东亚经济发展中仅仅起着间接和微弱的作用吗？持“国家推动发展

① 参见费里克斯、利特尔等学者1987、1979年著作，转引自［美］罗伯特·韦德：《驾驭市场——经济理论和东亚工业化中政府的作用》，北京：企业管理出版社，1993年版，第52页。

论”的一批学者就提出了与新古典学派相反的解释，他们指出了东亚经济增长过程中广泛存在政府干预的事实。例如，在罗伯特·韦德的分析中，“政府”对创造“台湾奇迹”的作用不仅大大超越了英美经济的实践和新古典经济学原理，而且还始终是市场的领导者。他还证明，这一情况也同样适用于韩国和日本，并因而作出了政府管理市场以获取经济成功的结论。① 巴雷特和秦叔明则更明确地提出：东亚新兴工业国家（地区）持续高速增长的模式，代表着政府动员和调度经济资源的权力得到强化（而不是取消）。②

对于这两派的争论，世界银行 1993 年出版的《东亚奇迹：经济增长和公共政策》可视为一个分水岭，该报告清楚地承认东亚国家和地区的政府干预确实普遍存在，虽然该报告并不认可政府产业政策的有效性，但它赞同在东亚经济中，政府干预（特别是东北亚国家和地区所实行的一些有选择的干预手段）促进了经济增长。但该报告同时也谨慎地提出，这种有选择的干预必须符合一些前提条件，如，在市场作用出现问题的地方及时采取措施、在关键性政策领域具有良好的基础、政府有能力建立和监督与政府干预有关的经济实绩标准等等。③ 世界银行的这一报告所代表的研究趋势影响和加强了许多国家和地区的相关研究，在包括中国大陆和台湾地区在内的众多关于东亚奇迹的探讨中，有相当一部分研究成果都提出“强政府”是日本、韩国、台湾等东亚国家和地区经济增长的一个重要原因。

但是，进入 1990 年代，尤其是金融危机以后，随着日本、台湾等东亚国家和地区的经济走入低迷状态，政府领导或管理市场的作用和效果却又再次受到现实强烈的质疑和挑战。一直关注东亚经济增长的世界银行也不得不开始反思东亚奇迹，并修正了过去的说法，转而提出：“良好的政府管制标准正变得越来越国际化。一些东亚国家还要走很长的路，才能达到国际最好水平。即使对东亚地区最发达的国家来说，危机也暴露了政府当局管制的问题。”④ 那么，什么是国际化的政府管制标准呢？在新古典学派

① ［美］罗伯特·韦德：《驾驭市场——经济理论和东亚工业化中政府的作用》，北京：企业管理出版社，1993 年版。

② 巴雷特和秦叔明：“世界资本主义体系中的出口导向工业化国家（地区）——共同点与不同点”，［美］弗里德里克·C. 戴约等：《东亚模式的启示》，北京：中国广播电视出版社，1992 年版。

③ 参见世界银行政策调研报告：《东亚奇迹：经济增长与公共政策》，北京：中国财政经济出版社，1995 年版。

④ 世界银行：《东亚的复苏与超越》，北京：中国人民大学出版社，2001 年版，第 139 页。

的自由市场理论居于欧美主流地位的今天，寻求合理的政府管制标准似乎又产生了回归自由市场原理的趋势。青木昌彦等学者曾经提出“亲善市场论”和“国家推动发展论”之外的第三种选择——“市场增进论”（或称“市场补充论”）。这一观点以尊重市场机制为前提，认为政府政策的职能在于促进或补充民间部门的协调功能，而不是将政府和市场仅仅视为相互排斥的替代物，政府应被视为与经济体系相互作用的一个内在参与者，它代表了一整套的协调连贯的机制，而不是一个附着于经济体系之上的、负责解决协调失灵问题的外在的、中立的全能机构。① 然而，由于这一研究范式的边界还比较模糊，各相关研究者的视点和方法范围也各有不同，因此，它对东亚经济增长的解释还有待证明。

因此，从以上的国际研究状况来看，对包括台湾在内的东亚经济增长的解释仍然是扑朔迷离、有待证明的，也许正如盲人摸象一般，各种研究成果只是道明了部分的事实，而系统性地针对台湾本身进行个案研究的更是相对较少，且尚未达成定论。

不同于大部分从经济政策和相关经济史实及数据着手而进行的分析，本书着眼于探讨战后台湾的经济增长思想，力图为理解战后台湾经济成长的问题提供另一个崭新的视角。应该说明的是，战后台湾的经济增长思想，不仅包括“政府”经济政策所体现出的思想，还应包括实际参与台湾经济实践的相关“政府”顾问和学者的思想，因为这些思想正代表了台湾人以及与台湾经济发展密切相关的外籍人士②对台湾经济成长中每一个步骤和过程的认识和理解。从经济增长思想史的角度来看，我们发现，战后台湾的经济增长正是在“政府”与学界之间的相互对话、角力、甚至博弈的过程中演进的，而台湾在战后初期建立的“政府”计划、“政府”管制的增长模式也是在这一过程中不断更正、演化和变迁的。实际上，台湾的经济思想史表明：台湾的经济增长既不是完全符合新古典学派的药方，也不是完全由“政府”扮演了全能的、促进经济增长的正面角色，或者只是处于经济体系内的协调地位，而是包含了更为复杂的博弈和演变的过程。

---

① 青木昌彦，穆尔多克，奥野（藤原）正宽：“东亚经济发展中政府作用的新诠释：市场增进论”，青木昌彦等：《政府在东亚经济发展中的作用——比较制度分析》，北京：中国经济出版社，1998 年版。

② 较具代表性的台湾当局顾问，如曾经担任过“中央研究院”院士的美籍经济学家蒋硕杰、费景汉、刘大中等。

事实上，本书对战后台湾经济增长思想的初步研究，其重要的意义也许并不在于提供明确的结论，而是在于对解释台湾经济增长提供新的视角、发现新的问题和开拓新的探讨领域。藉此，本书希望在台湾经济增长思想史中呈现出的相关教训和问题，也能为东亚经济研究，以及发展中国家和地区的经济发展提供参考和借鉴。

同时，本书也希望通过对战后台湾经济增长思想的研究，为当前台湾本土的经济研究奉献绵薄之力。曾任“中央研究院”社科所副所长的瞿宛文感叹过：对于解释台湾经济增长这一问题，照理说应该是台湾的经济学者要致力寻求答案的重大议题，尤其是近年来所谓“本土化”研究受到台湾社会极高的关注之后。① 但事实上却并非如此，由于战后美国成为带动世界经济增长的火车头，所以台湾经济学者往往致力于追随美国经济学界所关切的议题以期获得国际经济学界的认可，反而对台湾某些特定的本土问题的研究意兴阑珊；甚至，对此问题有兴趣的学者，国外的要比岛内的多得多。因此，作为一名在台湾研究“如何解释台湾经济成长”问题的学者，难免感觉寂寞。② 的确，诚如瞿宛文所感慨，台湾学者针对当代某一经济问题发表见解的多，但对台湾经济增长缘由进行更深层次研究的却很少，尤其是从经济思想史的角度来进行系统性的整理和研究的，更可以说是几乎没有。而外国学者对台湾的关注，多半体现为在整个东亚经济增长研究框架中的涉及和探讨，不仅缺乏单独的具有针对性的系统研究，而且由于语言、文化、资料等限制，其研究成果也往往有隔靴搔痒之感。台湾的经济增长在战后几十年内变化无穷，其中值得研究和挖掘的经济议题非常丰富，因此，本书希望藉由研究战后台湾的经济增长思想史，一方面初步整理和探讨出新的研究题材，一方面为台湾本土的经济增长研究作出添砖加瓦的努力。

第二节　研究方法与内容结构

一、研究方法与视角

首先，研究台湾的经济增长思想，当然离不开从历史传承的角度进行

---

① 瞿宛文倾向于主张政府干预，她主要从经济史方面探讨台湾经济成长的问题，在这方面的代表作有《经济成长的机制——以台湾石化业与自行车业为例》和《全球化下的台湾经济》。

② 瞿宛文：《全球化下的台湾经济》，台北《台湾社会研究》杂志社，2003 年版，序言。

探析。播迁台湾的国民党当局一方面接受了“美援会”以及战后台湾经济学者所带来的现代经济学思想和理论，另一方面其意识形态中也带着深刻的传统经济思想的烙印，奉行“国父”孙中山的思想即包含着浓厚的历史传统的理念，这些传统的经济思想和理念非常明显地体现在了经济体制和经济政策之中（尤其在战后初期），所以，对其经济增长思想的探讨也就必然要从中国传统经济思想着眼。

第二，对于战后台湾经济增长思想的整体演变，本书将运用现代经济学的视角和研究方法来加以认识和分析。在台湾的社会科学中，与国际接轨最为成功的便是经济学。究其原因，应与台湾战后所面对的特殊时空背景有关。众所周知，台湾在战后的岁月里，政治上长期与美国结盟，并且外贸上也长时期依赖美国。1949 年后为数众多的台湾学子赴美留学，① 除了自费留学的学子外，1950 年代以后，接受美国和加拿大大学公费奖学金以及美国政府富布赖特奖学金的人越来越多。除了不断积极地引进外国经济学说，1980 年代，台湾还颁布《科学技术发展方案》，提出要建立海内外科技顾问制度，藉由广泛而频繁地与国际知名人士交流，以获取世界变化的信息。同时，台湾还相继聘用了许多知名的美国学者，如弗里德曼、钱纳里、库兹涅茨、拉尼斯、柏金斯、多尔夫曼、费景汉、刘大中、顾应昌、邹志庄、蒋硕杰等。② 其做法是将这些美国学者分别以“顾问”、“院士”、“教授”、或“政府”部门“委员”任用，使这些学有专精的学者能为台湾献策献力。正是在这些历史条件的推动下，战后台湾的经济思想迅速地与国际流行的经济学说接轨，新古典学派、奥地利学派和凯恩斯学派则在学术界和政界赢得了权威地位并不断地扩大影响。美国的经济思想对台湾经济学者的思想产生了特别大的作用。实际上，不论是蒋硕杰、费景汉、刑慕寰、刘大中等经济学家的建言、认可和批评，还是台湾学术界对经济政策的讨论和批判，基本上都属于现代经济学的语言和方法体系。所以，研究台湾战后经济思想的发展，除了从中国传统经济思想的角度来看

① 台湾经济学界是本土派经济学家与外籍经济学家同时并存的情况，美籍学者刘遵义于 1987 年指出，台湾本地籍知名财经人士当中有 75 % 在日本留学，23 % 在美国留学；而外省籍知名财经人士有 61 % 在美国留学，18 % 在日本留学。

② 由于战后台湾许多著名学者申请加入美国国籍，尽管费景汉、刘大中、顾应昌、邹志庄、蒋硕杰等人均当选过台湾的“中央研究院”院士，并且蒋硕杰与费景汉也担任过中华经济研究院院长，但他们全属于华裔美籍的经济学者。

待以外，还需要在方法上宏观地结合战后台湾的实际政治、经济、社会环境、人文思潮与现代经济思想和理论的研究成果去思考，如此才能正确认识战后台湾经济增长的思想。

最后，本书在写作中，也将涉及对台湾经济增长思想的哲学基础的探讨。民国时期，实用主义就经过胡适的大力提倡而广泛传播开来，实用主义者认为思想、观念、知识、真理都从属于经验，都是人们借以联络经验的工具。凡是能够成功地联络经验的思想、观念、知识，都可称为真理。国民党播迁台湾以后，担任台湾"中央研究院"院长的胡适继续推行实用主义，而新中国成立前曾任北京大学校长和教育部长、1948年接掌台湾"农复会"、对台湾战后农业经济和土地问题颇多建树的蒋梦麟，则将胡适的实用主义进一步地扩充。蒋梦麟在《西潮》一书中提出，文化问题颇为参互错综，而体用问题，轻重问题，只能随时因势利便，对于我们现代人而言，应当对于现代的生存法则能以适应。现代的性质有两点可以注意，第一是世界性的；第二是不断进展的，因而我们不能将自己局限于东方或西方的文化。① 关于实用主义对于战后台湾经济增长思想的贡献，殷海光有这样的看法，虽然胡适、蒋梦麟的实用主义与真正促进战后台湾经济增长的自由主义思想仍有段距离，但实用主义确实是台湾经济自由主义的源流与萌芽。在实用主义下，人们可以重估一切价值，因而东、西方的知识经验就能以台湾自身发展的需要来取舍，这对破除旧有的中国传统权威的思想束缚是非常有利的。② 事实上，在战后早期对台湾自由化经济思想作出巨大贡献的《自由中国》杂志，就是在提倡实用主义信念的胡适的参与和保护下发行的。③ 就台湾经济自由化的思想历史发展而言，实用主义也确实非常有利于破除传统经济思想的束缚和接受现代经济学的思想和理论，并避免了"国父"孙中山的经济思想最终成为当局牢不可破的意识教条。

然而另一方面，实用主义的执行和使用也极容易造成过度和泛滥的局面，形成哈耶克所痛斥的建构主义（台湾称为"营造主义"）心态，即过分相信工具理性和人为控制的力量，而只以短、中期的现实需要为考虑和制定

① 蒋梦麟：《西潮》，台北：世界出版社，1959年版，第291—292页。

② 宋志明等：《20世纪中国实证哲学研究》，北京：中国人民大学出版社，2002年版，第217—218页。

③ 发刊于1949年11月的《自由中国》杂志，就是以战后担任台湾"中央研究院"院长的胡适作为发行人，而其社长为雷震。

经济政策的出发点。和许多国家通常由法律专家和经济学家制定经济政策的情况不同，战后初期的台湾曾经是工程师的天下，即由理工人员制定经济政策，他们具有强烈的工具理性和实用主义取向，倾向于根据当时需要来对台湾经济进行审慎的计算和计划，而根本漠视市场的自然机制和人性正常的发展。① 台湾自由主义经济学家夏道平在《自由经济的思路》一书中谈到："财经官僚的工程师心态泛滥，泛滥到对所有经济问题的思考决策。工程师所从事的工作，其目的是单纯的。凡是可以达到这个目的的一切力量，他都可以控制。为他的目的，他可以自由支配一个既定量的资源。"② 事实上，实用主义所造成的营造主义心态影响了台湾几十年的政策制定，因此，分析台湾经济增长思想，还需要从其哲学基础进行审视和探讨。

二、主要内容

广义而言，经济增长是指一国经济生产能力和实际国民收入的增加，其衡量尺度，一般是以国民生产总值或人均国民生产总值的增长率来测算。库兹涅茨认为，一个国家的经济增长，可以定义为给居民提供种类日益繁多的经济产品的能力长期上升，这种不断增长的能力是建立在先进技术以及所需要的制度和思想意识相应的调整基础上的。关于经济的增长的含义，哈耶克作了更进一步的补充，他认为，经济迅速进步的道理常常为人所忽视，这是因为我们习惯于将经济增长主要视为更多商品物资的积累。但是我们生活水平的提高，至少在相当的程度上要凭靠我们在知识上的增进。收入的提高虽说在某种程度上依赖于资本的积累，但却有可能更依赖于我们不断习得的观念、知识，正是因为知识，才使我们得以用一种更为有效的方式去运用我们的资源，并使我们不断地开拓出资源的新用途并增加我们人类的福祉。③ 可见，经济增长不仅牵涉了经济领域中的多个方面，它同时也涉及了当代许多进步的人文思潮。事实上，经济增长所涵

① 达伦多夫以为，政府的营造主义虽然曾令战后德、日以及某些新兴工业化国家达到一定程度的经济发展。但是当局的营造主义泛滥，又使这些国家、地区失去了许多合理的东西。见达伦多夫："自由主义"，《帕尔格雷夫经济学辞典》第三卷，北京：经济科学出版社，1996 年版，第 189—190 页。

② 夏道平："一本新书的读后感"，《自由经济的思路》，台北：远流出版社，1989 年版，第 64—65 页。

③ ［英］哈耶克：《自由秩序原理》（上卷），北京三联书店，1997 年版，第 46—47 页。

盖的不仅是整体综合的生产能力和国民生产消费的需要，还有人类福祉与知识的提升，而不仅仅是局限于少数几个特定产业的发展。

回顾世界各国在20世纪的发展，我们看到，在1945年以前，“现代化”、“西方化”或“工业化”几乎就是经济增长的同义语，直到二战以后，随着殖民主义、帝国主义、军国主义的消亡，由于跨国境的国际资本自由流动、产业国际分工以及信息技术革命逐渐成为事实，使得世界各国经济更加相互依赖、相互影响并融为一体，如何取得持续的经济增长才变成大多数国家经济政策的主要目标。借用英国经济学家米香的话语来说，自二战以来的绝大部分时期，“经济增长狂热”已经成为各国政府政策宣言和经济学家著作的一大特点。①

然而，对于多数的发展中国家和地区（包括战后初期的日本、亚洲四小龙、中国）来说，由于经历了战争和殖民所带来的屈辱刺激，并面对着经济极端落后的事实，所以渴望迅速工业化并以“工业化”作为经济政策首要目标的情况仍然在二战以后持续了相当长的一段时间。无疑，工业化是经济增长的一个基点，战后曾受聘为台湾当局顾问的美籍经济学家钱纳里指出，工业化是现代经济增长的全面结构转变的一个阶段，在这个阶段中，随着人均收入的增长，制造业在总产出和就业中所占份额上升及农业所占份额相应下降呈发展趋势。② 因此，工业化思想是战后日本、亚洲各新兴工业体在迈向经济快速增长过程中的一个重要思想和重要阶段。台湾从1950到1970年代的第一次进口替代（发展轻工业）和第二次进口替代（发展重工业）政策，实际上就是工业化的政策，而这些政策本身所体现的，以及围绕这些政策进行的讨论和批判无疑就构成战后台湾经济增长思想的一个重要部分，是本书研究无可回避的一项重要内容。

不过，工业化的思想仅仅是经济增长思想的一个开端。工业的飞速发展与社会财富的迅速增加，导致了许多经济部门的产生，如金融业、旅游业、服务业等，使得经济体系变得越来越复杂，组成社会经济的部门与行业越来越多。20世纪中期以后，发达的工业化国家的经济结构普遍发生了逐渐步入后工业时代的变化，即工业在国民生产总值和社会总产品中的绝对优势比重

① ［澳］阿恩特：《经济发展思想史》，北京：商务印书馆，1999年版，第二、三章。

② 战后美籍经济学家钱纳里曾多次参加台湾“中央研究院”、“经建会”主办的经济决策会议。

开始被包含科技、文化、商业、服务、信息等等部门与行业的第三产业所取代。在整个1970年代，制造业在工业化国家的国民生产总值中所占比重约为30%—50%。但从那以后，其比重逐步下降，对整个经济发展的牵动力也逐步减弱。① 以美国为例，美国制造业在国民生产总值中的比重从1980年的21%降到1995年的12%，而信息业和服务业所占比重则由1980年的59%增加到1998年的85%以上。台湾从1980年代起，也开始出现信息业和服务业比重逐渐增加，制造业逐渐萎缩的情况，并于1990年代开始进入后工业的时代。台湾制造业在1987年仍占国民生产总值的47.5%，② 而到了2002年已降至31.03%，甚至到了2005年岁末更降至21.1%。③ 值得一提的是，2005年台湾服务业占GDP的比重首次突破70%，其中金融业已占GDP的19.2%，④ 这可说是台湾制造业和服务业相互消长的一个标志性变化。面对这一新的情势，继续保持台湾经济的生命力与经济多元化的发展，无疑要比单纯的工业化概念更重要。因此，20世纪后期突破台湾当局过去单纯工业化政策的束缚，进而从经济制度、宏观领域、微观领域、经济永续发展与人文思潮等各个层面思考较为全面经济增长与发展的思想，就不断成为台湾岛内重要的经济课题。这其中体现出来的思想无疑更是本书研究的重要内容，而在台湾逐步放弃与必须创新某些传统产业之际，这一关于战后台湾经济增长思想领域的研究，无疑对认识和解决当前及未来岛内若干具有争议的经济问题具有重要的现实意义与价值。

当然，如果仅仅从工业化和后工业化的角度来区分经济增长思想所涉及的内容，或者仅仅把眼光集中在以国民生产总值计量的生产商品和服务的能力，那么我们的观点就太过狭隘了。经济增长的目的最终是为了满足人的需要，而不是单纯为了增长而增长。澳大利亚经济思想史学者阿恩特在《经济发展思想史》一书中指出，战后许多发展中国家和地区往往将工业化（特别是重工业化）视同为现代化的同义语，其动机主要是考虑到国

---

① 辛格："制造业活动与非工业化"，《帕尔格雷夫经济学辞典》第三卷，北京：经济科学出版社，1996年版，第325—331页。

② 梁国树："台湾的产业结构变迁"，《台湾经济发展论文集》，台北：时报文化出版社，1994年版，第89—92页。

③ "经建会"编：《2006年台湾统计年鉴》，台北"行政院经建会"，2006年版，第56—57页。

④ "经建会"编：《2006年台湾统计年鉴》，台北"行政院经建会"，2006年版，第34、56、57页。

家的力量和地位，而较少思考追求现代化的另一种意义，即推动经济持续增长从而减轻贫穷提高国民生活和福利标准的需要。① 就现代的观点而言，这种旧式工业化时代的经济增长动机是可悲的，它忽略了“人”这一终极意义和目的。正如《自由中国》时代的殷海光所言：“一代一代绵延下去的，是一个一个的个人，并非任何抽象的建构。感到需要经济满足的，是有生命的个人，不是任何抽象的概念。感到需要自由的，是有思想的个人，不是由这些个人形成的建构。”② 1980 年代担任“经济部部长”的赵耀东也曾对战后台湾某些盲目、不适当的产业政策发出感叹：“企业的投资是金钱，而百姓的投资是青春；金钱失去了，可以再赚回来，而青春失去了，就永远不可能再赚回来……为了整个社会每天投资出去的青春、生命，我期望能再重新思考他们的价值前途……”③ 因此，在经济增长思想中体现出来的对人的需要和自由的思考，以及相应的对制度、政策以及对“政府”在经济增长中与企业、产出和人之间的关系的思考，才是本书研究内容的主旨和精髓所在。

三、体例与相关说明

本书旨在叙述与分析战后台湾经济增长思想发展的历程。为此，需要把大部分篇幅让给 1945 年以后的台湾经济思想发展过程。这种安排有一个不利之处，即势必要压缩与战前台湾经济思想形成渊源的相关论述，不过，要想清晰理解战后台湾经济增长思想发展的轨迹，花这样的代价还是值得的。然而，集中叙述战后岛内经济思想的发展还引起了另外两个问题需要说明。第一个问题是，战后至今，岛内的经济学家人数和经济文献数量，随着时间的演变有了迅猛增加。在台湾经济发展的早期阶段，由于白色恐怖与威权体制等原因，除了少部分学者的专著、《自由中国》杂志以及“中央研究院”六院士相关的学术建言外，④ 此时期的经济文献不但较

---

① ［澳］阿恩特：《经济发展思想史》，北京：商务出版社，1999 年版，第 198—199 页。

② 殷海光：“个人为国家之本”，《自由中国》第 14 卷第 5 期，1956 年 3 月 1 日。

③ 转引自詹宏志：《趋势索隐》，台北：远流出版社，1986 年版，第 62 页。

④ 纵使像蒋硕杰、刘大中这样具有国际影响力与知名度的经济学家，在 1950 年代给蒋介石政权的建言仍被台湾当局视为机密文献。以当时蒋硕杰、刘大中、邢慕寰所推动的汇率改革的经济文献为例，除了邢慕寰在 1954 年所发表的《经济较量与经济政策》能作为此时期的重要文献外，蒋硕杰与刘大中当时对蒋介石所作的学术建言，仍旧深锁在档案里。

少，而且大多具有较为强烈的国民党意识形态的色彩。随着台湾经济的起飞与大批受有良好教育的职业经济学家的出现，台湾逐渐有了较能反映岛内真实民意之经济学家学术专著、财经官员的回忆录，以及影响力较大的如《经济前瞻》、《台湾经济研究月刊》、《台湾经济金融月刊》、《财讯》、《远见》、《商业周刊》等较能反映岛内财经界真实想法的各类经济类期刊。1980 年代中期以后，岛内相关的各种经济文献已成汗牛充栋之势，尽管本书是建立在非常大量的原始资料上，但如没有一些相应的各种概括性的评述和二手文献的辅助，本书是写不出来的。第二个问题则涉及战后多数经济学分支所具有的技术性质。现代经济增长理论所形成的主要分析语言，是将要素变量、技术变化、劳动供给等外在的增长，引入其他方面的静态、单期、一般均衡的模型来说明经济增长因素的。而本书力图解释的主要是台湾各种经济政策的经济增长思想的演变趋势，所以除非十分必要，本书将不会深入探讨技术性的细节。

考察岛内战后经济思想的形成时，以论题为线索是基本的方法，只有这样才能说明各种思想在这个时期的发展，这对 1945 年以后的时期尤其适合。然而，由于经济学家数量之多使得仅仅叙述少数几位主要人物显然很不妥当，所以这种以论题为线索的方法尽管是必要的，但也有其缺陷，它难以勾勒出一幅在各个领域都有贡献的经济学家的著作的图景。当然，台湾经济增长思想的演变，是大量经济学家、官员们与工商界人士在长时间对话与博弈的过程中逐渐形成的，少数经济学家虽有极为突出的贡献，但是如果本书在论述中不涉及与其论题形成相关的其他人物思想，就会不利于台湾经济增长思想图像的凸显。由于本书是目前学界较早对台湾经济增长思想所作的先驱性的梳理工作，而为了能在往后的学术研究中更深入的挖掘中国台湾地区经济思想所存在的问题，所以本书提供大量原始资料的相关脚注。在当代的经济学研究领域里，关于“政府干预”与“市场机制”的争论，一直是理论经济学与经济思想史长期关注的核心主题。20 世纪经济学获得了长足发展，关于“政府”与“市场”的互动，无论是凯恩斯主义、货币学派、奥地利学派、供给学派以及理论预期等各种思想与理论，均在所涉及的经济制度、宏观经济政策、微观经济政策、经济发展等各个领域上，都提出过各种预测和建议。因此，岛内正反两方长期对此问题所形成的认识与实践，相信也将有助于大陆对此相关问题的研究。另外，有鉴于从《史记》以来，传记形式的文体一直是中国正史处理相关史料的传统方式，所以为了方便读者更为清楚地了解战后台湾经济学界的面貌，本书在附录中，将为涉及台湾经济增长思想发展的部分重要经济学者与官员做一些相关的传记说明。

正如凯恩斯脍炙人口的经典名言："无论经济学家和政治学家的思想观点正确与否，他们都要比普通人看问题深刻得多。实际上，世界几乎没有什么规则可循。一些有识之士，认为他们自己能够不受任何知识分子的影响，然而他们却往往成为一些已故经济学家的忠实追随者。有权势的狂人们，听到一些流言飞语，于是开始从几年前的学术文人那里汲取狂热的思想。"①本书作者力求以客观平和的态度，整理与记录伴随着过去60多年台湾经济发展所形成的经济思想，并希望本书的出版能够提供一个沟通两岸经济思想的桥梁。目前，海峡两岸暂时的分离状态固然令人痛心，但庆幸的是随着两岸经济一体化与中华经济圈的整合，两岸政治的统一定在不远的将来完成。相信本书的努力将有助于拉近两岸人民的心理距离并为大陆提供相关的经验借鉴，有助于两岸人民携手创造中华民族美好的未来。

四、基本结构与要点

本书共分六章，其结构如下：

绪论主要说明本书的研究意义、体例、相关说明、研究方法和内容结构。而第一章则主要从台湾战后经济发展过程着眼，说明其中总体性的经济增长思想源流及演变，因此，第一节将简单叙述台湾战后至今的经济史、主要经济政策的演变及内容，以为理解战后台湾的经济增长思想提供事实背景。第二节为该章的重点，初步提出战后台湾经济增长思想的源流及发展趋势，这里所提出的三大思想源流将贯穿于全书，在以后章节中，结合具体的制度、宏微观经济政策将得到进一步的体现和分析，而两个发展趋势其实正是本书写作的两条主要线索。

第二章主要探讨台湾当局采取什么样的制度来体现其经济增长的思想，包括当局于战后初期所选定的"混合经济"体制的含义如何、特点如何、蕴含的思想和局限是什么，及其在市场发展的进程中经过自由经济思想的批判和修正产生了什么样的思想演变。这一章之所以探讨台湾经济增

---

① [英] 凯恩斯：《就业、利息与货币的一般理论》，台北：台湾银行经济研究室，1964年版，第290页。

长的制度问题，是因为制度是经济发展与增长过程中的起点。孙中山早在1894年《上李鸿章书中》就把制度决定论推到“富强之大经，治国之大本”的高度，由于孙中山思想体系在台湾经济发展中具有思想主导的意味，台湾或以民生主义经济体制，或以其他名称来称呼这个“混合经济”体制。① 随着1991、1993年诺贝尔经济学奖颁给了制度学派的科斯、福格尔、诺斯等学者。世界银行及日本通产省在1990年间发表多部专著来探究东亚奇迹的原因，② 制度是否促进了台湾的经济增长成了台湾及全世界经济学界的重要课题。由于政府的干预导致泡沫经济的形成，并且经济体制运行的结果可能与当初设计的初衷不符！从1980年代至今，经济是否自由化便成为台湾当前经济增长思想中最需要解决的核心课题，瑞士的世界经济论坛报告充分反映了这个事实。《世界经济论坛：2002—2003年全球经济竞争力报告》中指出，台湾的显著竞争力劣势包括制度、行政秩序的繁琐程度、“立法”部门效率、“政府”支出与赤字、汇率政策。③ 对自由经济思想的思考，纵然一直是战后岛内追求经济发展的主要线索。然而根据美国传统基金会和华尔街日报所发表的2005—2006年全球自由经济体系的排名，台湾位居第37位。④ 因此，对台湾经济增长制度与政策的重新审视，对于本世纪之初的台湾尤具意义。

第三章和第四章分别从宏观和微观的经济政策入手，探讨“政府”在这些政策中体现了什么样的经济增长思想以及这些思想与自由经济思想的博弈和演进。宏观经济政策即是借由利率、税率、汇率以及直接金融体系

---

① 李国鼎：《台湾经济计划及其实施》，南京：东南大学出版社，1995年版，第15—18页，李国鼎：《台湾经济发展背后的政策演变》，南京：东南大学出版社，1995年版，第103页。

② 虽然台当局在长期政策实践中，或以民生主义经济、计划性自由经济、混合经济体制来称呼自己的经济体制。但1990年代各种不同的研究成果，却将台湾在经济发展过程中到底采行何种经济制度推向一个更为扑朔迷离的程度，美国的韦德在《驾驭市场》与台湾的瞿宛文在《全球化下的台湾经济》、《经济成长的机制》等书中却将台当局的经济体制定位在强大官僚体制下的干预主义。而即令是世界银行出版的专著也因出版时间的不同而发生前后矛盾：1993年的《东亚奇迹》认为台湾是新古典经济学市场经济的典范，而2000年的《东亚奇迹的反思》却认为台湾是“政府”主导的干预主义，而世界银行在1995年的《政府在东亚经济发展的作用》又将当局的制度定位在所谓的市场亲善论上。

③ 在所列举的80个国家、地区中，台湾的制度、行政秩序的繁琐程度、“立法”部门效率、“政府”支出与赤字、汇率政策评比，分别位居第27、44、33、71、28；见［瑞士］世界经济论坛主编：《世界经济论坛：2002—2003年全球经济竞争力报告》，北京：机械工业出版社，2003年版，第481、561、562、481页。

④ 台湾《中央日报》2006年1月5日。

的建立，来促进诸如资本、劳动力等有形投入与知识、技术等无形资产的增加。在战后台湾的经济增长中，宏观经济政策扮演了主导和极其重要的角色，而在金融和财税领域中出现的相关思想既颇能表现台湾当局一贯的思路和主张，也能显示出自由经济思想在与当局思想的博弈中所展现出来的主要观点和脉络（尤其是王作荣与蒋硕杰两位著名经济学家在1980年代的思想争论更是精彩地表现出这两种思路的直接交锋，不仅呈现出台湾经济增长思想中丰富的角力和演进过程，也体现了普遍的经济学原理如何结合台湾的经济事实产生出台湾经济增长思想特有的语汇和分析，而“蒋王大战”也成为台湾经济增长思想史中的一大盛事）。因此，第三章作为重点的一章，将较为全面地展现和分析战后台湾在宏观领域内的经济增长思想的博弈和变迁，并从宏观调控的核心问题——稳定与成长——的角度探讨战后台湾宏观经济增长思想的得失。

微观经济政策的着重点则在于政府在促进个体经济的经济效率和市场经济的资源配置之作用。第四章将从战后台湾微观经济领域内的国营、民营并行、产业合理化，以及竞争与激励的角度，分别论述和分析台湾当局曾经奉行过的“发达‘国家’资本”、“自给自足”等相关政策的思想及其历史和国际的渊源，并结合相关自由经济思想对当局的批判和纠正，考察战后台湾的微观经济政策思想的变迁。本章旨在表明，愈是在微观领域中，市场所必然要求的效率和伦理，就愈是政府所无法越俎代庖的。政府唯有配合市场机制的自由竞争与人性自利的激励，才能发挥出积极的作用。

第五章从经济发展的角度，结合战后台湾经济增长出现过的成功和扭曲，探讨有关收入分配、福利的均富思想，以及永续发展的思想。经济增长是经济永续发展的基点，单纯的经济增长并不能解决台湾社会福利问题。如果经济增长所带来的收入不均、环境污染、文化观念冲突与经济增长扭曲不能改善的话，将会恶化台湾的投资与发展环境。因此，本书第五章通过经济发展的概念来观察台湾当局的哪些思想促进或阻碍了经济的发展，并结合自由经济与人文软环境的相应思想来探讨如何对待经济效率与社会正义之间的关系，和制度、文化、教育与台湾经济发展间的关系，以及台湾当局在经济发展中究竟应该起到什么样的作用。

第六章则总结与探讨战后台湾经济政治思想的成就与局限。本章将在第一节中更多地从经济学及其思想本身在台湾的发展和演变来说明战后台湾在自由化、思与学的结合、专业经济学家取代非专业经济学家，以及对大陆经济学前沿知识与经验创新之贡献等方面所取得的成就来分析。第二节着重从政治和哲学的层面来审视战后台湾的威权体制和营造主义（大陆译为“建构主义”）对经济政策与思想的扭曲；此外，并从思想文化的角度来思考任何一个国家和地区的经济思想都不可能只是区域性的，在经济全球化的过程中，岛内各界还必须在更大的范围内拓宽自己的胸襟与经济研究视野，并更新自己既往的经济思想传统。只有这样，台湾才能期望在未来中华经济圈甚至世界经济学领域的创生过程中作出自己独特的贡献。

第一章 战后台湾的经济增长与经济思想的演变

第一节 战后台湾经济增长概况

一、1950 年代台湾的经济情况与“政府”主导的第一次进口替代

在经济发展史上，任何一个国家和地区在经历一次重大战争以后，都面临着经济衰退甚至萧条的状态。1949 年国民党迁台后所面临的经济状况也不例外。当时最首要的困境便是台湾的恶性通货膨胀问题。由于战争严重破坏了台湾的农工业生产能力，大陆输入性的通货膨胀（在日据时期，由于中日战争的爆发，日本政府为了因应军事费用已在台湾大量增发通货，埋下通货膨胀之种因，1947 年，海峡两岸贸易交流加强，但由于当时国民党当局在国共战争时期大量发行法币，致使大陆的通货膨胀借由贸易而间接波及台湾的物价，1948 年 8 月，法币崩盘，国民党政府发行金圆券，台湾银行于 8 月 23 日开始实施收兑金银外币，从而使得旧台币发行额增加 40%。10 月，上海发生抢购风潮，部分游资涌入台湾搜购物资，也致使台湾物价大幅上涨。因而，以上种种原因造成了输入性的通货膨胀），以及 1949 年以后大量大陆军民随国民党当局迁入台湾等因素，当时的台湾出现物价的连年加速上涨。根据统计资料，从 1946 年到 1950 年的四年间，台北市的消费者物价共上涨了 6500 余倍，零售物价共上涨 6700 余倍。[①] 1949 年台湾实施币制改革，以新台币一元兑换旧台币四万元，并采行一美元折合新台币五元的固定汇率。1950 年底“美援”恢复，协助台湾的农工建设，充裕物资，资助“政府”平衡预算，弥补外汇不足。在此基础上，又经过 1958 年外汇贸易改革和 1960 年的“十九点财经计划”，台湾的物价才最终趋于稳定，使得当局能够在物价和汇率稳定的基础上追求经济

---

① 于宗先，王金利：《台湾通货膨胀》，台北：联经出版公司，1999 年版，第 78—82 页。

发展。

对战后台湾后来经济发展作出巨大贡献的另一个举措便是土地改革。台湾地区的土地改革分为三个阶段，即三·七五减租、公地放领和耕者有其田。三·七五减租即是将当时超过50％的地租降低到主要作物正产品年产量的37.5％。此举减轻了农民的负担，使得农业生产率的增长自二战以来第一次超过了人口的增长。公地放领即是台湾当局将接收的日据时代的各级政府及日本人私有的耕地，放领给承租的现耕农、雇农，以及耕地不足的佃农和半自耕农。以上两项措施都在1952年底以前完成。1953年起，台湾当局开始以低价向农民出售公地，完成了耕者有其田的目标。当年，台湾当局还向地主发行四个公营主要企业的股票，以交换土地将其再卖给农民。把公营企业转给私营领域是完成土地改革计划的关键。

币制改革和土地改革为台湾在1950年代实行“以农业培养工业和以工业发展农业”的“第一次进口替代”奠定了基础。1953—1956年以“政府”为主导力量实行的第一个经济发展四年规划，着重在于提高农业生产力，利用农业资源来支持工业的长期发展。在工业方面，由于当时台湾“美援”虽已恢复，但缺少重要出口产业，而经济发展需要的进口资本物品和中间产品，又缺乏外汇购买。因此，对外采取保护手段，对内实施奖励措施，发展技术上可行、耗用资本不多、“国内”有市场的劳动力密集型民生用品产业，以代替自国外进口，节省外汇，成为1950年代台湾的重要政策。同时，为了配合进口替代工业的发展，限制进口与保护台湾产业，当局采取了数量管制、保护关税和复式汇率等外贸政策手段。第一个经济发展计划增加了劳动密集型生产以满足内部市场需要，由此建立了台湾进口替代经济。第二个四年经济发展计划（1956—1960年），则主要解决第一个四年经济发展计划遗留的问题，结果使得工农业生产均达到指标，国民生产总值增加，人民生活得到改善。

二、1960年代出口扩张的选择与第一次自由化改革

1950年代末期，在积极的进口替代工业发展策略下，新工厂的创建及旧工厂的扩充，使许多消费品的“国内”市场已经陆续呈现饱和现象。如果说1950年代的经济发展主要依赖于内部市场的需求，那么进入1960年代，内部市场已经饱和，继续发展的余地已经不大。然而同时，许多资本商品和中间商品在1950年代依靠进口，造成外汇储备不足。台湾为了支付

贸易逆差不得不从国际金融组织贷款，形成长期赤字的资本账。此外，由于商品和服务投入有限，台湾苦于贸易逆差而且无力偿还债务，从1950年到1963年，台湾一直依靠美国援助来解决贸易逆差和国际收支逆差。于是，在双重的经济压力下，台湾当局选择了出口扩张的经济战略。1961至1972年出口扩张时期是台湾经济的转折点。后来的三个四年经济发展计划都是以1950年代四年经济发展计划的工业发展为基础的，即进一步扩大原有进口替代工业的发展。

严格说来，出口导向的转折应肇始于尹仲容领导的第一次自由化改革。1954年蒋硕杰和刘大中应尹仲容之邀，由国际货币基金借调返台，提出单一汇率、贬值、外汇券、利率自由化、贸易自由化等迥异于当时流行的“保护主张”的自由化、开放市场政策。蒋硕杰认为1950年代的台湾汇率与均衡汇率相差很远，而且繁杂的复式汇率对各个工业实行不公平的差别待遇，不利于有市场竞争力产业的发展。因此，他从1954年开始就提出单一汇率的建议，并和刘大中一起反对当时“政府”流行的低汇率政策，主张按照市场机制的要求，将台币币值贬值到实际水平，同时藉由市场供需导致价格自由、灵活弹性变动的结果，促使利率上升和国外资金的流入，这样才有利于物价的平衡。① 自由经济的思想对当时的部分经济决策者（尤其是尹仲容）产生了很大影响，② 严格管制的外贸政策实行以来所表现出的弊端也开始使台湾当局意识到价格机制的作用。1958年，负责“行政院美援运用委员会”③ 的尹仲容，又兼任了“行政院外汇贸易管理委员会”主委及“中央银行”总裁，一时之间兼管外汇、贸易、金融等三项攸关国计民生的重大事务，将“美援”、外汇、金融、贸易、经济设计

---

① 陈慈玉：《蒋硕杰先生访问记录》，“中央研究院”近代史研究所，1992年版，第88—91页。

② 在《蒋硕杰先生访问记录》第七章“回台建言”开头的“初识尹仲容先生”一节中，蒋硕杰回忆1952年回台后第一次见尹仲容时，送给尹仲容一本J. E. Meade所著《计划与价格机能》，尹仲容不但在两星期内就把该书看完，印象非常深刻，而且还让当时的“工业委员会”第三组的同仁传阅。蒋硕杰认为那本书对学理工出身的尹仲容影响非常大，他从此知道了“价格机能对经济的重要性”。后来邢慕寰院士还撰写《一本书改造了尹仲容——追怀蒋硕杰先生》，对此事进行了背书，并强调蒋硕杰在最适当的时机把Meade的书送给尹仲容，对日后台湾经济发展是一件扭转乾坤的大事。

③ 1954年陈诚兼任“行政院长”，撤销“经济安全委员会”，另设“行政院美援运用委员会”，由尹仲容负实际责任，他将单纯的“美援”机构，转变成负责推动全台湾经济发展的实权机构。

及执行等权集于一身，因而得以大刀阔斧从事多项重大财经改革，建立现代化经济的制度和基础，成为开创1960年代台湾高速经济成长的一个关键因素。尹仲容采纳了蒋硕杰、刘大中等人的建议，决定放弃管制、保护，回归价格机制。1958—1961年，当局逐步实施了外汇贸易改革，废除了外汇双轨制，实行单一汇率制度，取消了不利于出口扩张的政策。与此相应，当局还放弃了低利率政策以对抗通货膨胀，并将币值贬到实际水平。这次改革是台湾从进口替代成功走向出口扩张的一个关键，被誉为台湾的第一次经济自由化运动。

配合自由化的举措，1960年2月，财经领导人尹仲容又提出和实施了“十九点财经计划”以改进经济、财政、金融和贸易，其内容包括鼓励储蓄、奖励投资、改善投资环境、吸收侨外投资、平衡预算、鼓励出口、减少管制、健全金融体系等。“十九点财经计划”实际成为以后数十年基本财经政策改革的原则。依照这一原则，1960—1973年间，台湾陆续制定并实施了相应的重要措施，包括：1960年公布实施奖励投资条例，以租税减免为主要手段，加强鼓励出口措施，设置加工出口区，健全金融体系，加强贸易政策与工业发展的配合等。

发展出口不啻为台湾1960年代的正确选择，不仅岛内的失业状况好转，民众生活水平明显改善，而且劳动密集型工业的进一步发展也为台湾赚取了外汇，台湾由此打破了劳动力过剩、内部市场饱和、国际收支逆差和外贸逆差等经济发展的瓶颈，从而形成了经济的起飞阶段，即依靠岛内经济和世界经济繁荣的阶段。拉丁美洲国家在第一期进口替代之后直接进行了第二期进口替代，结果导致了经济滑坡。而台湾在第一次进口替代之后采用出口扩张政策，从而产生了与拉丁美洲经济迥然不同的结果。出口扩张增强了台湾对贸易的依赖性，1960年代台湾贸易值占国民生产总值的27%，到了1983年这一比例增加到86.4%，可见，从1960年代起，“以贸易促进增长和以增长促进贸易”成为台湾的经济增长模式，对外贸易成为台湾经济增长的发动机。

三、1970年代至1980年代中期的第二次进口替代及“政府”干预步伐的加快

1970年代台湾面临的世界经济局势不再像60年代那么乐观。一方面，1973年和1979年两次石油危机导致的油价巨幅上涨带动了世界性的通货

膨胀，由通货膨胀而产生的低经济增长甚至负经济增长成为1970年代的国际特色。由于台湾对石油的高度依赖（99%以上），这一重大国际变局使台湾蒙受了通货膨胀、经济增长减慢和出口不利的巨大压力。1973年以前，台湾每年的经济增长率超过10%，1970—1975年，年经济增长率只有2.9%，人均收入则经历了负增长。另一方面，1971年，台湾被迫退出联合国，并丧失了在许多国际组织中的成员地位。台湾在“外交”上被孤立起来，外国资本撤走，使工业发展减慢。而1979年美国中断与台湾的正式“外交”关系形成了最后的打击。“外交”变局使得台湾在这一阶段的投资受到了极为不利的影响。

从内部来看，经过1960年代出口加工扩张时期，台湾的工业产品取得相当的发展，但也开始感受到持续出口扩张的困难，必须开发新的出口产品以提高岛内加工层次，才能保持出口的增长。同时，出口扩张的政策使得台湾严重依赖于国际市场与贸易，到1973年，出口占岛内GDP的比例已经高达46%，如果要在不提高出口依赖度的条件下继续藉出口带动经济增长，就必须提高出口品的“国内”附加价值，也就是开发岛内原料及零件工业，否则便很难突破经济增长的困境。①

这一时期，经济决策者和民间经济学家们都一致认为台湾应该调整经济结构，采取第二次进口替代的政策。第二次进口替代政策的推行极为鲜明地贯彻了“政府”干预的指导思想，具体表现为台湾当局强力干预推动了石化业、钢铁、电子产业、汽车和造船等重工业。为此，1970年代实行了两个主要的经济计划，第一个是1972—1976年的第六个四年经济发展计划，把加速发展资本和技术密集型产品和推动对外贸易和出口工业相结合，在这一阶段，鼓励发展纤维、化学、纺织品、建材、金属和制造业。1973年工业技术研究院的设立成为一个里程碑事件。第二个是1976—1981年的六年经济发展计划，强调节能工业、进口能源代用品、加速资本及技术密集型产品发展及更新工业设施。这一阶段推动了军事与实业领域间的合作，努力增加军事工业的销售，促进工业技术的研究和发展，并对中小工业企业和个体事业进行引导。台湾当局探求现代化管理和工业组织技术，以改进台湾产品的质量，提高台湾产品的国际声誉。1976—1981年所发展的工业比1972—1976年四年经济发展计划期间还要多。1979年当局

① 林钟雄：《台湾经济发展四十年》，台北：自立晚报出版社，1987年版，第96页。

成立了一个“科技咨询委员会”，公布了“科学技术发展条例”。1980年，新竹科学工业园区建立。1979年和1982年，台湾先后两次召开科技大会，确定了“八大”重点科技，在此基础上，又制定了《策略性工业之适用范围》，选定电子、资讯、机械、电机及运输工具等产业作为“策略性工业”，并委托中华经济研究院及经济研究所进行“新投资机会研究”，提出报告，借以诱导民间企业的投资方向。当局号召优先发展对台湾未来经济发展具有价值的1151个战略性工业和制定相应的鼓励政策。为发展这些工业，货币计划、税收刺激计划，以及对发展技术、管理和销售的支持纷纷出台。1982年6月提出的“生产自动化推动计划”更是发展了新技术产品的生产，淘汰了传统工业。

另外，为了配合重要工业的建立和经济日渐扩大的规模，蒋经国于1974年开始推动十大建设项目，包括中山高速公路、铁路电气化、北回铁路、台中港、苏澳港、中正国际机场、核能发电厂、大炼钢厂、高雄造船厂和石化工业，这七个基础设施和三个投资巨大的工业建设项目是1970年代经济政策的中心，弥补了台湾经济基础设施的缺陷，有助于资本和技术密集型产品的长期再发展。1977年蒋经国又提出12个新发展项目：包括新的3条横贯公路、环岛铁路网、“中钢”扩建工程、核能发电厂、台中港扩建工程、新城镇和住宅工程、高屏地区交通改善工程、区域排水系统、修建水坝和防洪堤、屏东—鹅鸾鼻高速公路拓宽工程、农田机械化和建立县市文化中心等。就战后台湾经济思想史的角度而言，值得一提的是与十项建设相比，十二项建设开始重视社会的平衡发展，除重工业项目外，增加了农业和社会文化建设的内容，反映了台湾急于突破社会转型瓶颈的困扰，开始谋求岛内提升生活品质与社会全面发展的愿望。

令人感到讽刺的是，台湾当局干预的步伐加快也反面地刺激了自由经济的进一步要求。在以蒋硕杰、邢慕寰、陈昭南为主的自由主义经济学派的影响和呼吁下，台湾当局于1978年宣布改采用“机动汇率制度”，① 开始逐渐推动了由市场决定汇率的自由化过程。而从1980年到1989年，台湾当局陆续颁布放宽银行利率调整的有关条例，直到最后规定“央行”不

① 所谓“机动汇率”，在最初的提倡者蒋硕杰和刘大中的心目中，即为国际通行的“浮动汇率”，只为避免引起岛民“人心浮动”的疑虑，才建议使用“机动汇率”一词。虽然，刘大中是台湾实行浮动汇率的提议者，但他因胃癌恶化，于1975年8月14日在美国伊萨卡市（Ithaca）与夫人双双饮药自尽，而等不到建议的付诸实现。

再制订存放款利率上、下限，存放款利率由银行自行订定，利率自由化机制也由此完成。1970年代，台湾当局还发布了稳定物价的政策和货币经济建设的条例，除了保留对石油、电力和节约能源设施的管理外，当局不再控制物价。因此，虽然“政府”干预的色彩达到了最浓厚的时期，但随着台湾从1960年代到1970年代日益迈向国际市场的历程，台湾经济向国际化、自由化的演变也在进行之中，“政府”干预在20世纪80年代中叶到达顶峰以后，也向自由市场逐步迈进。

四、1980、1990年代岛内的泡沫经济危机与台湾经济转型的开始

20世纪80年代，世界经济开始进入新一轮的经济结构调整时期，特别是美日等发达国家在高科技领域里的激烈竞争，给发展中国家和地区的经济带来很大冲击。面临世界经济形势的变化，台湾如果不实行“结构转型”，就不可能维持经济的正常发展。因此，台湾于1980年代中期开始了又一次产业政策及产业结构的调整。出台于20世纪80年代的产业政策以“科技导向”为宗旨，主张积极建立和发展技术密集、资本密集产业，特别是高科技产业，减少产业发展对能源及初级原料的依赖。然而，在实际运作中，向高技术工业投资的刺激并不如意，岛内投资者对于技术和资本密集型工业不感兴趣。而与此同时，由于国际市场上的劳动力竞争和发展中国家能够提供廉价劳动力，台湾劳动密集型工业渐渐失去竞争力。

因此，1980、1990年代的台湾工业除了资讯、电子等重点产业方面有所成就以外，其他产业相对衰落，金融业、旅游业和服务业开始成为台湾经济的主体，台湾逐渐步入后工业化的时代。1990年代台湾开始检讨产业政策的得失，着眼于21世纪产业高级化，加紧进行产业政策和产业结构的新调整，调整的重点在于：根据比较利益大、产业关联效果好、预期发展潜力强、技术密集度高、附加价值多、耗能低、污染少的原则，有效地利用资金和技术，建立新的领先部门和产业。台湾当局并颁布实施“促进产业升级条例”，以取代实施多年的“奖励投资条例”。“产业升级条例”不再侧重行业类别的奖励，而是主要奖励企业从事自动化改造、研究发展、人才培训、建立产品品牌与形象等。当局一面提出加速劳动密集型产业的升级，以维持和提高国际竞争力，另一面选择通讯、资讯、消费性电子、半导体、精密器械与自动化、航太工业、高级材料、特用化学品、制药、医疗保健及污染防治等十大“明星工业”作为未来发展的重点产业。

发人深省的是，在1986—1995年间，台湾从表面上看似乎经济呈现着蓬勃的朝气，总体经济数值年年快速膨胀。根据统计资料显示，1986年、1991年、1992年、1995年，岛内的名目GDP分别是3748美元、8727美元、10223美元、12438美元，① 似乎台湾在短短5—6年间经济总量就已经飞快地增长了3—4倍。这样的“经济奇迹”使得岛内的许多人士认为，岛内总体经济表现已经把大多数的发展中国家和地区远远地抛在后面，且正在加速直追欧美日等现代工业国家的水准。部分人士甚至相信，在21世纪来临前，就能把台湾建设成现代化的科技工业岛屿。“经济工程师们”坐在舒适的冷气房里或关在象牙塔里作数学推演，以为美丽的远景必然水到渠成。然而，脉动不息的真实社会却是：曾经努力工作过的人们开始投机，原本在岛内曾经孜孜不息地积极生产的制造业开始外移，曾几何时形成过的台湾经济奇迹，其实已经在极其艰辛的过程中面临挫折、梦魇、觉醒、升级与转型。

其实，这些美丽的数据与经济奇迹的神话应根源于多年来不重视内需的出口导向政策。根据邢慕寰的研究，1980至1985年间台币价值相对于美元价值低估率甚至达到25%。② 在岛内的制造业透过台币汇率相对低估所造成的隐性出口津贴的影响下，不但扭曲了台湾贸易品与非贸易品的相对价格和生产要素的资源配置，延缓岛内制造业竞争力的升级，而且在国际强大的压力下台湾不得不采取逐步让台币升值的办法。由于台湾岛内外各界预期新台币升值，在台湾货币当局采取的缓慢升值的过程中，一方面境外热钱不断涌入以赚取汇差，另一方面在未改革的原有结汇制度下，货币当局也只能无奈地继续释放大量强力货币，在1986至1988年间，台湾狭义货币M_1供给的年增长率甚至达到30%以上。在货币供给额剧增以致市场上资金泛滥的情况下，股票价格由1986年的不足1000点至1990年初上涨到12000点以上。在游资大举炒卖土地下，台北市房地产价格在同一时期内上涨3、4倍，因长期宏观政策的失误所引发的泡沫经济除扭曲金融资本市场的正常发展外，对台湾地区长期的社会秩序、投资环境、财富分配也造成了深远和不利的影响。

① 资料来源：EIU country data，转引自曹小衡主编：《2005—2006年度台湾经济与两岸经济合作研究报告》，北京：九州出版社，2006年版，第313页。

② 邢慕寰：“台湾经济发展的经验——正面与反面的教训”，见高希均主编：《台湾经验再定位》，台北：天下文化公司，1996年版，第18—20页。

泡沫经济危机给台湾带来了巨大冲击，但也正是在这种冲击过程中，台湾开始了艰难的转型。值得注意的是，台湾1980年代中叶以来的经济转型并不是个别孤立的，而是伴随着全世界较为普遍的经济发展趋势和主流。实际上，基于美国主导全球一体化的市场经济秩序已成为既定的事实，自20世纪80年代以来，世界上已有超过20个国家与地区和超过20亿人口的经济发生转型。这些转型经济大致可分作两类：一是由计划经济转向市场经济，如俄罗斯、中国大陆和原东欧社会主义国家；二是由规制较为严密的混合经济转向规制较为缓解的自由市场经济，如日本、韩国、台湾地区和阿根廷等。与此同时，从20世纪中晚期以来的经济发展趋势来看，世界经济发展也呈现两大主流，一为经由贸易自由化、经济自由化发展而形成的经济全球化，二为经由知识创新、信息技术发展而形成的知识经济。这两大主流互相激荡、互相扶持，促进了上世纪末各国与地区间经济的良性发展。因此，这种世界经济发展的大趋势与大气候对台湾的经济转型产生着决定性的影响，而为了能够真正地与未来的国际经济发展潮流接轨，台湾自1980年代中期以来也开始了逐步的思考与摸索。

1984年6月俞国华继孙运璇出任“行政院长”，9月在“立法院”的施政报告中，提出“自由化”、“国际化”、“制度化”作为推动台湾经济转型的基本原则。1990年代中期提出的“亚太营运中心”计划被视为第二次自由化运动，准备将台湾地区建成全球或区域性制造中心、航空转运中心、华人资讯中心、旅游中心等多功能营运中心的计划，通过改善产业发展环境，推动投资与研发，吸引跨国公司赴台设立地区总部等手段，以期提高台湾制造业在亚太地区产业分工的地位。然而，鉴于岛内所面临的内外部各种困难，台湾的经济转型并不是一项简单的工程。以公营事业民营化为例，由于绝大部分的公营事业都拥有不知如何计算的资产，其民营化方式势将改变台湾的企业结构，乃至于改变企业集团的财富分配。当然，从高度管制转向自由开放，市场结构的转变是不能避免的趋势，且在全球化的趋势下，自由开放也是不能逆转的单行道。所以，尽管台湾的经济转型步履蹒跚，但仍是上世纪末与21世纪初岛内追求经济永续发展必走的道路。

五、2000年至今的台湾产业调整与自由经济的演进

受到美国新经济波折的影响，全球主要经济体在2001年几乎同时陷入衰退或低迷状态，这结果也使台湾经济大受冲击。根据国际货币基金组织

的报告，2001 年世界经济增长率为 2.4%，大大低于 2000 年的 4.7%。这是自 1993 年以来世界经济的最低增幅。2002 年和 2003 年全球经济虽然有所升温，但仍然处于低速增长的阶段。台湾经济在 2000 年达到 5.86% 的增长率后，2001 年也进入了经济寒冬，经济增长率为—2.18%，虽然在 2002 年后走出经济低谷，恢复了正的增长率，但其增长幅度仍然较小，其经济增长率分别为 2002 年 4.2%、2004 年 6.1%、2005 年 3.8% 与 2006 年的 4.2%。① 具体而言，在 2000 年到 2006 年的 7 年间，台湾总体经济的平均增长率为 3.61%，这虽然是战后在台湾经济发展过程中最低的经济增长值，并且名目 GDP 仍旧在十年前已经达到的 1.5 万美元间游走。然而，如果以 21 世纪经济学界更为重视的经过购买力平价重新调整过的人均 GDP（PPP）来测算，② 根据世界经济论坛的统计数据显示，2001 年岛内的 GDP（PPP）为 22559 美元，而相对应的较先进的经济体，如日本、德国、意大利的 GDP（PPP）分别为 27101、25715、24510 美元。③ 这是战后台湾在 GDP（PPP）的数字上，最接近欧美日等先进的经济体的崭新时期。另外，由于"自由化"、"国际化"、"制度化"的经济转型的推动，岛内过剩的民间游资已能开始透过新形式的新金融商品、金融衍生商品以及新形式的金融机构，到大陆之外的世界大部分地方寻求新的投资与理财机会。

尽管由于岛内制造业大量外移至大陆继续生产从而使失业率也上升了一些，台湾产业谋求往微笑曲线两端发展仍有一定的陷阱与阻力，但是岛内的制造业与专业服务业已开始在产业升级与转型中露出曙光。在 20 世纪中晚期，岛内生产的工业制品还曾经是劣质商品的代名词。例如，1987 年

① 资料来源：EIU country data，转引自曹小衡主编：《2005—2006 年度台湾经济与两岸经济合作研究报告》，北京：九州出版社，2006 年版，第 313 页。

② 由于汇率的原因，21 世纪初，台湾的名目 GDP 与经购买力调整的 GDP（PPP）呈现出了较大的差距。以 2006 年国际货币基金组织统计，全球外汇储备规模达 4.35 兆美元，是 1995 年的 3.13 倍。其中，东亚周边的国家和地区的外汇储备增长远快于发达国家，占全球的比重从上世纪 90 年代初的 1/3 提高到 2/3；亚洲经济体储备增长尤为显著，在全球储备排名前 10 位中占据了 8 席，分别是中国、日本、中国台湾、韩国、印度、中国香港、新加坡和马来西亚。尽管新世纪岛内的外汇大约是 1987 年 800 亿美元的二倍多，但当时岛内的人均名目 GDP 不足四千美元，且人口也不足两千万；2006 年，岛内的人均名目 GDP 为 16860 美元，人口超过 2.3 千万。由于自由化、国际化、制度化已初具成效，岛内人民的投资、理财渠道日趋多元，许多岛内过剩游资已能跨境移动，所以并没有再次酿成可怕的泡沫经济。事实上，如果考虑经过购买力重新调整过后的 GDP（PPP），台湾仍是较出色的。

③［瑞士］世界经济论坛主编：《世界经济论坛：2002—2003 年全球经济竞争力报告》，北京：机械工业出版社，2003 年版，第 390、414、418、480 页。

的好莱坞电影出品的《致命的吸引力》片中，就有男主角在雨中甩了甩关键时刻故障的雨伞，耸耸肩膀说“台湾制造”的情景。2000年又有一部科幻片，太空船出了问题，宇航员终于找出故障所在，也是双手一摊：“台湾制造”。但是，到了2004年，著名影片《侏罗纪公园》的剧作家克莱顿却在其新出版的小说《恐惧之邦》一书中这样描述：恐怖分子秘密购买精密仪器“超音波气窝式碎石机”，老板向客户介绍道，超音波气窝式碎石技术在美国是禁止出口的，这部机器的零件是台湾制造，它和美国制造的一样好。从好莱坞影片和小说可以看出，在短短不到20年的时间，台湾制造的产品质量已经令世人刮目相看。2005年5月16日的美国《商业周刊》以“为什么台湾很重要”为封面，更是前述见证的极致，该期杂志封面的副题指出：没有台湾，全球经济无法运作，此所以台湾与大陆之间的和平是如此重要。该文指出：“台湾之于世界产业，有如中东原油，是短期内不可替代的。”[①] 其实，设计研发—生产—品牌营销，这个原本一体化企业基本活动流程的分离，乃是当今经济全球化与自由化进程中所衍生的最重要现象，而这种一体化序列的分离方式，可以极大地增加一国或地区的经济生产能量。事实上，台商的西进既可以通过开设新厂或提供新设备而直接增加岛内的资本储蓄，也可以借由减少资本的耗费方式促进岛内资本的积累。2006年初韩国制定的《2015年产业发展策略》已明白地宣示：“不和日本抢研发，不和中国大陆抢代工，韩国将自己定位为全球产业的整合者，透过进口先进的零组件，加以中级技术模组化，再出口给中国大陆组装，赚附加价值财。”韩国宽频教父裴洵勋认为，“在高端研发与低阶的代工中间仍然有很多的商机”，因此“台湾产业的增长不必循序渐进”。[②] 事实上，随着大陆制造业的崛起，台湾早年实行的产业政策开始重新调整，除了以“产值”拼经济外，台湾寻求在各种全球供应链上掌握“国际倚赖的关键环节”上寻求突破，这个产品可以是产业供应链上的一个“小而美”但“不可替代”的重要产品，而不一定是最终产品。唯有如此，台湾才能在与大陆的经济整合中，谋求新的发展。

同时，伴随着台湾的经济增长，许多社会问题也日益暴露出来。一方面，环保和生态问题日益突出。早在19世纪英国经济哲学家穆勒就已经指

① 陈耀昌：“小而美超限防御”，台北《财讯》杂志，2005年7月。

② 旷文琪：“韩国宽频教父裴洵勋给台湾的忠告”，台北《商业周刊》，2006年6月5日。

出，为了生产的增加，势将消耗掉自然资源以及破坏自然的美与宁静。①用现代的术语来说，追求经济增长须以耗竭自然资源、制造污染、破坏景观等长远人类生态失衡作为代价。1970年，罗马俱乐部的成员所刊行的《增长的极限》一书借助电脑模型，就经济增长对人口、资源耗竭、粮食生产、工业化及污染的长期后果提出悲观的预测，② 这曾经引起世人的震撼，也让经济学再度沦为“新忧郁的科学”。③ 但随之而来的石油危机及旧国际经济秩序之瓦解，使经济学家暂时把这些严肃问题搁置一旁。然而，台湾在迈入后工业社会之际，却不能不重视这些问题，因为相对于人口、资源与土地广阔的大陆，台湾只是一个面积只有3.6万平方公里的小岛。台湾不仅人口密度高居世界首位，而且相对欠缺现代重化工业所需资源。过去因为欠缺煤、铁矿、石油等自然资源，日治前期台湾基本上只有农业的发展，虽然1931年后日本开始在台湾推行工业化，但由于历史的原因，始终未在岛内发展现代工业中居关键地位的石化重工业。然而，随着1960年代加工出口经济的发展及现代生产技艺的采用，生态环境问题便开始出现，且有愈来愈严重的趋势，生产和消费的增加都会消耗资源及制造污染，使生态问题深化。根据“环保署”的统计年报，与生产有关的公害至少有三类：1. 工业污染，如多氯联苯、含汞污泥、含钾、镉、铝、锌等重金属的废料及农药工厂的废弃物；2. 畜牧养殖污染，以养猪为例，每头猪的污染是人的4—6倍；3. 因为公共工程所导致的环境灾害，例如修建山区的产业道路之前，必须经过严格的环境影响评估，再慎重定线。2004年敏督利台风所造成的七二水灾，以南投县仁爱乡所遭受的土石流灾害为例，就有一百多条产业道路受损，修复经费就高达15亿新台币，原本有利于经济发展的公路竟然成了“万恶之路”。④

另一方面，伴随着经济增长，政治、文化、教育、社会冲突等问题也越来越突出。正如林钟雄在《台湾经济经验一百年》一书中指出的：“以汽车制造厂为例，在造出可供使用的汽车之外，在生产过程中的物理及化学副产品同时产生空气污染及水污染；更会同时产生出一系列，不易尽举

① 张宗汉：《光复前台湾之工业化》，台北：联经出版社，1985年版，第249—256页。

② [美] 米都斯：《增长的极限》，长春：吉林人民出版社，1997年版，第二章。

③ 19世纪英国的卡莱尔在读了马尔萨斯的《人口论》后，一度将经济学称之为“忧郁的科学”。而现代人却是因为对人类经济增长的长期悲观，所以第二次将经济学称之为“忧郁的科学”。

④ 台湾档案：“万恶之路”，台北《财讯》杂志，2005年12月。

的正面及负面的社会产品，包括就业机会、‘政府’税收、职业伤害、疏离、政治不满等。换句话说，‘善’（goods）与‘恶’（bads）是同时产生的，传统经济学把‘善’称之为财货，并且只关心财货的生产及分配，以其数量及增加之过程作为衡量经济进步的指标，而忽略了‘恶’的存在。”① 在空气污染、水质污染、噪音增加普遍被注意之后，尽管公共的“恶”被当作公害而受到重视，但是诸如财团化等私恶则仍然有待继续追踪研究及控制。在台湾，向来含有经济成长优先的政策态度，从而公害问题、所得分配、公平正义、人文素养的培育、民主与社会多元化的发展等议题殊少被重视。21 世纪由于政党的轮替，过去在戒严与威权体制时代所隐藏的问题陆续地开始浮现与曝光。然而，根源于战后岛内的民主政治与社会多元化之发展，并非是社会上“现代化”的思想逐渐成熟，然后水到渠成地由下而上自然地发展开来；相反的，却是执政的国民党当局在战后前中期漫长的岁月里，以强大行政权力为背景，很大程度上借助以尹仲容、李国鼎、孙运璇等为代表的技术官僚来主导社会的经济现代化。国民党当局的思路是，希望藉由人民的丰衣足食，来获取人民政治的支持，从而稳固岛内政治结构的安定。然而，事与愿违，随着台湾经济的日渐繁荣、多元社会逐渐形成，在岛内政治经济权益密不可分的时候，台湾民间开始起而要求参与政治，使当局由上而下、被动而消极地逐步退让。“解严”的宣布，事实上等于是宣告强控制系统的不合法与不正义；② 1987 年 7 月戒严令的废除，标志着战后台湾发展史上一个重要的转捩点，戒严令的废除好像压力锅的盖子一旦掀开一样，四十多年来台湾所蕴蓄生气蓬勃但无处宣泄的社会力、经济力、乃至文化力，随着戒严令的废除，纷纷一拥而出，学生运动、工人运动、原住民运动等等风起云涌，并且企图在政治领域中，将这些力量加以落实。③ 然而，延续至新世纪初，岛内脱序的社会运动却成为岛内政治经济动荡之根源。

2005 年 8 月高雄捷运的泰劳暴动事件，9 月台湾高铁宣布延后一年通

---

① 林钟雄：“重建美丽岛”，见林钟雄：《台湾经济经验一百年》，台北：三民书局，1998 年版，第 267—301 页。

② 杨渡：“强控制解体的年代”，见杨渡：《强控制解体》，台北：远流出版社，1988 年版，第 12 页。

③ 黄俊杰：“大学通视教育”，见黄俊杰：《大学通识教育的理念与实践》，台北：台湾通识教育学会，2005 年版，第 9 页。

车，这两个事件一起引发外界对BOT运作的疑虑。BOT案似乎是政商勾结的罪恶渊薮，岛内舆论也围绕着究竟“谁拿到好处”进行质疑。另外，台湾于上世纪末开始推动的公营事业民营化，同样也被指责在“图利财团”的疑云中。无论是公股打算释出的彰银或台企银，都被外界认为是当局某些部门独厚财团的作为。究竟是不是“官商勾结”，确实值得深究。然而，无论是BOT案，还是民营化运动，皆是肇因于台湾民间与学界认为：“政府”效率低、易浪费，由于希望以民间的经营管理能力，为财政负担重且无效能的“政府”部门完成公共建设，才开始推动民营化与BOT案的热潮。过去民进党在执政前被认为是“反商”，没想到民进党执政数年后，整个台湾社会竟都有“反商情结”，究其原因，贫富差距的扩大，可能是其中的主要原因。正如托克维尔所指出：“尽管人对于自由是有一种天然的爱好，然而若论及平等，他们的激情将会是热烈的、不满足的、不间断的乃至不肯屈服的。”

进入新世纪以来，台湾对教育的反思也日益加重。由于战后岛内一直是以经济增长为最高目标，因此所有政策均成为经济发展的工具，反而忽视了人在现代社会的意义和价值。有学者指出，在台湾近年来的众多问题中，究竟哪些问题是属于人的品质出了问题？而人的品质主要决定于教育的品质，战后至今，台湾教育与观念已阻碍了政治与经济的更进一步发展，如不能改善台湾的人文教育，将很难使岛内的政经与社会转型更上层楼。①

另外，在有关两岸经贸整合的问题上，台湾社会也面临着如何跳脱“蓝”“绿”立场，以更理性与更开放的思维来面对的问题。显然，只有同大陆维持一个良好的互惠互利的关系，一方面努力发展经济，另一方面在推动民主政治上，彻底摒除互斗的格局，消除族群间的裂痕，② 台湾才可能从经济增长的社会转变为成熟的社会，才会有更宽广的明天。

六、战后台湾经济增长的原因与动力

综观以上战后台湾的经济增长史，要说明台湾在纷纭复杂的环境和演

---

① 韦政通：“人文教育与人的品质”：见韦政通：《中国思想与人文关怀》，台北：红叶文化公司，2000年版，第164—165页。

② 王宗先：“台湾是什么？”，台北《经济前瞻》第101期，台北：中华经济研究院，2005年9月。

变过程中是如何得以经济发展的，似乎很难一言道尽。目前大部分台湾经济史的研究成果都把台湾的经济增长归因为：日本人所遗留下的农业和部分工业基础，国民党从大陆带去的资金、机器和人才，1950—1964 年美国给予台湾的经济援助，台湾人民的勤劳，等等。紧接着，20 世纪 50 年代的朝鲜战争和60 年代的越南战争也提供了额外的经济动力，台湾通过向西方世界提供物资，扩展了自己的进口替代和出口能力，从而推动了经济的前进。另外，自 1980 年代中叶一直到 21 世纪初期，随着台商对大陆的投资与产业的外移，台湾的生产基地逐步地转移至大陆，台商在大陆本地化的发展，也在客观上加速了台湾产业的升级与经济的转型，推动台湾真正地向微笑曲线的两端前进。诚然，以上这些因素都是推动台湾经济发展的不争的事实，然而，这些因素却都带有一定的历史偶然性，在台湾的经济增长背后，是不是存在一种一以贯之的推动经济增长的必然动力呢？

1938 年罗伯逊在《经济学杂志》上最早提出将国际贸易作为“增长的发动机”，而普雷比什在 1950 年代又首先提到了工业世界与“外围国”之间的关系。1961 年 12 月，联合国大会通过的 1707 号决议将“国际贸易作为经济发展的基本手段”。台湾在 1958—1961 年进行外贸自由化改革后，确立了以对外贸易为导向的出口扩张策略，“以贸易促进增长和以增长促进贸易”由此成为台湾后来一直采行的经济增长模式，这似乎恰好回应了 1960 年代国际上以国际贸易作为经济增长的引擎的潮流。但是，仅仅停留于对外贸易是经济增长的发动机的认识是不够的，在这其中，还蕴含着更为深刻的寓意。通过以对外贸易为导向而建立的外向型增长，实际上相当于把台湾的经济环境、天赋资源和需求结构纳入到更为广阔的世界市场，使岛内市场进入了世界性的竞争与交流当中，这无疑对培育台湾的市场，从过度的管制中将市场机制的活力解放出来，具有深远的本质影响。正因如此，市场的兴起和自由化发展才成为台湾经济增长持之以恒的动力。而战后台湾的经济政策和相应经济思想的产生和演变也无不受到市场自由化这一动力的深远影响。曾经亲身参与台湾经济政策制定的官员与院士如李国鼎、孙震、于宗先等，在不同的经济发展阶段都曾为此提出过佐证。例如，李国鼎认为：“台湾经济发展中重要的东西，是朝着更大的市场方向前进。”① 而于宗先也认为：“也许执政当局并不理解市场经济的特

---

① 李国鼎：《台湾经济发展背后的政策演变》，南京：东南大学出版社，1995 年版，第 57 页。

质，或者不理解当前的世界潮流，总想将威权时代的思维应用到今天的事务”、“‘政府’深怕资金西流，造成台湾产业空洞化，于是除劝台商‘戒急用忍’外，对西进的资本要经批准。”① 孙震则总结道：“我们如果想用一句话表达台湾过去50年的经济政策，那就是渐进的经济自由化；虽然‘政府’在不同时代、不同情况下的若干说法和做法毋宁与自由化背道而驰。”② 因此，对战后台湾经济增长思想史的探究，将有助于我们更深入地认识市场自由化这一战后台湾经济增长的根本动力。

第二节　战后台湾经济增长思想的源流与演变

在战后经济增长的过程中，一方面，台湾通过一系列的政策变迁体现出其经济思想和政策思路，另一方面，台湾学术界围绕政策变迁和市场自由化过程中出现的各种经济问题也提出了大量的经济思想。为了更好地认识这些纷繁多样的经济增长思想，我们可以从基本的思想源流和演变趋势来着手探讨。

一、战后台湾经济增长思想的源流

（一）孙中山的民生主义与《实业计划》

早在1940年4月，国民政府便通令全国尊称孙中山先生为“中华民国国父”。国民党从大陆败退播迁台湾以后，继续尊孙中山为“国父”，认为“真能在五十年以前便能了解世界潮流趋向，审度自己国家情形，执其两端，用其中于民的，国父算是第一人。”③ 并以其“三民主义”作为施政的纲领。在经济领域中，当局往往宣称民生主义和《实业计划》是经济政策的指导原则。正如曾任“经济部部长”和“财政部部长”的李国鼎所表述的：“我们的经济制度，依据孙中山先生遗教为民生主义经济制度，且明订于‘宪法’第142条。”④ 在战后初期工程师一揽天下的年代，台湾的

① 丁宗先：“谁主导海外投资方向”，台北《经济前瞻》第102期，台北：中华经济研究院，2005年11月。

② 孙震：《台湾经济自由化的历程》，台北：三民书局2003年版，第4页。

③ 王作荣：“论民生主义经济制度的建立”，见王作荣：《台湾经济发展论文选集》，台北：时报文化出版事业有限公司，1983年版，第210页。

④ 李国鼎：“孙中山先生实业计划经济部门之研究”，见李国鼎：《台湾的经济计划及其实施》，南京：东南大学出版社，1995年版，第16页。

工程师学会还成立“国父实业计划研究委员会”，依交通、水利、市政、农林渔牧、工业、矿业等部门，分别推定人选进行研究。

在台湾当局的具体政策中，我们也不难看到孙中山思想的许多影子。例如，‘政府’主导和管制经济的方式与孙中山的国家资本主义思想有着深厚的渊源；将日本统治台湾时代的企业收为国营，并在战后初期限制和约束私人企业的发展，这与孙中山的“发达国家资本，节制私人资本”的思想有着密切的联系。孙中山把“耕者有其田”作为民生主义的主要目的，认为“至于将来民生主义真是达到目的，农民问题真是完全解决，是要耕者有其田，那才算是我们对于农民问题的真正结果。”① 而台湾土地改革无疑是孙中山“耕者有其田”思想的成功体现，同时，蒋经国重视农业、重视工农业均衡发展的思想和态度尤其体现了孙中山民生主义对台湾经济决策者的这种影响。漆高儒在《蒋经国评传》中有一大段内容叙述了蒋经国“心系农村、关心农民”，蒋经国做“行政院长”伊始，1973 年 4 月 3 日，在台湾省‘政府’与主席谢东闵以及农林厅长、建设厅长等座谈时，就有如下指示：“‘政府’公务人员应该想尽一切办法，为农民多做一些事，多解决一些农村问题，并且尽量使农民减轻一些负担。”②

在台湾当局的影响下，孙中山的思想也渗透于学术界的研究和讨论中。很多学者都常用三民主义的话语体系来发表其观点并向当局献策，或者进行学术讨论。例如著名的社论派经济学家王作荣就曾在 1969 年发表《论民生主义经济制度的建立》一文，对民生主义经济制度提出了自己的理解，藉此“希望执政党能就民生主义经济制度的思想与目标，作一具体的权威说明，进一步拟定实施步骤与方法，即作为革新工作的一个示范，和建造一个现代‘国家’的起点。”③ 其他的学者，典型的如东吴大学侯家驹教授则以民生主义作为治学思考的要旨，侯家驹在谈论后进‘国家’如何确立经济发展路线的问题时，就明白地说道：“我主张后进‘国家’的经济发展路线，应秉持民生史观解决‘食衣住行育乐’问题的阶段论。”④

---

① 孙中山：《民生主义》第 3 讲，台北：正中书局，1969 年版，第 237 页。

② 漆高儒：《蒋经国评传——我是台湾人》，第 196—199 页。

③ 王作荣：“论民生主义经济制度的建立”，见王作荣：《台湾经济发展论文选集》，台北：时报文化公司，1983 年版，第 215 页。

④ 社论：“疑问与解答：台湾经济发展路线”，台北《工商时报》，1982 年 8 月 14 日。

值得注意的是，国民党当局虽然宣称以孙中山思想为施政纲领和经济政策指导原则，并且在战后初期产生过把孙中山学说作为教条的倾向，但孙中山的思想最终还是没有成为台湾的一种意识形态。一方面，这要归功于民间（尤其是战后初期创办的《自由中国》杂志）对教条主义的强烈批判和警告。例如，在1959年《自由中国》一篇名为《由节育问题说到教条主义之为害》文章中，就针对当时台湾当局无视台湾人口的激增带来的严重经济挑战而反对节育的情况，明确指出："人人都知道，中山先生是反对限制人口的。在三民主义书中，民族主义的第一讲，差不多以三分之二的篇幅，来叙述世界各大强国人口增加的情形，而中国的人口则永远是四万万……这样'到一百年之后，如果我们的人口不增加，他们的人口增加倒很多，他们便用多数来征服少数，一定要吞并中国。'中山先生这一说法，主要是根据一位名叫乐克里耳的美国公使的调查，认为中国人口至多不过三万万；中山先生是相信中国人口在乾隆年间即有四万万，若照乐克里耳的调查，则不但不增，反而减少了四分之一，乃感觉惊慌而发表此论。事实上……近三十年世界人口的发展趋势，反而是先进国家增加甚少，而落后国家则增加甚多，并不与中山先生所提警告相符合。尽管如此，中山先生此一观点，仍留下深切印象；尤其是，在他的学说已成为教条的今日，其影响力更是不容我们忽视。……人口问题供给了我们一个活生生的例子，使我们深刻的意识到在处理一个现实问题时教条主义为害之烈。……我们必须了解，一切经典都是过去时代的产物，几千年前是过去，几十年前也同样是过去，而我们所要把握的不是过去，而是现在和未来。在过去的经典中，可能有些话仍适用于今日，但另一些话则不复适用，此需要我们凭理性来予以抉择。"①

殷海光在1960年一篇名为《我对于三民主义的看法和建议》中，则提出了更为尖锐深刻的批判，他提出"如果任何一种思想学说是真理，那么用不着藉枪杆保护。如果任何一种思想学说要藉枪杆保护，那么就证明它不是真理。我们从来没有听说罗素思想必须要枪杆保护的。"殷海光认为在民国初年旧体系崩溃各种思潮蜂拥而来，知识分子迫切需要以某个主义来救国的情况下，孙中山才创建了三民主义。"三民主义中的民族、民

① 社论："由节育问题说到教条主义之为害"，《自由中国》第20卷第11期，1959年6月1日。

权、民生可以看作政治问题底三大基本范畴。……因为思想上的吸收和兼消作用，于是许许多多的政治醒觉分子渐渐归依到三民主义的怀抱而滋长出一种一致的政治意识。这种政治意识之滋长，日后成为北伐运动的推动巨力。……从这个观标来看，三民主义不是'统战工具'又是什么？……国民党应须将三民主义来一番改造。三民主义的大架构还是可用的。然而，它的内容和铺陈，几十年来，毫无修正、翻新、和充实。我极不赞成国民党藉着政治权势把三民主义变成国教；但是我极其赞成国民党享有不藉政治权势来弘扬三民主义的自由。……我们看孙中山先生所作三民主义之序文，可知他自己并没有向他底信徒那样把三民主义当作天经地义的意思。……这四十年来，世界进步得太快了，中国人底知识也有些进步。如果要它跟上时代，永远常新，并且使青年们读起来真正从内心发生兴趣，那末就必须来一次改造。改造的工作，必须从吸收现代心理学、罗尔斯政治学、波普的社会思想评导、文化人类学，等等着手。"①

另一方面，台湾当局也在日益复杂多变的经济环境中意识到了孙中山经济思想适用的局限性。李国鼎在1965年"中国工程师学会"第30届年会孙中山先生实业计划研究委员会上的专题报告中就谈到："孙中山先生思想博大高深，而工程师所学皆为自然科学，实不能有所献替……该计划系一指示性计划，在实施时自须另有较详细的计划。孙中山先生在实业计划序文中已明白指示：'此书为实业计划之大方针，为国家经济之大政策而已。至其实施之细密计划，必当再经一度专门名家之调查，科学实验之审定，乃可从事。故所举之计划，当有种种之变更改良，读者幸勿以此书为一成不易之论。'……再者，孙中山先生实业计划的拟订，距今已将近50年，一切实际情况较拟订计划时变动甚多；复以近数十年来，科学进步快速，如交通工具、建筑技术以及农工矿各业的进步，均远非当时可比。故原计划实需加以斟酌增减变更，方可符合现在中国之要求。"②

（二）现代经济学的引入和运用

虽然孙中山的经济思想在台湾当局的许多早期政策中起了突出的作用，但是，随着台湾经济情势日益复杂的演变和国际化的趋势，现代主流

① 殷海光："我对于三民主义的看法和建议"，《自由中国》第22卷第12期，1960年6月16日。

② 李国鼎："孙中山先生实业计划经济部门之研究"，见李国鼎：《台湾的经济计划及其实施》，南京：东南大学出版社，1995年版，第15页。

经济学，包括古典学派、新古典学派和新经济学派等经济思想对台湾经济政策选择的影响则呈现出愈演愈烈的趋势。最早把这一影响强烈施加于台湾当局身上的便是美国。在1950、1960年代期间，“美援”团的几百名美国顾问实际上构成一种“影子政府”，对台湾当局的政治与经济决策产生了广泛的影响，① 许多当时流行的西方经济学理论成为台湾经济政策实践的指导。例如，1960年美国的罗斯托教授刊行了风行一时的“经济成长阶段论”，依欧美近代经济发展的史实，划分经济发展阶段，指陈经济起飞是关键阶段。当时美援团引进这一理论，大部分财经官员和专家学者均依照罗斯托所主张的经济起飞条件，检讨台湾的基本经济状况，得出台湾当时只处于经济起飞前的准备阶段的结论，并由此制定相应政策，努力完成经济起飞的条件。值得注意的是，国民党当局也在与西方自由经济思想的碰撞中，修正了一些固有的经济思想。例如，很多国民党官员一面承继了孙中山“节制私人资本，发达国家资本”的思想，一面又把这一思想发展到了极端，甚至到了敌视私人企业的程度。而经由“美援”的杠杆作用，国民党官员敌视私人企业的倾向逐渐减弱，开始赞同利用援助创办或帮助私人企业。又如，赫希曼和罗斯托等人的“不平衡增长论”，提出发展中国家的各种产业发展应该根据各国具体情况和比较优势，实行优先顺序而不是全面投资的战略，这一思想使得台湾当局将继承自《实业计划》中的思想加以扬弃。

除了美国顾问的影响，台湾还建立了一大批积极投入制定政策的大学、研究所和咨询公司，这些非官方的学者和研究者大多具有留学国外的学识背景，他们不断地将变化中的现代经济理念引入台湾。建言当局实行自由化的首要人物之一的蒋硕杰院士，在台湾一以贯之地宣传自由经济的思想。1970年代，台湾经济学界在蒋硕杰和刘大中两院士的协助下，对外积极开展学术交流，世界著名的经济学者络绎不绝地到台湾访问、演讲和参加学术会议。例如，1971年诺贝尔经济学奖得主库兹涅茨教授被聘为台湾当局的经济顾问，这些来台的世界级的重要经济学家，对台湾继续推行自由化市场经济的政策也发生了不可小觑的影响。而1970年代、1980年代制度经济学派的兴起和技术内生性经济增长模型的出现，也对台湾产生了重大影响，1984年提出的“自由化”、“国际化”、“制度化”政策原则

① ［美］韦德：《驾驭市场》，北京：企业管理出版社，1993年版，第217、230页。

以及发展高科技产业的策略，无不与这些国际经济思潮紧密联系。

在引用现代经济学理论的过程中，台湾当局和大部分学者都逐渐避免了完全照搬，而是注重与台湾的经济现实相结合，对原有的西方经济学理论进行相应的取舍和衡量。例如，著名学者赵冈在《怎样以凯恩斯的理论来研究台湾经济》一文中，就分析台湾当时经济发展缓慢的原因是由生产力低下引起的，而非凯恩斯所适用的景气与失业的问题，而且台湾由于不能自行供应增产所需的资本财、资本的自然积累缓慢、人口增殖过速和非自由市场经济制度等具体条件限制，所以“凯恩斯促进繁荣的办法未可‘食古不化’地在台湾应用……凯恩斯所提出的货币政策与财政政策未可不加修改地适用于台湾。然而这并不是因为凯恩斯的理论不正确，而是因为台湾的经济与英美各国所遭遇到的问题在本质上不同。我们仍然可以用凯恩斯的理论来分析台湾经济问题，但须提出不同的解决方法。”① 蒋硕杰从1950年代到1980年代更是一以贯之地倡导：要解决台湾的经济问题，不能照搬凯恩斯的低利率政策，而应相反实行高利率政策来吸收储蓄充实投资。到了1995年，“中央研究院”院士于宗先总结道：“就经济理论而言，有部分新近学成返‘国’的学者，为了在国际刊物上发表论文，仍沉湎于西方经济的理想模式，在数学工具上用功夫，但大部分的学者，当对台湾经济有了认识以后，多从事实证分析，这种实证分析，在推理上所用的工具，主要还藉助于现代经济学的工具；在分析方法上，也利用现代经济学的方法。不过，大家都经过‘剪裁’的过程，‘依样画葫芦’的现象愈来愈少。”②

值得一提的是，随着台湾经济增长思想来源的多元化和不断地演进，各种学说理论在台湾经济的土壤中相互交融演化，以至于一些经济政策或观点的提出，很难辨认其究竟是受到哪一种学说或理论的影响，对于同一经济事件的分析，学者们往往仁者见仁，智者见智。例如，第一次进口替代时期台湾所发展的食品加工、棉纺织业等各种消费品工业，有经济学家认为这正印证了孙中山在民生主义中所主张的发展解决人民吃穿住行的民生工业的思想，而也有学者认为这是自由经济发展的必然，如戴杜衡在

---

① 赵冈：“怎样以凯恩斯的理论来研究台湾经济”，《自由中国》第16卷第7期，1957年4月1日。

② 于宗先总主编：《台湾经济发展论文集续编》，台北：联经事业出版公司，1995年版，总序。

1955年所发表的文章《论信用政策》中就指出："工业建设可以有不同的程序，或者是先发展消费工业，而后发展资本工业，或者反过来，先资本工业而后消费工业。在民生自由的社会，工业化通常是经由前一种程序……在极权'国家'却会反其道而行之。"① 又如，台湾当局在战后所采取的大量举办公营化的银行和重工业企业，以及在1970、1980年代修建大规模的公共基础和交通设施等政策，这可说是孙中山《实业计划》思想的部分体现，也可说是深受当时国际流行的主张国家大规模干预和投资的凯恩斯主义的影响。但不论如何，正是多元化的学说和理论的交融撞击促成了台湾经济增长思想的不断成熟和演化，而且随着台湾经济的日益自由化和国际化，正如绪言所述，现代经济学理论对台湾当局和学术界而言，已不再是"他者"，而是成为必然而自然地思考现代经济问题，所必须仰赖的分析语言和思维体系。

（三）实用主义的影响

从更深的层面来说，台湾之所以没有最终形成任何一种意识形态，一方面是由于孙中山学说与现代经济学各种学说形成了相互交叉、相互撞击的多元化局面，另一方面则是因为台湾当局强烈的实用主义倾向。如绪论所述，台湾当局的许多重要官员兼学者，如李国鼎、魏萼等，都明确指出台湾在政策制定上以现实主义为基础，采取实用主义的道路。当局往往以事实的需要为缘由来提出各种措施和解释，即使他们知晓这些政策和措施是与市场规律和经济原理不相符合的。例如，被誉为台湾经济发展之父的曾任"经济安定委员会工业委员会"召集人等职的尹仲容在谈论汇率修订问题时，就说道："各种差额汇率办法曾引起许多人热烈讨论和批评，认为不切实际，厚于进口而薄于出口，而主张改订汇率。如果在平时和自由经济的情况下，这种说法自然是有理由的，不过如用之于今日台湾，似乎有待考虑。……我所不惮一再说明的是指出现行汇率并不是不可变更，但在目前自由中国，在经济各方面的条件没有成熟以前，随便改动是危险的。"②

诚然，经济政策的制定和经济理论的采用最终都是为了解决实际的经济问题，达到实际的经济目标。然而，如何界定经济问题和经济目标，如

---

① 戴杜衡："论信用政策"，《自由中国》第14卷第3期，1956年2月1日。

② 尹仲容："台湾生产事业的现在与将来"，见杜文田主编：《台湾工业发展论文集》，台北：联经事业出版公司，1976年版，第8页。

何选择相应的方式方法，却大有学问，一旦过了头，就会失之毫厘，谬之千里。尽管实用主义并不是一种特定的经济理论，而是当局面对特定经济问题的一种主观唯心哲学，但实用主义对经济思想的影响仍是巨大的。至少有两个原因使得实用主义的理解与运用对经济学家或主政官员来说尤为重要。其一是经济学的对象是不断变化的。不仅经济学家与官员们关注的各种课题会由于政治、社会变化而变化外，而且经济本身也在变化。其二是人类行为本身也不可能设想为一成不变的，人们一旦意识到种种新的可能性，例如，发现新的游戏规则，人们便可能改变自己的行为。由于所有这一切变化，实用主义在经济思想中的地位就显得更加重要。法兰西学院院士佩雷菲特以为，要发展一种负责的经济精神，就需要抛弃所有的教条主义态度，从而有助于从实用的角度了解经济生活。对于实用主义较深的理解与运用范围的界定，无疑有助于英国在16世纪之后三百多年的海外经济竞争中赢得霸主地位。从巴空到戴福南特，英国人对实用主义与贸易均衡的理解远远超过同时代的欧洲人。① 事实上，实用主义不仅在近代欧洲经济思想的早期发生重要的影响，对于当代经济学思想与理论的方法论，实用主义至今仍扮演一个举足轻重的角色。汪丁丁认为，在英美实用主义哲学影响下出现的两个主要的经济学方法论流派是：1. 以诺贝尔奖经济学家西蒙和著名经济思想史家布劳格为首的波普尔“证伪”主义方法论；2. 以弗里德曼为首的芝加哥学派的“工具主义”方法论。这一学派至今获得了数量最多的诺贝尔经济学奖，它强调的是理论的“好用性”而非其假设性。②

尽管实用主义在经济学方法论中具有很多的正面意义，但在实践过程中仍须非常谨慎。米塞斯曾经对实用主义的过度使用发出睿智的批判。米塞斯写道：“如果有人支持国家自给自足，想封闭自己的国家而不与其他国家贸易。那么，这是一种价值判断，其本身不能由论证所否定。但这并不是实际情况。群众会被引诱而为了支持自给自足做出某种牺牲，但是，很难使他们为支持这种理想而做出重大牺牲。只有文人热衷于贫穷，即其

---

① 巴空为16世纪英国思想家，著有《论文集》。而戴福南特为17世纪英国国会议员，著有《关于英国公共收入和贸易的演说集》和《关于如何保障一个民族在贸易平衡中取胜的方法论》。见于［法］佩雷菲特：《论经济“奇迹”》，北京：中国发展出版社，2001年版，第158—166页。

② 汪丁丁：“走向后资本主义时代的经济学方法论”，载于［奥］米塞斯：《经济学的认识论问题》，北京：经济科学出版社，2001年版，第8页。

他人的贫穷。但是，其他人对繁荣的偏爱大于痛苦。由于人们很少能在公众面前论证说，实现文人的这个或那个理想甚至在以相当大地减少普遍繁荣为代价时也不是得到的太昂贵，同时又抱着任何一点成功的希望，他就必须证明为了表明限制与外国的贸易和商业，国有化'是一件好买卖'。因此，人们就必须努力把非理性的联结插入推理链条中，因为要用理性的、清醒的科学论据来证明这一类东西是不可能的。"①

类似于实用主义在英国早期海外经济争霸的促进作用，实用主义在近代中国也得到了广泛的传播和接受，播迁台湾的国民党当局也不例外。然而，战后初期，台湾当局的实用主义却有些过了头，往往为应付迫切的现实需要，而不顾及经济规律和长远发展便仓促成就各种政策。1961 年正担任"美援会"秘书长的李国鼎就坦言道："台湾的工业设计，便比较迁就实际环境，对于许多经济理论上的考虑，则置于次要的地位。"② 早在 1950 年代，《自由中国》杂志就连续载文批判了'政府'当时"以财政害经济"、"以事实害理论"的实用主义倾向。战后初期，台湾当局由于财政短绌，而强力采取了各种不符合经济规律和长远经济发展的政策来单纯追求收支平衡。1956 年《自由中国》一篇名为《探本寻源论财经大计》的社论，就尖锐地指出："……近年来的一切'施政'，几乎无一事不是'为财政害经济'。严格说，我们根本没有任何较长期性的经济政策。经济部早成了财政部的附庸……我们现在所谓的经济政策，得分为两类：第一类是直接为了财政目的而设，第二类是为了挽救财政问题所引起的危机而设。"同时对于当时的物价膨胀问题，社论指出："问题的本质是财政困难所带来的物价危机，要有种种不得已的经济措施，予以挽救，而经济政策本身所应具有的目的，如促进生产、鼓励输出、提高'国民'所得等，却被牺牲。"③ 陈式锐在《台湾棉布问题面面观》一文中，更直截了当、尖锐地指出了当局过度实用主义的窘迫："我观台湾经济，既非自由体制，也不是计划或实际底统制一型，却系属'头痛医头，足痛医足'底一类。当局对台湾经济，向来未尝全盘

---

① ［奥］米塞斯：《经济学的认识论问题》，北京：经济科学出版社，2001 年版，第 90—91 页。

② 李国鼎："论台湾的工业设计"，见李国鼎：《台湾的工业化》，南京：东南大学出版社，1995 年版。

③ 社论："探本寻源论财经大计"，《自由中国》第 15 卷第 3 期，1956 年 8 月 1 日。

着想过……”。① 的确，这种短视的实用主义使得台湾当局往往只是穷于应付接连不断的各种实际问题，而忽视经济原则的各种救急措施却又常常导致了新的问题的出现，从而使当局陷入四处灭火的尴尬境地。

同时，当局把手段当作目标的现象也是短视的实用主义的一种表现。战后，当局为了单纯追求快速的经济增长，而采取了多种不符合市场规律的人为管制和干预。学者赵冈在《发展台湾经济的方向》一文中就纠正道：“财经当局对于发展台湾经济，数年来确实做了不少努力，费了不少心血。可惜的是始终没有弄清楚应该努力的方向。……提高每人平均真实所得是发展经济的目标。‘政府’财源的增加只是经济发展的附带效果，而非主要目的。如果平均实质所得不能增加，则任何开辟财源的理想终必落空。”② 同年，马逢华在《发展台湾经济的分析：几点商榷》一文中，也对当时台湾第一个四年计划追求的达到“国家”预算平衡、国际收支平衡和物资供需平衡三个目标提出了质疑。他指出：“把这三大‘平衡’一再列为经济建设底目标，似乎很不合适。”赵冈在《发展台湾经济方向》一文中指出：“经济建设底目标，应该是提高‘国民’每人平均真实所得，这一点十分重要。”③ 戴杜衡在《论信用政策》中也指出，以损害人民生活而单一追求经济增长，会导致严重的后果，“也许，这会达到另一种性质的‘正常’，一种离自由经济一天天遥远而不容易回头的，永远伴同着这种脱节与浪费的‘国家’资本主义的‘正常’。”

然而，战后担任台湾经济开发工作的人才基本上都是工程师，他们被视为台湾“工业建设之母”，④ 对于充斥于他们其中的实用主义的强势影响，学者们是无回天之力的。邢慕寰曾经精辟地把当时工程师们漠视市场法则和经济原理的心态和弊端称为“技术官僚主义”，⑤ 而大部分民间学者所能提出的解决办法，也只是希望‘政府’多多启用专业人才，多多考虑经济原理和规律。著名经济学家周德伟就呼吁过：“作者迫切希望执政的

① 陈式锐：“台湾棉布问题面面观”，《自由中国》第7卷第1期，1952年7月1日。

② 赵冈：“发展台湾经济的方向”，《自由中国》第16卷第1期，1957年6月1日。

③ 马逢华：“发展台湾经济的分析：几点商榷”，《自由中国》第17卷第5期，1957年9月5日。

④ 李国鼎：“从解决民生问题来看台湾工业化”，见李国鼎：《台湾的工业化》，南京：东南大学出版社，1995年版。

⑤ 邢慕寰：“技术官僚主义与晚近经济迷思的危险”，见邢慕寰：《通俗经济讲话观念——观念与政策》，台北：三民书局，1986年版，第153—162页。

人们与现代最优秀的知识取得密切联系。英美各国数十年来，关于重要政策事项，无不取决于其国内之权威专家。在中国过去周公握发吐哺以待士……这些都是最好的榜样，作者迫切要求‘政府’相信学人之道义诚意及见解。”①陈式锐也直率地认为：“过去‘政府’的经济措施，在缺乏制度与政策底状态下，无论着眼在解决‘政府’或民间的经济问题，完全以官吏自己的意见为主，舆论固无能为力，则实业界与学者也没有插言余地，结果每次‘闭门造车’，拿出来自然多是行不通的。……譬如当前底‘四年计划’，是否经过科学研究，实成问题。……‘行政院’如果要采行‘经济民主制度’，以科学底研究及科学底方法应用于经济改革，那末对在野底——尤其是学者的——意见，应该要有容纳的雅量。这一容纳，同时也是一种配合；‘政府’与学者合作的安全性，远高于与政客官僚为伍。”因而，他竭力提倡“学术研究配合实际政治底一种风气”。②

事实上，战后台湾在实行出口扩张政策时所演变成的一种盲目心态，就是在一群“经济工程师”们的实用主义思维的策划下造成的。在出口至上的经济战略下，整个台湾就像是一座效率极高的加工出口厂。前中兴大学经济系主任周添城在其所著的《经济奇迹的迷思》中就针对当局这种实用主义政策提出批评：这座工厂，可以在非常竞争的价位上，透过专业分工的搭配与组合，取得出口市场的订单。同时，这座加工厂的上下一心，甚至在不知不觉中有一切为出口、一切为接单的心态。当局在政策上，无论设厂、租税、金融、行政等方面，对于出口的支持，丝毫没有犹疑。民间企业则系以上下游专业分工的生产方式，从零组件产制到装配、甚至出口报关，每一个阶段都有专业性的厂商经管，以达专业化节省成本的目的。朝野的这种搭配，使台湾这座加工厂，在出口市场上具有很高的竞争力。这种以实用主义为发展策略所造成的副作用，除了扭曲岛内长期经济生产的资源配置，并且造成岛内产生贸易顺差、“国内”需求不足的失衡现象。这种过于重视以出口需求带动成长的策略，是作为快速发展提高所得的工具……然而，随着发展阶段的更替，这样的策略有必要加以调整。如果不愿进行自主性转型，那么将会面临贸易摩擦、外汇累积或汇率调整

---

① 周德伟：“十余年来金融外汇及贸易政策”，见周德伟：《尊德性斋论著拾遗》，台北：大陆杂志社，1962年版，第162页。

② 陈式锐：“台湾经济革新刍议”，《自由中国》第8卷第9期，1953年5月1日。

的压力。[1]这种盲目追求出口扩张的心态不能不说是导致台湾 20 世纪晚期泡沫经济的恶因之一。

二、战后台湾经济增长思想的演变趋势

(一) 由“政府”主导的管制经济到市场主导的自由经济思想的坎坷之路

战后初期，台湾的经济发展模式应该采取自由主义的市场经济，还是“政府”主导的资本主义经济，当局对此几乎是自然而然地选择了后者，从 1950 年代的种种产业政策的制定和实行来看，台湾从一开始就显现出强烈的“政府”管制和“政府”主导的特色，而且尤其强调以经济计划的方式来实现对经济的主导，以 1953—1989 年台湾经济完成腾飞的这段期间为例，台湾当局就实施了八期的四年经济建设计划以及一期的六年经济建设计划。[2] 台湾当局一方面强调台湾的经济为自由经济，另一方面更加强调“政府”干预的重要性，1950 年代末，担任“经济安全委员会”工业委员召集人的尹仲容提出的“计划式的自由经济”便是这一思想的典型代表。“所谓计划性自由经济，是以市场机能为基础，‘政府’另作必要而合理的干预。不过过去由于发展阶段的不同，自由与计划的相对成分有所变异，在经济发展早期，自由的色彩淡、计划的色彩浓；虽然‘政府’深切了解自由经济对促进经济发展的功能，但在推动经济发展初期，因台湾缺乏有胆识的企业家与银行家，而工业基础又极为脆弱，‘国民’生活水准落后，为要加速工业发展，改善‘国民’生活，如任由民间自由发展，民营工业很难迅速建立起来，将缓不济急，固有赖‘政府’的策划与辅导；而此种策划与辅导，并非与民争利，而是辅导民营企业，加速其发展。因此，‘政府’在颁布各期经济计划时，除需要公营事业及‘政府’执行的部分，透过预算由‘政府’直接投资经营外，重要的、新兴的计划由‘政府’策划推动进行，让民间投资经营，并采取保护措施，以辅导民间与新兴工业的建立。”[3]

1953 年 12 月 30 日和 31 日，尹仲容在台北各大报发表《台湾工业及政策试拟》指出：“在现在情况下，台湾工业发展，在时间上必须求快速，

---

① 周添城：“强化”，见周添城：《经济奇迹的迷思》，台北：中华征信所，1998 年版，第 168—171 页。

② 台湾当局第一个经济计划始于 1953—1956 年制定的第一期经济发展计划。

③ 高希均，李诚主编：《台湾经验四十年》，台北：天下远见出版社，第 49—50 页。

在资源上不能有浪费，但此两点，决非自由放任之经济所能做到，而必有赖‘政府’积极参加经济活动，订立完善计划，并监督其执行。不过此处所谓计划，不同于共党集权国家之计划经济掌握所有生产工具，控制一切经济活动。此处所谓计划，仅是‘政府’以其统筹全局之地位，从整个经济利益着眼，决定某一时期内，工业发展之方向，及发展之目标，即某些工业应该优先发展，某些工业属于次要可以暂缓发展，及某些工业在某一时期内，应发展至何种程度，发展极限定在何处。同时在此范围内，各种工业与其中每一单位企业，均有其充分活动之自由，故仍为自由经济社会……。”① 蒋经国于1972年6月接任“行政院院长”伊始，就对尹仲容的“计划式的自由经济”深表赞同，6月13日他在“立法院”作施政报告时说：“今后必须贯彻自由的经济制度，但是，在贯彻经济制度之时，必须要有计划。否则，不只对台湾无益，对人民亦无益。”② 可见，台湾当局一方面考虑到战后台湾民间力量的薄弱，一方面急切地想追求经济增长达到立竿见影的效果，并且不相信市场机制的力量，或者说等不及市场的渐进式的调节，因而几乎是不容他人质疑地将“政府”以计划方式来主导经济发展这一思想加以盖棺定论。早在陈诚于台湾光复后任台湾省主席时期，就实行了“战时统制经济体制”，由“政府”对全面经济活动进行决策、计划和执行。而1950年代台湾实行的第一阶段的进口替代政策就具有浓厚的管制性色彩。其后各个阶段中，台湾的外贸、财税、货币等政策，以及直接掌控台湾银行、经营大量的公营企业等措施，无一不体现出“政府”主导的思想。

台湾以“国家”作为经济发展的主导力量的思想，一方面有着自身的思想渊源，孙中山在三民主义和《实业计划》中就包含了由国家来推动全国工业化进程的理念，因此，战后初期，国民党当局所秉承的孙中山的国家资本主义思想和战前“统制经济”的经验，与凯恩斯的国家干预学说巧妙地结合在一起，指导着战后台湾的政策模式。另一方面，台湾当局也深受了国际思潮及经验的影响，这包括苏联的计划经济，以及日本实行的国家资本主义发展模式。蒋经国曾经留苏十二年，苏共的教育以及苏联早期

① 尹仲容：“台湾工业政策试拟”，见《我对台湾经济的看法全集》续编，台北“美援运用委员会”，1963年版，第8—19页。

② 《蒋经国先生全集》，第九册，第195—196页。

的工业化经验成就对其打上了牢固的烙印。因此，蒋经国在执政期间，多次强调“我们的计划性的自由经济，才能符合‘国民’的利益。……计划，则在使‘国民’更富、‘国家’更强。”① 而日本的发展模式更为东亚的新兴工业化国家和地区提供了榜样，韩国是追随这一模式的代表之一，台湾也不例外。尹仲容的首席经济学家社论派的王作荣就曾毫不避讳地指出：“日本的方式就是台湾的方式。”

对于非常时期采取计划管制的办法，学者们表示了部分的理解和默认。然而，随着台湾经济情势的日趋发展和经济问题的日益暴露，这种以计划统制凌驾于市场机制的管制经济真的能达到“政府”的初衷吗？越来越多的学者对此提出了质疑。1950 年代的《自由中国》较早地体现出了这种质疑和发难。1953 年《自由中国》的社论《当前管制经济的措施亟待改进》中，就明白地指出当时台湾出现的“生产成本过高”、“主要产品滞销”、“及外汇不敷分配”三大严重的病症，“除了导源于台湾经济先天条件不够及战时经济本身的困难外，其主要的乃是‘管制经济的措施’在那里作祟。”“我们对于经济原是主张要有更多的自由企业；但现在是战时，自由企业往往被误认为不能切合台湾的需要，因此‘政府’要出来加以管制，第一表示‘政府’‘有能’，其次表示‘政府’‘负责’，这是在战时各外国不乏其例的。所以我们对于战时的经济管制迄不愿多所评议，只是默默祝其有成。不意现察觉得管制经济的措施竟招致了经济的病症，与‘政府’才行此种措施之本旨不符，且发生了相反的作用。至此，我们遂不得不呼吁：‘这样的管制经济措施，亟待加以改进’……”②

这种最初的要求改进管制经济的呼声，到后来日益演变成为反对管制经济的鲜明思想。例如，夏道平就直接指出：“‘中央’计划、‘中央’控制，如其计划控制是在扭曲市场机能，而非润滑市场机能使之顺利运作，那就是经济自由化的基本阻碍。”③ 蒋硕杰回归古典经济学者重视长期成长，藉由市场机能的自由运作，使各项资源使用效率发挥到极致的原理，多年来一贯倡议台湾当局放弃管制，明白指出“政府”不当政策将导致“通货膨胀”、“五鬼搬运”、“金蝉脱壳”、“泡沫经济”等恶果。邢慕寰也

① 《蒋经国先生全集》，第十册，第 218 页。

② 社论：“当前管制经济的措施亟待改进”，《自由中国》第 8 卷第 6 期，1953 年 3 月 16 日。

③ 夏道平：“一本新书的读后感”，见夏道平：《自由经济的思路》，台北：远流出版公司，1989 年版，第 60—61 页。

从1950至1980年代多次撰文，宣扬自由经济的信念，并结合台湾当局错误的管制政策进行评析。现代台湾自由经济学者吴惠林把夏道平、蒋硕杰和邢慕寰视为台湾三位最为杰出的自由经济前辈，[①] 而实际上，从20世纪50年代开始，还有多位杰出的思想家为台湾自由经济理念的宣扬和奠基作出了巨大的贡献。例如，陈式锐在《自由中国》杂志上多次发表文章，认为“统观落后地区的情况，政治既不健全，不宜奢谈干涉，只要努力于创造一个适宜底环境，让私人企业自由发展，自可集树木而成林；数年来香港经济的生长，可为借镜。我以为今日落后‘国家’为着经济的正常发展，应当从速放宽经济管制至于最低限度……”[②] 戴杜衡更以其犀利的文笔指出：“自由经济虽难免要有脱节之虞，但究竟还有它内在的自然机能，可以把脱节状态渐渐的调整过来；生吞活剥的计划，一方面足以把那个自然机能扼死，另一方面也并不能建立合理而健全的人为规律以领导各种经济活动，结果将不仅是脱节而已，甚至可能招致整个机能的崩解。中国过去数年间的情形，已使我们得到略近于此的惨痛经验了，然而也幸亏那几年的管制还没有达到全面化的程度。”[③] 其他如周德伟、殷海光、张汉裕、陈式锐等人也都以自由市场为基础而提出反对“政府”管制、倡议自由经济的精彩评析和鲜明思想。

进入1990年代和21世纪，自由经济的思想在学术界已成为主流的思想，中华经济研究院主办的期刊《经济前瞻》几乎完全成为自由经济理论的阵地，而“中央研究院”的院士们也大多以遵从市场机制的角度来发表观点。如著名的朱敬一院士在1991年的一篇文章中就非常直接地说：“百分之一的法西斯就是百分之百的法西斯”，用在“政府”干预上就是“百分之一的干预就是百分之百的干预。”[④]

然而，台湾从“政府”管制到自由经济的道路却是十分坎坷的。1958—1961年尹仲容采纳了蒋硕杰、邢慕寰、刘大中等的建议，进行了被

---

① 吴惠林：《台湾自由经济之路》，台北：华泰文化事业公司，2002年版，第二、三、四章。

② 陈式锐：“论政治的干涉经济”，《自由中国》第18卷第3期，1958年2月1日。

③ 戴杜衡：“经济的国权主义”，见戴杜衡：《免于偏见的自由》，台北：传记文学出版社，1979年版，第240—241页。

④ 朱敬一：《百分之一的法西斯就是百分之百的法西斯——艾罗教授“不可能定理”的应用》，台北《民众日报》1991年6月8日。

誉为台湾的第一次经济自由化运动。当时的“十九点财经计划”的主要内容就是解除不必要的经济管制，使经济体制自由化；进行外汇贸易和财经制度的多项变革，拓展新局面，铲除经济发展的障碍。然而可惜的是，当时的自由化政策只采行了一半，便随着1963年尹仲容的去世而人亡政息，保护和管制的政策仍然弥漫在“政府”工业策划者之中，并且变本加厉，形成严重的新的重商主义。在1974、1976和1978年，蒋硕杰、刘大中、邢慕寰、费景汉、顾应昌、邹至庄等院士共同向“政府”提出了三次财经政策的建言（最后一次建言时，刘大中院士已经去世），旨在敦促“政府”加速经济自由化之步骤（尤其避免指令式的经济政策），巩固经济稳定之基础，从而保护台湾经济之健康发展。但这些建议受口头赞誉者多，见诸接纳而实行者少。直到1980年代，台湾当局终于提出了“自由化、国际化、制度化”的原则，但“政府”的自由化脚步却总是虚与委蛇、举棋不定。自1970年代后期开始，台湾出口额逐年升高，外汇储备随之累增，至1980年代前期，外汇储备累增竟如滚雪球一般快速，终于导致1989年美国的严厉对抗，并强迫台湾采取汇率和贸易的自由化措施。经历了这一重大的压力和1990年代以来台湾经济的崩解低迷，经济自由化的理念才被当局逐渐真正地接受，1995年台湾当局宣示的“亚太营运中心”计划被视为台湾的第二次自由化运动，这与第一次自由化运动时隔了37年！而且直到现在，当局的自由化理念还仍未完全摆脱“政府”干预惯性的影响。

台湾经济自由化的理念和思想最早应是源于奥地利学派第三代和第四代宗师米塞斯和哈耶克的深刻影响。哈耶克是米塞斯的学生，他们的自由主义是从市场机能运作中发现的，而他们观察社会现象时，总要落实到一个个活生生的“人”的互动过程，至于社会、国家、民族，乃至阶级这类集体名词所意涵的概念，不可高于或外于活生生的个人而成为独立的实体。因而他们反对用自然科学的方法来处理社会问题。自然科学所处理的是“物”、不是“人”，如用这种方法处理社会问题，就是把“人”物化了。夏道平通过长年地翻译米塞斯的《反资本主义心境》、《经济学的最后基础》和《人的行为》，以及哈耶克的《个人主义与经济秩序》、德国自由经济学家洛卜克的《自由社会的经济学》，更加深切了解和笃定了自由经济的理念。而著名的经济学家蒋硕杰在伦敦政治经济学院求学时是以哈耶克为博士论文的指导老师，他深受哈耶克影响，对凯恩斯主张国家在刺激需求方面大规模干预的荒谬和祸害之处一直知之甚详。而邢慕寰、周德伟等人也分别在芝加哥大学和伦敦政治经济学院曾受教于哈耶克。

邢慕寰院士曾在他的自述中，说他经历了由马克思、计划经济、费边式社会主义、社会福利到自由经济的转变，最后终其一生坚守“自由经济”的观念，其中，哈耶克是影响他的最关键的人物。而早在1950年代，周德伟就将哈耶克的著作《到奴役之路》引介给殷海光，《到奴役之路》的重点在于批驳极权政治，但因民主政治的先决条件是经济自由，因而该书十分有助于自由经济思想的传播。殷海光将其中第七章《统制经济的种种危害》随兴删节译介于1954年2月1日的《自由中国》，该译文夹杂的译者注与译文的分量几乎相等，而可能正是由于此种译介方式，对于当时台湾各界人士的影响更为深远。《自由中国》从创刊伊始就播下了自由经济的种子，并最早树立起了鲜明的自由主义的大旗。在后来的经济发展中，随着现代经济学的引介和运用，夏道平、邢慕寰、蒋硕杰等经济学家对自由经济进行了持之以恒的宣扬，同时，秉持自由经济理念的诺贝尔经济学奖得主库兹涅茨、哈耶克、弗里德曼，以及其他一些欧美学者纷纷访台，并被聘为了台湾当局的顾问。例如1976年5月弗里德曼访台期间，就在公开的演讲和谈话中，宣扬自由经济制度的优越性，倡导解除“政府”对经济事务之干预与管制的经济政策主张。正是由于以上各方面的因素结合起来，才使得自由经济的理念得到了长期持续的浸淫和散播，并逐渐形成了解构“政府”管制思想的一股强大的力量。

由“政府”管制走向自由经济思想的这一转变趋势渗透于台湾经济的各个层面，本书将在以下的经济制度、宏观、微观等层面分别予以更加具体而深入的再现。

（二）由新重商主义走向自由贸易思想的演变

1961年，联合国正式提出“贸易为经济增长的发动机”。台湾于1960年代开始订定的出口导向应该说是对这一国际趋势的回应。然而，纵观其围绕出口导向所实行的外贸、工业等各种经济政策，其中却体现出强烈的重商主义色彩。

出现于中世纪末的重商主义是经济政策史上的一个阶段，这个政策包括了旨在获得政治统一和国家权力的一些经济措施。民族国家的建立被放在第一位；货币的、保护贸易的以及其他经济手段仅被看作是达到这种目的的工具。国家干涉是重商主义的主要部分。早期的重商主义者重视财富，并且将货币等同于财富，但随着世界工业化的发展，财富的重要性进一步下降，虽然商业仍然受到推崇，重点却已缓慢地转移到国内工业方面，认为工业才是财富的真正源泉。在18、19世纪，为了奠定本国的工业基础，采取重商主义的国家纷纷实行全面的保护和国家管制，其具体方法是：对进口货物实施关税或禁运，禁止输出工具和熟练的手工艺人，鼓励原料进口或在国内生产原料，对产品质量的监督，以及给发展新工业者以补贴。

台湾当局经济政策的重商主义一方面体现在将出口导向与进口替代同时进行，继续实行贸易保护。台湾虽然于1960年代选择了出口导向的战略，并在尹仲容实施的第一次自由化改革的基础上，在汇率、利率等政策上开始了自由化的第一步，但在其他方面仍然保持了第一阶段进口替代的管制与保护政策。台大教授施建生就针对此指出："要想推行出口扩张，对于当时所采的管制、保护与干预的措施自须予以解除，才能使经济自由向外扩展。但当时当局对于原有为了推行进口替代所提出的这些措施仍不能忘怀，而只愿在外汇贸易上另采一些权宜措施，对于出口予以鼓励。所以当时所采取的实为一种同时兼采进口代替与出口扩张的混合政策，也就是一种内向与外向并行的政策，并不是纯粹的外向政策。"①

另一方面，重商主义思想使得台湾当局表现出盲目地追求贸易顺差和保护"国内"工业，并过分重视外汇储备，将之视为"国民"财富的增加和积累。自由经济学者就曾指责台湾1960年代的出口保护程度和方式都过了头。蒋硕杰提出："台湾的毛病就是常把一些正确的经济政策变成口号，结果政策正确的意义都失掉了。比方说应该用自由竞争来挑选一个最好、最适当的汇率，以及挑选最适合的出口品，这是一个很正确的政策。但有些人对这个问题懂得不彻底，以为就是'出口导向'甚至'出口至上'，以为只要是商品出口就是好的，结果出口过了头也不知道。"② 也正是在"出口至上"的观念下，台湾当局对岛内的工业企业进行了各种各样的财税减免措施，货币补贴政策，并在外贸方面对一些进口货物实行高关税，以保护岛内企业免受竞争。对此，台湾的自由经济大师之一邢慕寰在1980年代撰文《趁早抛弃"新重商主义"的包袱》专门指出，台湾的出口扩张政策虽然备受称赞，但其所用的台币汇率高度低估及外销品原料退税，导

---

① 高希均，李诚主编：《台湾经济发展1949—1989》，北京：国际文化出版公司，1992年版，第44页。

② 陈慈玉：《蒋硕杰先生访问记录》，台北"中央研究院"近代史研究所，1992年，第118页。

致外贸出超逐渐扩大，到1986年竟然高达46.4%的“国内”储蓄毛额用于增加国外资产（即外汇），而不用于“国内”投资。这种不正常的情形产生了两个非常严重的后果，一是制造业由于受到过度保护而发展迟缓，从1970到1980年代都处于技术升级停滞的状态，国际竞争力大大削弱；二是外汇存底大量累积，货币供给增量巨大，游资泛滥严重，潜在通货膨胀压力、房地产和股票投机、六合彩赌博等问题接踵而至。更重要的是，这一笔庞大的外汇储备和继续增加的出超，正好提供给以美国为首的西方工业国家作为借口，强迫台湾开放市场和台币升值。这本来是台湾早就应该因应国际自由化和市场化而做到的，但该做不做而积累到一下子做到的急迫要求，导致大多数中小企业难以招架，因而引起严重的失业。因此，当局这种把手段当作目标，一味追求出口扩张和外汇积累，而忘记了市场和资源配置的本质，这样的政策与18世纪中叶以前欧洲盛行的重商主义，在基本上没有什么差异，因而是“新重商主义”。①

台湾当局的经济政策为什么贯穿着如此强烈的重商主义思想？实际上，这一思想是上面所论及的国家资本主义思想的必然产物。国家资本主义思想是一种在更为落后的经济（主要是农耕经济）中进行强制发展的尝试，这与重商主义的主要部分——国家干预不谋而合。工业革命以后，重商主义逻辑日益少地同贸易力量相联系，而更密切地同工业力量相关联，工业化被视为民族复兴的核心。这通常被称为“现代化的迫切感”，意味着一种追赶强大工业国家以避免依附的需要。李斯特时代德国的贸易保护，沙皇俄国康特·威特的政策都是这样的例子。李斯特曾说“德意志民族的生存、独立与未来依存于德国保护体系的发展。”而威特深受李斯特的影响，将工业化视为民族主义与安全的必要条件。② 被国民党当局奉为“国父”的孙中山在其民生主义中也表现出强烈的重商主义色彩，他提出：“我们要发达中国的工业，便应该仿效德国美国的保护政策，来抵制外国的洋货，保护本国的土货……打破一切不平等的条约，收回外人管理的海关，我们才可以自由加税，实行保护政策。能够实行保护政策，外国货物不能侵入，本国的工业自然可以发达。”③ 孙中山虽然只是提及贸易保护的

① 吴惠林：《台湾自由经济之路》，台北：华泰文化事业公司，2002年版，第4章。

② 海藤：“新重商主义的概念”，见拉尔斯·马格努松主编，王根蓓、陈雷等译：《重商主义经济学》，上海财经大学出版社，2001年版。

③ 孙中山：《三民主义》，台北：正中书局1969年版，第264页。

层面，但他也触及了重商主义的本质——促进本国的工业化进程。战后初期的台湾仍然是一个落后的以农业为主的社会，国民党当局不仅面临着建设经济的任务，而且由于历史的原因，还必须防范着与大陆之间的战争，因此，其以工业化来富强经济、保护安全的需要显得更为迫切，而以“国家”支持的工业化与重商主义就自然结合在一起，不仅仅渗透于贸易政策之中，而且广泛渗透于台湾当局的财税和货币等政策，以保护和促进岛内的工业化进程。

另外，如前所述，台湾的发展模式也深受日本的影响。战后的日本也是一种标准偏好重商主义的经济。国家同大企业的协作是日本经济体制的明显特征。尽管日本形式上坚持自由贸易的原理，但它保持了非自由的性质。有些西方观察家甚至将日本经济体系称为“经济极权主义……一种政府主导的企业——在这里日本的能量全部被动员于战胜世界的竞争。”①

从上面的论述中我们也可以看出，随着台湾经济日益与国际接轨，以及经济自由化的演进，新重商主义也逐渐被自由贸易的思想所批判和解构。其实早在1950年代，自由经济学者就已经从比较利益的角度提出了自由贸易的自由经济主张。1951年，戴杜衡在《国民经济论与战争》一文中，运用“比较利益法则”提出国与国之间的经济关系应建立在经济的世界主义的基础上，实行经济自由化和国际化。② 1954年，邢慕寰用邢杞风的笔名在《自由中国之工业》中发表《经济较量与经济政策》一文，运用“比较利益的原理”提出台湾应去除农作、物价、贸易、外汇等管制，以及撤除保护和扶持政策的建言。比较利益的经济观点和经济分析虽然在今天看来早已不足为奇，但是在当时台湾甚至全世界流行管制与保护的50年代，却不啻为惊天动地的铮言。到了1980年代以后，以比较利益的观点来主张自由贸易、撤除“政府”对贸易的管制和对工业的保护的思想日益成为主流。著名的“中央研究院”院士于宗先指出要“以比较利益代替出口第一”，③“现在是一个转变非常快的年代……新的观念不断的产生，旧的

① Lamb, G. 1981 “Rapid Capitalist Development Models: A New Politics of Dependence” in Seers, D. ed. *Dependency Theory: A Critical Assessment.* London: Frances Printer.

② 戴杜衡：“国民经济论与战争（上、下）”，《自由中国》第4卷11与12期，1951年6月1日和6月16日。

③ 于宗先：“新观念、新作风”，见于宗先：《突破经济观念中的茧》，台北：经济与生活出版公司，1987年版，第13—20页。

观念不断遭受挑战。如果某些观念没有随时代改变，可能会成为进步的绊脚石。”他提出台湾应当在一些对立的观念中作出选择，以摆脱困扰。比如，“过去二、三十年来，我们有些产业是在保护主义之下成长的，但是由于过去保护的目标不正确，保护的时间太长，以致使我们很多产业二十年前是‘幼稚产业’，二十年后仍是‘幼稚产业’。……所以需要我们从‘保护主义’和‘自由竞争’间做一选择。”而“今天国际贸易的发展就是基于比较利益。经过国际贸易，我们可用自己有的东西去换自己没有的东西，交换之后，双方都获其利。关于‘自给自足’和‘比较利益’的观念，也是我们社会大众，甚至决策阶层应当考虑的一个问题。”① 一贯主张自由经济的蒋硕杰在1980年代还分析道：“台湾是一个资源贫乏的海岛，我们必须将人民生产的一半以上来输出世界以换取岛内所缺乏的原料、食品以及设备等等。所以我们的出口工业必须是能赚钱的，亦即是我们必须生产有比较利益的产品，才能做到有利的交换，提高我们的‘国民’所得。”“……按照台湾资源禀赋的演变来看，台湾在短期的将来最有利的出口产品既不是劳工密集的商品，也不是最资本密集，或最技术密集的产品，而应是仍旧相当劳动密集，但同时又需要相当高度的科技和精密的资本设备的产品。因为只有在此类商品上，台湾才有希望一面摆脱落后‘国家’低工资之竞争，而一面又对资本雄厚而科技又远较台湾发达的国家与地区仍占有成本之优势。”②

战后的世界经济是人类经济史上最全球化与变化最大的一个时期，21世纪到底台湾经济将往何处去？关于漫长的战后台湾经济思想演变趋势，新世纪初，早年曾经担任过岛内“证管员会”副主委、“中央研究院”研究员并且在北京大学、南京大学担任过客座教授的魏萼是这样总结过去数十年台湾经济思想的变化：“以‘政府’经营事业即公营事业，我们认为此方向是正确的，但不宜矫枉过正，否则会失去平衡性、适当性。我们认为永远要有公营事业，但没有永远的公营事业。公营事业是永存的，但适当的时候可以民营。要随着社会条件转变，必须调整公营事业在整个经济发展中的角色，公营事业补充私营事业的不足，培养民间经济充分发挥

① 丁宗先：“对现阶段困扰性经济观念之辨正”，见丁宗先：《突破经济观念中的雷》，台北：经济与生活出版公司，1987年版，第23—27页。

② 蒋硕杰：“台湾经济发展的启示”，见蒋硕杰：《台湾经济发展的启示——稳定中的成长》，台北：经济与生活出版公司，1985年版，第154—157页。

‘藏富于民’、‘民富国强’的功能。同样道理，我们也可引申出，永远要有经济政策，但没有永远之经济政策的政策意义。经济政策要随着经济发展的主、客观环境做调整，要‘以农立国’、‘以工强国’、‘以商富国’，循序渐进的使农、工、商并存并重。同时加强精神文明的改造，促使‘国民’物质生活、精神生活同时健康发展。从这个理念更可以引申出永远要有经济计划，但没有永远的经济计划的意义。‘经济计划’不等于‘计划经济’，‘计划’两字是‘政府’的辅导，而不是‘政府’的‘指令’，是补充民营事业甚于补充道德情操的不足，而有所作为的。这些‘政府’在经济发展过程中扮演的功能是永远需要的，但不能取代市场经济的功能。这只‘政府看得见的手’加上‘市场看不见的手’、‘文化看不见的手’，这三只手共同促成台湾的经济发展与人民福祉。”① 魏萼在《东方经济价值的新时代》一文中在此相近的观点的基础上又继续重申：“永远有公营事业，但没有永远的公营事业；永远有经济政策，但没有永远的经济政策；永远有经济制度，但没有永远的经济制度。这些经济思想都是中国的特色，而且是以《易经》为本源。在实践上是从大‘政府’到小‘政府’，从小市场到大市场，这就是小而有效率的‘政府’，大而有活力的市场，也是要达成经济‘藏富于民，民富国强’的现代化社会福利‘国家’的目标。”②

战后60年来，岛内从新重商主义观点走向重视自由贸易的观点，从自给自足的市场观走向国际化的市场观，并从单一的经济增长观念走向多元化的经济、社会、政治、人文并重的可持续发展思想，这与本章所论述的经济自由化演进是息息相关的。随着时间的演变，台湾经济发展观念在迈向自由化、国际化、制度化的逐渐演变过程中，在财政、产业、贸易等宏观与微观的政策与思想上，也产生了各种相应的转变。本书将在以下章节中，进行更加深入而具体的论述和分析。

---

① 魏萼：“经济中国‘三只手’的思考”，见魏萼：《中国国富论：一个富有中国特色的新国富论》，台北：时报出版社，2000年版，第50—51页。

② 魏萼：“东方经济价值的新时代”，见魏萼：《中国国富论：一个富有中国特色的新国富论》，台北：时报出版社，2000年版，第614页。

第二章　战后台湾经济增长思想的思路与“混合经济”体制

第一节　“混合经济”的体制与思想

一、战后台湾的“混合经济”体制与思想

由于“市场失灵”和“政府失灵”的并存，大部分发达国家和发展中国家都实行了一种兼采两种体制之长的“混合经济”体制，① 台湾也不例外。然而台湾的“混合经济”体制及其思想相比世界上其他国家和地区的混合经济而言，有着自己的特色。

如第一章所述，“混合经济”的体制最早来源于尹仲容“计划式的自由经济”的思想。1950 年代初，台湾政界、学界人士对在台的企业实行公营还是民营，有过激烈的争论。一种意见认为，战后台湾由收编自原日本民营企业②而形成的公营企业所占的生产力已远远超过民营企业，所以应该继续发展公营企业，让一切力量易于集中。但是另一部分人士，包括尹仲容在内，则认为台湾要增加生产，第一步要做到自给自足，第二步要大量出口，必须充分发挥民力，鼓励民营经济，但同时也赞成“政府”经营公有经济，辅导工商业的发展。李国鼎曾回忆当时尹仲容的看法道：“尹仲容赞成工业民营化，却反对自由放任式的自由经济。他觉得，在落后的‘国家’，民间还没有具有经验的人才和经济力量，因此，‘政府’不宜放手让民营企业随意去做，而应该由‘政府’来统筹全局，从整体经济利益着眼，决定某一个时期工业发展的方向与目标，亦即哪些工业应该优先发

① 米德：“经济政策的目标”，[英] 米德：《明智的激进派经济政策指南：混合经济》，上海三联书店，1989 年版，第 1—6 页。

② 战前由日本人经营的民营企业大约占了战前台湾 GDP 的 87 %。

展，哪些应暂缓，哪些应在某一段时间内发展到某种程度。"① 从这一段言论看来，实际上尹仲容最先在提出"计划式的自由经济"思想时，把"自由"定义为企业民营化，并基于台湾当时落后的现实，而强调"政府"的全面统筹和规划，"市场机制"和"市场失灵"的观念并不突出。事实上，尹仲容是经过蒋硕杰推荐米德著作的《计划与价格机能》一书以后，才开始了解到"市场机能"的存在和意义，从而为他后来主导台湾的第一次自由化改革埋下了伏笔。②

然而，战后初期台湾的大部分官僚和尹仲容一样，均为学理工出身，而且又少有人像尹仲容一样迅速了解和接受"市场机制"的理念，因此，当时所一致赞同的"计划式的自由经济"思想，主要是基于台湾现实的落后因而突出"国家"的主导作用，这和后来市场经济"国家"基于"市场失灵"和"政府失灵"而采行的"混合经济"是不同的。1975 年 3 月 24 日，蒋经国在一个经济会议上再次强调："所谓'计划性的自由经济'，自由，在保障每一个人的私有财产及其应得的利益。计划，则在使'国民'更富、'国家'更强，两者非但没有冲突，并且可把不协调的、有浪费的人力与财力，作更适当的运用。"此时，'国家'干预和计划仍然被一如既往地加以强调，自由被进一步解释为私有财产的制度，而应包含的"市场法则"之义仍不具备。

此外，"计划式的自由经济"体制虽然突出了行政部门的干预性，但不同于前苏联等社会主义国家，这种干预主要依靠经济手段而非行政命令。蒋经国就曾多次反思自己"上海打虎"的经验，提出"经济的问题一定要照经济的原理、经济的办法来解决，而不能用政治的办法来解决。"1972 年 6 月 13 日，他在"立法院"作施政报告时说："经济问题是非常复杂的问题，经国早年曾经从事经济管制工作，很坦白的向各位委员先生报告，工作是失败的。其失败的原因很多，但从这件事情使我得到一个很大的教训，就是经济的问题一定要照经济的原理、经济的办法来解决，而不能用政治的办法来解决。今天我们如用经济的原理、经济的办法来解决台湾的经济问题，我相信台湾经济一定会欣欣向荣……我相信'政府'与民间配合起来，一方面保障自由经济的发展，另方面作有计划的分配……"③

---

① 康绿岛：《话说台湾经济——李国鼎口述历史》，台北：卓越文化事业股份有限公司，1993 年版，第 87—88 页。

② 见第一章注释 4。

③《蒋经国先生全集》，第九册，台北"行政院新闻局"，1992 年版，第 196 页。

李国鼎对台湾的计划性自由经济也作过如下的阐释：“台湾的经济模式属于自由经济而非计划经济……亦即容许‘国家’干预的自由经济。在这种经济制度下‘国家’对人民经济活动的干预系采用财政金融等间接方式加以指导，而不采用直接统制。”①而台湾的经济就是一个“混合经济”。②

然而，由于前面所述的忽略市场机制的原因，台湾当局还是难免会不自觉地将行政命令凌驾于市场之上。例如，1973 年石油危机爆发以后，各国纷纷提高利率以抑制通货膨胀。台湾当时也发生物价上涨、存款增加率大幅减低的困扰。“但是蒋经国却坚持不肯调整物价，因为他于 1972 年 9 月在‘行政院’讲过一句话，他说，物价一年之内不会调整。为了这个承诺，他坚持一定要守信，以后谁说什么，他都不听。”③

因此，战后初期台湾当局选定“混合经济”体制，虽然与欧美国家一样也是为了追求经济成长、财富平均、物价稳定和充分就业，但不同的是：行政部门扮演了比市场更为重要的角色。在这一体制中，行政部门所扮演的角色是指挥、扶植与奖励，有相当程度的参与，但不是全面的控制。因而这一角色与前苏联等社会主义国家相比，又显得较为消极与被动。因此，它是介于自由经济制度与前苏联全面计划经济之间的一个‘政府’管制经济。

二、“混合经济”体制背后的思想解析

战后台湾的“混合经济”体制及思想并非空穴来风，独发一枝，而是有其深厚的思想渊源和经验背景。如前所述，台湾的“混合经济”制度实际上更为偏重“国家”的干预，并由此直接导致了重商主义的出现。重商主义和自由竞争的市场经济是两种不同的经济制度。亚当·斯密早在《国富论》中就表现了以自由竞争的制度来促进经济增长的思想，他指出：“由于每一个人都努力把他的资本尽可能用来支持国内产业，都努力管理国内产业，使其生产物的价值能达到最高的程度，他就必然竭力使社会的

① 李国鼎：“孙中山先生实业计划经济部门之研究”，见李国鼎：《台湾经济计划及其实施》，南京东南大学出版社，1995 年版，第 15—18 页。

② 李国鼎：《台湾经济发展背后的政策演变》，南京：东南大学出版社，1995 年版，第 103 页。

③ 康绿岛：《话说台湾经济——李国鼎口述历史》，台北：卓越文化事业股份有限公司，1993 年版，第 210—211 页。

年收入尽量增大起来。确实，它通常既不打算促进公共利益，也不知道他自己是在什么程度上促进那种利益。……由于他管理产业的方式目的在其生产物的价值能达到最大程度，他所盘算的也只是他自己的利益。在这场合，就像在其他许多场合一样，他受着一只看不见的手的指导，去尽力达到一个并非他本意想达到的目的。也并不因为事非出于本意就对社会有害。他追求自己的利益，往往使他能比在真正出于本意的情况下更有效地促进社会的利益。"①虽然斯密当时并没有直接指出制度因素和制度变迁与经济增长的动态之间的关系，但是，斯密否定重商主义提出的富国两大手段，即"奖励输出和阻抑输入"的财富增长观，而把财富的增长同生产分工、由分工形成的市场及自由竞争的市场经济联系在一起。②自由市场的经济制度为近现代以来的西方世界带来了无与伦比的经济增长。可以说一直到1930年殃及几乎整个世界的经济大萧条出现前，没有"政府"干预的自由市场经济制度一直备受西方工业化国家的信赖。

然而对于一个市场制度不健全以及本身工业基础薄弱的后进国家，即使明了市场机制最有利于资源的配置及效率的发挥，但要建立一个有效运行的市场制度并不是那么容易。后进国家如果没有藉由一定程度的国家干预，是无法完成工业化及建立市场制度的。19世纪德国的李斯特批评了英国古典学派的"世界主义经济学"倾向，李斯特认为由于各个国家国情不同，因而只能依靠自己的力量和资源维持其生存并求得其发展。因此一个国家必须立足于自身的实际情况和独特利益来决定所采取的经济政策，尤其对于德国这样一个处于发展中阶段的落后国家而言，政治经济学的研究就只能是"国家主义"的。李斯特反对古典学派的经济自由主义，认为私人经济本身存在多种弊端和局限，这表现在：1. 私人经济同国家经济发展

① 曾任中华经济研究院副院长的巫和懋指出，战后50余年台湾经济学的发展历程中，亚当·斯密的《国富论》是影响台湾经济学界最重要的著作之一（据笔者所知战后台湾较为通行的译本至少有四种）。战后，严复翻译的《原富》，在台湾由台北商务印书馆重新发行，自有其开创之历史地位。尔后1964年周宪文、张汉裕两位先生又将该书重新全部翻译，以《国富论》书名印行，伴随两位先生对欧美经济思想研究所发表的大量著作，对台湾学界发生了深远的影响。之后又经蒋硕杰为首的自由经济学派详加阐述与应用，在理论与实务的多年验证下，已逐渐形成台湾经济学界之自由经济思潮主流。载于［英］亚当·斯密《国民财富的性质和原因的研究》上卷，商务印书馆，1988年版，第27页。

② ［英］亚当·斯密《国民财富的性质和原因的研究》下卷，北京：商务印书馆，1988年版，第210页。

的长期利益有时会不一致；2. 私人企业的发展离不开国家的保护和扶持；3. 个人主要通过国家才能形成其生产力。国家干预是弥补这种局限性的主要手段，尤其在本国经济实力迅速发展并且向工业强国转变的关键时期，有意识、有目的的国家干预将加快转变的进程，使国家尽快走向强盛。①李斯特所主张的国家干预并不是对经济的一切部门的全面干预，而是着重于某些部门和领域，如公路、桥梁等基础设施的修筑，专利法和其他促进生产力和消费的法规的制定等。②

以李斯特为代表的国家干预主义的经济思想深深影响了全世界的发展中国家。在中国，从民初到1949年多数思想家均服膺于此。孙中山的民生主义就一直强调“节制私人资本”、“发达国家资本”。③，提出类似于李斯特所主张的由国家来全面推动公共建设和基础设施，并主导工业部门的发展。马寅初在抗战前出版的《中国经济改造》一书中就开始大加宣扬地说：“本书重全体主义”。“今日之中国所处之地位，除集体（全体）主义外，无生路，无希望，乃至无可为之事。”有鉴于中国当时实业的落后，马寅初的思想在战前就开始转向德国李斯特的国家保护主义。马寅初在该书中，就特别论证了亚当·斯密与李斯特这两种学说何者适用于中国的问题。马寅初认为：“今日之中国，根本谈不到自由贸易。”④ 1930年代和1940年代，中国学界和政界先后展开了“统制经济”与“计划经济”之争，宋则行于1948年在《经济评论》上发表的文章《原则与经验的联姻》，论述了计划经济包含的要素和自由经济必须的条件。马寅初主张建立一种混合的经济体制：国营、民营、个体经营都可以，大家共同来建设，反对一切都由独占公司来包办。马寅初这时着眼于一种“自由民营，国营统治”的统制经济体制。⑤ 陈岱孙则撰文《政治经济化》和《经济自由和政治自由》，主张自由主义的衰落和国家干预主义的兴起，是战后资本主义国家以至于整个世界政治经济发展的趋势。⑥ 此外，宋子文作为政

① ［德］弗里德里希·李斯特著，陈万煦译：《政治经济学的国民体系》，北京：商务印书馆，1997年版，第106、109、156页。

② ［德］弗里德里希·李斯特著，陈万煦译：《政治经济学的国民体系》，北京：商务印书馆，1997年版，第169—170页。

③ 孙中山：《民生主义》第2讲，台北：正中书局，1969年版，第230页。

④ 马寅初：《中国经济改造》，上海：商务印书馆，1935年版，第691—692页。

⑤ 马寅初：《马寅初经济论文集》上册，北京大学出版社，1982年版，第289页。

⑥ 陈岱孙：《陈岱孙文集》上卷，北京大学出版社，1989年版，第435—440、455—460页。

府的代言人之一，也在其政策中贯穿了系统的财政统一、金融统治的思想。无可否认，战前及战后在西方广泛流行的经济学说和1949年以前国民政府的“统制经济”和“计划经济”争论的经验就为战后台湾经济发展制度论提供了有用的教训和理论基础。

另外，在欧美，由于市场机制在先天上存在着市场失灵的现象，以美英为首的西方各国终于在1929年面临了经济大萧条危机。在大萧条的背景下，英国的凯恩斯在其《就业利息和货币通论》中对当时流行的新古典经济学的自由放任的市场经济制度展开批判。凯恩斯认为人类的经济行为在很大的程度上是取决于人的基本心理规律和不确定性，因此抨击了新古典的萨伊定律——供给自创需求和能够使价格完全自由调整出清的市场是不存在的。大萧条的病因是市场上的有效需求不足，而有效需求不足由两方面构成：1. 消费需求不足，这是由于消费倾向偏低所造成；2. 投资需求不足，这是由于资本边际效率相对于利息率偏低，或利息率相对于资本边际效率偏高或货币数量偏少所造成的。凯恩斯在此病情与病因的基础上开具了诊断书，其要点如下：

1. 必须摒弃经济自由主义和传统的自由放任政策，采取“政府”干预和调节经济的一系列措施，扩大“政府”职能，对投资承担责任。2. 摒弃传统的节约原则，设法提高消费倾向，以便扩大消费。3. 增加投资，弥补由于消费需求不足所留下的缺口。这就要设法提高资本边际效率或降低利息率，以便扩大投资。4. 实行扩大财政开支，发行公债，赤字财政和增发货币的“半通货膨胀”政策，促使物价温和上涨，增加有效需求以刺激经济，达到并保持充分就业。5. 扩大商品输出和资本输出。①

凯恩斯的学说从新的角度为国家干预提供了论证，其理论革命中有一些因素可以被归入一种更长期的增长战略——它以国家干预和计划投资为特征，其对国家利益的关注足以被称为重商主义。② 凯恩斯主义不仅深深影响了美国达几十年，而且藉由美国的马歇尔计划影响到了欧洲及全世界，接受“美援”的日本和台湾也不例外。凯恩斯的政府干预思想与台湾当局本身具备的党国资本主义思想奇妙地结合在一起，影响着台湾的经济

---

① 傅殷才，颜鹏飞：《自由经营还是国家干预——西方两大经济思潮概论》，北京：经济科学出版社，第264页。

② 比约·海藤：“新重商主义的概念”，拉尔斯·马格努松主编，王根蓓、陈雷译：《重商主义经济学》，上海财经大学出版社，2001年版。

政策和“混合经济”的体制。

不仅在理论上，一些国家的切身实践也更进一步增加了国家干预主义的说服力。1917 年大革命之后的俄国推出了计划经济制度，1920—1940 年间列宁、斯大林以马克思主义为指导的高度资源集中的社会主义计划经济体制藉由国家运用强迫管制措施，将消费水准压抑至最低，而另一方面却维持极高的投资水准。此政策基本上避免了 1930 年的失业，在某种程度上将苏联从一个落后国家一跃而变为第一流的工业国。① 这种景象同当时其他主要实行市场经济的西方工业国家在 1929—1933 年间的经济大萧条相比不啻是一个很大的反差。这两件历史性大事的出现，在一定程度上松动了当时经济学家信任自由市场经济制度的信念。计划经济对当时以及战后的发展中国家有着一种无可抗拒的吸引力。尽管古典和新古典经济学的自由市场经济制度在西方经济思想中占主流地位，但对于处在 19 世纪至 20 世纪的东亚国家而言，无论日本还是中国，“自由放任”总是比不上“国家干预”有市场，因为日本（从明治到昭和）和中国（从晚清到民国）的经济环境相比同时代的欧美还存在很大的差距。以日本的情形而言，相当一部分实业家已痛切地感到他们在世界经济中处于怎样的弱势地位，因此普遍欢迎国家的指导和干预。② 日本在战后也确实依靠国家的强大主导力量实现了经济的复苏，创造了经济的奇迹，引起了世界的关注，东亚国家和地区，包括韩国、台湾地区，纷纷以日本为效仿的榜样。

中国在抗战时为了“抗战建国”而建立了战时经济体制，使国家统治迅速加强，国有部门逐渐扩大，同时由于日本帝国主义的失败，国民党政府连续接受了日本政府和日本企业的资产，形成国有部门肥大的国家资本主义体制。因此，国家干预主义思潮和实践的相互印证，加上国民党当局自身的体验，就促成了其播迁台湾以后毫不犹豫地采用偏重“政府”干预的“混合经济”体制。

此外，更值得注意的是，“混合经济”体制的形成与台湾当局所奉行的实用主义所衍生出的嫁接主义也有着密切的关系。如本书前面所述，在战后几十年中，由于实用哲学的过度和泛滥，台湾当局一直执行着一种将

---

① ［美］罗斯托、饶余庆译，《经济发展史观》，菲律宾马尼拉：今日世界出版社，1965 年版，第 128 页。

② ［英］泰萨·莫里斯·铃木：《日本经济思想史》，北京：商务印书馆 2000 年版，第 65 页。

工具理性和人为控制置于市场机制之上的营造主义。早在民国时期，奉行实用主义的胡适虽然认同英美式的民主而不赞成苏联的政治制度，但他却极其赞许其经济国有制、经济管制和计划经济体制。① 而这种提法其实正是嫁接主义的初露端倪。受到这种营造主义的影响，战后台湾许多主政官员和相当一部分财经学者往往幻想着将英美的自由市场经济机制和俄德的计划、管制经济这两种无法相容的制度嫁接在一起。这种由实用主义而衍生出的嫁接主义对战后台湾经济增长思想的影响是巨大的，夏道平认为，在过去台湾经济的发展过程中，虽然一方面早期一两位工程师出身的财经决策人（尤其是尹仲容）在当时接受了经济学家的一部分建议，但另一方面，由于他们只接受了经济学家建议的一部分，以致不可避免地产生了今日所面临的经济难局。② 这种历史情况无疑是嫁接主义逻辑的必然。因此，从这一角度，我们也就不难理解，由尹仲容所最早提倡的“计划式的自由经济”包含着嫁接主义的底蕴，虽然他后来采纳了蒋硕杰、邢慕寰等经济学家的部分建议，倡导了第一次自由化改革，但由于营造主义所衍生出的嫁接主义与台湾战后数十年的“混合经济”体制紧密结合在一起，所以第一次自由化改革的实际意义并没有持续地延续下去，而是随着尹仲容的去世而人亡政息，台湾的市场自由化仍然路途坎坷。

正是以上现实的、历史的和哲学思潮影响等因素结合在一起，从而形成了战后台湾“混合经济”的体制，以及与“政府”为主导相应的经济增长思路与模式。

第二节　“混合经济”体制下台湾经济增长的目的与思路

一、当局主导经济增长的目的与思路

战后，每一个后进国家和地区的愿望都是追求工业化及经济增长，台湾也不例外。然而，台湾对此有着更为迫切的要求。众所周知，台湾自然资源贫乏，二战期间其主要产业遭美军摧毁殆尽，加上又由中国内地迁入

---

① 胡适：“新自由主义”，《晨报副刊》，1926年9月14日。

② 这里的“工程师出身的财经决策人士”指的就是尹仲容，见夏道平：《自由经济的思路》，台北：远流出版社，1989年版，第65页。

两百多万的军人和平民，使台湾在1945—1950年间全岛人口激增了20 %，而战后台湾的生产水准已大幅减少，于是超额的民生必需品需求更加重了通货膨胀。同时，为了维持近60万的军力以及重建迫切需要恢复的经济基本设施，台湾当局当时面临了巨大的财政经济压力。而面对中共提出的“解放台湾”口号，在台的国民党政权就如大风来袭之前灯烛一样岌岌可危。不言而喻，增强经济力量是其最优先的课题。当时台湾的极权主义发展体制中枢，是环绕在蒋介石周围的国民党精英分子，他们在反省在大陆失败的基础上，改头换面，成为以实现经济发展为最高目标的新技术官僚群。① 然而不幸地，到了1960年代后半期，台湾开始面临在国际上被孤立的新考验。1965年“美援”停止，1971年台湾退出联合国，1972年中日建交，1979年中美建交。台湾在这种内部、外部环境紧迫的环境下，在经济上向工业化、现代化倾斜的愿望就变得越来越强烈。②

初始情况的不同必然导致追求经济增长路径的不同。例如，英国在产业革命的早期，藉由古典自由经济学说而达成了目标，而德国则藉由李斯特的国家保护干预学说促进工业的发展。战后确立了“混合经济”体制的台湾也走上了类似于德国的国家保护干预的道路。从台湾当局1950年代以来的政策演变看来，其思路突出体现为两个方面：

一是由“政府”主导来解决资本匮乏、促进投资的问题。战后一些发展经济学家，如纳克斯、莱宾斯坦、罗丹等，纷纷提出贫困恶性循环论、临界最小努力理论、平衡增长论、大推进论等理论，指出了资本匮乏对发展中国家经济发展的制约作用，以及资本累积对发展中国家经济发展的促进作用。20世纪经济增长模型的分析也证明，影响发展中国家经济增长的主要因素是资本投入的增加（投资）。这对当时很多发展中国家和地区的政府产生了很大的影响。就战后台湾的情况及相关政策来看，制约当时台湾落后的经济活动的原因是生产能力，而不是需求。因此，与20世纪前期“有效需求不足”的发达国家不同，台湾地区应属于“供给决定”的类型。于是，台湾当局早期制订宏观决策的重点，一方面是以高利率政策来增加储蓄率、增大投资，而另一方面是由“政府”出面进行大规模的基础

---

① ［日］大野健一、樱井宏二郎著，史念译：《东亚发展经济学》，北京：民族出版社，1999年版，第190页。

② ［美］吴元黎：《台湾：走向工业化社会》，南京：江苏人民出版社，1989年版，第1—15页。

设施建设，当时的“美援”大部分都用在了基本设施的建设上，蒋经国所实施的十大建设项目和12项建设项目也是如此。台湾当局的这一政策与罗丹和孙中山的主张是相符合的。罗丹认为经济不发达的国家必须在其发轫期，动员一切力量振兴各业来打破停滞的状态，为此，他强调社会基础设施的重要性，交通、电力等方面的建设是必不可少的投资，一个国家投入在基础设施的比例需大于30％，而只有大量的投资和大规模的建设，才能取得外部经济之利，从而有助于经济发展。① 而孙中山在一战后有鉴于帝国主义列强战时建立的大批生产设备将闲置无用，急于向国外寻找投资市场，从而提出中国利用外资进行建设的思想，并在1919年的《实业计划》中谈到：“首先注重于铁路、道路之建筑，运河、水道之修治，商港之建设，……其次则注重移民垦荒、冶铁、炼钢”。②

二是由“政府”来选择工业发展的重点和主导部门，并在外贸、财政、金融等方面配之以相应的保护和扶持政策。台湾所历经的农产品加工业——轻工业——重工业——高科技产业和服务业的道路，无疑是在“政府”的选择下完成的。发展重点产业的思想，当然有中国自身的思想源流，早在20世纪初，张謇就提出了“棉铁主义”。此外，孙中山虽然在《实业计划》中强调发展产业要“万端齐发”，可是，孙中山仍然认为实业发展是有重点和主导部门的。孙中山指出，如果没有强大的原材料工业，社会化的大生产就无法进行。如果这些国民经济命脉为外国资本所控制，一个国家就无法保持自己的经济独立。孙中山将此称之为“实业之利器”、“实业之母”。孙中山一向把振兴实业作为解决民生问题的手段，从这种思想出发，他必然会把农业、轻工业等生活资料和原材料工业生产作为实业发展的重点和主导部门。③ 不过当时张謇、孙中山只是从资本、国内市场等方面来思考，而未将选择性的重点产业与适合国际分工体制的李嘉图“比较利益思想”与能够创造外部性的“联系效应”结合在一起。可以说，台湾的第一次进口替代时期以发展民生工业为主的政策，以及第二次进口替代时期发展石化业等原料重工业的政策与孙中山思想的影响不无联系。

然而，1960年代以后台湾当局对主导产业的选择则更深受于赫尔希

① 罗丹：“东欧与南欧工业化的问题”和“略论大推进理论”，见郭熙保主编：《发展经济学经典论著选》，北京：中国经济出版社，1998年，第238—264页。

② 孙中山：“中国实业当如何发展?”，《总理全集》，第一集下，第1016—1017页。

③ 赵靖：《中国经济思想史述要》下，北京大学出版社，1998年版，第772、814、815页。

曼、罗斯托的影响。有鉴于发展中国家的资本匮乏，赫尔希曼和罗斯托等人提出了“不平衡增长论”。不平衡增长论认为发展中国家，发展各种产业应实行一种有优先顺序的战略。赫尔希曼反对全面投资、各部门均衡增长的“平衡发展”战略，认为大量项目难以同时建成，建成后生产也缺乏效率。因此，应集中力量优先发展一部分工业，以此为动力逐渐扩大对其他工业的投资，带动整个国民经济的发展。在不平衡发展中，应实行生产专业化，鼓励出口，依靠市场机制进行调节，重视供给方面的问题。在部门优先顺序的选择上，应首先发展具有较强“联系效应”的部门，通过其联系效应带动其他部门的迅速增长。① 罗斯托认为，发展中国家要实现经济起飞，必须根据各国情况，选择某些需求弹性大、技术先进、增长率高，在经济增长中起主要作用的部门，作为“主导部门”优先发展。② 罗斯托的理论大受当时美国的欢迎，经由美援团的引介和影响，台湾当局选择主导产业的标准及其演变过程中也渗透了赫尔希曼和罗斯托的思想。③

二、当局主导经济增长思想的变迁

罗斯托、赫尔希曼理论对台湾第二次进口替代政策的烙印可以在尹仲容于1960年所写的《台湾经济十年来的发展之检讨与展望》一文中清晰地见到。在该文中，尹仲容谈到，由于忽视了主导产业在经济增长中的地位，战后十余年来，台湾从没有建立起一两个像样的主导产业，而使岛内的产品具有高度竞争力量，足以在国际市场上立足，成为台湾经济的支柱，对内可以领导经济的起飞，对外可以提高国际经济地位。关于刺激经济起飞的主导产业，罗斯托认为至少需符合两个条件：其一是这个主导产业要有高度的增长率，也就是不断地快速发展，其二是这个主导产业必须要庞大到足以刺激其他现代部门的生产和扩充，并产生外部经济，以便利其他产业的发展。尹仲容强调战后台湾虽有几个比较大的制造业部门如糖业、纺织、水泥等，但都不合这两个条件——高度增长的与庞大的。尹仲容认为，从战后直到1960年，事实上，台湾的工业发展，实在是工厂发

① 赫尔希曼：“相互依存与工业化”，见郭熙保主编：《发展经济学经典论著选》，北京：中国经济出版社，1998年，第311—333页。

② ［美］罗斯托著，饶余庆译：《经济发展史观》，菲律宾马尼拉：今日世界出版社，1965年版，第25页。

③ 林钟雄：《台湾经济发展四十年》，台北：自立晚报出版社，1987年版，第55—57页。

展，仅仅是建立了一个或几个工厂就停滞在那里，而从没有继续发展成庞大的工业。受到了赫尔希曼和罗斯托理论的影响，尹仲容相信起飞常由少数主导产业领导带动，而当这种领导部门发展得合理时，将足以使整个经济中的各种扩张力量，得以发动。① 受到罗斯托、赫尔希曼和刘易斯理论的启发，② 1960 年代以后台湾当局对主导产业的思考除了原有进口替代的思想考虑外，还注重是否该主导产业有利于出口产业的发展。

林钟雄在《台湾经济发展四十年》一书中指出，在 1950 年代末期，在积极的进口替代工业发展策略下，新工厂的创建及旧工厂的扩充，许多消费品的"国内"市场已陆续呈现饱和现象，工业发展面临了新的问题。依据罗斯托等人经济起飞的条件，必须创办合乎规模要求且能引申外部经济效果的产业，才能带动整体经济社会步入经济起飞的坦途。以台湾当时的工业基础，当时尹仲容青睐的是发展第一次进口替代产品的上游工业，并藉由当时岛内廉价的劳动力来发展出口产业。③ 事实上，台湾当局在罗斯托等人思想、理论的影响下所选择的进口替代主导产业就是 1960—1990 年代影响台湾国民经济发展中至关重要的石化产业。④ 瞿宛文在《经济成长的机制》一书中认为，石化业是一种重要的原材料工业，而石化业之所以在 1960 年代被台湾当局选为第二次进口替代的主导产业，是因为它符合赫尔希曼的联系效应。石化业的上游主要是轻油裂解，生产石化基本原料，包括乙烯、丙烯、丁二烯、苯、甲苯、二甲苯等；中游是将上游产品作进一步加工处理，生产出石化原料，包括塑胶原料、人造纤维原料、人造橡胶原料等；下游是利用石化原料生产制品，包括生产塑胶以及塑胶制品、人造纤维以及纺织品、人造橡胶及其制品等。而通常石化业是包括如上定义的上游以及中游部门。在 1960 年代以后石化业是台湾一个相当关键的产业，它的中下游涵盖了台湾早期出口扩张的两大产业：纺织业和塑

---

① 尹仲容："台湾经济十年来的发展之检讨与展望"，见尹仲容：《我对台湾经济的看法》三编，台北"国际经济合作发展委员会"，1966 年版，第 75—90 页。

② 刘易斯的看法是落后国家若要经济得到良好的发展，其最好的选择还是应当首先发展出口产业，如此方能减少很多不平衡的问题。见尹仲容："台湾经济十年来的发展之检讨与展望"，引自尹仲容：《我对台湾经济的看法》三编，台北"国际经济合作发展委员会"，1966 年版，第 73 页与 W. A. Lewis, *The Theory of Economic Growth*, George Allen and Unwin Ltd. 1957. PP. 275—283。

③ 林钟雄：《台湾经济发展四十年》，台北：自立晚报出版社，1987 年版，第 55 页。

④ ［日］青木昌彦等：《政府在东亚经济发展的作用》，北京：中国经济出版社，1998 年版，第四章。

胶、橡胶制品。①

在发展以石化为主的重工业和以民营为主的轻工业，成为配套上中下游产业链的战略下，台湾于1950年代也政策性地发展了一些公营银行来为这些相关的进口替代产业融资。尽管早期岛内这些公有银行也曾经为台湾的经济增长作出积极的贡献，但是随着台湾市场经济的逐渐成熟，公有银行应尽速民营化。但民营化的过程并不简单。首先，将公营银行变成公司组织，将其资产证券化，然后才能进入民营的程序。其次，民营化的时机也是必须要考虑到的因素。战后台湾经济发展的过程表明，随着台湾市场经济的成熟，岛内也开始民主化。公营事业应尽量民营化，这应算是民间共识很高的政策，也是1990年代以后“经发会”产官学及朝野的共同决议之一。但是，岛内的改革过程也表明，民营化却几乎变成了财团化。究竟要多大程度地向自由化、国际化、制度化的市场机制体制迈进，也成为争论的焦点。花旗银行台湾区总裁利明献指出，目前台湾的民营化改革，只要是公股银行与公股银行整并，反对声音才会比较少，但若是民股买官股，就会涉及政治问题。岛内反对党的势力比执政党要强，加上工会的阻力，当局要推动改革并不容易。② 在第三节里，本章将对岛内从管制到自由化、国际化、制度化经济思想的变迁，以及围绕这些问题所产生的争论，做一个系统的整理与分析。

第三节　自由经济思想的批判与“混合经济”体制的演变

一、战后台湾经历的“政府”失灵

战后初期台湾当局确立的“混合经济”的体制，尤其突出和增强了“政府”对经济的主导作用。在台湾还处于内向的农业社会，市场体系微弱，万端待举，急速推动工业化的时候，这一体制和思想无疑起了很大的积极作用，同时也具备相当的现实性和正确性。然而，在台湾发展为以出口为导向的外向型经济，市场体系已经建立起来并日益成熟的时候，坐大了的行政部门反而成为经济发展的一大桎梏，进而使“政府失灵”的弊端

① 瞿宛文：《经济成长的机制》，台北：台湾社会研究杂志社，2002年版，第一章。

② 利明献：“打折买衣服不一定合穿”，台北《财讯》杂志，2006年2月。

愈演愈烈，主要表现为：

首先是对市场价格和资源配置的扭曲。"国家"资本主义与重商主义的结合，使得台湾当局一面奉行出口导向，甚至以违背市场原则的出口补贴、刻意低估台币币值等方法盲目鼓励出口，一面又以高关税等手段限制进口，继续实行"进口替代"的政策，迟迟不肯面对国际化的要求而彻底实行汇率、利率的自由化。其结果，便是导致了岛内和岛外的资源价格得不到正确反映，从而无法达到资源最优配置的效果。不仅长年的贸易顺差所积累起来的巨额外汇储备，终于引发了台湾1980、1990年代的泡沫经济，而且使得后期的台湾产业升级迟滞，产业结构失去平衡。

其次，台湾当局在银行、重工业等各部门发展的公营事业过于肥大，以至于成为民营企业发展的阻碍，并由此引发了一系列的寻租、腐败现象。在台湾经济发展的早期阶段由于面对岛内、岛外局势的艰困，"政府"在除了发展经济以求自保的情形下，相当程度地避免了寻租和腐败现象。然而随着经济和社会的发展，在1980年代以后已经形成很多利益共生的群体。以石化业为例，在过去当局以公营的"中油公司"来直接经营上游，并主导中游的发展，中游的各个厂商的发迹，都多少藉由当时良好的关系才得到建厂的权利，都是扶植政策下的得利者。而今，因为石化业的中游厂商基于本身资本累积、更加稳固原料来源的需要，而有水平式以及向上游扩张的企图。日本学者刘进庆就将这类官僚与私人资本之间的矛盾与利益的结合体，称之为"官商资本"。而今日所谓的"民营化"，其实主要的推动力量，正是来自于"官商资本"中之"商"，来自于这些被"官"扶植起来的大型私营企业，它们不单羽翼已丰，并且要与官营事业争夺市场与利益；同时在争夺过程中，必然是那些官商关系比较好的可以夺得比较大的利益。①

最后，台湾长期偏重"政府"主导的"混合经济"体制的实施，导致了对威权体制的容忍，而威权体制正是自由经济市场的最大阻碍之一。蒋经国有18年都作为台湾财经政策的最高决策者，虽然他对台湾的经济增长也作出了积极的贡献，但其养成的威权体制却也造成了极大的经济损害。例如，如前所述，蒋经国于1973年不仅坚持不调整物价，而且由于当时的

---

① ［日］刘进庆著，王宏仁等译：《台湾战后经济分析》，台北：人间出版社，1992年版，第四章。

“经合会秘书长张继正……直率地说，物价到年底都不准涨，恐有实际上的困难，因为黑市价格已经涨得很厉害。蒋经国听了，非常不高兴。随即就把经合会整个组织改组为经济设计委员会……”① 这种凌驾于市场法则的威权无疑导致了严重的经济后果，与市场经济的自由精神是背道而驰的。

二、战后早期自由经济思想对“政府”管制的批判

(一)《自由中国》的最强音

1. 战后前期岛内对管制弊端和计划经济的批判

如第一章所述，1949 年 11 月创办的《自由中国》半月刊本着“宣传自由与民主的真实价值，并且要督促‘政府’（各级‘政府’），切实改革政治经济，努力建立自由民主的社会”的宗旨，一以贯之地在经济层面强烈地监督和批判着台湾当局的种种经济政策。对于当局管制经济违背市场规律和经济原则而造成的弊端，《自由中国》都一一揭露了出来。例如，1953 年元月《自由中国》的社论《当前管制经济的措施亟待改进》一文中，就明白地指出当时台湾出现的“生产成本过高”、“主要产品滞销”、“及外汇不敷分配”三大严重的病症，“除了导源于台湾经济先天条件不够及战时经济本身的困难外，其主要的乃是‘管制经济的措施’在那里作祟。”② 战后初期曾任台湾银行总经理的瞿荆州则在 1956 年《从物价谈到资本》一文中委婉指出，“‘台湾工业化’的口号，已经喊了好几年了。这几年中，台湾的工业虽然也有了不少的进步，但距离‘工业化’尚属辽远。……各种阻碍工业化的因素，有许多是属于社会风气的问题，一时不易改变过来，姑置不论。有若干乃是‘政府’之措施……”③ 1958 年瞿荆州在《人口增加与资本积累》一文中，批评了“政府”不从“扩大国际贸易”着手解决人口问题，而是要在“降低生活水准”上着想，进而更加直接地批判道：“采取‘降低生活水准’政策，其政策是‘紧缩与管制’，过去数年‘我国’就是采取这样的政策，美其名曰‘安定中求进步’，其实是‘困守中之枯萎’。”④

---

① 康绿岛：《话说台湾经济——李国鼎口述历史》，台北：卓越文化事业股份有限公司，1993 年版，第 212 页。

② 社论：“当前管制经济的措施亟待改进”，《自由中国》第 8 卷第 6 期，1953 年 3 月 16 日。

③ 瞿荆州：“从物价谈到资本”，《自由中国》第 14 卷第 2 期，1956 年 1 月 16 日。

④ 瞿荆州：“人口增加与资本积累”，《自由中国》第 19 卷第 8 期，1956 年 1 月 16 日。

围绕着当局计划形式的统制经济，许多学者纷纷提出了或质疑或反对的观点。在20世纪50、60年代，由于台湾当时处于战后的非常时期，大部分学者并没有完全反对经济的计划统制。例如赵冈就提出："……在落后地区私人利益与社会利益不调和的地方很多，而且距离很大，若听任其自然发展，则经济生长的速度不免过于缓慢。英美的学者今天都承认这一点，认为在落后地区进行经济开发，'政府'加以计划与局部控制有其必要。"他只是要求"设计的人一定要具备足够的经济知识，考虑要周密。"① 陈式锐一开始也未对计划本身表示反对，只是批判"由旧制度的'官'订"出来的四年计划"既缺乏专家的研究，又没有企业界的参与，势难获得完整性，将来的实现性也属有问题。"因而呼吁"学术研究配合实际政治底一种风气"。②

然而随着管制经济的种种弊端日益彰显，许多学者越来越倾向于对市场机制的回归和对"政府"计划的不信任。陈式锐就产生了这种明显的转变。在1958年《由倒风看经济的改善》一文中，陈式锐就意识到："台湾在工业化的进程中，当局在宣传上每指出第一次四年经济建设计划自1952年实施后，如何如何地克奏其功，第二次四年计划又于去年开始，亦描出美丽底远景。其实，经济原有其自然发展的趋势，台湾的生产力过去几年却曾趋向于提高，但谓系受'计划'所赐，殊难置信。"③ 同年，他还提出："价格、利润结构为生产的指导力量，主张管制者忽略了干涉就在放弃此一结构，亦则必然地在遗弃竞争底企业制度。""'政府'的干涉经济，其程度至于剥夺了人民的经济自由，其招致不良底后果，我们已有苏俄集团的事项及英国工党的施政作为龟鉴。"④《自由中国》中更为彻底的反对观点则提出"……当局颇倾向于'国家'投资与计划经济那一类的思路，而美国方面，则似颇坚持援助应用于发展民间的自由企业；此种倾向，在共和党当政以后，更为显著，且曾一再向'我国'明白表示……在一个自由社会，所谓经济计划之类，本来就不容易照预定程序刻板完成，再加以本身不够周密，又不能主动执行，其少有成就，事属自然，倘一切竟照计划实现，反成奇迹。……本来，计划经济在原则上即与自由企业制度不相

---

① 赵冈："再谈财经政策"，《自由中国》第18卷第7期，1958年4月1日。

② 陈式锐："台湾经济改革刍议"，《自由中国》第8卷第9期，1953年5月1日。

③ 陈式锐："由倒风看经济的改善"，《自由中国》第19卷第4期，1958年8月16日。

④ 陈式锐："论政治的干涉经济"，《自由中国》第18卷第3期，1958年2月1日。

容。如果不是为了配合美援，我们实认为根本上没有订立若干年经建计划的必要。”①

值得指出的是，《自由中国》并不是一味地反对或质疑任何计划，殷海光的观点就表明了这一立场：“在自由社会里，学校校长、工厂厂长、市政委员，……无日不在那里计划。这样的计划愈是实行，社会愈是生机洋溢，福利增加。而在极权统治之下的地区如苏俄者，愈是实行计划，个人与社会愈是遭殃，社会底生机愈益为之衰丧。久而久之，整个社会变成一部冷冰冰的机器。所以，我们所要的是自由的计划，我们所应弃绝的是管制的计划。”正如哈耶克所言：“我们对于计划经济的批评，只是就反自由竞争的计划经济而言，或只就取自由竞争而代之的计划而言。我们在此不能进而讨论那使自由竞争作用得以有效发挥的计划。那类计划也是非常必要的。”②

2. 对当局之政治与意识形态的批判

经济学理论是从未与政治学和意识形态绝缘的，在运用经济学理论来进行分析或批判时，也是如此。《自由中国》并不只是限于经济层面的批判和督促，它还将经济自由的问题更进一步地与政治、哲学联系起来。首先，《自由中国》坚持了经济自由必然与政治自由相结合的鲜明立场。这一观念应该是直接来源于哈耶克《到奴役之路》中的思想，殷海光在译注这本著作时也明白地表现出他将经济自由与政治自由结合在一起思考的态度：“若配合政治情况……在今日的东方，若行中央管制，有而且只有加速新奴隶社会之建成。这是毫无可疑之事。”③ 对于剥夺人们经济自由而由官方来控制民众的消费和私人生活的计划管制，殷海光称之为“百分之一百的经济的父权主义”。④

陈式锐也曾结合政治现实提出过相似的警告，他认为“在落后地区如拉丁美洲、亚洲、非洲、中东等地，大多经过封建及殖民地的统治，在政

① 社论：“美援运用问题”，《自由中国》第17卷第7期，1957年10月1日。

② 哈耶克著，殷海光译注：《到奴役之路》第三章《管制计划与自由计划》，《自由中国》第9卷第7期，1953年10月1日。

③ 哈耶克著，殷海光译注：《到奴役之路》第三章《管制计划与自由计划》，《自由中国》第9卷第7期，1953年，10月1日。

④ 哈耶克著，殷海光译注：《到奴役之路》第七章《统制经济的种种危害》，《自由中国》第10卷第3期，1954年2月1日。

治独立初阶，不论其为王国或共和国，都有一个不健全底政府。且以人民大多仍过着穷困与无知底生活，人权未发达，政权常为一群官僚政客所窃据；他们不少只知道私人利益，漠视国计民生，只知结党营私，并不顾及行政效率。而由于政治的无能与贪污，它的干涉经济不但不能救弊，而简直在给予阻碍或破坏。"① 配合《自由中国》的创办宗旨，《自由中国》早在1954年就鲜明提出了："正如政治必须自由，在经济上我们亦同样需要自由。一个社会制度，绝不能一半自由，另一半被控制。并且事实上政治经济是分不开的，如果只有政治自由而无经济自由是行不通的。"② 也许，以经济自由为开端来追求人类社会全面的自由这一理想，可以用殷海光的话来作为注脚："经济上的解除统治而向着自由经济的道路走去，这一趋势所带来的概念，可以扩大到观念、思想和言论层次。由此延伸，又可能扩大到政治层次，那末就是接近自由建构的全部实现。"③

更令人惊叹的是，《自由中国》还将对"政府"管制的批判引申到了意识形态的哲学高度，即以个人主义和自由主义来解构管制经济背后的"国家"主义。正如傅正所精辟地指出："从十九世纪以来……各国的人民，在国家主义的煽动下，充满了对国家的狂热，国家像宗教一样被讴歌与崇拜。人类来到这世界，似都为效忠自己的国家而来，再无其他目的，于是为扩张所谓国家的荣誉而牺牲，成了人生的唯一义务……假使我们能加以冷静的思考，而不被情感的冲动所蒙蔽，我们便可以知道，国家只是手段，绝不是目的；国家只有在为人类增进幸福上有其意义，国家的本身，并无任何单独的意义可言，所以国家既无权威，更说不上神圣。"④ 战后初期，国民党当局为了完成"反攻复国"的计划，在国防事业上投入了大量的资本，因而引发了台湾经济"以军事害财政"、"以财政害经济"的严重困境，当局一再发出"'国家'至上"、"人民应为'国家'利益而牺牲"之类的号召，来贯彻和掩饰自身的各种政策。而在以"政府"为主导的管制经济中日益养成的威权体制以及相应的贪污腐化问题，自然更引发了以追求民主与自由为宗旨的《自由中国》强烈反对和批判。发表于1956年2月的《自由中国》社论抗议道："'国家'究竟总是要人来代表的。而

① 陈式锐："论政治的干涉经济"，《自由中国》第18卷第3期，1958年2月1日。
② 王聿修："自由经济必然平等"，《自由中国》第10卷第11期，1954年6月1日。
③ 殷海光等：《海耶克和他的思想》，台北：传记文学出版社，1979年版，代序第11页。
④ 傅正："国家主义与世界主义（下）"，《自由中国》第13卷第7期，1955年10月1日。

他们自命代表‘国家’。于是，‘个人必须为“国家”利益而牺牲’，在实际上，等于要每一个人为彼一人或一系之利益而牺牲。‘国家’而作了这种自私的用途，不亦可悲?”“‘国家’之最可实征的一面，是一个一个的个人，个人是‘国家’的根本。”“‘国家’并非个人的‘衣食父母’。每一个人如不工作，‘国家’何来衣食?‘国家’又何能给人衣食?近代国家是一法治组合。先有个人，然后才能有法治组合。”①

同时，《自由中国》也再三澄清了个人主义是有秩序的个人主义，而完全不是自私自利，更不是自我中心，“个人主义的自由，又是极力尊重另一个人的自由的。基于这个理由，个人主义是最尊重秩序的。而秩序与自由是相得益彰的事情。”“把自由与混乱，秩序与组织相混淆，这是中国提倡自由与秩序以来，一直没有澄清过的观念。”② 它强调“人的尊严与人的基本权利”，因而高度推崇英美联合宣言中“国家应为个人利益而存在，并非个人应为国家利益而存在”的原则。③

正是基于以上的理念，所以《自由中国》不限于就经济而言经济，而是更深地切入台湾的经济问题，发出时代的最强音。例如，《自由中国》多次刊文呼吁“政府”不要因为“军事害财政”，借口财政困难而克扣军公教人员的工资，使其生活待遇大大低于应得的正常水平，从而引发了军公教人员生活困顿、被迫铤而走险地贪污，以及无法吸引人才进入军公教领域等各种问题。它最后尖锐地指出：“我们认为军公教人员待遇之不能合理改善，第一个原因，也即最根本的原因，牵涉到我们‘政府’当局（有决策权力的当局）的基本政治观念。我们随时可以体会到，‘政府’当局的基本政治观念，似乎只是一点统治术的观念。他们以为政治就是统治术的运用，而不了解政治是为‘人’服务的，尤其不了解所谓‘人’者不仅仅要活命，而是要在足以维持‘人’的尊严的条件下活命。……政治既不是为‘人’服务而只是一种统治术，那末作为统治工具的军公教人员，当然也只有工具的价值了。……至于说要让军公教人员的生活水准足够维持人的尊严，这种具有关键性的意念，在若干‘政府’当局的脑子里，恐怕连一点影子也不会有。”“所以，谈到财政，就得把筹发军公教人员合理

① 社论：“个人为国家之本”，《自由中国》第14卷第5期，1956年3月1日。
② 东方既白：“论个人主义”，《自由中国》第14卷第8期，1956年4月20日。
③ 社论：“国家应为个人利益而存在”，《自由中国》第14卷第4期，1956年2月16日。

的俸给列为第一要着，否则就不成其为财政。”①

这种犀利的批判实际上反映出了《自由中国》反对将人“物化”的鲜明态度。又如，在谈到贪污腐败等经济犯罪问题时，《自由中国》一针见血地总结出：“1. 凡是使‘政府’机关处理有关经济事务的制度，都是便利贪污的；2. 凡是使官吏与商民经常作种种业务接触的制度，都是鼓励贪污的；3. 凡是一种造成经济特权，而经营人员又可凭其个人判断以决定把特权给予某甲而不给予某乙的制度，都会使贪污成为不可避免。”“一般的说，一项经济政策如果是违背了市场供求法则，不管它是出于无知，或是出于有意，都一定会造成特权。照市场法则，物资求过于供，必然涨价，倘若硬性的把价格平抑，则一定造成市场与官价间的距离，而这个差额便是特权的依据，特权之大小，与此差额之大小成正比；而贪污机会之大小，亦与此特权之大小成正比。”② 这种深入骨髓的直接指向意识形态和制度层面的精论，即使在1950、1960年代全世界的经济评论中也是不多见的。

3. 评析

《自由中国》虽然只存在了短短的不到十一年的时间，但其中所蕴含的一些经济思想和所触及的经济问题本质，直到如今都仍然具有丰富的时代意义。无疑，《自由中国》主要是秉承了亚当·斯密所开创的自由经济思想，斯密提出了“看不见的手”，而以后的古典经济学家李嘉图、穆勒等则继承了这一发现，主张调节财富生产的原理根植于超越人类控制力的自然法则。斯密认为，在经济发展的过程中，有序的市场均衡机制能够不断地使产品的供给和有效需求相适应，这样，自然的自由制度产生了形成均衡的力量，进而实现社会繁荣。沿着这一线索，后来的瓦尔拉斯和马歇尔相继提出了一般市场均衡理论和局部市场的均衡理论。奥地利学派的米塞斯和哈耶克等人也正是在“自然机制”和“均衡”理念的基础上进一步开拓。

因此，在《自由中国》的文章中，我们处处都可见到这种“自然机制”和“均衡”思想的影子。不论是评论外贸管制还是通货膨胀等经济问

① 社论：“军公教人员待遇为何不能合理改善?”，《自由中国》第20卷第4期，1959年2月16日。

② 社论：“研究贪污问题的第一课——违反经济法则的制度是便利贪污的”，《自由中国》第15卷第6期，1956年9月16日。

题，自由经济的学者们的分析和批判，归根结底，都是认为之所以存在各种经济病症，就是因为“政府”过度干预的制度和措施导致了市场自然机制被破坏，以及市场价格的失衡。也许《自由中国》的主笔之一戴杜衡先生的阐述正可以典型说明这种崇尚“自然机制”与“均衡”的理念：“以私人企业为基础的自由经济，犹如人体，是具有一种生长、发展，及自动调整之自然机能的。它推进的力量，在生产者的私利追求；它调整的力量，在消费者的自由选择。这两个自然动力，互相推动，互相节制，经过供求关系而在市场价格上达到平衡。……价格机制就像人体机制一样的出于自然；它正是自由经济的优点，而非缺点。这个出于自然且根植于人类天性的机制，正是整个经济生活得以维持稳定并获得进步的枢纽。”①

《自由中国》宣扬自由与民主，宣扬有秩序的个人主义，批判极权专制，这无疑对“国家”主义和威权体制产生了巨大的威胁和瓦解力量，这也正是其在1960年遭到国民党当局停刊、社长雷震与该杂志多名同仁入狱多年的真实原因之一。但不论如何，其中所蕴含的自由经济思想无疑是一块仍然值得注目的丰碑，不过，限于当时理论的发展有限，《自由中国》对市场机制和个人主义的局限还认识不充分，还不具备“市场失灵”等概念，除了指出“政府”应当提供良好的环境以外，对于“政府”究竟应当扮演什么样的角色还没有完整地提出来，这些任务就有待于后来者继续完成了。

（二）当代其他自由经济学者对“政府”管制的思考

1. 有关效率的拷问

如果说《自由中国》时期比较偏重于均衡的分析，那么自从1960年代台湾实行出口导向以后，经济学界探讨问题除了原有的均衡角度以外，更加注重效率的分析。效率即是指资源配置得当、发挥出最大效用的效率。按照自由经济理论的观点，市场机制能够使得资源达到最佳配置。如果人为干涉，这一资源配置的效率就会降低。当代台湾许多经济学者对“政府”过度管制的经济体制所导致的效率低下进行了深入的分析。例如，一生致力于反对台湾当局新重商主义的邢慕寰先生为了得出各种工业品的进口替代偏向以调查价格机能使生产资源偏离最佳配置的程度，就采集了台湾1966年的主要工业的名义保护税率与增值保护税率等数据，进行制表

① 戴杜衡：“试论计划经济”，见戴杜衡：《免于偏见的自由》，台北：传记文学出版社，1979年版，第268页。

计算，从而证明了当时台湾“生产资源的配置距‘最佳’之境甚远”，究其原因，正是‘政府’一味保护岛内工业而采取的各种高关税、税率不均等管制和限制措施，并指出“我们必须记住上面讨论的资源配置失当的代价。与后者有关的实际表现之一，就是台湾工业技术进步的缓慢。这个事实，往往成为不长进的工业要求维持现状和保护既得权益的借口。”为此，邢慕寰提出了“‘政府’不宜予工业太多的扶持”，而应撤减各种不同形式的设厂限制和进口管制以引进自由竞争，从而谋求工业的健全成长。①

对于“政府”过度的保护管制而导致的效率缺失，当代经济学家马凯也分析道：“加工出口部门在过去……的蓬勃发展，主要的原因，除了国际市场的繁荣局面之外，就是‘国内’外市场在高度干预性的管制措施之下，成为一个十分封闭、难以进入的垄断市场。”然而，正是因为如此，才使得众多的经济问题多年来“一直不曾受到注意，以至于因循拖延。近几年来因为加工出口型的劳动密集型产业受到邻近国家的竞争，逐渐失去了低廉劳动力的比较利益，而韩国又奋起直追，在研究发展、市场行销上都迅速超越我们，才让大家有所警惕”。② 中华经济研究院研究员杨雅惠在分析银行业管制与营运行为时更是明白地指出：“‘政府’管制的主要理由之一在于维持金融稳定，但种种管制的存在，使银行经营往往无法充分发挥其应有的效率。故过于强调金融稳定便需以效率的丧减为代价。当‘政府’在进行金融自由化以提升银行业经营效率时，如何兼顾金融稳定的目标，便是‘政府’努力的一大课题。”③

另外，蒋硕杰、刘大中、费景汉等人或以学者的身份，或以‘政府’顾问的身份，通过发表通俗性文章和建言等方式对台湾民众和当局宣扬市场机制关于均衡与效率的重要功能，例如蒋硕杰、刘大中、邢慕寰、费景汉、顾应昌、邹至庄等院士于1974—1978年提出的敦促当局加速自由化进程的三大建言，以及1980年代初的蒋硕杰与王作荣大战，都为台湾新一轮的自由化市场化起了推动作用。他们所坚持的道理简言之，就是“自由经

---

① 邢慕寰：“台湾工业发展与贸易政策之检讨”，见孙震主编：《台湾对外贸易论文集》，台北：联经出版社，1975年版，第163—178页。

② 马凯：“台湾工业政策之演变”，载中华经济研究院《台湾经济研究论丛》，第一辑，第136页。

③ 杨雅惠：“银行业管制与营运行为之分析”，见许嘉栋主编：《台湾货币与金融论文集》，台北：联经事业出版公司，1991年版，第576页。

济”、“市场经济”，是回归亚当·斯密时代的精神，因此，不论是“去除管制、自由化”的主张，还是“反对凯恩斯政策”的主张，都是以市场机制的功能来纠正政策的偏差，反对“政府”过度干预。

之所以在1960年代以后，学者们越来越关注“政府”管制对效率的影响问题，一方面是因为台湾经济选择出口导向后日益与世界接轨，同时发展中国家的不断兴起导致国际之间的竞争日趋激烈，从而使得效率成为经济发展的一个关键因素。另一方面，在1960年代以后，台湾公营事业效率低下的弊端日益突出，而民营中小企业逐渐蓬勃兴起，同时伴随着学术领域中微观经济学的发展，“效率”这一微观领域中最为核心的词汇自然为学者们提供了考量企业经营管理和“政府”作用的关键角度。

2. 对“政府”角色的思考

如果说《自由中国》时期重在批判“政府”的管制角色的话，那么自由经济学者们在1960年代以后则重在思考“政府”应当承担什么样的角色。早在1970年代，自由经济学者就开始有了更为具体清晰的认识。例如，邢慕寰在谈及工业发展问题时，就非常具体地提出：“‘政府’不宜给予工业以太多的扶持。从长期工业成长和出口扩展的观点着眼，给予多量的金钱奖励对工业可能害多利少。‘政府’在加速工业成长和出口扩展方面有许多其他更重要的事可做，包括积极推动技术研究使之配合本省工业的特殊资源形态；训练大批技术人员及发展基层设施以应当前之急需；加强国际商情资料的收集与供应、改善推销技术与组织、扩大廉价外销保险服务的范围，以开阔外销市场等等。”① 关于“政府”与社会秩序之间的关系，1986年夏道平在《经济自由化与市场秩序》中做了精辟的阐述：“现代社会越来越复杂，秩序一种是设计成的（简称做成的社会秩序），一种是自生自长的（简称长成的社会秩序）。市场秩序是后者的一部分，其余部分统称为非市场秩序。作成的社会秩序，指的是像各级各部门的官署、法院、宪兵、警察，以及各种法律命令；现代政府的功能，一是权威型的依法强制，一是辅导性的公平服务。前者是作成的社会秩序所赖以维持，后者则有利于包括市场秩序内成长秩序的扩展。”② 对于市场与“政府”职能的进一步厘清，仍是战后中晚期

① 邢慕寰：“台湾工业发展与贸易政策之检讨”，孙震主编：《台湾对外贸易论文集》，台北：联经事业出版公司，1975年版，第163—178页。

② 夏道平：“经济自由化与市场秩序”，《经济前瞻》第1期，台北：中华经济研究院，1986年1月1日。

朝野各界所长期关注的核心命题。

在1980年代的著名的“蒋王大战”中，关于“政府”与市场的角色就是论战中一个十分突出的问题。虽然以王作荣为代表的社论派一如既往地认为“‘政府’的责任应当是担任一个更为积极的角色，必须要像日本一样由‘政府’来起头带动作用”，但是蒋硕杰却鲜明地提出“政府”的角色“最主要是要提供适合资本积累跟投资环境的一种经济制度”，他十分反对台湾当局历年来选择主导产业的做法与思路，指出：“‘政府’一定要了解，‘政府’人员的看法不一定正确，不能强迫人家往一定的方向走。私人企业家可能有更准确的观察，所以要给老百姓自由选择的自由。过去，我们‘政府’好像太固执自己的看法，觉得哪几种工业是策略性工业、有希望的工业，那些工业就给予奖励，别的就不奖励，这是不大对的。举例来说，像洋伞工业就一直不在奖励投资范围之内，但发展很好，一度使我们成为全世界洋伞出口最大的‘国家’，这是很多人想不到的。这个例子或许可以让‘政府’虚心一点，不要一定强迫人民往自己订的方向走。”①

费景汉也同时强调：“从历史的观点来看，当局在未来所扮演的角色与过去不同。过去三十年，台湾由战前农业社会过渡到工业化社会，岛内工业家不成熟，制度也不完美，‘政府’必须以政治力量去帮助、保护幼稚的工业和企业家。未来，当局大可逐渐放弃普遍保护的政策。此外，在积极方面，‘政府’应戮力做到下面两点：1. 创造经济环境，使工商企业家充分发挥潜能，主动担当领导经济发展的责任；2. 力于岛内企业家还不熟悉的事务，如引进科技，鼓励私人企业从事科技研究发展。”对于计划性自由经济，费景汉更直接地说：“如果我们掌握了未来的时代精神，抛弃保护私人企业的计划性经济观，那么，该发展的便是创造环境，让私人企业家充分发挥潜力的自由经济制度。所谓自由，是指各个企业家、各国国民都有意愿对自己的行为负责。我们所要建立的是符合如此定义的自由主义的经济制度。”蒋硕杰则明白地提出：“计划性的自由经济，就是‘政府’供给健全发展的制度与架构，让企业家自由挑选发展的方向。同时，‘政府’应当把各种价格机构做得很正确，让他们自由的运行，不要干扰价格机构。‘政府’的计划，只不过提供一些具有伸缩性的目标，但不要

① 工商时报当前经济问题笔谈会：“疑问与解答：台湾经济发展路线”，台北《工商时报》，1982年8月14日。

强迫达成。”①

中华经济研究院的吴惠林、马凯则明确阐述道：“我们从不否认、也必须承认，自由经济体制现今已被事实证明‘比较’适合人类生活，但该体制下‘政府’却也扮演了极重要的角色，只不过其权责都是吃力不讨好的‘创造并维护一个公平公正、安全的发展环境’，让这一代、下一代，以及无数代住民都能活得愈来愈幸福；换个大家熟悉的说词就是‘非经济因素’或‘保障人民生命财产安全’才是‘政府’的职务。经济生活事务是千千万万住民互动、形成各个市场，依生活规则所‘演化’而成的‘市场秩序’或‘市场伦理’来进行的……”② 曾经担任过台湾交通银行董事长、“央行”总裁的谢森中认为：“在经济发展过程中，‘政府’角色的定位是一个具争议性的问题。在早期，‘政府’则扮演相当重要的角色(尤其是第一期四年经建计划 1953 年开始时期)。当时民间企业尚未茁壮，‘政府’及公营事业相对具有主导力量，因此，在威权体制所建立比较稳定的政治架构下，一方面尊重市场机能与比较利益，另一方面经由经建计划让技术官僚发挥所长，透过各种产业政策、外汇、贸易、金融、财税、投资政策的推动，以济市场机制之不足。此期间面临国际经济持续景气，以及美国市场的自由开放，更加有利于台湾出口及经济快速成长。然而，自 1980 年代以来，经济自由化成为全球性的趋势，与 1950、1960 年代的发展环境明显不同。因此，在转型与升级中，此后的台湾经验与早期(1950—1980 年）的有所不同，显然具有特殊的意义存在；这段经济发展过程中，民间企业和中小企业的弹性灵活营运，其所扮演的角色愈形重要，“政府”角色也逐渐减轻，原适合解释 1950—1980 年代的发展经验也就不再适合解释 1980 年代以后的发展，必须建立一套新的思维与新的论点。”③

由上可见，对于“政府”管制的经济体制和“政府”应该扮演什么角色，1960 年代以后的自由经济思想相比《自由中国》，虽然少了些批判的

① 本段与上一段的引文均引自《经济政策大论战——王作荣大战蒋硕杰》，台北：环球经济社，1984 年版，第 153—154 页。

② 吴惠林，马凯：“记取教训重新出发——慌乱财经决策的启示”，《经济前瞻》第 62 期，台北：中华经济研究院，1999 年 3 月 5 日。

③ 谢森中：“1980 年代以来台湾经验发展经验序”，施建生主编：《1980 年代以来台湾经验发展经验》，台北：中华经济研究院，1999 年版，第Ⅱ页。

激情和锐利，并且大多是就经济而论经济，但却也更多了几分理智的思索，并在经济理论领域内作出了更为深入的分析。当然，这一方面与1990年代以前国民党当局的威权压制，以及20世纪90年代以后台湾政治经济本身日趋走向自由化和民主化有关；另一方面与当代经济学理论的进一步发展有关，正是由于20世纪后半期有关“市场失灵”和“政府失灵”的研究更进一步的发展，以及微观经济学的兴起，[①] 才使得自由经济的学者们对市场与“政府”的关系以及由此形成的经济体制有了更为崭新和深入的认识，才能比以前的经济学者们更为清晰明确地定义出：“政府”的职责应在于为市场的运行创建良好的制度环境。

三、“混合经济”体制朝向自由化的演进

进入1970、1980年代，随着经济问题的日益复杂化，以及“政府”失灵的现象日益增多，台湾过分强调“政府”主导的“混合经济”体制逐渐受到了越来越大的压力，并终于在这种压力下开始了进一步的演进。1984年，俞国华初任台湾“行政院院长”，他在对“立法院”的施政报告中正式提出“自由化”、“国际化”、“制度化”的原则。自由化是以市场法则、价格机制代替过去的“政府”管制与干预，国际化即指全球化，制度化则是做好法规与制度的安排，使市场运作得以顺畅。这一原则从此成为台湾政策革新的主要方向，并得到了当局、民间的普遍接受。蒋经国于逝世前一年也作出了各种重大的开放政策，包括党禁开放、外汇开放、探亲开放、高中毕业生留学开放等，许倬云教授将这一系列的变化称为“步步都是活棋”。1995年，台湾当局又提出“亚太营运中心跨世纪方案”，宣示“第二次自由化运动”，表明台湾正在日益走向真正的自由市场经济。虽然这些政策的提出与实际的实施存在很大时滞和差距，例如，台湾的汇率在1980年代仍然继续受到“政府”的干预，阻挡新台币的升值，终于导致1980年代末和1990年代初泡沫经济的破灭，然而1990年代“政府”的自由化措施仍然迟缓，耽误了经济增长中必要的产业调整，并造成金融系统的严重呆账，而配合经济自由化的公营事业民营化的工作，最后也徒

① 现代微观经济学这一名词是在1941年时才首度出现，并且直到1980年代微观经济、宏观经济一直都被视为截然不同的两个领域，直到1980年代之后，现代宏观经济学体系才终于建立微观经济基础。

具形式，公股所占比例只不过被降至 50 % 以下，而台湾当局仍然为大股东，掌握经营大权。但是，从这些政策的演变中，可以看出，台湾地区过去的那种“混合经济”体制思想在开始产生新的观念变化。

20 世纪末期，台湾当局开始逐渐认识到“市场”和“市场机能”对经济增长的决定作用，而过去那种“强大政府”的观念趋于衰退，“计划万能”的思想更是遭到了彻底的动摇。当初强烈坚持“政府”主导，并曾参与制定台湾前几期四年经济计划的王作荣，在其人生的后半期，也转变了思想，开始主张市场机能的作用。即使是非自由主义的经济学家，如台湾当局的机要经济顾问之一、“中央研究院”院士于宗先就承认道：“由于经济的高速发展，企业界人才的百出，以及教育水准普遍提高，‘政府’不必再像 1950 年代，甚至 1970 年代一样，为民间企业规划他们应发展的产业，也不可能再给幼稚工业以保护伞，使他们免除外来的竞争。”而在以市场为主导的自由经济中，“政府”的作为就应限于弥补市场的失灵，如“建立一个稳定而安全的社会、政治环境……健全法治，伸张公权力……予人民以更大的自由发展空间……以积极的态度，促进科技水准的提升。”① 曾任台湾“经建会”顾问的高希均也这样总结道：“‘政府’的经济角色是导演，不是主角；是裁判，不是球员；是啦啦队，不是生力军。”②

21 世纪初，吴惠林在《由世纪末的台湾经济思想谈起》一文中，重新审视并客观地评论了曾被世界关注之泡沫经济实例的负面台湾经验。③ 吴惠林认为：“当局将岛内的投机泡沫，怪罪给高储蓄率，实在是似是而非。翻开那一段不堪回首的历史，其实是不当的管制政策所致。一来重出口、轻进口，于是保护措施使出超快速积累，进而外汇存底急速增加；二来不准新台币升值，再使出超、外汇加速循环累积；三来岛内股市、房地产市场，在管制政策和官商勾结环境下，成为投机炒作市场；四来岛内投资管道也在特权独占、保护政策下，相对缺乏。如此一来，台湾终于尝到了资

① 于宗先：《台湾经济发展的困境与出路》，台北：五南图书出版公司，1998 年版，第 12 页。

② 高希均：“台湾经济发展过程”，见高希均，李诚主编，《台湾经济发展 1949—1989》，北京：国际文化出版公司，1992 年版，第 11 页。

③ 见《新帕尔格雷夫货币金融大辞典》第三卷，北京：经济科学出版社，2000 年版，第 628 页。

产膨胀、泡沫游戏所带来的更严重五鬼搬运的苦果。因此，当时的储蓄率是被不当政策所强制堆高，是很典型的‘强迫储蓄’，肇因就是市场灵活疏通力量及疏通管道严重受阻，若早让消费管道和投资机会自由开放，高储蓄率正是支应高投资、进而助长未来岛内经济增长的源泉。此外，进口的管制让台湾居民无法享受价廉物美、种类多、数量大的舶来品。一来福祇受到抑制；二来未来的产出受到不利的影响；三来资产炒作致泡沫危机出现，而人心也被投机、贪婪所扭曲腐化。所以，关键是在当局的不当管制，不是高储蓄的错。"①

事实上，战后初期所确立的"政府"主导的"混合经济"体制及思想之所以在1980年代以后开始逐渐走向以市场为主导的自由化演进，一方面是对世界市场和潮流的必然回应。曾任台湾"国防部"部长、"经济建设委员会"副主任委员的孙震总结道："自由化并非'政府'自始即一以贯之的目标，而是受到以下因素的影响，终于走向自由化的方向：1. 世界主流经济思想从凯恩斯转向弗里德曼，从重视需要面转向强调供给面，从干预转向自由；2. 国际货币制度从固定汇率制度走向变动汇率制度……"② 但另一方面，更重要的原因则应是自由经济思想的长期影响。思想的影响力量远远超过人们的想象，即使现代强调"精密微调"的凯恩斯在《通论》的最后结语也强调："经济学家以及政治哲学家之思想，其力量之大，往往出乎常人意料。事实上统治世界者，就只是这些思想而已。许多实行家自以为不受任何学理之影响，却往往当了某个已故经济学家之奴隶。狂人执政，自以为得天启示，实则其狂想之来，乃得自若干年以前的某个学人。我很确信，既得利益之势力，未免被人过分夸大，实在远不如思想之逐渐侵蚀力之大。这当然不是在即刻，而是在经过一段时间以后……但是，无论是好是坏，危险的倒不是既得权益，而是思想。"③

其实，国家与市场这两种逻辑往往是不相容的："市场的逻辑就是将经济活动安排到它们最具生产力和最能盈利的地方，国家的逻辑便是获得

① 吴惠林："由世纪末的台湾经济思想起"，《经济前瞻》第67期，台北：中华经济研究院，2000年1月5日。

② 孙震：《台湾经济自由化的历程》，台北：三民书局，2003年版，第158页。

③ ［英］凯恩斯：《就业、利息与货币的一般理论》，台北：台湾银行经济研究室，1974年版，第290页。

与控制经济增长和资本积累的过程。”① 落后的农耕国家在追赶发达工业化国家的时候，国家的逻辑往往大过市场的逻辑，并由此形成国家资本主义及与之相应的重商主义。吉尔顿将重商主义界定为“政府为最大化其自身利益而控制经济安排的尝试”，或与外交政策（安全）有关，其实质为“民族经济与政治目标优先于全球经济效率的考虑”，而全球效率意味着自由贸易——世界市场的规则。② 我们看到，台湾在战后初期确立的当局主导的“混合经济”体制及其思想，正是“国家”资本主义及重商主义的体现。不论台湾当局采用这种体制是出于政治安全的考虑，还是出于保护工业以求经济快速增长的好意，虽然其在经济启动初期起到了积极的作用，但随着岛内市场经济的成熟与世界经济的一体化发展，这种更偏于政治性的“国家”资本主义和重商主义，必然将与全球经济效率产生巨大的冲突，从而带来无法估量的经济损害和社会成本。欧洲谚语云：“到地狱之路往往是由好意而铺成的。”无可推诿的，台湾当局过度的“政府”干预和重商主义虽然是出于好意，但由于违背了市场的原则，扭曲了资源的价格，其“反自由化”的政策终于导致了台湾于1980、1990年代走向泡沫经济的地狱之路。虽然台湾在1980年代末期于美国的压力下最终采取全面开放和自由化的措施，但毕竟这一自由化“来得太晚且太猛”。③ 泡沫经济不可避免地破裂了，并引发了长期的景气低迷。然而，亡羊补牢，“混合经济”体制迈向自由化的演进毕竟仍为未来的经济发展带来了生机，而在以市场为真正主导的自由市场经济中，当局何时进行干预、如何干预这一复杂的“囚徒两难”博弈，从上世纪的晚期到现在，岛内学政界正开始新的探索与思考。

四、重视自由化、国际化与制度化的经济思想转变

（一）台湾经济转型问题以及面对转型的探索与思考

经济发展可说是经济结构不断改进的过程。自1980年代以来，由于台湾内外经济环境的变化，立足于旧有经济结构的经济发展策略逐渐陷入困

---

① 转引自比约·海藤：“新重商主义的概念”，见［美］拉尔斯·马格努松主编，王根蓓、陈雷译《重商主义经济学》，上海财经大学出版社，2001年版。

② 比约·海藤：“新重商主义的概念”，见［美］拉尔斯·马格努松主编，王根蓓、陈雷译《重商主义经济学》，上海财经大学出版社，2001年版。

③ 孙震：《台湾经济自由化的历程》，台北：三民书局，2003年版，第127—130页。

境。1984年5月俞国华出任“行政院长”，宣布其经济政策的基本方针为“自由化”、“国际化”与“制度化”。其实，早在1982—1985年的新经济建设四年计划中，“经建会”已规划建立制度，引导台湾经济走向自由化之经济转型。然而台湾当局的行动总是缓慢而妥协，以致自由化、国际化的速度无法赶上现实的需要，造成了1980年代后期贸易顺差的迅速扩大和新台币的大幅升值。俞国华在1984年5月25日接受记者采访时提出，“今后经济发展应朝三个方向努力：1. 自由化。尊重市场机能，当局对产业及各种经济活动，尽量减少不必要的干预；2. 国际化。今后当局不但要努力减少各种生产因素在国际流动的障碍，力求产业发展的国际化，同时还应积极参与区域间的经济合作，在国际间扮演一个活跃的角色；3. 制度化。自由经济必须在一套合理的典章制度下运作。因此，今后对于金融制度现代化、财税制度合理化及经社法规健全化，都应全力以赴，这些努力不仅能加速经济社会的快速发展，同时也能使发展中所产生的摩擦与失调减至最低。”①

尽管岛内当局意识到并开始重视自由化和国际化，但作为自由化和国际化有效运作基础之制度化则少为人重视，而成为台湾经济现代化中改进较为缓慢的一环。前台湾大学校长孙震以为，1997年东亚金融危机之后，台湾于1998至1999年间发生的本土性金融危机，就是制度化未臻健全所引发的灾害。在这场由于台湾当局施以援手幸未酿成大祸的灾难中，若干不务本业的经营者，平时利用公司或金融机构的资金，过度投资其他行业，炒作股票，或从事政治活动，于周转失灵时，竟能掏空公司或金融机构的资产以自肥，使众多投资人承担损失，甚至使全岛经济蒙受风险。当局出面救助，幸而阻止财务灾害扩大蔓延。然而将个别事业的亏损转化为公共成本，最后透过租税，成为社会大众的负担，是否公平，仍是一个值得经济学界思考的问题。②

战后中晚期，台湾各界开始从制度的层面来思考与探索如何建立以市场为主导地位的体制，而当局已不再是推动经济增长的主角。从俞国华任“行政院长”时提出的三个原则来看，制度化就已经明确地成为经济政策

① 台北《联合报》，1984年5月26日。

② 孙震：“台湾经济发展的检讨与展望”，见孙震：《台湾发展知识经济之路》，台北：三民书局，2001年版，第6页。

的基本原则。蒋经国晚年所实施的各项开放政策，也包含了在政治、教育等制度层面对自由化改革的配合。当代台湾当局和学术界在讨论经济发展之时，也无不提及当局对改善制度环境的责任。这一思想的变化与国际上制度经济学派的兴起是密切相关的。诺斯和托马斯在《西方世界的兴起》一书中指出：“有效率的经济组织是经济增长的关键；一个有效率的经济组织在西欧的发展正是西方兴起的原因所在，而有效率的组织本身就是一种制度安排。”① 制度确实对经济增长的效率起很大影响。1971 年，库普曼和蒙泰斯提出了表述经济体制和经济业绩之间关系的函数式：O = f（E，S，Ps）。该式的含义是，经济结果、业绩即增长与发展决定于环境、体制和政策，对经济业绩起主导作用的体制因素，即制度是决定经济业绩的最根本因素。② 目前，世界各国对经济增长来源的关注重心，相继从物质资本转移到技术进步，到人力资本，到知识资本，再到社会资本，其中居关键环节的就是制度。2002 年世界银行年度报告为《围绕市场的制度建设》，就特别强调了贫穷国家如果欠缺健全的制度，即使有好的政策也难以发挥作用。制度对于促进经济永续发展的思想深深影响到当今的世界各个国家和地区，日本、台湾地区、韩国如此，中国大陆也是如此。

近年来世界经济环境起了激烈变化，加速推动“自由化”是台湾非走不可的路。1994 年连战在担任“行政院院长”时，主动提出的“供给导向”政策理念，再度明确宣示放弃凯恩斯的“有效需求理论”。接着 1995 年在“亚太营运中心”的计划中重申，用“法规松绑”和“自由化”、“国际化”等开放政策进一步尊重市场机能，让当局的角色回归到市场与制度化，这是岛内自 1958 年“第一次”短暂的自由化运动后，台湾的“第二次”自由化运动。但这种自由化精神，在前“总统”李登辉于 1996 年 8 月对“亚太营运中心”的批评与指示中，却被扭曲，尤其李登辉主张对台商投资大陆应管制、规范，甚至设限，这与“亚太营运中心”方案中，所宣示的“政府”角色及职能扮演是有冲突并前后矛盾的。之所以如此，除了现代经济理论所认为的“外部性”、“社会成本”，以致“市场失灵”的观念外；儒家文化中需由当局主导经济政策的传统思想，也是此一

① ［美］诺斯，托马斯等：《西方世界的兴起》，北京：华夏出版社，1999 年版，第 5 页。

② 张宇燕：《经济发展与制度选择》，北京：中国人民大学出版社，1992 年版，第 221—222 页。

错误政策形成的一大原因。①

奥肯指出："一个既是民主的又是市场经济的社会，其制度有一种双层次的结构，这两个层次都需要研究。"② 前中华经济研究院院长费景汉在《当前供给导向的经济发展政策》一文中认为："供给导向政策是以建设市场为目的，包括土地、劳力、智慧财产权、消费品、融资等市场，依靠市场控制经济，让产业结构能够灵活变动。""建立一套市场制度有两个意思，一是反政治化的观念，用不着官僚管事；另一个意思就是自由化。原来自由化有两种意思，一是撤销当局对人民经济生活的干预，更重要的是让人民对自己的命运负责，让人民发挥创造潜力，所以自由化消极的意义是当局少管事，积极的意义是人自己主宰自己的命运，发挥创造潜力。因此建设市场制度和民主是有同样的来源，都有反政治化的意思，所以民主实在是政治的民主化和经济的市场化，这也是现代化一贯的法则，就是人性的尊严和自由化。"③ 关于市场机能、个人自由，以及个人主义之间的关系，当然不是三言两语可能讲清楚的。受到传统泛营造主义的误导，如上所述，尽管台湾已跨出经济自由化、国际化、制度化的步伐，但如火如荼的泛政治运动，岛内自由化路途之坎坷也有目共睹，连决策者的行为也时常不经意地违背其所提出的政策。

其实，台湾当局的淡出"政府"干预是关系到岛内未来经济发展的最关键问题。正如诺斯所言："国家的存在是经济增长的关键，然而国家又是人为经济衰退的根源。"④ 不少人将岛内企业西进大陆投资的问题看得既严重又复杂。到底台湾要不要发展成为世界经济供应链上举足轻重的角色,⑤ 21世纪初，岛内的政策与法令仍与台湾期望成为的全球设计、营运、行销中心背道而驰。其实，经济的利益是没有办法用泛民粹主义的政策限制住。纵使是美国也只有在9·11事件后，阿拉伯人去购买美国港口的经营权时，才会有政治的忧虑。因此，台湾未来不但不应该限制岛内的

---

① 于宗先："突破经济观念中的茧"，于宗先：《突破经济观念中的茧》，台北：天下文化公司，1987年版，第3—12页。

② ［美］奥肯：《平等与效率——重大的抉择》，北京：华夏出版社，1987年版，第4页。

③ 费景汉："当前供给导向的经济发展政策"，台北：华视文化公司，1994年版，第11—25页。

④ ［美］诺斯：《经济史中的结构与变迁》，上海三联书店，1994年版，第20页。

⑤ 李钟熙："台湾需要新的获利公式"，《远见》杂志，台北：天下文化公司，2006年6月。

资本、人才在境外投资、流动的机会，更应该为整合岛外资源而积极对大陆与其他境外对岛内的投资、移民开放解禁，这才是台湾经济“国际化”必经之路。其实，综合上述，要消弭这些问题，最重要的是岛内当局应制定透明公平的游戏规则，放弃“创造有效需求”，并且重新让市场与人民扮演要角，这不但与世界潮流符合，也是台湾经济维持永续增长的不二法门。①

（二）关于经济转型与民主化的思考

两岸经济的一体化有利于大中华经济圈的发展，台湾当然绝对不能置之于外。根据统计，从2005年至2006年，赞成直航的台湾民众从大约50%增加到60.8%，但同时岛民担心直航导致失业、岛内投资减少的比率也接近五成。② 上世纪90年代，岛内与大陆的分工关系为台湾着重于上游原料及零组件产业，大陆则属原料加工型的工业，由岛内出口原料或零组件到内地，利用内地廉价的生产成本，大量出口到欧美市场，最明显反映这个趋势的为民生传统产业，但早期投资的传统产业，由于近来原料或零组件出口到大陆的金额逐渐减少，这些产业正在内地发展上游产业对岛内进行进口替代；此外，近年来台商在大陆的投资业别由过去劳力密集转变为资本与技术密集产业，台湾与大陆分工从垂直转为水平的产业也包含信息电子业。分工形态的改变以及产业移至内地后，引进所需的生产技术与管理知识，随着产销经验的积累以及规模的扩大，在国际市场上开始有能力与岛内产品竞争，并取代台湾原有的市场。③

为什么会有差距这么大的意见和分歧呢？台北辅仁大学副教授李荣谦认为，上述的争论是因为在使产业根留台湾这件事上，台湾当局限制性政策扮演着某种程度的角色。对直接投资的限制，只是台湾当局试图约束与大陆经济联系的努力之一。其他的限制，诸如无法直航、商品与旅客被禁止直接流通等，也迫使许多制造业外移，对于选择留在台湾的制造业来说，它们均提高了经营成本。对在大陆有投资的业者来说，显然他们增加了营运成本。目前还没有人知道开放直航后，台海两岸的交通费用可以低

① 编辑人语：“政府角色”，《财讯》杂志，台北：财讯杂志社，2005年11月。

② 陈中兴：“两岸直航与经续会民意调查”，《远见》杂志，台北：天下文化公司，2006年8月。

③ 李惠萍：“赴大陆投资对台湾出口究竟是福是祸?”，《台湾经济研究月刊》，台北：台湾经济研究院，2006年8月。

到什么程度。中华经济研究院陈丽瑛研究员表示，一旦开放直航，台湾制造业者的货物运输成本将降低 14.6%；旅客运输成本会降得更多，达 27.1%；而电机及电子设备部门受惠部分分别达 15.8% 及 25.5%。虽然，支持限制性政策的人士会说，禁止两岸直航会使得企业留在台湾。但如果不能直航，那么不论在金钱与时间上，都逼使企业不得不移到中国大陆。理论上，这种情况会发生两种结果，一是部分原本可以移动的生产作业，继续留在台湾；其二，原先往返两地的工程师，会改为在大陆居住与工作。随着越来越多的生产厂商选择在大陆设厂，相信趋势会朝后者的方向发展。这不但会造成台湾人力资源的流失，也会带动更多上游的研发过程跟着移动。直航虽不是万灵丹，但对台湾的经济来说，此举非常重要。英国经济学人智库对台港逾 100 家大型企业的高层进行问卷调查，在回复问卷的企业中，有 35% 的公司表示，要持续台湾的经济增长，必须先改善台湾的基础设施；有 31% 的公司表示，开放“三通”直航是必要的。①

当然，任何历史事件，都可能有正反两面的解读。石兹宜在《以前瞻的思维模式探讨两岸经贸》一文中指出，台湾地区的未来将会受到思维模式的影响。悲观既定的思维模式认为，随着两岸贸易依存度的增加，而且逐步地从互补走向竞争，两岸的经贸关系越密切，台湾愈有可能日趋边缘化；但乐观前瞻的思维模式则大胆地预测，企业到海外投资，是岛内“国际化”必然的历程，今天不到中国大陆，也会到菲律宾、马来西亚。产业要升级，愈该鼓励企业将低层次的生产方式移出，而不断引进高层次的技术，增强在高价值国际市场的竞争能力。纵使今天台湾不到大陆投资，也会有日本、韩国、美国……到大陆投资，大陆不会因台湾不到大陆投资，就使经济发展的步伐慢了下来。相反的，台湾相较于其他国家与地区，因为同文、同语、同种，反而容易在大陆建立据点，开拓市场，将大陆资源转化为台湾企业升级的助力。② 关于台湾制造业生产移转至中国大陆是否弱化台湾经济实力的问题。台湾“中研院”院士于宗先认为，境外投资是否对岛内不利？迄今仍无确切资料证明这论点。但在战后世界经济一体化的生产格局中，无论任何经济实体，无不到境外投资。荷兰是海外投资最

---

① 李荣谦：“全球化的挑战”，见李荣谦编：《国际货币与金融》，台北智胜公司授权北京中国人民大学出版社，2004 年版，第 599、600 页。

② 石兹宜：“以前瞻的思维模式探讨两岸经贸”，见高希均等：《台湾突破——两岸经贸追踪》，台北：天下文化公司，1992 年版，第 II、III 页。

早的国家，而荷兰并不因为海外投资而使经济落后，反而使荷兰成为世界上最经得起竞争的国家之一。但是由于意识形态的作祟，当局关于台商对外投资的认识却与学术界渐行渐远。①

究竟政治民主化对经济发展是助力还是阻碍，或是中性关系。观诸西欧、美国及日本的发展经验，政治民主化与经济发展同时并进。正如利普塞特所指出的，政治制度的良莠与否是会对经济产出取决定的影响。从1980年代末迄今台湾经济转型的经验来看，无疑，政治是影响台湾经济转型的重要非经济因素。近年来岛内的民主转型固然受到激赏，却也备受关切，甚至引起忧虑。一些国际人士认为台湾归向民主固然值得肯定，但其民主决议比如“公投”，不但会刺激台海局势，也有影响区域经济安全之虞。② 现今台湾岛内学者关注的焦点主要在于民主化对经济面可能产生的界外效果。然而，自1990年代以后，台湾的经济成长率逐渐减缓，可能由于台湾经济已趋成熟，也可能因为政治民主化的推动，有时对经济发展略有阻力，所得分配也有不够平均的现象。但是，自由民主与市场经济是未来世界发展的两大主流趋势，这对岛内的启示是：在民主政治之下，要靠法治化、纪律化与制度化建立稳定的政治环境和结构，经济才能依市场法则持续发展。

那么，影响台湾市场经济转型与民主化进展的关键因素，究竟是什么？后蒋经国时代，一定程度的经济自由化与政治民主化促进台湾社会的多元发展。而岛内社会多元化后，造成偏好结构的改变，各种社会团体纷纷出现，如何折冲各方意见，如何协调多元社会的冲突，进而如何带动经济发展，经济发展又如何满足多元社会的需要，则将是新世纪台湾配合本身的环境及发展条件所必须深切探讨的课题。奥尔森以为，当个人目标和集体目标不一定一致，当各个小团体的目标与集体目标不一致，而又极力维护其各自利益时，整个社会发展就要停滞。其实任何改革都不可能一步到位，正常的情形首先应考虑：一是台湾内外客观的经济情势；二是岛内政治、经济及舆论的互动。正确的转型路径应是考虑前一步的效果，并配合客观情势，以台湾经济长期健全发展为日标，而作调整。正如，哈耶克

① 于宗先：“产业政策何时了？”，《经济前瞻》第99期，台北中华经济研究院，2005年5月。

② 林宏达：“专访《远东经济评论》前总编辑普拉特”，台北《商业周刊》第977期，2006年8月14日。

所言：一个文明人不仅是一种追求目的的动物，而且在很大程度上也是一种遵循规则的动物，同样，一个成功的自由社会，在很大程度上将永远是一个与传统紧密相连并受传统制约的社会。

清代曾国藩云：“风俗之厚薄奚自乎！自乎一二人心之所向。”这句话的意思是，社会风俗之淳厚或暴戾，实乃系于最高领导人之正确价值观与否。因为社会一切进步的力量，均来自新思维模式的塑造，而新思维模式的建构，乃是来自新思维模式之先驱者价值观正确的扩散。是故，新世纪台湾当局的领导人必须扮演新思维模式先驱者的角色。类似的话，孙中山也曾经说过：“国者人之积，人者心之器。”这也就是说，人的行为是由心主导，而心也者，观念和理念是也。所以，台湾自由化和“亚太营运中心”方案进行得不顺遂，有关的观念未能厘清，尤其未能植根于决策者及具有关键影响力人物的脑中，应是症结所在。其实，以2005年台湾信息硬件产业为例来分析，虽然81%在大陆制造，但29.2%卖到美国，29.7%卖到欧洲，5.7%卖到日本，11.7%在大陆销售，这代表台湾虽然把制造中心放到大陆，但是营运与行销欧美市场仍是较为重要的。其实，21世纪台湾地区经济在和中国大陆更进一步整合的情况下，可持续发展的空间将会更大。所以，台湾当局应该在两岸关系中，积极定位，信心开放。所谓积极定位就是过去台湾当局只看到两岸经贸往来的负面，而看不清楚两岸经贸整合的正面意义。高希均认为，台湾社会当前的困境，是政治人物总是把资源与政策去追求那些不可能，传统的红海策略追求的是你死我活的游戏。现在新思维的蓝海策略，则是删除及去掉不可能的政治议题，集中心思与资源，增加与创造可能的财经、工作、教育、科技与文化议题，寻求建树，使可能变成实际。奇迹创造者是化“不可能”为“可能”；麻烦制造者是化“可能”为“不可能”。前者的存在，创造了台湾生机；后者的出现，引发了台湾危机。[①] 因此，台湾必须要在全球化经贸整合的架构中定位台湾，并以更自由化积极开放与大陆整合，这将是未来岛内政治人物在关于经济增长问题上，必须详细思考的一个重点。

---

① 高希均：“可能VS不可能”，《远见》杂志，台北：天下文化公司，2006年6月。

第三章 战后台湾宏观经济政策的经济增长思想变迁

第一节 金融深化、金融自由化和金融国际化的思想演进①

一、利率管制与利率自由化思想的博弈与演变

（一）利率的管制

直到1980年代末期实行一系列金融制度改革前，台湾当局一直都是通过银行公营、选择性信用管制等手段对金融进行严格管制，利率、汇率等更是由“中央银行”直接决定。在战后初期，台湾当局规定了较高的银行利率来吸收储蓄存款作为投资资本，② 这与20世纪50年代以来的主要经济政策思路之一——即由“政府”主导来解决资本匮乏、促进投资——是相切合的，在资本匮乏的战后初期，“政府”既然作为投资的主体，就必然要通过高利率的管制来使“政府”手中控制大量的资金，从而增大投资。

1950年代初之所以实施高利率的政策，一方面是与蒋硕杰等经济学家的建言和呼吁有关，美籍“中研院”院士蒋硕杰早在1943年就指出低利

① 金融深化是相对于金融抑制而言的，金融抑制主要泛指一个国家金融机构不发达、银行信用受到种种限制、进口采取许可措施、公司厂商受到高度保护、政府财政赤字掠取银行放款资金以作抵补，以致一般经济单位只能从私人贷款者、典当者和合作社获取有限的资金。金融深化的思想在于加快金融资产的累积速度，提高金融关联比率，增加货币经济的比重，以充分发挥利率等货币机制对经济的调节作用。其中最重要的是使实际利率保持正值，以达到提高国内的储蓄率，使本国投资按利率水平公平地获得贷款，促进投资结构合理化，提高货币资金利用率和投资效益，提高金融活动在资金筹措中的作用，并减少对财政手段和外资的依赖性等目标。金融深化思想的本质在于已经开始认识到经济自由化的重要性，其精神在于反对国家干预，较积极地利用市场机制，尤其是指利用价格和利率来调节经济体系。而金融自由化、国际化的思想比金融深化思想更往前迈进了一大步，其本质是为了促进经济发展，当局应当解除政府部门对金融市场的管制，由世界金融市场的自发活动去决定利率、汇率，通过自由利率、浮动汇率来调节并促进经济活动。

② 1950年3月25日，为遏制恶性通货膨胀的持续，台当局公布了“优利储蓄存款办法”，以年息125 %的高利率吸收社会上的流动资金。

率无助于投资。他在《论投机与收入的稳定性》、《货币理论与时尚的看法》两文中论证了：凯恩斯的利率对储蓄和投资没有影响是站不住脚的，发展中国家的货币当局不应该人为压低利率，而应该按照实际均衡水平提高利率以吸收储蓄，遏制通货膨胀，达成真正的资本累积。① 另一方面，蒋硕杰等学者的意见之所以能够在战后初期得到当局的部分采纳，主要与早期台湾当局对通货膨胀高度厌恶之情绪有关，众所周知，国民党在大陆丢失政权的主要原因之一就是其造成了大陆恶劣的通货膨胀，因此，播迁台湾以后，国民党当局尤其强调经济稳定，反对通货膨胀，因而必须以高利率来控制民间货币流通的数量和速度。然而，这种高利率的政策并不稳定，“每当货币当局觉着价格的稳定能够保证利率的降低，他们就小心谨慎地逐步降低利率。由于缺乏一个自由的货币市场，所以这些连续向下的调整，只是由货币当局主观感觉到的未来价格涨势的一般预期所左右。他们经常过高估计公众对物价稳定的信心和他们提供储蓄给银行系统的意愿，因而过快地削减利率，引起价格再次爬高。但是当利率再度提高，价格又趋稳定，储蓄存款和定期存款又呈上升趋势。”②

1960 年代以后，随着出口导向的发展，进口替代的重工业的开发，尤其是 1970 年代以后的两次石油危机导致的经济不景气，台湾当局为了推动工业投资，采取了连续降低利率的政策，据统计，台湾的实质放款利率从 1950 年代平均 13.8% 依次降到了 1960 年代的 10.3% 和 1970 年代的 2.1 %，而实质存款利率从 1960 年代平均 7.8% 降到了 1970 年代的—1.1%。③ 台湾当局之所以偏好于压低利率，是基于贷款利息是企业生产成本的认识，认为压低利率可以降低企业的生产成本，促进工业开发。同时，台湾战后初期资金短绌，不仅“政府”财库有限，而且民间储蓄也较少，而由于企业短期融资需求旺盛，资金需求大大超过了资金供给，因而造成了民间借贷的高利贷现象。对此，台湾当局也倾向于压低官方利率来打击金融黑市，降低工商业生产成本。

---

① 蒋硕杰：“论投机与收入的稳定性”、“货币理论与时尚的看法”，［美］梅尔·科恩编，蒋硕杰著，范家骧译：《蒋硕杰经济科学论文集》，北京大学出版社，1997 年版。

② 蒋硕杰：“货币理论与时尚的看法”，［美］梅尔·科恩编，蒋硕杰著，范家骧译：《蒋硕杰经济科学论文集》，北京大学出版社，1997 年版。

③ 蒋硕杰：“五鬼搬运法观念的澄清”，蒋硕杰：《台湾经济发展的启示——稳定中的成长》，台北：经济与生活出版公司，1985 年版，第 152 页。

然而，不论是规定高利率还是低利率，对利率的管制并没有达到台湾当局理想的初衷。由于人为地刻意压低利率，使得银行无法吸引居民的储蓄，因而“央行”不得不通过增加货币发行来作为投资的资本，由此，台湾的金融赤字总额在1960年代为186亿台币，而在1970年代就膨胀至3292亿台币，增加了17倍。由于金融赤字造成的货币供给大幅增加，台湾的通货膨胀也连年攀升，在1960年代，零售物价总共只上涨了17.7％，都市消费者物价只上涨32.8％，“国民”生产平减指数上涨42.3％，到了1970年代，这三个指数分别上涨了178.8％、204.9％、179.6％。同时，地下金融黑市的日益壮大使得台湾金融呈现出二元性特征，其导致的经济问题愈演愈烈，终于引发了越来越多学者的思考和批判。

（二）利率自由化思想与利率管制思想的博弈以及“五鬼搬运法”的提出

早在《自由中国》时期，就有一些学者对“政府”人为压低利率的做法提出了异议。赵冈明白地分析道：“……金融当局希望以金融政策来同时达成两个方向完全相反的目的。我们一方面希望靠货币供给量的管制来平衡物价，一方面又想硬行压低利息率。这两个目的本身都很好，值得我们追求。可惜他们的方向相反，我们不能同时达成。在一个自由经济制度下，利息率与货币供给量两者间有其直接的关系。台湾经济虽然有相当大的管制成分，但是‘政府’仍然没有力量切断利息率与货币供给量的关系。如果我们硬要靠金融政策来达成这两个方向完全相反的目的，则很可能两方面都不发生效力。”他指出台湾的利率管制“最重要的副作用有三点。第一，这种利率管制使自由金融市场（也就是所谓的黑市）中的利率大大增高。……第二，利息率管制使得统一的金融市场分裂为二，增加商人计算利润的困难。第三，利息率是市场机能中的一个重要环节，它可以指导投资基金流入最有效的生产部门，使得‘国内’资源的分配趋于最理想的境界。硬行压低利率就是破坏自由市场合理分配资源的机能。根据这种种理由，我觉得当局应该考虑放弃利率的管制，而专门从事货币供给量的管理。”[①] 赵冈并不认同低利率政策可以降低工商业的生产成本，“银行的公定利息减轻了贷款者的利息费用，可是在其他方面往往会增加其他费用，如像交际费等。”

---

① 赵冈：“对台湾金融政策的一点建议”，《自由中国》第21卷第2期，1959年8月1日。

同时，他指出利率的管制还会对工商业的效率产生负面影响，“一个自由、公开、统一的金融市场才是理想的配给制度。它靠着利息之高低来决定配给之范围。它配给的标准是根据贷款者的经营效率与获利能力。……我们现行人为的‘信用配给’制度很难达到这种公平的境界。银行利率被压低以后，无论效率高、利润大的厂商和效率低、利润小的厂商都有资格申请。可是最后获得贷款者往往是活动能力强的厂商。对于商人们来说，活动能力与经营能力不一定都成比例。活动能力强者，经营效率未必佳。这种配给制的效果，很可能是首先减低某些企业的生产成本。其次，根据现行办法，银行贷款总额的绝大部分是分配给公营企业。公营企业有优先获得贷款的权利。这样就使得民营企业无法与公营事业站在平等的地位上来竞争。更何况公营企业的经营效率一般来说都较差。”① 在此处，赵冈对于管制弊端的认识，已经触及了寻租成本和制度效率的本质。戴杜衡也对当局压低利率，无法吸收储蓄，因而通过货币发行的办法来补充投资贷款资金的做法提出了批判，他再三强调“投资资金，归根结蒂，主要应来自储蓄。如果一个社会能维持较固定的储蓄量与投资量，它的产业结构，如消费财与资本财之生产的分配比例等，必早能与此一固定的投资量相适合，而不致时时发生消费财价格的波动。”因而，他提出：“能使稳定与繁荣的矛盾减至最低限度的办法是，在短期信用方面放宽，在长期信用方面收紧；信用应使之多用于周转而少用于投资。”②

利率的管制思想与自由化思想之间最为直接而精彩的博弈应当是1981—1984年的蒋王大战。1973和1979年的两次石油危机促成了世界性的经济不景气，台湾也随之蒙受了经济增长减慢和出口不利的压力。面对岛内经济不景气的情况，各界人士和学者纷纷提出了提振经济的建议。以王作荣为首的社论派经济学家以及工商界企业家大都认为台湾当局应当继续增加货币供给，用低利率放款来帮助企业家们，如此才能使台湾繁荣。而一向反感增加货币供给，提倡提升利率的蒋硕杰则在1980年代初连续发表了几篇文章，提出了重要的“五鬼搬运法”等思想，赞同蒋硕杰的一些学术派学者也撰文继续阐发相应的理念。这场论战表面是在争论究竟应该提高利率还是降低利率，究竟应不应该增发货币，但实质却是金融管制与

① 赵冈：“台湾的利率问题”，《自由中国》第19卷第3期，1958年8月1日。

② 戴杜衡：“论信用政策”，《自由中国》第14卷第3期，1956年2月1日。

金融深化和自由化之间的争论。双方围绕着利率的性质和作用以及银行的功能等核心问题阐发了各自的观点。

蒋硕杰认为，“银行的基本任务决不是制造货币来作放款融资。这种操作方式，必然造成永无止境的日益恶化的通货膨胀。”银行系统的基本任务应当是：“尽可能在不增加货币数量的范围，内吸储蓄性的存款，而以之作放款资金分配于生产最高的投资计划。只有出得起现行利率的投资计划才可以从银行借得资金。但是如果有投资者愿出更高的利率来向银行借款（而其他借款条件也都具备）的话，银行作为储蓄与投资之间的中介人，就应该试探提高存款利率（或可转让存单之利息）以吸收更多之存款，来贷放予愿出高利率的借款人。”“如利率能由自由市场决定，那么银行的存放利率固然会提高，可使资金之流入正式金融机构者必将大增。于是大企业不至于囊括一切，尤其是因为银行放款利率将比较接近黑市利率，大企业或公营企业，尤其是其中之经营较差者，必当节约其资金需求，于是中小企业亦得分沾银行之放款，其利率必仍较原来之黑市利率为低，故其生产成本只有因利率自由化而降低的。”①

而王作荣则针锋相对地提出：“利率与工资一样，是价格，也是成本因素。”他认为，利率虽然在理论上是由资本市场上资金短供求所决定，但是“‘政府’对供给面控制得最有力的恐怕就是货币，因而资金，在资金市场，有一个具有独占力量的‘中央银行’。事实上，全世界的进步国家也没有一个不利用‘中央银行’的独占权力来控制货币及利率的，设立‘中央银行’的目的就是在此。所以资金市场是一个最不自由的自由市场。在台湾，再加上银行都是公营，而且是联合独占，所以利率更是百分之百的独占价格。”基于此，王作荣认为利率的升降并不能有力影响所能吸收到资金的多寡，相反，利率作为成本却强烈影响到投资的意愿：“利息既是成本之一，而台湾企业界平均外借资本占百分之七十，则利率提高必然影响投资意愿，除非预期利润更大。至于高利率影响更新设备及发展资本密集型工业，则更是自明之理。若说投资减少源于商品滞销，但商品滞销源于竞争力之削弱，竞争力之削弱源于成本之增加，而利息负担加重即是其中之一。”②

---

① 蒋硕杰：“稳定中求成长的经济政策”，1981年3月5、6日，台北《中央日报》。
② 王作荣：“经济学说与经济现实”，1981年4月17、18日，台北《中国时报》。

对此，蒋硕杰进一步指出："王教授虽然也承认利率是一种价格，但是事实上他只承认利率是企业界的生产成本，而不承认利率与其他价格一样有调节供需均衡的作用。他认为利率是一个'最无效率的政策工具'，……这种看法曾被英国罗伯逊教授指称为'凯恩斯理论中心上的毒瘤'。""他只认为利率之提高会增加工商业界的成本，因此他看不出存款利率提高与物价稳定之间的因果关系。"蒋硕杰尤其反对动辄以日本为模范，他说道："奈何不是之图，偏偏要台湾向初败之后残破不堪的日本看齐；一面放着巨额的人民自愿储蓄不去疏导利用，偏要贪图小便宜将银行存款利率人为的压低，使真实利率降为负数，因而使人们的储蓄逐渐不入银行，以往二十余年之稳定物价所培养而成的高度储蓄倾向亦逐渐受摧残破坏。台湾经济成长的潜力亦将日渐销蚀。宁非自暴自弃！"①

然而，王作荣始终坚持"设立'中央银行'的目的，调节信用与控制货币供应量以维持经济稳定是其中之一。""所谓由市场决定利率，只是透过市场机能使利率变动达到政策目标而已……无论哪一种方式，都表示利率是在人为操纵之下，那来的什么自由市场决定的利率，自由市场要看'中央银行'的利率政策而定，更不要说利率自由化可以使放款加投资等于储蓄了。"② 工商界的企业家们，包括王永庆、林溪圳、箫圳根、张敏之等也一再在报刊上表示，"突破当前工商企业的困境，除降低利率为极必要措施之外，对放宽工商界融通资金，尤其重要。"③

对此，蒋硕杰在1982年7月18—20日的《中央日报》上，连载《纾解工商业困境及恢复景气途径之商榷》一文，非常明确地提出："如果加速增加货币供给是像报章鼓吹那么好的促进繁荣的方法，为什么各国的法律无不对私自制造货币的人科以极严重的处罚？……假使有人既不从事生产或服务，又不肯以适当之代价向人告贷，而私自制造一批货币，拿到市场上来购买商品，那就等于凭空将别人的生产成果攫夺一份去了一样。这不是和盗窃行为一样么？而且这种盗窃行为是极神秘而不露痕迹的。它能够不启人门户，不破人箱笼，而叫人失去财物。吾人不妨戏称之为'五鬼搬运法'。""但如果银行擅自增制新货币（此处新货币并不单指钞票、硬

① 蒋硕杰："货币理论与金融政策"，1981年6月1日，台北《中国时报》。

② 王作荣："敬答蒋硕杰先生"，《经济政策大论战——王作荣大战蒋硕杰》，台北：环球经济社，1984年版，第23页。

③ 《经济政策大论战——王作荣大战蒋硕杰》，台北：环球经济社，1984年版，第135页。

币而言，应包括银行活期支票存款在内）以之贷放借款人的话，那就等于银行帮助借款人施展‘五鬼搬运法’去搬运别人财物来供他们使用。”蒋硕杰还举汉文帝赐给邓通铜山，允许他私自铸钱的典故，来作为行使“五鬼搬运法”任意搬取别人财物的最早事例，并把鼓吹“中央银行”增发货币的工商界人士和学者们称为“现代的邓通们”和“邓门文士”。

蒋硕杰直言不讳地指出：“现代的邓通们聪明得多了。他们不向‘政府’要求私印钞票的特权，而只怂恿‘政府’银行去大批增加货币供给，用极低的利息来贷款给他们，由他们去使用以购取财货。其结果也同样的能以非从事生产所获的新制货币来攫取别人生产的结果，而他们却避免了触犯刑法的罪名，往往他们一笔低利贷款，就远远超过汉朝邓通一辈子可能铸造的钱。至于他们积欠银行的负债，他们另有一套‘金蝉脱壳之法’来解脱。……当他们施展法术在大肆搬运别人财物之时，不免将物价工资搞得飞涨。他们却正好施行其‘金蝉脱壳法’推卸其债务。‘国内’物价工资被搞得涨得比别国都快之后，御用文士们又高呼台币高估了，于是逼迫‘政府’将台币贬值。台币贬值后，他们的老板们又可以坐享资产在国外增值而债务在‘国内’贬值之便宜了。如此方便的发财捷径岂容他人识破？更岂容他人提出杜绝的方案来？”接着，蒋硕杰更进一步地分析道：“可是有人占了便宜，必有人吃亏，就如同有人打人，必有人挨打一样。吃亏的是一般老百姓，尤其是存款者。他们要受两道的损失：第一，他们当期可支用的所得，因为受到新增货币放款的竞争，能够在市面购得的实物就自然减少；这是前述‘五鬼搬运法’的反面效果。第二，他们过去所储蓄累积的资产，如果不幸是以台币计值的话（如各种银行存款等）都会贬值；这是‘金蝉脱壳法’的反面效果。……在长期的‘五鬼搬运法’与‘金蝉脱壳法’的剥削之下，他们也会采取自卫的行动：将他们的储蓄尽量的变换成实物、外汇、黄金或房地产，而不再存放在金融机构。于是，这一笔‘国民’储蓄就无法为生产建设而用了。到那时金融机构也完全丧失其媒介功能，‘国家’建设所需的储蓄资金也就无法藉银行来聚集了。所以一个‘国家’如欲保持长久快速而稳定的发展，成为一个上轨道的先进‘国家’，全国上下必须郑重接受一项基本的约束：就是不再以‘五鬼搬运法’或罗伯逊所谓之‘盗窃行为’来发财。同时也应当承诺不再依赖通货膨胀或台币贬值为工具来推卸自己的债务，即令这是曾经由凯恩斯大师推荐过的‘金蝉脱壳妙法’。这两项约束连‘中央政府’及‘中央银行’都应当自动接受。”

蒋硕杰一针见血的分析和精辟的比喻立刻引起了学术界和社会激烈的反响，“五鬼搬运法”的提出不啻为利率自由化思想发展史上的一个顶峰，“政府”藉由管制，人为压低利率，其间所涉及的利害关系和所导致的恶劣的经济效果，都被“五鬼搬运”这一比喻形象而刻骨地表述了出来。从这次论战后，“五鬼搬运法”与“金蝉脱壳法”的比喻在台湾日渐深入人心，而其中所蕴含的自由经济思想也传播开来。无疑，蒋硕杰的货币理论与自由经济思想大师哈耶克的弟子弗里德曼是一致的，弗里德曼所持的货币供给理论，简单说来，就是在于强调银行的中介作用，强调以自由市场所决定的利率水平来平衡储蓄与投资，因而反对银行一味增发货币，以金融赤字来注入投资，从而引发恶性的通货膨胀。虽然社论派的学者常常认为蒋硕杰是弗里德曼的跟随者和宣道者，但正如蒋硕杰自己所言，他虽然十分赞同弗里德曼的理论，但他的货币思想并不源于弗里德曼，早在1940年代，蒋硕杰就已经提出了利率自由化，以及类似于“五鬼搬运法”的想法，在其对尹仲容的建言中，我们也可以看出这些思想的影子。

而实际上，如前所述，在1950年代《自由中国》时期，其他一些学者，如赵冈、陈式锐、戴杜衡等也提出过让储蓄与投资平衡，按照市场决定的利率水平提高银行利率，反对银行信用过度扩张等观点。以上这些思想可说与后来弗里德曼所创建的系统货币供给理论不谋而合。实际上，不论学者们身在哪个国度，只要是主张经济自由化的思想就必然要衍生出利率自由化方面的相似主张，从而导致了学者之间可能出现“心有灵犀”的局面。因此，虽然报界一向把蒋王大战称为“弗里德曼与凯恩斯之间的大战”，但在实质上，这应当是“自由与管制”之间的大战。经过这场论战之后，自由经济的理念日益传播开来，并深入人心。如今，台湾学术界和产业界已经达成了“金融自由化是必然之趋势”的共识，台湾的利率政策和银行制度也朝着自由化的方向在作出不断的改革。

二、关于打破垄断、银行开放民营的认识

除了要求利率自由化以外，要求打破公营银行的垄断局面、开放银行民营也是战后台湾学界的一个重要主张，而这一主张的提出与台湾当时严重存在的金融双元化局面是密切相关的。在发展中国家和地区，脱离于银行体系的地下金融的存在甚至壮大已经是屡见不鲜的现象。台湾也不例

外。早在国民党当局播迁台湾之时，台湾就已经存在了民间的高利贷现象。如前所述，台湾当局从战后初期开始就一直偏向于以更低的官方利率来与民间的高利贷竞争，企图以此来打击地下金融，然而适得其反，台湾的地下金融却越来越呈现出发展壮大的趋势，直到1990年代，台湾的金融已经俨然形成了双元化的结构，并引发出愈来愈多的经济问题和社会问题。解除双元化的金融形态，是金融走向自由化的一个必须课题。

早在《自由中国》时期，许多学者就已开始认识到了政府“管制”、银行垄断与民间高利贷之间的关系。陈式锐就曾指出：“台湾的高利贷，其来源一是地方的原有储蓄，一为大陆撤退来台的资金；倘在工业化开始时建立正规之金融组织，配合正常之金融市场，必可导致这些资金入于投资正轨，以促进工商业的发展。”然而“台湾在长期的金融管制之下，银行失去正常功用，利息取决于官吏（低利），人民的储蓄不入银行；工商界则以银行放款有限（缺乏存款），供不应求而被迫向私人借贷，形成黑市高利金融，迳与银行对立。据专家的估计，台湾此一高利贷款，数在十至十五亿元之谱；而以生产边际收益计算，目下月息3.3分以上，仅能视为‘消费性’。如此看来，台湾工商界的吸收高利贷，本质上非失败不可。”① 1957年《自由中国》的社论也提出：“高利贷对工商企业为害之烈，‘政府’当局应该不至于全不知道，而竟始终没有设法去予以补救。在我们看来，即使财政的死结依然存在，即使信用紧缩的基本政策仍然不能改变，‘政府’也多少有些办法可以诱使黑市利率之逐步降低。这办法就是：提高银行存款利率，尽可能鼓励储蓄，消灭死藏，导游资于金融正轨，藉此扩大放款基础，以渐进的方式，影响黑市金融，压低市场利率。……而现在当局所采行的办法，却只是在形式上降低银行利率。殊不知在资金不进入银行的情形下，银行即已丧失其为金融中心的地位，银行利率就对黑市利率，起不了丝毫领导作用。”对于如何解决地下金融的问题，《自由中国》提出：“我们的金融，正患着一种恶性的贫血症，其原因，一方面是在于紧缩信用的政策，而另一方面也是由于太过严格的管制。……为灵活金融，我们要求开放银行之设立，并使银行与银行之间，也能有适当的竞争，以打破垄断的形态。我们应该有限度的恢复自由银行制度，使各银行可以自己拟订它的业务方针，自己决定它的存放款利率，而‘政府’仅需注意其安全性，并经由‘中央银行’（现在则经由

① 陈式锐：“由倒风看经济的改善”，《自由中国》第19卷第4期，1958年8月16日。

台湾银行）的政策运用，予以间接的控制，根本用不到像今天那样苛细的监督与指导。”①

由此，我们看到，对于金融双元化的问题，1950 年代的学者们已经直接地触及了因“政府”管制和金融垄断而造成的利率水平偏离市场供需的本质原因，其所谓“灵活金融”的要求，其实正是以开放民营、自由竞争来代替“政府”垄断的金融深化和自由化的要求。

进入 1970、1980 年代，金融双元化的弊端日益突出。正如曾任中华经济研究院第三所所长的杨雅惠指出，当局的金融抑制事实上已逐渐无法适应台湾经济发展的需要。由于缺乏民间商业银行的融资，导致大量地下金融的存在。从 1964—1982 年的数据来看，民营企业从民间借贷的比重高达 37 %。②此类二元经济的存在恶化了台湾中小企业的经营，地下金融的借款利息较官方银行高 1.9 倍，使得台湾民间中小企业无力进行大额投资。因此，在对金融抑制是造成地下金融的主要原因已达成共识的基础上，后继的学界和银行界更进一步地提出了如何通过金融的深化和自由化来解决金融双元化的问题。1970 年代，蒋硕杰、刘大中、费景汉、邢慕寰等院士在对台湾当局的三次建言中，就更进一步地提出了金融自由化的要求：“多年以来，‘政府’为避免增加企业之借款利息负担，一直维持低利率政策。以致民间储蓄及现金余额大量流入银行以外之黑市，而使银行系统之可贷资金不能满足有资格申请贷款者之要求，遂不得不实行信用配给。在另一方面，不符合银行贷款条件之企业（其中非必皆为财务不健全之企业）惟有按高利率向资金黑市借款。事实上，有资格申请银行贷款但仍难获得充分资金之企业，亦须以高利率向黑市告贷，以为挹注。银行信用之配给，已难免使银行体系内资金之利用发生浪费；何况银行系统与黑市之融资利率悬殊，更何谈及全国资金之有效利用。且在低利率政策之下，银行系统经常遭受要求增加贷款之巨大压力，以致‘政府’控制货币数量与稳定一般物价之努力不免感受威胁。至于专案及特案之低利及无息贷款，除公然漠视资源合理分配之原则外，其可能导致膨胀之潜在危险更为明显。根本解决之道，端在于银行系统之外建立健全有组织之资金市场，并以该市场所决定之利率，作为银行贷款之指标。”

① 社论：“我们的经济”，《自由中国》第 17 卷第 6 期，1957 年 9 月 16 日。

② 杨雅惠：“双元性金融体系下利率管制政策的经济效果”，《中华经济研究院专论（43）》，1984 年 1 月。

因而，建议当局“设立一自由竞争之货币市场，以吸收银行以外之民间资金，并决定均衡利率。”①

80 年代以后，越来越多的人提出了各种金融自由化的具体措施。例如，杨雅惠提出，“政府”不宜对地下金融围追堵截，而应以自由化的措施来引导地下金融走入正轨，“大禹治水，功在疏导而非围堵。同理，当金融业随着经济繁荣而一再多样发展之际，‘政府’的围堵政策挡不了猛烈潮流，必然崩溃；唯有提供社会资金适当而正常的去路，方能解决诸多弊端。”因而她提出“政府”重在以法规和制度形式保障金融安全，“‘政府’不应过度限定金融业务之内容，应该留给大众进行各种金融创新的机会，同时把合理的地下金融活动纳入正轨，以便管理……如果金融改革之阻力来自特权与利益团体的杯葛，则在自由民主社会中，这股力量更应铲除。”②

除了学者以外，银行界的人士也意识到了金融自由化改革的诸多措施。台湾华南银行副总经理黄永仁就认为：“银行开放民营可以使金融制度更有效率，相对削弱地下金融活动的力量，从长期的观点而言，对于消除投机气氛是有利的。”“金融自由化的一个基本精神就是要建立一个公平竞争的金融环境。目前公营银行因在组织、人事、预算、决算、会计与审计方面受到‘政府’层层束缚，以致服务品质无法配合社会需要。因此我觉得在开放新的民营银行设立之际，也应同时将公营商业银行转移民营。而对实际上不能立即转移民营的公营银行，‘政府’也应制定类似《公营银行管理法》的法律，解除不当束缚，增加其自主性，使他们能和新成立的民营银行公平的竞争。我相信这样对导引地下金融活动到正轨的金融体系来会很有帮助。”③

我们看到，战后不论是对“政府”的金融抑制的批评，还是提出建立自由的货币市场、银行开放民营、各银行自行拟订业务方针等建议，都是从资源配置效率、金融服务效率和稳定物价等考虑的角度出发，来推动利率、金融机构和金融业务的自由化，从而消除地下金融、物价膨胀、投机盛行等不稳定因素。越是到经济发展的后期，这种金融深化和自由化的思

---

① 1976 年“中央研究院”五院士邢慕寰、费景汉、邹至庄、顾应昌、蒋硕杰向政府提出的建议《台湾财经政策之再检讨》，见蒋硕杰：《台湾经济发展的启示——稳定中的成长》，台北：经济与生活出版事业公司，1985 年版，附录。

② 杨雅惠：“台湾金融自由化之检讨”，《经济前瞻》第 4 卷第 3 期，1989 年 7 月 10 日。

③ 参见《“金融自由化”专题座谈会纪实》，《经济前瞻》，第 4 卷第 3 期，1989 年 7 月 10 日。

想和措施就愈加具体而深入，的确，随着经济的日益发展，“政府”的力量是更加难以胜过市场的。

在以上的体认、检讨、批判和呼吁声中，再加上受到来自美国等贸易国的国际压力，台湾金融压抑的情形逐渐改变。1989 年台湾修订“银行法”，正式实施了两项重大金融改革，一为利率自由化，即银行存放款利率由官定改由市场供求决定。另一为银行开放民营，银行不再是公营，民间可申请设立银行。

利率自由化之后，银行利率对市场供需作出了较以往更快的反应。虽然在银行利率自由化之初，市场利率仍由少数几家居领导地位的主要银行（如三家主要商业银行）来决定，其他金融机构大多只是跟着调整。但是，随着银行开放民营和银行数增多，各家银行便逐渐不再同步行动，而是考量各银行的资金成本来定价。

开放民间申请设立银行，则取得了立竿见影的效果。在接受各界申请之初，当局原本打算只开放少数几家，并将资本额定为 100 亿，意图以高门槛阻吓申请意愿。然而，当时正逢社会资金泛滥、股市狂飙之际，财团筹措这笔资金并无困难，因而高额的资本门槛并未阻挡财团筹设银行的决心，申请书一一递交。“财政部”接受多家申请之后，也改变原先主意，同时核准 15 家执照。随后，新银行一一挂牌营业。在 1991、1993、1994 年各增一家，1997 年增加 5 家。1998 年初，三家公营的主要商业银行进一步透过释放股权转移民营，使民营银行的阵容更为强大。而随着 1990 年代开始的银行开放民营，台湾传统金融机构大幅成长，民营银行从 24 家增至 52 家，票券金融公司自 6 家增至 14 家，证券投资信托公司由 4 家增至 44 家，证券投资顾问公司则自 52 家增至 211 家，期货公司更是从尚未开放到成长至 9 家期货自营商与 4 家期货经纪商。

三、汇率自由化、国际化的思想演进

（一）从管制汇率到浮动汇率的思想演变

1. 汇率政策的演变

台湾的汇率政策虽不像利率政策那般引起耀眼的争论，但却仍是过去台湾发展战略思想中一个重要组成部分。这里首先简要回顾台湾外汇政策思想演变史，审视当局如何决定汇率、管理外汇储备的作为，并简述历年来金融自由化推动的趋势。战后台湾汇率思想主要历经三个演变过程：

1. 1979 年以前固定对美元汇率，并随美元升降而起伏；2. 1979—1989 年管制式浮动汇率；3. 1989 年以来的纯粹浮动汇率时期。

在 1978 年以前，台当局实行的是固定汇率制，即汇率由“中央银行”统一规定，以新台币盯住美元。其间又可以分为两个阶段：1950—1958 年，采取复式汇率，即对进口、出口、一般物资、生产设备等分别规定不同的汇率，以缓解外汇缺口严重及保护本地工业的恢复和发展。1958 年以后则逐步改为进出口相同的单一汇率，以适应大规模发展出口生产的需要。70 年代，由于台湾出口大幅增长，积累了巨额外汇盈余，导致通货膨胀压力加大；同时石油危机后美元不断下跌，继续实行钉住美元的固定汇率制已难以维持。因此 1978 年 7 月 10 日，台湾当局宣布放弃固定汇制率，并自 1979 年 2 月 1 日起开始实施管制式浮动汇率制。

不过 1979 年实行的浮动汇率实际上是有名无实的，表面上看来是浮动汇率制度，但实在是与固定汇率制度无异。即期汇率有所谓中心汇率，而每天汇率之变动幅度有一定之范围，同时即期汇率之决定方面，开始则根据顾客市场之供需情况来订定，以后虽改由银行间市场之供需情形来订定，但由于中心汇率之限制，汇率波动之范围无法反映市场之实际状况。如果勉强说台湾真正进入浮动汇率制度时期，也许从 1989 年 3 月“中央银行”宣布修改外汇交易制度，废止中心汇率制度，以及每日即期汇率变动幅度，才算真正开始。不过岛内市场外汇规模不大，虽然有金融性交易增加，但数目不多，远期外汇市场效果不彰，同时在“中央银行”影响力仍然存在之情形下，要达到欧美、日本等先进国家之外汇市场规模，恐怕尚有一段很长的日子要走。①

2. 重商主义与汇率自由化、国际化思想的提出

台湾的汇率政策思想的演变是与台湾经济发展过程息息相关的，基本上台湾的汇率政策是配合台湾当局的产业政策思想，因而，其汇率自由化迟缓进展也反映出过度保护岛内产业发展的重商主义思想，从而采取以“政府”干预的方式人为扭曲货币的价格，造成台币币值被过分低估，形成隐形的出口津贴，以促使出口尽量扩张。邢慕寰先生就明确指责“政府”将进口管制和汇率管制作为主要手段，而使出口扩张和外汇积累成为

① 周宜魁：“我国外汇市场与汇率制度”，见周宜魁：《国际金融》，台北：三民书局，1994 年版，第七章。

政策的目标，就是一种“新重商主义”。蒋硕杰认为：“台湾的毛病就是常把一些正确的经济政策变成口号，结果政策正确的意义都失掉了。比方说应该用自由竞争来挑选一个最好、最适当的汇率，以及挑选最适合的出口品，这是一个很正确的政策。但有些人对这个问题懂得不彻底，以为就是‘出口导向’甚至‘出口至上’，以为只要是商品出口就是好的，结果出口过了头也不知道。”①

在两次石油危机引发世界性通货膨胀的1970年代，面对台湾岛内的通货膨胀和经济不景气，众多学者纷纷在汇率改革方面提出了不同的意见。王作荣等社论派经济学家和工商界的人士大多表示反对采取浮动汇率，王作荣认为：“一般人都认为新台币价值偏低，唯一的理由是因为：有大量的出超，但是出超不是一个可靠的指标，1. 迄至目前为止，出口仍受到奖励，而进口则多少受到人为限制；2. 由于风俗习惯、所得分配型态、一般社会政治环境、生活水准及消费型态不容许有重大改变，同时由于技术瓶颈，缺乏大规模资本集约之投资机会，以致消费品及生产设备本应该可以大量进口，而不能大量进口；3. 出口工业之优厚利润主要来自工资太低，并非生产技术及组织优于其他国家。正确政策应该是调整工具，使劳工分润出口利益，而非新台币升值。”他并不认为台湾的通货膨胀与“政府”在大量出超的情况下，为了维持固定汇率而收购外汇、从而增加货币供给的因素有关，而是认为“物价上涨的主要理由还是国际物价剧烈波动”，因而提出“建议采取浮动汇率者，其目的显然不在于平衡国际收支，亦不在于求取平衡汇率，更不在于参酌经济发展策略及‘国家’总目标需要求取所想望之汇率，亦即不在从整个经济利益作考虑，而在实行变相之台币升值，压缩出口至不正常之程度，使其适合不正常之进口，因而减少由于出超所产生之货币供应量。这实是以压缩整个经济为代价，以换取想像中之经济稳定，而又忽视经济不稳定之主要原因为国际物价上涨，‘国内’收缩通货并不能抵销国际物价上涨压力之事实。”②

对此，蒋硕杰、邢慕寰、邹至庄等学者在1970年代对台湾当局的三次建言中反复详细阐述了浮动汇率可以“避免国际通货膨胀之传播及增强

① 陈慈玉：《蒋硕杰先生访问记录》，“中央研究院”近代史研究所，1992年，第118页。

② 王作荣：“浮动汇率不可轻易采用”，载于1973年7月20日台北《中央日报》，王作荣：《台湾经济发展论文选集》，台北：时报文化公司，1983年版，第394—397页。

‘我国’货币政策之自主，并谋国际收支平衡之自动调节”①的优点。他们提出“如采用机动汇率，则国外的通货膨胀，虽亦可能构成对我输出产品需求的增加，但并不能因此引起巨额的出超。因在机动汇率之下，外国对台湾出口需求的激增，即将自动引起台币汇率的升值。台湾出口货的在美价格即将上升，进口商品价格同时下降，因此一面控制输出的过度增加，一面刺激‘国内’市场对输入商品的需求，而使国际收支始终保持平衡。‘国内’市场上的货币流通数量亦因此维持不变。故国外通货膨胀乃不致传播至‘我国’。类此，‘国外’的经济萎缩，亦不致传播到台湾。”“机动汇率既能使我金融当局对货币供应额作有效的控制，所以也能使金融当局的主动的金融政策更有效执行。……在机动汇率之下，由于‘央行’不再无限制的收购外汇，国际资金的流入，不可能导致货币数量的增加，而只能使市场上的外汇汇率下降（台币升值）。其结果则使出口稍减而使进口略增，此二者对‘国内’经济均有紧缩作用，适足以加强‘国内’金融紧缩政策（提高利率）的效果。反之，‘国内’金融当局采取扩张政策（减低利率）时，其所引起的国际流动资金的退出，在机动汇率之下，当首先使台币汇率略降，因而产生刺激出口生产的作用，故有加强扩张政策的效果。采用机动汇率后，‘我国’的金融政策当有更大的自主性，当可更有效的隔绝他国经济波动传播到台湾。”“机动汇率另一大优点，为能使国际收支自动地达到平衡，因而使种种为平衡国际收支而采用的武断的管制，尽可取消。”并且又提出：“一般工商界人士对机动汇率的最大顾虑，厥为进出口贸易将负担汇率波动的风险。此实系过虑。因在机动汇率下，进出口贸易的风险，可利用远期外汇以消除之。……且采用机动汇率，并不即会导致汇率的强烈波动。此自世界上多数已采用机动汇率的国家观之，至为明显。”②

由上可见，蒋硕杰、邢慕寰等院士所阐述的浮动汇率思想，不过是一般的现代经济学原理分析，然而当时他们之所以这么苦口婆心地解释和主

---

① 1978年“中央研究院”五院士邢慕寰、费景汉、顾应昌、邹至庄、蒋硕杰向政府提出的建议《经济计划与资源之有效利用》，蒋硕杰：《台湾经济发展的启示——稳定中的成长》，台北：经济与生活出版事业股份有限公司，1985年版，附录。

② 1974年“中央研究院”六院士刘大中、邢慕寰、费景汉、顾应昌、邹至庄、蒋硕杰向政府提出的建议《今后台湾财经政策的研讨》，见蒋硕杰：《台湾经济发展的启示——稳定中的成长》，台北：经济与生活出版公司，1985年版，附录。

张，实在是由于弥漫于当局中的新重商主义和实用主义心态所迫，当局及其御用学者既然一切都只从现实需要出发来分析问题、解决问题，而漠视市场的法则和经济的原理，那么倡导市场原理和自由经济的学者们也就只好如此煞费周折地进行宣传和解说了。然而，尽管如此，三次重大的建言仍然只是受到了当局的口头赞许，而实际行动上却未见采纳。

到了1980年代，随着长年的外贸出超已经为台湾积累了越来越庞大的外汇储备，越来越多的现代经济学学者继续三次建言中的思想，将汇率自由化、国际化的呼吁与分析外汇累积造成的货币供给增加、物价上涨等有关经济稳定的问题联系起来。如中华经济研究院研究员陈文郎在分析了台湾1989年的进出口外贸总值占国民生产毛额92.07％，人均外汇存底居世界第一等数据以后，指出："所有这些数据均显示台湾经济国际化之迅速。在此国际化之过程中，对外经济之失调已成为当今台湾所有经济问题之根源所在。而外汇之自由化，乃成为解决当前经济问题最重要的政策之一。"他分析了"央行"硬行对外汇进行管制而必然导致的尴尬困境："当外贸出超赚进外汇时，外汇供给增加，外汇价格必然下降，其反面即新台币升值。但是，如果职司汇率安定之'中央银行'，不让台币升值，则它必须发行新台币买入外汇，以维持汇率之稳定。可是如此一来，货币供给量即因之而扩张，结果又造成通货膨胀之压力。此时'央行'为维持物价稳定，势必又得发行票券来冲销货币供给。此种冲销政策第一方面只是暂时延缓货币扩张之压力，当用以冲销之票券到期，仍需再进行冲销。

"另一方面，为吸引台币资金来购买票券，票券之利率必须高得具有足够的吸引力，尤其一旦有物价膨胀之预期时，利率水准可能必须更高，才足以吸引大众购买票券，以冲销货币。但是过高的利率，终必造成经济之衰退。由以上之论述可知，一旦外贸有顺差失衡，不是经由汇率变动，就是物价变动，否则即须以利率的变动来调整。……但是，过去'央行'的外汇自由化政策，却一直处在既要稳定汇率，又要控制货币供给，又不愿意'国内'利率大幅调升，产生经济衰退等价格与数量均要控制之情况下，挖东墙补西墙，在顺了姑心失嫂意之情况下，'央行'常成为众矢之的而心力交瘁，令人同情！"对于1970、1980年代台湾当局迟迟不肯真正采行浮动汇率的原因，陈文郎直言不讳地批评道："事实上，当时决策单位难免仍存有重商主义之观念，认为外汇即是'国家'财富，因而对于台币升值的幅度，一直小心翼翼，生怕因之而毁了好不容易才建立起来的出口声誉。”在台湾于1980年代末开始落实外汇改革后，他更进一步提出了全面自由化的主张：“将来外汇市场之进一步自由化，势所难免，‘央行’在推行外汇市场自由化的同时，其他商品贸易、资本移动、货币、资本市场，乃至期货市场等之健全与自由化的配合，亦极重要。”①

（二）重商主义思想下台湾的外汇积累与泡沫经济

1980年代不适当的汇率政策，虽使得出口大量激增，但在固定汇率下，“央行”势必得系统地购进外汇以防止台币的升值，而大量购买外汇的结果也就导致了岛内货币供给激增。“政府”强行干预的结果使外汇储备激增，至1993年5月台湾的非黄金外汇已高达856亿美元，达到世界第一。虽然现在的教训已经让我们知道拥有巨额外汇储备的后果，但是直到1990年代中期，台湾当局还是没有意识到这点。外汇储备是国际收支盈余的累积值。高外汇储备当然是长期收支盈余的反映，不过这也可以借由通过进口控制或使本地币值升值和资本控制来做到，不幸的台湾的情况就是如此。

台湾一向被视为国际高度外向型经济的代表，当局在经济发展的岁月里总是以此而感到自豪！事实上，当局及一些学者常常忽视了持续外贸顺差的负面影响。一般说来，限制进口一方面会剥夺‘国内’消费者购买价廉物美商品的机会（形成消费扭曲），另一方面造成‘国内’资源的低效率利用和岛内生产商利用良好的中间商品的机会（形成生产扭曲），② 从而降低了社会的总福利水平。此外，由于大量外汇不能提供岛内使用（降低资源配置效率）以及为了避险，“央行”将台湾大量的外汇存于89间精心挑选的金融机构。为了进一步保障金融储备的安全，“央行”建立了一套所谓的“预警系统”，密切注意上述金融机构的动向。

对于台湾当局的误导，曾任台湾经济顾问的弗里德曼教授有这样的评价：“以贫穷的‘国家’台湾补贴富有的国家美国，是没有道理的。”③ 弗

① 陈文郎：“论外汇自由化之下‘央行’的外汇政策”，《经济前瞻》，第4卷第3期，1989年7月10日出版。

② 劳伦斯认为，良好的中间财及设备进口比单纯的出口扩张更能带来好处，载于劳伦斯、戴维：“贸易与增长：进口拉动还是出口拉动”，见世界银行编：《东亚奇迹的反思》，王玉清等译，北京：中国人民大学出版社，2003年版，第10章。

③ 原文是：“There is no reason for a poor ‘country’ like Taiwan to subsidize a rich country like the United States.”

里德曼教授的意思是说，台湾以低估的币值补贴出口，供美国所用，毫无道理。而且出超扩大终将引起物价上涨，抵消币值偏低的贸易优势。因此，明智之举，宁可将台币升值，使按台币计算的进口物品价格低廉，以增进经济福利。显然，过度外汇的积累最终导致台湾泡沫经济的形成。对此，台湾当局的重商主义思想难辞其咎。台湾当局长期不让台币汇率反映市场真实水平的代价是巨大的。根据邢慕寰的研究，1980 至 1985 年间台币价值相对于美元价值低估率甚至高达 25%。① 在岛内制造业透过台币汇率相对低估所造成的隐性出口津贴的影响下，不但扭曲了台湾贸易品与非贸易品的相对价格和生产要素的资源配置，延缓了岛内制造业竞争力的升级，而且对台湾的宏观经济稳定带来了巨大的危害。

事实上，泡沫经济主要是这样造成的：长期对外偏低的币值，一方面使贸易顺差持续扩大，外汇收入增加，并引起对新台币升值的预期，导致资金流入，使外汇更为增加而如此使岛内货币更为激增！1985 年底，台湾的外汇准备为 225 亿美元；1986 年底增加为 463 亿美元；1987 年底再增加为 767 亿美元，相当于当年 GNP 的 70 %，岛内资本形成毛额的 4. 1 倍。外汇准备大量增加使得对货币供给也大幅增加，尽管“中央银行”采取种种方法抵消外汇增加引起货币增加的效果，然而从 1985 年底到 1986 年底，台湾的货币供给仍增加 47. 7 %，翌年再增加 38. 3 %，两年中增加 1 倍，第三年又增加 26. 2 %。货币供给剧增的膨胀效果，主要反映在股票市场和房地产价格之上，可称为资产价格膨胀。货币供给剧增的膨胀效果，主要反映在股票市场和房地产价格之上，可称为资产价格膨胀。股票价格在数年间从不到一千点至 1990 年初上涨到一万二千点以上，台北市房地产价格同一时期上涨 3、4 倍。②

在现代重商主义思想指导下，台币长期对外偏低的币值，一方面虽使贸易顺差持续扩大，而在另一方面却扭曲资源流向出口部门，妨碍新技术与新产业的发展，对长期经济发展有不利的影响。即使“政府”有心操控，台币最终仍然升值。台币的太晚升值使“政府”丧失了提早产业升级的契机。由于台币大幅升值，使台湾以美元计算的成本大幅上涨，若干劳

① 邢慕寰：“台湾经济发展的经验——正面与反面的教训”，高希均：《台湾经验再定位》，台北：天下文化公司，1995 年版，第 18—19 页。

② 孙震：《台湾经济自由化的历程》，台北：三民书局，2003 年版，第 127—131 页。

力密集的传统产业因而对外失去竞争力，于是便配合外汇市场资金流动的自由化，转向东南亚各国及中国大陆投资。正是由于台湾当局不能及早实施自由化，延误了传统产业的升级。虽然台商的出走，是台湾化解巨额外汇的办法之一，也是台湾迈向国际化所必须走的路，但泡沫经济的真正消除却直到2000年以后才得以实现。检讨台湾当局重商主义思想在汇率政策上的过度表现，可知违背自由化的精神，违反市场的规律，而以人为的手段来扭曲货币价格，其结果不仅违背“政府”好意保护岛内产业的初衷，而且必然造成无法预料的灾害。

然而即便拥有了以上的经验与教训，并且台湾也已经开始实行了浮动汇率制度，但在新世纪面临的新的经济困境下，台湾当局仍然独断地采取了让汇率贬值的策略，以期扩大出口刺激经济。但不仅未能如愿以偿，而且2001年台湾外贸出口发生严重的衰退，经济也出现了50年来的第一次负增长。虽然扭曲汇率的目的是为了使台湾厂商能够在有利的汇率条件下留在台湾继续生产与出口，但2005年9月底台湾仍然关闭了岛内最后一条笔记本生产线，并将其移往中国大陆生产。正当此刻，也许曾任世界银行资深经济学家的马丁·沃夫对新兴经济体所提出的逆耳忠告，更值得台湾人民的深思。沃夫认为，1999年底至2006年5月，全球外汇存底新增2.8兆美元，实在很难相信各国和地区政府没有其他更好的投资标的。究其原因，主要仍是为了如其所愿，保持出口竞争力，维持较强的经常账部位，然而要“穷国”借钱给巨富之国消费者，实在说不过去。① 因此，未来的台湾除了在维系出口竞争力与维持就业外，更大程度上地开发岛内更多的消费市场，实为目前与未来财经当局责无旁贷之重要任务。

四、金融多元化、国际化的探讨——基于金融自由化的延伸

（一）金融市场多元化——战后台湾关于发展直接金融的思想探索

基于利率自由化、汇率自由化以及银行开放民营等改革，1990年代以后，台湾学术界对进一步实现金融市场多元化的呼吁就日益突出。这首先体现在对发展直接金融市场的探讨之中。

通常来说，具有发展潜力的企业在金融市场中获得资金有三种方法：

---

① 沃夫：“新兴经济体不缺钱”，《商业周刊》第984期，台北：商周编辑公司，2006年10月2日。

1. 从银行贷款；2. 在股市上出售股票；3. 到证券市场上发行债券。一个国家和地区的金融体系具有以上三种功能是非常重要的，一旦银行陷入困境，企业可以转向证券和债券市场；如果债券市场不畅通，可以转向证券市场和银行。这三种方式交叉在一起，形成完善的间接金融体制（银行）和直接金融体制（证券和债券市场），能够在更大的范围内化解金融风险，提高金融体系里妥善处理振荡性打击的能力。虽然战后世界银行与国际货币基金的学者们不断著书立说地阐释这个道理，但是大多数发展中国家和地区还是仅有其中一到两种方式，缺乏三种方式交叉的稳固方法，因此金融体系与体制不完善的发展中国家就经常处于不稳定的状态。①

就台湾的情况而言，诸多的历史特殊机遇促成台湾的直接金融体系在半个多世纪以前就开始发展。早在 1950 年代，台湾即开始建立资本市场，② 而资本市场的重要机构如证券交易所、柜台买卖中心、集保公司以及证期会，也都在台湾战后经济发展的历程中扮演过较为重要的融资角色。虽然当代主流经济学理论和经验已经清楚证明了金融的两大制度性组成部分——银行和有组织的证券市场——各自的重要性，但是没有经验证据表明应该采取人为约束其中某一部分而支持另一部分发展的政策。然而，在发展中国家，相对于证券市场和非银行金融机构，银行业一般占据主导地位，而金融约束理论③也支持了这一现象。由于特殊的历史原因，战后台湾财经当局相信金融约束理论有利于“政府”主导的以石化为主的进口替代型的重化工产业的发展，④ 所以长期以来以扶持银行的方式强化间接金融（金融中介）的片面发展，有意识地抑制直接金融（证券与债券市场）的规模，造成间接金融相对于直接金融的优势地位。“政府”通过控制银行系统等间接金融的利率水平，从民间获得大量存款，然后又通过

① 赫米斯：“金融发展与经济增长的模型——近来文献概览”，见［荷］赫米斯主编：《金融发展与经济增长》，北京：经济科学出版社，2001 年版，第 1—24 页。

② 张果为主编：《台湾经济发展》，台北：正中书局，1967 年版，第八章。

③ 金融约束理论坚持认为，有约束的金融体能促进经济增长。该理论主张在以银行为主体的金融制度下，如果银行本身依赖政府，那么适当的抑制是合理的选择，因为以信贷为基础的金融体制可以产生更快的投资，而依赖内部融资和证券市场会比较缓慢；同时，以信贷为基础的金融体系能避免股票市场的短期性利润。因此，对于以信贷为基础的金融体系，施加金融约束是合理的。

④ 马凯：“台湾工业政策的演变”，见马凯主编：《台湾工业发展论文集》，台北：联经出版社，1994 年版，第四章。

干预商业银行资金的具体流向，来发展台湾当局较为青睐的特定产业。根据台湾“央行”的统计数据显示，由于长期采取间接金融抑制直接金融的政策，直到1992年，岛内的直接金融仍仅占所有融资的10.41%。①

1990年代以来，随着台湾经济的发展，越来越多的人意识到应尽快将台湾直接金融市场的发展提上日程。曾经担任过台湾“财政部”部长和证券交易中心主任的李庸三就认为，在经济发展过程中，“金融发展”的含义，应是指金融体系（包括货币当局、银行、其他金融机构及有组织的证券市场等）的演进。台湾的宏观经济政策之所以必须重视金融发展，主要是因为在现代货币经济社会中，储蓄者与投资者往往分属不同之经济个体，因此如何将储蓄者之剩余资金移转至投资者手中，加速资本形成，就成为经济发展的一个关键。若缺乏此种管道，经济增长步伐将减缓。根据各国金融发展之经验，一般商业银行在经济发展程度低之国家，重要性最大，其后随着经济发展程度之提高，以及金融活动量之增加与金融工具之多样化，其他类型的金融机构，如储蓄银行、信托投资公司、保险公司与金融公司等纷纷设立，商业银行之重要性乃日渐降低。一般而言，经济发展程度愈低的国家，有组织的证券市场规模往往愈小甚至没有。随着经济日趋发达，证券市场之规模始渐扩大。造成此种现象之原因很简单，证券市场乃是客观环境的产物，有其成立的必要条件。当经济发展程度低时，一方面“国民”所得水准低，“国民”储蓄率亦低，往往金融机构即足以满足社会大众保存金融性储蓄的需要；另一方面投资水准低，规模亦小，资金需求往往仰赖金融机构的供应与民间借贷即可获得满足，证券市场在资金供需双方均乏迫切需要下，自然难以建立。等到经济发展达到某一程度后，“国民”储蓄率与资金需求均大大提高，金融机构与民间借贷已难以满足需要时，有组织的证券市场就会开始建立，并随经济发展程度的提高而日趋发达。台湾有组织的证券市场，其建立与成长过程即具有此项特质。尽管证券交易所于1950年开始建立，但直到1983年，各类票券发行余额仅占GDP的11.16%，此与美国1981年时资本市场信用工具之余额占GDP之比率高达183.9%，相去甚远。②

① 资料转引自范慧宜：“中小企业智财融资资金取得机制分析”，台北《台湾经济研究月刊》杂志，2006年5月。

② 李庸三，陈上程：“台湾金融发展之回顾”，见许嘉栋主编：《台湾货币与金融论文集》，台北：联经出版社，1995年版，第3、14、16、17、18页。

面对台湾抑制直接金融市场的做法，李庸三等学者呼吁道，不论是发达或者是发展中国家或地区，金融工具的种类都会随经济发展程度的提高而趋于差异化与复杂化。在岛内产业结构的不断改变与台湾经济结构朝向更多元化发展之际，不论高科技产业、中小企业、传统产业还是跨国产业，均需要资金的注入，透过各种融资渠道取得资金。然而，直到上世纪90年代初期，台湾传统金融体系的做法仍是将银行的最主要业务集中在传统的吸收存款、支付服务和发放贷款上，而在直接金融市场方面的发展却十分薄弱。尽管金融政策在工业化与推动产业发展上多属于间接性质，然而一个地区的金融当局仍可透过各种金融工具之运用，来影响资金之流向，以协助工业发展。就发展中地区而言，工业化所需资金固然可来自“国内”外储蓄，但就长期而言，主要仍应以“国内”储蓄来支应。因此，如何鼓励储蓄，进而动员储蓄以供应投资支出所需就成为发展中国家和地区工业化过程中一个不可或缺之课题。而一个健全且发达的证券市场，除了将有助于资本形成所需财源的筹措外，还可以透过市场机能之运作，使资金使用达到最高效率，并可使资本证券化，证券大众化，从而达到富国利民，经济民主之理想。基于此，各发展中国家无不致力于直接金融市场的建立。① 到了1980年代后期，一些学者也提出，“政府”既然具有帮助中小企业融资、改善全岛投资环境的责任，就应该让金融体系扮演好储蓄与投资的桥梁、引导社会资金广泛进入投资行列。然而，台湾不仅金融机构中的银行开放民营没有做足，而且货币市场与资本市场等直接金融方式也未得到足够发展，这一金融局面与民间的资本需求相比，存在巨大的供需落差。因此，除了银行开放民营、不再禁止各种金融机关的设立以外，“政府”也应放宽金融中介的设立，鼓励厂商多利用货币市场和资本市场。② 不过，在呼吁进一步的证券市场自由化、金融多元化时，学者们也并非一味地要求解除所有“政府”管制，而是认为“政府”也有必要在实行金融自由化的同时，以一定的法规和秩序进行风险控制和监管。③

---

① 李庸三，陈上程：“台湾金融政策对工业化之影响”，原文节录自“中央研究院”经济所的《台湾工业发展会议》（1983年3月），第593—666页。转引自许嘉栋主编：《台湾货币与金融论文集》，台北：联经出版社，1995年版，第469、480、491页。

② 杨雅惠：“自金融面谈改善投资环境”，《经济前瞻》第3卷第3期，1988年7月10日。

③ 参见杨雅惠：“台湾金融自由化之检讨”；余雪明：“证券市场自由化的探讨”，《经济前瞻》第4卷第3期，1989年7月10日。

由于宣示“自由化、国际化、制度化”所奠定的基本方向，以及各界的努力与呼吁，从1988年5月开放证券商设立开始，再经过一系列相应的金融自由化措施，台湾的直接金融体系自1990年代以来确实得到了较快的发展。新世纪岛内的台北证券市场的交易总量已成为亚太地区仅次于东京证券交易所的第二位。根据台湾“央行”的统计数据显示，1992年、1998年、2002年岛内的直接金融占所有融资的比例分别为10.41%、20%、25.79%，到了2005年岁末岛内的直接金融占所有融资的28.07%，① 并且2006年岁末外资投资台湾股市的总额达到岛内股市市值的34%，② 尽管，近十余年间台湾直接金融市场的改革已初见成效，但是与美国、英国、日本现在直接金融比重约40%—50%相比，未来岛内的直接金融改革也许仍然任重而道远。③

同时，应该指出的是，台湾自1980年代末期、1990年代以来加快直接金融市场的发展、加快金融多元化与世界经济主流趋势无疑是一致的。近年来世界金融市场的发展快速，各类金融活动在各国经济里扮演愈来愈重要的角色。为了提升金融体系的经营效率及竞争力，发达经济体的金融市场日益呈现多元化的发展。根据统计显示，发达经济体的传统商业银行占一般企业资金来源的比重已由上世纪60年代的30%下降至目前的6%左右，随着全球化与国际间资本市场的日益健全，投资银行所提供的直接金融功能已成功改写金融界的传统版图。以美国为例，在投资银行及其非金融业者的强烈竞争之下，传统商业银行的发展空间愈来愈萎缩，并随着美国《格拉斯—斯蒂格尔法案》的撤除而逐步瓦解。目前世界很多经济体的商业银行已逐渐朝所谓综合银行的方向发展。

（二）推动台湾金融国际化的主张

台湾发展直接金融的要求与推动台湾金融国际化的主张是紧密结合的。实际上，金融国际化既有利于促进台湾直接金融体系的快速发展，也是直接金融体系发展的内在要求。在战后逐步全球化的世界，发展资本市场的资金来源并不应该仅仅局限于岛内的资本市场。由于1986年后金融国

---

① 资料转引自范慧宜：“中小企业智财融资资金取得机制分析”，台北《台湾经济研究月刊》杂志，2006年5月。

② 谢金河：“热钱正在改变全世界”，《财讯》杂志，台北：财讯杂志社，2006年10月。

③ 杨雅惠等：“资本市场在台湾产业发展之角色座谈会”，《经济前瞻》第97期，台北：中华经济研究院，2005年1月。

际化已成为台湾金融改革的既定方向，随着台湾外汇存底的不断攀升，上世纪90年代以后，进一步放松国际资本的流动与建立更开放与多元的面向国际的融资体系，就成为学术界责无旁贷必须讨论的议题。对此，曾经担任过“中央银行”总裁的梁国树就认识到，金融自由化是一个依序推动的过程，开放外资亦应循序渐进，在不影响岛内经济及金融稳定的前提下，逐步开放。引进外资的目的在于以最低的负面效果，促使外资在台湾发挥最大经济效益，诸如促进产业转型，提升产业科技水准，降低资金成本。如能引进外资投资于中小型企业股票承担风险，则对这些公司资金成本的降低与台湾产业结构的转型会有显著的贡献。在台湾经济面呈现良好的情况下，外资开放对于金融市场的负面影响更应客观审慎评估。此外，还应双向推动证券市场国际化。在推动证券市场国际化的过程中，除经由各种管道引进外资投资“国内”证券外，还应允许外人来台发行债券、存托凭证，或核准台湾证券投信公司在台湾募集资金投资国外证券，以促使国际资金双向移动，稳定岛内金融，并提升台湾金融市场之地位。①他进一步提出，台湾欲成为区域金融中心，必须具备以下几种条件：1. 岛内货币与资本市场开放，自由而健全；2. 资金、信息与自然人能自由进出境外；3. 法令规章要完备而符合国际惯例，金融管理与会计制度要健全；4. 具备足够的优秀国际金融专业人才。② 最后必须成立新种金融商品研究的团队，尽早推出新种金融商品与避险工具等具体措施，加强维护金融纪律和减少电讯管制，加速引进外国金融机构，并大幅放宽其业务经营限制。③

此外，还有学者提出在推动金融国际化过程中，应扫除“政府”设立的种种不必要的障碍。徐小玻在《资金链》一文中就剖析道：“过去台湾对金融业一直采取正面表列的许可及审查机制，因而许多国际上早已蓬勃发展的非银行金融事业如投资银行、融资公司、私人银行等，未能在台湾推展业务，“国内”业者也无法进入非银行金融事业。许多非银行的金融

---

① 梁国树：“放宽外国专业投资机构投资发行公司股票比例与总额度限制之商榷”，原文发表于1994年12月，见梁国树：《国际经贸政策建言》，台北：远流出版社，1998年版，第77—83页。

② 梁国树：“发展台北成为区域金融中心之建议”，梁国树：《国际经贸政策建言》，台北：远流出版社，1998年版，第120页。

③ 梁国树：“发展台北成为区域金融中心之背景与做法”，梁国树：《国际经贸政策建言》，台北：远流出版社，1998年版，第110页。

事业在岛外运行良好，获利可观，业绩甚至超过传统的商业银行，对企业迈向国际化大有助益。”“事实上，国际间对非银行金融事业的定义，包括投资银行、商人银行、私人银行、融资公司、建屋互助协会、信用合作社、租赁公司等等都是。”“上述部分业务银行也可以从事，问题是银行不见得具有相关专业，许多行业或产品的融资需要对产品有深切的了解，诸如房地产融资、飞机租赁、机器设备分期付款，都需要让具有这类专长的公司去发挥，非银行金融事业也会自行发展出一套相关的风险控管机制，这也可能是一般银行所缺乏的专业知识。”但是，台湾要引进类似的非银行金融业务仍旧困难重重，其间一个令人啼笑皆非的关键问题，“在于包括 GE Capital、福特融资等公司要进入台湾市场，都是透过在‘经济部’设立贸易公司进行，尽管都从事分期付款业务，但‘财政部’认定这不是融资行为。又如租赁公司被划归‘经济部’管辖，但‘政府’始终仍不给予明确地位，最后变成四不像，亦限制其发展。”关于如何让台湾的金融体系与资金链国际化、多元化，徐小玻强调：“政府”唯有让一切回归专业，让各类型的非银行金融业务能够蓬勃发展，这样一来，不仅能使许多创新的金融事业在台湾提供服务，也能活化民间资本与投资机会，使台湾金融资本市场得以与国际接轨，并服务目前积极迈向国际化的台湾企业的跨国经营。①

针对台湾金融当局采取保守的“正面表列”而非开放的“负面表列”来“立法”的观念，徐小玻批评道，“正面列表”意味着必须经过核准之业务方得以开办，如此一来，不但赶不上市场进展的速度，而且可能在市场运作过程上订定一些不必要的规范，形成管制不当与管制过度的状况。这种保守心态显示新世纪前期台湾财经当局的金融自由化、制度化的观点仍然落后于台湾微观经济体系的发展需要。他提出：“企业在成长过程中需要的金融服务——通称为资金链，大致分三阶段，初创期需要募集股本资金或贷款，成长期运用未上市股票或私募基金，成熟期则上市柜或透过金融产品筹措资金。‘政府’必须去思考清楚台湾有无提供完整的资金链，让企业在发展过程中可以获得充分且完整的金融服务。‘政府’限制过多，除了台湾资本市场不能与国际接轨外，台湾银行资金虽多，却因放款放不出去，能提供的服务亦相当局限。台湾企业与个人也无法透过传统银行以

① 徐小玻：“资金链”，《财讯》杂志，台北：财讯杂志社，2006 年 9 月。

外其他合法管道，得到投资或融资服务。如果企业将投资的钱汇进台湾，投资机会却很有限，很多机会在国外，将来要将钱再汇出去又困难重重，结果就会干脆将公司设在海外。”① 现在国际间的非银行金融业务正在蓬勃发展，“台湾民间的资金充沛，遇到这样的全球投资机会，如果岛内限制多，资金自然就经由其他管道出去了。如果现在的执政团队和2008年的执政团队不往国际化方向思考的话，这会极大程度地影响未来台湾金融业的发展。”②

台湾在近年来已推动多项国际化的措施，但是与其他国家和地区相较，国际化程度仍有不足。以外国银行资产占银行总资产比率而言，台湾在1999年底仅为4.5%，此比率比大多数经济转型的东欧国家更低。对外开放程度偏低，自然不容易引进发达国家的新式金融工具。③ 不过在2001年入世以后，台湾对国外金融机构岛内态度进一步调整，开始允许外国人投资或设立商业银行、外国银行分行、国际金融业务分行、外汇经纪商、信用卡机构、票券公司及信托投资公司（但在组织设立、经营业务等方面仍有限制）；开放外国消费，允许开设海外“私人银行”业务等。2001年台湾提高外资直接持有电信服务业持股至49%，2003年全面开放外国专业投资机构个股上限持股可达100%。甚至，2006年9月允许渣打银行收购新竹商业银行100%股权。④

五、评析

（一）金融自由化对于经济体系增长作用的变迁与思考

金融市场是市场机制发挥功能的最关键领域之一，金融市场的缺失或者不发达，会使各个经济主体的投资与融资活动受到阻碍，这不仅是整个社会福利的丧失，而且也会导致经济效率的低下。正是在这一重要的意义上，凡是致力于经济长期稳定发展的国家和地区，其对金融市场中利率、汇率等价格信号以及对金融机构及其业务和商品的金融抑制，必然会随着

① 徐小玻：“资金链”，《财讯》杂志，台北：财讯杂志社，2006年9月。

② 徐小玻：“财讯政经专栏——2012”，《财讯》杂志，台北：财讯杂志社，2006年10月。

③ 杨雅惠：“台湾金融发展优劣势与国际竞争力”，《经济前瞻》第88期，台北：中华经济研究院，2003年7月5日。

④ 刘佩修等：“外资抢购台湾”，《商业周刊》第987期，台北：商周文化公司，2006年10月23日。

市场经济发展的要求而走向自由化，因为价格作为市场经济中无与伦比的引导资源的重要信号，必须是正确反映资源的稀缺程度和供求状况，才能有效引导金融市场中的金融机构的行为和金融资产的运动方向。

在战后的1950年代，虽然台湾当局出于害怕通货膨胀的心态，而不自觉地采用了与其他很多发展中国家不同的有利于金融深化的高利率政策。但是，随着岛内政治和经济局面的稳定，以及出口导向策略带动了经济起飞以后，台湾当局却日渐趋向于将利率压至均衡水准之下，同时通过汇率管制、银行公营、限制金融业务等途径实行金融抑制。对于发展中国家和地区来说，在市场机制没有充分成长成熟的发展初期，实施由“政府”控制的金融抑制，可以有效地动员资源，以配合“政府”制定的发展战略。而台湾的金融抑制正是与战后初期以快速工业化实现经济赶超的思想和目标紧密相关的，唯有压低利率和汇率水平，并控制金融体系，才能保证资金按照“政府”的目标有序流动，从而对部分工业企业（尤其是第二次进口替代战略实施以后发展的重工业企业）形成补贴，以增进其发展。金融抑制其实正是“政府”重商主义思想在金融领域内的另一种表现。也正是在这种赶超的企图和重商主义思想下，银行成为“政府”行为的延伸，也就是说，银行已经不是市场化的主体，而成为“政府”实现其发展战略的工具，“政府”通过控制银行来控制企业，于是“中央银行”也就丧失了独立监管和独立执行稳健货币政策的地位，成为“政府”战略的附庸。因此，基于这一逻辑，我们就可以理解为什么台湾当局及社论派的经济学者会始终认为“中央银行”是“政府”视经济情况作适当的操纵来松紧金融的机构，“所谓由市场决定利率，只是透过市场机能使利率变动达到政策目标而已……无论哪一种方式，都表示利率是在人为操纵之下，那来的什么自由市场决定的利率，自由市场要看‘中央银行’的利率政策而定，更不要说利率自由化可以使放款加投资等于储蓄了。”①

然而，扭曲金融市场中的利率、汇率等关键的价格信号，固然可以在短期内形成对某些行业的补贴，刺激经济的发展，但长期而言，却会造成整体经济效率的损失，并容易引发货币危机、通货膨胀和泡沫经济等恶果，从而导致经济的长期低迷。因此，越是随着市场经济的发展和市场机

① 王作荣：“敬答蒋硕杰先生”，《经济政策大论战——王作荣大战蒋硕杰》，台北：环球经济社，1984年版，第23页。

制的成熟，金融抑制的弊端就日益突出，而达成金融深化、自由化和国际化的要求就越强烈。台湾在长期重商主义思想下实施的金融抑制，无疑是1980、1990年代以来泡沫经济形成并迅速破灭、并导致长期景气低迷的主要原因之一，除了台湾地区，日本、韩国也曾有过这样的教训。我们注意到，在战后的经济发展中，台湾当局及一部分学者非常推崇日本和韩国的经验，多次以日本和韩国的事例来论证自身相关政策及主张的合理性，然而，从长期经济绩效来看，日本、韩国的经验也并非值得效仿。战后实行赶超战略的日本，是执行"准金融抑制"的代表国家，由于"政府"推行赶超战略和当时的资金短缺发生矛盾，日本采取了一系列类似于金融抑制的政策，如人为压低利率水平、银行体系等间接金融形式相对于证券市场等直接金融形式过度畸形发展、"中央银行"也成为"政府"政策工具而缺乏独立性，等等。这些金融抑制的政策带来了日本从1954—1975年近20年的快速增长，但也为日后的金融体系风险埋下了伏笔。1990年代日本随着泡沫经济的崩溃而进入了长期的经济不景气时代，在英美的影响下，日本也开始了"废除管制的推进"，寻求如何弱化"政府"干预，确立新的"小政府"，而在金融领域内，也于1993年全面实现利率自由化，并开始在金融机构和金融业务等方面探索如何放宽管制。①

韩国在一定程度上，比日本更早意识到金融自由化的重要意义。在战后的经济开发中，韩国政府大力推动策略性工业，重点在钢铁、造船、机械、电子、金属品、电器及重化工业等，并对其实行各种奖励政策，包括租税优待、低利率贷款、政策性融资、保护关税等措施。从某种角度而言，这种工业确实使韩国经济达到高速成长，并为韩国赢得了所谓"汉江奇迹"的美誉，然而早在1983年，韩国新任经济开发院院长金基桓就提出"这种成就是以经济结构之不平衡为代价而取得的；因低利贷款，使韩国过分投资于重工业。中小企业则因得不到贷款而无法投资。低利率政策时常造成资金缺乏，使政府不得不用增加货币的方法来融资，于是造成物价上涨。何况日常必需品又均为中小企业所生产，这些企业因为得不到贷款，无法增产，其价格之上涨更为猛烈，使低所得者之负担更大于高所得者。重工业则有不能充分利用之设备，而劳力密集型之工业反而因投资不够，丧失出口之竞争力。故过去经济之教训是：过分干涉市场早晚会阻碍

① 参见桥本寿郎等：《现代日本经济》，上海财经大学出版社，2001年版。

经济发展，并将表现在出口之迟钝及所得分配之不公平上面。”因此，韩国在1980年代推行的新经济政策中，主要着力于取消低利贷款及优待税率，改用市场力量来做资源分配，而政府则退回到中立的立场。韩国的这些变化，在1980年代的蒋王大战时，就已被顾应昌等自由经济学者所注意并宣传，① 呼吁台湾当局及部分学者不要一味看韩国过去的经验和表面的成就，而要着眼于更本质的经济问题和长期的发展，“政府”过度的干预应当减少。实际上，自1997年金融危机以来，连体制较为落后的韩国也是逐步加快了经济自由化的步伐。② 而日本、韩国两国在1990年代晚期以及新世纪以来的自由化经验，也成为目前学术界关注的新的重要课题。

同时，我们看到，在以蒋硕杰为代表的自由经济学者的思想中，金融自由化已经不仅仅是与放松管制、反对“政府”干预的主张联系在一起，而更多的是与整体经济的稳定和成长联系在了一起。不论是反对“五鬼搬运法”，还是主张采行浮动汇率，都是放在“长久快速而稳定发展”的前提下考虑的。而台湾金融自由化的推动者——曾任台湾“中央银行”总裁的梁国树先生，不仅呼应了自由经济的诸多思想和理念，而且在改进外汇制度、筹划金融制度改革、推动公营银行自主管理、增强信用社对中小企业放款、开放美元拆借市场和推动台北区域金融中心等方面，将金融深化、自由化和国际化的理念付诸实施，正如他所意识到的：“利率乃至金融的自由化，并非放任自由或为自由化而自由化。金融自由化必须安排更多的金融交易能够在更好的市场顺利进行。”因为面对国际情势的大变动，为保持经济之稳定成长，“金融自由化与国际化，系不可抗拒的历史潮流”。③诚然，在现代金融制度环境培育中，最重要的因素是放松法律和“政府”对金融市场的干预程度，但放松管制并不是意味着放弃金融稳定，而是需要正确地看待效率与稳定之间的关系，以及找到“政府”在维持金融稳定中应扮演的正确角色。正如现任中华经济研究院财经策略中心主任的杨雅惠在《掌握时机开创金融新局》一文中所言：“固然金融稳定颇为重要，然而若为了追求稳定而牺牲金融之效率，势必阻碍台湾竞争力之提升。因此，在观念上，不宜要求

① 参见顾应昌：“读韩国新经济政策之感想”，载于台北《工商时报》，1983年7月9日。

② ［美］弗里德曼：《世界是平的　“凌志”汽车和“橄榄树”的视角》，北京：东方出版社，2006年版，第119、121页。

③ 梁国树，侯金英：“金融自由化与国际化”，见许嘉栋主编：《台湾货币与金融论文集》，台北：联经出版社，1991年版，第540—542页。

金融市场零风险。”“建立机制由市场本身发挥监督功能：倘若金融市场本身不承担风险，全由‘政府’吸收风险，则必然成为保守、管制的型态；‘政府’为稳定金融，平弭资金提供者之风险，自然会限制资金去路，降低资金运用之灵活度与弹性，限制了科技事业之资金来源。相反地，若金融市场本身能有分散风险之机制，且由资金提供者在评估预期报酬与风险之后，自行决定是否要加入科技事业的行列，市场资金自然会导向不同的用途。具潜力的科技事业只要是能提出具前瞻性的投资计划，具有发展远景，自然可吸引到社会资金；而不佳的科技投资计划，较不易吸收资金，如此透过市场机能，市场资金便自然会导引互较具生产力的用途。市场资金提供者本身对于市场风险必然甚为在意，因此宜设计一套机制，由市场资金提供者发挥监督金融纪律之功能。”“美国要求金融机构本身须注意其风险控管、信用风险、财务风险、市场风险等等，金融机构本身有内部控管制度，例如业务与行政部门分立，彼此平行制衡、交叉咨询。而其整体风险在金融机构信息揭露后，市场参与者也发挥了监督功能。”而“台湾金融法律与‘政府’管制的重点需予以调整，应由业务限制转向市场公正规则之建立。”①

因此，不论是对待战后台湾金融自由化的经济思想，还是对待台湾的金融自由化的发展过程，我们都不能只限于自由化层面的本身，而更要看到其与整体经济效率、经济增长的制度层面之本质联系。正如蒋硕杰所言：其实自由化是一个手段，是要建立一个自由竞争的市场制度与环境，使得各种资源的分配与使用的效率达到最高境界。金融自由化是个工具，是要使资金的分配与运用透过自由金融市场价格机能的引导，达到最有效率的目的。②

当然，正如1990年代以科斯为首的制度经济学派所揭示的：“有效率的组织是英美发达国家经济成功发展的关键。”事实上，自由化运动如果忽略了对经济运行机制和环境的研究，是不可能取得重大的成功的。从1990年代以后台湾设立民营银行和公营银行民营化的技术层面来看，由于台湾的民营化进程是自发性私有化过程被长期拖延和结构调整失败之后，

① 杨雅惠：“掌握时机开创金融新局”，台北《经济前瞻》，台北：中华经济研究院，2000年5月5日。

② 参见《“金融自由化”专题座谈会纪要》，《经济前瞻》第4卷第3期，台北：中华经济研究院，1989年7月。

由“政府”强制推行的。从民营化的成本来看，由于长期资本市场动荡，对信贷损失进行融资也受到严格的所有制限制，所以应该多边开发银行获得融资，以摊薄民营化的成本。但是，台湾并没有这样进行，岛内公营银行民营化实际的情况是资本市场的一次性的释放公股，而这对资本市场也形成沉重的压力。事实证明，由于强烈的管制意愿，台湾金融体系的民营化落后于经济发展和经济制度的变迁。而银行民营化的到来，却是以“爆炸性”的方式进行的。从滞后到爆炸的全过程，都充满了政治力量的干扰和控制。① 金融自由化并没有产生足够的改革绩效，而是顺应了政治势力的均衡，这是台湾金融体系演化路径中难以超越的阶段。也正是因为官僚多元治理结构的影响，台湾地区与日本、韩国一样，当局对其金融改革产生了巨大的负面作用。对于经济转型的金融变革成本研究中，岛内当局并没有深刻地意识到“政府”过度干预对于未来微观经济体系所产生的额外的外部成本效应，也没有从这个角度理解其变革中最大的制度障碍。严格来讲，金融制度变迁是金融制度环境的函数。从制度变迁的绩效和路径依赖来看，金融制度环境有着压倒性的重要性。必须逐渐改变金融制度环境，才能使金融变革可能成功。

（二）战后台湾金融改革的客观历史评价和未来展望

不过综合的来说，在战后发展中国家或地区的经济发展记录中，台湾经济发展的实绩可以说仍是比较耀眼，在61年的时间里，台湾竟能从一个半农业与半工业的地区演变成今天后工业化的社会。究其原因，自然有许多因素的综合作用才共同催生出今天台湾经济发展的较优异成绩。这其中，台湾金融制度的历史变迁与发展，应是一个不可或缺的重要原因。金融改革是一条持续而漫长的道路，一个健全的金融体系，应妥善扮演好储蓄者与投资者之桥梁。如何维持金融体系稳定，发挥金融机构效率，乃是“政府”制定金融发展政策与推动金融改革的重要考量原则。回顾台湾金融发展之历程，已经走了数十年长路。早期金融压抑时期，外汇、利率水准均为官定，银行全为官营。一个受压抑的金融体系，其效率自然不彰，于是金融自由化呼声甚高。国际上亦对台湾屡屡施压，要求尽速实施金融

---

① 花旗银行台湾地区总裁利明献认为，目前台湾的金改，只要是公股银行与公股银行整并，反对声音才会比较少，但若是民股买公股，就会涉及政治问题。由于“立法院”中反对党的势力比执政党要强，加上工会的阻力，台湾“朝野”各界想要推动金融整并并不是那么容易。参见利明献：“打折买衣服不一定合穿”，台北《财讯》杂志，2006年2月。

自由化。直到1987年外汇自由化、1989年利率自由化且银行开放民营，金融体系开始巨幅调整，各种金融机构均大量增加，如证券商、投信公司、投资公司等。自此之后，台湾金融活动方由低沉转为活络。今天，台湾已由金融抑制迈入金融自由化，以及金融转型整并与更趋多元化的时期。①

而尤其值得指出的是，正是战后以来台湾金融的这种自由化、国际化和制度化演变，为台湾建立具有现代意义的金融体系以及开启金融创新奠定了基础。自1980年代末期以来，台湾金融体系从公营走向民营化，从一元走向多元，从封闭走向开放，已经重新调整了台湾金融经营形态与金融版图。经历了银行开放民营，发展直接金融等金融市场多元化、国际化的变迁，台湾金融机构数量以及交易量自1990年代以来均大幅成长。这极大改变了台湾金融商品的供给局面，不仅使台湾金融结构从过去的卖方市场转变为买方市场，而且在竞争中催生出许多新的金融商品。在2002年《资产证券化条例》的立法和金融控股体系完成时，台湾各种不同金融商品的内容与销售形式已经开始呈现出全新的风貌。② 在此态势下，台湾金融体系之交易活动更大幅增加，无论是消费金融业务、证券市场交易量还是新形式的金融产品，均名列亚太地区的前几位。

台湾这一新的金融生态也为变革传统金融、融入国际性的金融创新潮流提供了条件。事实上，相对于许多新兴产业而言，传统金融业不能不算是一个古老的行业，因为传统的金融业面对的客户多是以资金需求为主的传统产业与投资储蓄的居民，并且传统有限的金融工具往往也受到了地理因素、国际政治因素与通路系统的限制。布雷顿森林体系瓦解后，发达国家和地区的金融创新进入了一个全盛发展时期。广泛采用新技术、不断形成新市场、新工具层出不穷，有力地冲击着传统的经济运行方式。创新不仅革新了传统的业务活动和经营管理方式，打破了金融活动的国界局限，而且改变了金融总量与结构，重塑了金融运作机制，提高了金融在经济中的地位与作用。进入1990年代后，各种新兴的衍生性金融商品（包括期货、期权、选择权、认证权证、货币共同基金等）大量应用于资本市场以

① 杨雅惠："台湾金改之路径与前景"，《经济前瞻》第103期，台北：中华经济研究院，2006年1月5日。

② 于宗先主编：《民营银行：台湾案例》，北京：社会科学文献出版社，2005年版，第三、四、五章。

及通讯网络基础建设日益发达。① 21 世纪初，金融衍生品市场的发展不但促进了跨国资本流动，分散和降低了各经济体的风险。并且衍生品市场作为定价中心，维护社会经济良性发展和金融安全的功能进一步显现，更受到了应有的重视。台湾近年来的金融变迁和发展无疑顺应和体现了这种趋势。实际上，自 1980 年代以来，市场经济的实质正在全球范围内发生嬗变。随着与实体经济相对应的虚拟经济快速发展，人们对经济增长内涵的认识正在逐步发生根本性转变。知识经济、信息经济、网络经济、金融经济等都反映出人们从不同角度探索经济领域发生的重大变化。这些概念的不断推陈出新体现了经济不断虚拟化对经济系统和社会财富的影响日益深入。显然，只有一个自由化、国际化、制度化的现代金融体系，才能灵活应对市场经济这一新的国际性特征。

无疑，台湾金融对台湾经济增长的促进和保障作用，体现在两个紧密联系的层面上，其基础作用是通过金融中介功能的不断增强为台湾经济持续发展提供资本保证；其延伸功能则是通过金融的自由化、国际化、制度化等层面的改善直接推动台湾经济增长。并且，随着台湾经济货币化和经济金融化进程的加快，金融对台湾经济发展的推动作用也正在快速增强。但是，也必须看到，台湾金融业自身的发展既背负着从旧有的经济发展模式中脱胎出来的重担，又肩负着进行制度创新从而进一步推动台湾经济发展的重任。新世纪初期台湾政党轮替，在第一次“金改”成功后，又乘胜追击推出二次“金改”，孰料因金改内容涉及公股释出、资源分配，以及想培植“大金控”的目标，却遭舆论批评为图利财团，不但财团与“政府”“亲密关系”被质疑，“金改”的政策目标也引发诸多争议，而开发金与中信金的几个大动作、在法律边缘的购并行动，几乎坐实了“政府”“厚待”财团的指控。“金管会”在此社会气氛下，严查“金控”的购并过程、“杀鸡儆猴”的惩处，自不难理解。只不过，从这些风波中，台湾社会也应认真思考，台湾的经济发展和制度创新到底要走什么路？公营事业要不要民营化？怎样叫财团化？财团化是否都该被排除？无论是哪一个政党执政，台湾社会都必须面对这些问题。②迈向区域金融中心，是台湾多年来的理想，虽然离实现这一梦想还比较遥

① 朱浩民：“财务工程与衍生性金融商品”，台北智胜公司授权北京中国人民大学出版社，2005 年版，第一章。

② 社论：“财团与是非”，《财讯》杂志，台北：财讯杂志社，2006 年 8 月。

远，但是为了成为区域金融中心所必备的金融国际化、自由化、制度化，应该一直是台湾金融改革的坚定方向。而未来的台湾金融在面临更多机遇的同时，也必须审慎面临更大的挑战！

第二节　财税政策的思想演变

一、重商主义与战后台湾的财税政策

如前所述，重商主义提出的富国两大手段，即“奖励输出和阻抑输入”，往往为贸易保护的国家视为财富增长的黄金法则，而近代工业革命以来，重商主义日益与促进本国的工业化结合在一起。战后的台湾即是如此，当局不仅仅在贸易上实行鼓励出口、限制进口的财政政策，而且还将扩大出口的战略更广泛运用于促进岛内工业企业投资和发展的财政政策之中。财政政策是当局控制宏观经济活动的一个重要工具。台湾战后的经济发展，经历了许多不同的阶段，每一个阶段都有其特殊的问题，为因应这些问题，财税措施曾经不断有所调整。在战后初期，由于困扰台湾经济的最严重问题，是财政上的入不敷出和物资短缺所引起的恶性通货膨胀，以及贸易失衡所造成的外汇短缺。因此，在第一次进口替代时期，台湾当局的财政政策就表现出完全的重商主义倾向。战后初期台湾当局一方面整顿税收，充裕税源，减少财政赤字，谋求当局预算的平衡，同时恢复农工生产，增加物资供应，使物价趋于稳定；另一方面加强对进口管制及提高关税，保护进口竞争工业，以改善国际收支，这些政策配合币制改革和对通货发行数量的严格控制，不久便开始产生了效果。

到了1950年代后期，进口代替工业已有相当的发展，其产品在台湾市场逐渐出现饱和现象，必须向海外市场找寻出路。由此，台湾当局转向为出口导向的战略，利用岛内的劳动力资源丰富且低廉的比较优势来参与国际贸易，然而出口导向和比较利益的选择，并不意味着台湾已经走向了自由贸易，进口替代的思想其实并未被放弃，重商主义依然体现在两个主要方面：

在促进岛内工业发展方面，当局的财政政策尤其注重如何吸引投资和鼓励增加出口。在此思想主导下，台湾当局制定了一系列的税式支出（即大规模的减税）政策。曾任“财政部”赋税革新委员的孙克难指出，从

1960年开始实施的“奖励投资条例”,① 以及从1991年开始实施的“促进产业升级条例”，就是税式支出的代表性例子。在税式支出的积极鼓励下，资本形成和出口占GDP的比重迅速提高。在1963年以前，部分岛内资本形成得仰赖外资的流入，以弥补“国民”储蓄的不足，自此以后，“国民”储蓄不但可以逐渐满足岛内资本形成的需要，而且从1976年开始，已超过了台湾资本形成的需要，使台湾从资本输入地区，一跃而成为资本输出区，台湾工业企业的快速发展应该在很大程度归功于减税的实行。

在限制进口方面，当局实施了以高关税为主的关税政策。这种高关税的管制一向是台湾当局限制进口的主要手段，直到1972年，虽然迫于国际化和自由化的压力，高关税遭到了贸易国极大的反对而不得不有所降低，但台湾当局仍然不愿放弃管制权力，不断运用关税授权，在50%范围内机动调整关税税率。另于1980年9月将进口关税由单一税率改为复式税率，改制后凡自无互惠待遇地区进口的物品，一律采用较高税率，自有互惠待遇地区进口的物品，则一律采用较低税率。②

二、预算平衡思想的破坏——从紧缩性的财政到扩张性的赤字财政

战后初期，由于历史原因，台湾当局对通货膨胀一直存有一种高度嫌恶的心态，致使当局预算的编制一向受“量入为出”财政思想指导，所以台当局的年度公共支出水准，主要取决于其经常收入。“量入为出”的思想甚至在“宪法”中也有所体现。台湾“宪法”第70条规定：“‘立法院’对于‘行政院’所提预标案，不得为增加支出之提议。”故经“立法院”审议通过之预算规模，每较“行政院”所提之预算更形保守。

在1960年代以前，台湾当局在“量入为出”思想的指导下，对减少财政赤字所作的各种努力，对抑制通货膨胀所产生的效果，是可以肯定的。但是在1960年代以后，紧缩性的财政政策逐渐转变为扩张性的财政政

① 制订于1960年的《奖励投资条例》，将赋税减免范围大量扩大，该条例实施期限原定10年，期满后曾两度延长，到1980年代末，先后实施期间将满30年，中间曾经过15次的修正，随着每一次的修正，奖励的对象和项目都有所增加，受奖企业可以享受减免税目包括营利事业税、个人综合所得税、土地增值税、田赋、地价税、房屋税、印花税、关税、证券交易税及契税等10种，奖励方式则多达38项。

② 徐育珠：“财政政策”，见高希均，李诚主编：《台湾经济发展1949—1989》，北京：国际文化出版公司，1992年出版，第104—106页。

策，如前所述，当局一方面通过大规模的减税以鼓励岛内出口工业的发展，一方面为解决工业发展的瓶颈，开始兴建大量的公共设施，蒋经国的“十项建设”和“12项建设计划”即是代表。同时，当局还通过财政大量的补贴和直接干预，对全民实施大量的福利政策和低物价政策。扩张性的财政政策使得台湾逐渐形成巨大的赤字，当局的财政力量日益捉襟见肘。

预算平衡的思想为什么会逐渐受到破坏呢？一方面，这与“政府”干预经济的步伐加快有关。在60年代台湾物价逐渐稳定，国民党政权也日益稳固下来以后，当局一面继续警惕着不让通货膨胀产生而影响社会安定，一面更加急切地追求经济的成长以与大陆竞争并保证台湾的地位和安全。曾任“财政部部长”的李国鼎就曾明白地说出：“蒋经国……对物价平稳的执著，远超过对市场价格的信任。而他为了照顾大众福利，常常一方面爱做大型公共投资计划，一方面又坚持‘不增加税目，不调整税率’的主张，而忽略了台湾经济发展的金科玉律——预算平衡。”① 而对于为什么实施大规模的减税政策，李国鼎则在1971年的“‘国家’建设研究会”财政研究会所作的报告中解释了当局的思想：“大体上说，‘政府’理财的基本目标，应寄望如何增加‘国民’的财富，也就是如何提高‘国民’总生产。因为唯有增加‘国民’总生产，才能产生更多的收入，以供支出之用。现阶段‘政府’的一切努力的目标只有一个，即厚植经济力量。财政支出应配合这一政策要求，不能竭泽而渔，必须培养经济力量，由经济力量的壮大达到支应防务的目的。因此，‘政府’支出中必须保持适度的公共投资支出（税捐方面对投资和输出的各种优待也是基于同一的原因）。”② 因此，对于理财的原则，李国鼎在1973年9月的台湾《税务旬刊》第791期中提出：“……私人的理财是以量入为出的原则；而‘国家’的存在则是基于人民的需要，‘政府’支出的大小，要看人民究竟有多少事要‘政府’做，人民要‘政府’做的事愈多，‘政府’支出的数字也愈大。‘政府’在确定这些支出后，即将运用适当的方法向人民取得必要的收入以为支应。……这就是说‘政府’财政是以‘量出为入’为原则。当然此种量出为入的原则也有一定限度，绝不能超过全体人民的负担能力，

① 康绿岛：《话说台湾经验——李国鼎口述历史》，第194页。

② 李国鼎：《台湾的财政金融与税制改革（上）》，南京：东南大学出版社，1995年版，第22—23页。

否则苛捐杂税，必使国民经济及台湾财政为之破产而后已。”①

由此，我们看到，在“政府”管制经济的体制下，快速发展经济、厚植经济力量的要求，必然使得台湾当局干预经济的步伐加快，因而原来“量入为出”的财政原则也终于遭到了抛弃。但是，从当局的思想中，我们却看到了许多矛盾之处。当局既承认“预算平衡”是“台湾经济发展的金科玉律”，却又提出了加大“政府”支出的政策目标；既提出了“量出为入”的财政原则，却又唯恐税赋过重引起社会经济的不安定。这种想要面面俱到而在理论上却矛盾百出的政策目标落实到实践中，必然会导致左右摇摆的尴尬局面，甚至是南辕北辙的效果。

另一方面，扩张性的财政政策无疑也深受了当时流行于国家间的凯恩斯主义的影响。财政政策作为调整宏观经济活动的一种手段，其有效性在经济学家的心目中，有见仁见智的意见。凯恩斯学派的思想认为透过税收和政府支出的增减，可以使总体需求发生变动，从而对国民生产和就业水准发生一定程度的影响；理性预期学派的思想认为，凡是可以预料的权衡性财政政策，不但无助于经济稳定的维持，而且往往是造成经济波动的主要原因；而货币学派的思想则认为，扩张性的财政政策在短期内或对国民生产和就业水准有一种刺激作用，但就长期而言，它只有加速通货膨胀，对国民所得的增加和就业水准的提高并无助益。

战后凯恩斯学派的思想是，当市场失灵的经济不景气时期，政府若坚持平衡预算原则，即减少支出、增税，结果只会使经济不景气更加雪上加霜，因而，此时政府应采取赤字财政和刺激有效需求的增加，进而增加生产就业。应付不景气的财政政策一般包括两种方式：1. 增加公共支出；2. 借由减税刺激消费、投资。凯恩斯对战后许多国家都产生了深远影响，美国、法国、德国、英国、荷兰、西班牙等都出现过预算赤字的情况。美国在 1970—1982 年间财政预算始终入不敷出，而且呈现爆炸性的成长。日本政府于 1990 年代，也以扩张性支出来解决景气低迷及通货紧缩的政策的影响。

虽然台湾历年累积下来的财政情况不容乐观，但仍受凯恩斯潮流的驱使。从 1990 年代台湾财政的情况看来，与早先经济高速增长时代“政府”

① 李国鼎：《台湾的财政金融与税制改革（上）》，南京：东南大学出版社，1995 年版，第 47—48 页。

财政有盈余不同的是，1990年代中期以后台湾税收普遍不足。而随着大陆改革开放以来，经济不断增长，逐渐吸引世界各地的投资，相形之下台湾自1990年代中期以后，由于经济不景气、投资环境恶化，环境结构调整缓慢、产业快速外移等原因，而面临了大量的失业。① 为了走出低迷的景气循环，减缓居高不下的失业率，以及改善投资环境，加速产业升级，尽管面临着税赋征收不足的局面，② 但台湾当局近10年来仍然一直采用了增加公共支出的扩张性财政政策。

三、对战后台湾重商主义的财税政策的省思

（一）对财税措施中的贸易保护思想的检讨

不论是以高关税等手段进行进口管制，或者以外销退税等方式鼓励出口，还是以大规模的税式支出对岛内企业进行奖励和补贴，其实都是反映了台湾当局管制经济下重商主义的思想。在贸易方面，就保护性关税政策而言，对于早期台湾的发展而言，实行保护性关税的目的，首先在于增加“政府”的税收，其次是保护“国内”的幼稚产业，但由于其具有扭曲市场价格和资源的配置的反自由化性质，长期实施的结果却是弊大于利。早在1950年代，《自由中国》就对当局以高关税等手段管制进出口的危害提出了批判：“用外国原料制成的货物，因受到了保护而在‘国内’坐享高价，外国同类的货物，品质既较佳、价格又较廉，反而因管制而不能输入，‘国内’的消费者重蒙其损害，姑且不论；使贸易的对手国感到不平，就相对的阻碍了主要产品之出口。主要的产品滞销，外汇的来源受阻；外汇的供给减少，争夺外汇之风气愈炽，而‘国内’生产成本因以更高，互为因果，辗转相生，遂形成当前经济上的病症。”③从战后世界各发展中国家实践的经验来看，高度保护本国幼稚工业的心态所导致的高关税举措不但未能发达本国产业，反而成为一国产业发展的羁绊。

---

① 台湾失业率1995年之前，常年维持在2％以下，1996年突破2％，并且持续攀升，2001年达到4.57％，2002年更上升至5.17％。

② 由于受到1980年代美国供给学派减税政策（赋税减少投资增加的思维）的影响，台当局即使面对赤字预算仍不敢增加税收，即令“1996年政府支出已逐渐缩小，但因税收不足，国民租税负担持续降低……俨然成为财政恶化元凶。”见孙克难：“财政政策失灵”，李诚主编：《谁偷走了我们的工作——1996年以来台湾的失业问题》，台北：天下远见出版公司，2003年版，第109页。

③ 社论：“当前管制经济的措施亟待改进”，《自由中国》第8卷第6期，1953年3月16日。

“中研院”院士邢慕寰指出，长时间实施关税保护的结果，除了更加扭曲资源配置外还会使本来可以蓬勃发展的产业变成不长进的工业。① 刘大中也详细论述道：“保护政策之实行，最易产生惰性，可能使若干受保护之工业，以维持本国工业及劳工就业为借口，要求无限期之高度保护。实则一国之资源有一定之限度，如用以长期保护以往并无成绩而亦无显著前途之事业，则其他事业所能取用之资源，即因之而减。且受保护企业之产品价格，必然偏高，如其产品为消费品，则受害者系一般消费大众；如其产品为资本财、半制成品或原料，则直接受害者为成本因而提高之制造商，而间接受害者仍为一般消费大众。”② 然而，台湾长时期保护关税的结果还导致了台湾工业技术进步缓慢。即使是原来有过重商主义倾向的李国鼎后来也指出：为了要使工业进步，便不宜无限期地予以高度保护，……因此今后势必将采较具弹性的关税。③

另外，对于当局所力行的外销退税政策，虽然学者们大多承认其与税捐减免的措施对台湾的经济发展贡献颇多，但其对财政收入也造成了巨大的压力。外销产品退税的税捐，有关税、货物税、盐税、港工捐及水灾复兴捐（1960 年）等五类。据统计，到了 1967 年，仅外销退税一项，就达到 26 亿 6 千万元台币，约相当于各该税之实征净额 32.6 %，其中关税一项的退税额达到 18 亿零 1 百万元，竟相当于同期关税实征净额 40.5 %，比率可谓不大，而 1967 年退税与税捐减免额共达 34 亿零 6 百万元，已超过全年“公债与经建贷款”总额有余。

因此，即使是台湾当局的官员，曾任“财政部”统计长和主计官的张文翰也提出：“就现代经济和财政理论言，减免及退税自应该广续实施，以发展经济。但是当此库藏欠裕，支用浩繁的今日，而减免退税之数额如此之巨，对当前财政收入的压力如此之重，似乎也不宜忽视。……个人以为凡属不予‘退税’，即不能推销海外的工业品，不但仍须续予退税，且须积极设法，扩大范围去办理。但原有退税之外销品，获利已厚，市场已开拓而巩固，现在不予退税仍可推销海外者，似应酌予

① 邢慕寰：“台湾工业发展与贸易政策之检讨”，孙震主编：《台湾对外贸易论文集》，台北：联经出版社，第 177 页。

② 刘大中：“财税改革之目标、原则及推进程序”，杨必立主编：《台湾财税改革论文集》，台北：联经出版社，1976 年版，第 204 页。

③ 李国鼎：《台湾高速经济发展的经验》，南京：东南大学出版社，1993 年版，第 343 页。

停止退税或紧缩范围办理，以裕库收。……对于当前的‘退税’与‘税捐减免’的财政措施，衷心赞同。但不主张漫无限制，而盲目去推行。……必须分业检讨，权衡轻重，分别加强或停止，或求其他改进办法。”① 我们姑且不论其提出的解决办法如何，但其思想和主张也侧面反映出台湾当局急切的重商主义心态导致了过度而盲目的退税政策，以致于财政不堪重负，产生了预算失衡的现象。也许正如张文翰所言：“过犹不及，都不是实事求是之道。”

（二）奖励投资、税捐减免与纠正重商主义的思想

以税式支出的方式来奖励投资，对工商企业进行税捐减免，这本身属于促进经济发展的财政手段之一，并不必然与重商主义相联系，只有出于一味保护和补贴出口产业的心态而盲目过度的税式支出才意味着重商主义的实行。事实上，许多反对“政府”管制和重商主义的自由经济学者不仅全力主张台湾《奖励投资条例》等税捐减免措施的实行，而且还试图在赋税改革中消除“政府”管制，回归市场机能，并且纠正“政府”的重商主义。

主持1968年台湾赋税改革的刘大中也提出了以赋税改革来纠正“政府”过去对资源价格扭曲的思想：“于公营民营企业分工并存，而民营企业之比重逐渐增加之情况下，资源之合理分配，实依价格为主要指标；而欲达到全国资源以最经济方式充分利用之目的，各业产品之价格及其边际成本，应维持略同之比率，而不应因赋税之课征，使各业之价格及其边际成本之比率相差过多，此为经济学主要原理之一。‘我国’之各种间接税（尤其现行之货物税及关税）之税率结构不尽合理之处仍多，而货物税、营业税及印花税就产销各阶段重复课征，各业之价格与其边际成本之比率，因之而有极巨之差异。全国资源之配置，必因之远低于最合理之境界，于继续维持快速之成长，构成一极严重之阻碍。若干间接税制之必须积极改革，此为其主要理由之一。”②

蒋硕杰在台湾1980年实施的第二次赋税改革中，也继续强调了与刘大中相同的理念：“此次赋改之重点应在尽量减低赋税制度对全国资源最适当之利用及对经济快速成长之妨碍，也即应尽可能减少赋税对自由市场价

① 张文翰：“政府今年‘退税’与‘税捐减免’措施对财政经济之影响”，见杨必立主编：《台湾财税改革论文集》，台北：联经出版社，1976年版，第172页。

② 刘大中：“赋税改革之目标、原则及推进程序”，见杨必立主编：《台湾财税改革论文集》，台北：联经出版社，1976年版，第202—203页。

格机能产生歪曲作用。"① 另外，蒋硕杰还于 1977 年向"政府"提出的建议中指出："近来由于投资意愿之低落，论者每主张应加强赋税之减免以为奖励。……惟'我国'奖励投资措施，向以对'政府'所指定之某数种企业为奖励对象。普通企业家……未必即为'政府'所认为应接受奖励者。故企业家于申请受奖资格时，可能等候多日而结果落空。其于投资以发展新外销产品之意欲，打击甚大。故吾人主张'政府'对少数与国防有关之特殊工业，尽可予以特殊之免税奖励甚或津贴，至于其他之一般工业则应均等待遇，除去现有赋税对投资意愿之打击及妨碍。"②

两次赋税改革中，刘大中、蒋硕杰等人的思想明显地代表了自由经济学者企图藉由改革而消除"政府"干预及其对市场价格扭曲的主张。而对于消除当局的重商主义色彩，自由经济学者们也作出了不懈的努力。刘大中反复强调了"奖励投资的目的，是增加投资（包括旧企业的扩充），而不是保障利润。"③ "'政府'对民营企业之最大鼓励，自为对企业不课征任何税负，甚或对全部民营企业给予津贴，此固为极明显不可能且不合理之政策；但即奖励之程度过于偏高或重复，使'政府'现期之税收减少过多，因而延缓现阶段中所亟需之公共建设及军公教人员待遇之提高，经济成长率亦必因此种过分之奖励而减低。"④ 这些思想无疑是对当局一味对工商企业进行出口补贴，以保障其利润的方式来促进其投资的重商主义心态的纠正。为了避免"政府"对企业的过度保护而导致技术和产业升级的迟缓，刘大中还希望在赋改中"应加重奖励较高级、设备耐用年限较长、技术更新可能较高而受'陈废'的影响较大、利润较迟、风险较大的企业。……今后工业的发展，应逐渐由轻工业转向较高级的工业，加强奠定我国经济快速成长的基础。"⑤

---

① 蒋硕杰："第二次赋税改革之我见"，见蒋硕杰：《台湾经济发展的启示——稳定中的成长》，台北：经济与生活出版公司，1985 年版。

② 此为蒋硕杰 1977 年 6 月向政府提出的建议，见蒋硕杰：《台湾经济发展的启示——稳定中的成长》，台北：联经出版社，台北：经济与生活出版公司，1985 年版。

③ 刘大中："奖励投资条例修正原则的再检讨"，见杨必立主编：《台湾财税改革论文集》，台北：联经出版社，1976 年版，第 145 页。

④ 刘大中："赋税改革之目标、原则及推进程序"，见杨必立主编：《台湾财税改革论文集》，台北：联经出版社，1976 年版，第 209 页。

⑤ 刘大中："奖励投资条例修正原则的再检讨"，见杨必立主编：《台湾财税改革论文集》，台北：联经出版社，1976 年版，第 145—146 页。

那么，如何处理税捐的减免与财政预算平衡之间的矛盾呢？当局以及大部分专家学者都是抱着“‘退税’与‘税捐减免’措施，今日虽然牺牲不赀，但可求得来日之补偿，失之东隅，收之桑榆，有何不可！”① 的态度，但由于当局重商主义下的财税措施导致了财政赤字的剧增，很多人还是对此表示担忧，在实质上仍然认为税式支出与财政预算平衡至少在短期内是相互矛盾、难以兼顾的。然而，蒋硕杰则从真正的学理上将长短期预算平衡与税式支出之间的协调关系阐述得颇为具体。他在1969年谈论奖励投资条例的改进时，就指出：“对新投资之奖励是应当放宽的。但是为使‘政府’税收不致过分损失，‘政府’当使各种奖励办法只适用于新增的生产及新投资，而不适用于原有的生产和既存的投资。如是方可予新增的生产及投资以较大的鼓励，我们可以称这个原则为‘边际适用原则’。但旧条例中第六条显然违反此‘边际适用原则’，而以减税待遇普遍加诸所有生产事业，不问其是否增产或扩充设备；此种奖励办法使‘政府’损失税收太大，而所收奖励投资的效果，并不甚大。”②

在1977年向“政府”提出的建议中，蒋硕杰再次表现了他如何协调税捐减免与预算平衡之间的矛盾的理念，例如，在他提出直接免除出口工业所需原料如棉花之类的关税，而不再让出口厂商进行繁杂的外销退税的程序之后，他就认为：“至于关税之损失当可以放宽进口所获之关税收入之增加为弥补也。”而在提出以“自由折旧”的方式对所有工业之投资进行奖励的办法后，他经过例证和计算，认为“自由折旧”的方式实质上相当于“政府”给予企业的无息贷款，这笔贷款虽然暂时使“政府”放弃近期一部分税收，但随着企业日后折旧之停止而必然会源源收回，不仅如此，此办法还能有效刺激投资增加，使得“政府”日后之税收将更因生产扩充而增加，“此外，此项投资所产生之就业机会及‘国民’所得俱足以增进‘国民’福利，并增加其他方面的税收。故此奖励办法表面上虽似为无息贷款，而实质上自整个‘国家’观之其收获甚丰，远非以税收盈余存放银行所获之利息所能企及也。故‘政府’当局殊不宜用税务人员之短视

① 张文翰：“政府今年‘退税’与‘税捐减免’措施对财政经济之影响”，见杨必立主编：《台湾财税改革论文集》，台北：联经出版社，1976年版，第168页。

② 蒋硕杰：“奖励投资条例的改进”，见杨必立主编：《台湾财税改革论文集》，台北：联经事业出版公司，1976年版，第140—141页。

眼光，专以目前税收之损亏为判断之标准也。”①

由此可见，自由经济学者对于同时兼顾奖励投资与预算平衡是有信心的，他们认为减税与预算平衡之间并没有必然的矛盾，关键就在于当局要首先抛弃重商主义，使财税政策符合市场法则和经济原理。实际上，主张自由经济就必然不会赞同预算平衡的财政原则受到破坏。一方面，正如刘大中所指出的：“‘政府’为执行政务、推进建设与社会福利，以及加强国防，支出自每有必需之增加，而‘政府’支出之总数，即为人民对‘政府’之总负担，此项负担总额，并不因赋税政策而有增减，赋税政策所能影响者，为各界人民对‘政府’负担之分配，而非负担之总数。‘政府’支付行政、国防及减少经费时，即已取用一批资源，此批资源即不能再为人民所用，人民对‘政府’负担之实质，亦即此批资源之总额。……若支出总额超过赋税总额，则‘政府’必系以通货膨胀或发行公债方式，取得所用之资源，此部分资源仍不能为人民所用，故人民之实际负担并未减少。事实上，‘政府’若以膨胀方式取得资源，物价必因之上涨，上涨程度最烈者，每即为人民生活之日用品，故此种方式实为性质最劣而不公平之‘赋税’政策（因负担此种‘税负’者，大体为低所得人民），而人民所付之‘赋税’，即为其所购物品之涨价部分，所不同者，仅名义上不称为‘赋税’而已。因此，现代化‘政府’所负担之行政范围及责任必与日俱增，尤以于经济成长迅速时期为然，‘政府’采用适当之赋税方式筹措财源，以图赋税总额与支出总额接近，实为最诚实公平之政策。”②可见，自由经济学者在财政政策上追求预算平衡的思想，与在货币政策上反对加速增加货币供给量的思想是一致的，都在于避免通货膨胀而保障经济的稳定。另一方面，凯恩斯式的打破预算平衡而实施扩张性财政政策的主张与自由经济的主张自然是格格不入的，在1980年代台湾第二次赋税改革时，蒋硕杰就毫不客气地指出：“凯恩斯学派之传统态度为只知用财政政策以调节有效需求总额，以求达成充分就业或避免过分膨胀，及以课税方法达成所得之重分配。对于资源之最适当的利用，人民之储蓄及投资意愿，则一概漠然视之。……此一学派人士之政策已使英美两国储蓄投资意愿低

① 蒋硕杰：“如何维持台湾经济快速成长的问题”，见蒋硕杰：《台湾经济发展的启示——稳定中的成长》，台北：经济与生活出版公司，1985年版，第13—15页。

② 刘大中：“赋税改革之目标、原则及推进程序”，见杨必立主编：《台湾财税改革论文集》，台北：联经事业出版公司，1976年版，第206—207页。

落，生产效率停滞不长，以致难与日本、西德竞争。因此逐渐为人所诟病，然在当时固犹盛行一时也。……至于促进经济之快速成长，则非提高‘国民’之储蓄意愿及企业家之投资意愿不可。徒赖扩张有效需求，以刺激生产，则唯有破坏物价之稳定而已。”①

（三）评析

就税式支出的政策而言，具效率、公平、合理的酌减税，可以提高工作、投资、储蓄、生产的诱因，进而增加税收；不当的减税，则会产生相反的效果，不但造成税制的不公平，且因减免税项目太多，税制遭到破坏，进而产生结构性的失衡。台湾当局在重商主义下过度地减税造成了极大的负面效应，首先是造成了赋税不足，由台当局“财政部”《赋税统计年报》可知，在奖励投资条例方面，从1961至2001年度，累积的各类租税减免金额达5281亿元。而在促进产业升级条例方面，从1993—2001年间所累积的减免金额，在短短数年间也增加至3017亿元，且每年以数百亿元持续膨胀中。现任中华经济研究院研究员的孙克难指出，从台湾1990年以后的资料中观察，减税范围不断扩大，“国民”租税负担率持续降低，使得税收的所得弹性远小于1。② 其次，是造成了对岛内企业的过度保护，岛内企业养成过度依赖的心理。曾任“行政院赋税改革委员会”主任的徐育珠指出，减税范围的不断扩大，就“国民”租税负担率占GDP的比重而言，台湾地区民众的税负不但远较发达国家为低且远较大多数发展中国家为低。然而诚实商人及社会大众却普遍认为税负太重。③

同时，以重商主义的手段来促进出口，是否真正具有拉动经济增长的绝对作用，目前也受到了有关学者的质疑。美籍学者劳伦斯·戴维指出，没有明显的证据证明东亚各国的增长是出口拉动型的，出口并不是东亚各国取得经济增长的原因，东亚各国超凡的出口只是劳动生产率增长的结果，而非形成原因。事实上，1993年世界银行的《东亚奇迹》也提出以前

① 蒋硕杰：“第二次赋税改革之我见”，见蒋硕杰：《台湾经济发展的启示——稳定中的成长》，台北：经济与生活出版公司，1985年版，第62—64页。

② 曾任“财政部”赋税小组委员的孙克难利用1991—2001年名目税收和名目GDP的资料进行回归分析，发现近十余年来总税收的所得弹性只有0.52。孙克难：“财政政策失灵”，见李诚主编：《谁偷走了我们的工作：1996年以来台湾的失业问题》，台北：天下远见出版股份有限公司，2003年版，第131页。

③ 徐育珠：“财政政策”，见高希均，李诚主编：《台湾经济发展1949—1989》，北京：国际文化出版公司，1992年出版，第111页。

的研究忽视了增长的另一个重要源泉——进口。实证的数据告诉我们，进口和较低的关税刺激了劳动生产率的增长。① 以微观经济学角度而言，竞争本就是一种激励！1980 年之后较低的关税政策，无疑的在一定程度上推进了台湾产业的效率。不过由于财税措施长期对进口的限制和对出口的大量鼓励，一方面造成了贸易顺差不断扩大、资本外流，一方面导致台湾需求不足。由于投资意愿低落，造成了大量的超额储蓄，导致游资泛滥，房地产与股价狂飙。而这正是 1990 年初台湾泡沫经济的原因之一。

另外，由上可以看出，台湾当局逐渐摒弃了预算平衡的思想，试图借助“政府”宏观政策的力量，来刺激经济景气，维持经济增长和稳定，因而使用了减税与增加公共支出的双管齐下的扩张性财政政策。然而，这样的政策思路果真能达到确实效果吗？

减税与增加“政府”公共支出是存有矛盾的！同时实施的结果势必增大财政赤字的幅度，如果财政赤字过大，“政府”是无法采行扩大公共支出来刺激景气的。通常由于经济景气循环所造成的失业或赤字，在景气的春天来临时，经济活力就能再度展现，就业增加、税收提高、社会福利支出降低，循环赤字问题自然就能迎刃而解。而在减税下勉强施行扩大公共支出的结果，会导致结构性赤字的出现，而一旦产生结构性的问题，问题就不会如此单纯；因为即使景气复苏了，但问题仍然存在，因而必须从制度面、结构面来进行调整。1998—2002 年间日本赤字财政实行的结果，虽然使得日本免于遭受大萧条，但是效果却不明显。看来，“日本病”并非简单的刺激政策就可以医治的，关键还在于解决深层次的“病因”——经济的结构性问题。在战后市场与政府的分工关系中，一般而言，市场机能做得好的，就应该委由市场去做；市场机能做不好或是缺乏诱因会造成市场失灵的情况下，则可委由政府来做。事实上，在全球化及快速变迁的环境下，僵化又缺乏诱因机制的官僚体系在资讯掌握与执行能力上往往落后，常常很难跟上经济情势的变化，有时反而会因为各种拖累而延缓问题的处理，甚至更助长问题的严重性。

1990 年代中晚期以后至 2006 年，这段时期台湾当局财政问题的恶化又再度成为各界瞩目的焦点，虽然岛内的官员们都很努力，但所提出的开

① 劳伦斯·戴维：“贸易与增长——进口拉动还是出口拉动”，见世界银行编：《东亚奇迹的反思》，王玉清等译，北京：中国人民大学出版社，2003 年版，第 10 章。

源节流方案却没有什么创意，还是陷入过去的思维模式之中。在困窘的财政情况下，或欲改善“政府”无效率的状况下，如何提升基础建设的数量与品质，以创造出更佳的投资与生活环境呢？有学者已经看到，藉由引进民间部门之资本、效率与创新，透过公共服务民营化的方式，来达成此目标才是世界趋势。①的确，“政府”不一定要将解决问题的思路局限在宏观层面，也许微观层次的改善更能解决问题。宇智顾问公司的执行长徐小玻也认为，“财政部”并不是收税而已，也要拼经济，如果光谈社会正义，最后会变成空洞的口号，难道当局的财政来源，一定要靠增加的税收，不能做更好的资产管理吗？在考虑税收管理的同时，也应鼓励各种经济活动，以期增加税源。② 曾任“行政院”赋税小组委员的孙克难也从另外一个角度，批判了当局借由赤字财政来解决失业的思想。孙克难指出，“政府”与其透过财政政策的运用，企图降低失业率来达到充分就业的目标，还不如从各种相关法规松绑着手，也许建立利于经济活动者自由选择参与的优良发展环境，增强个人或企业的免疫力、应变力与竞争力，更能提升整体经济的活力。③

第三节　战后台湾宏观经济政策思想的成就与局限

一、战后台湾宏观经济政策思想的成就——自由化的开端

战后台湾所取得的经济成就，首先得益于1960年代实现的经济起飞。按照罗斯托的定义：“一个贫穷的低度开发国家，逐渐突破平均所得甚低的停滞窘状，而产生出使其人民的生活水准持续成长的能力，此种转变的过程即为经济起飞。”战后台湾之所以实现经济起飞，不同的学者往往总结出不同的原因，从宏观经济政策思想的角度来说，最重要最关键的因素应该是尹仲容领导的第一次自由化改革。二战后，发展中国家的经济政策正深受两种当时甚为流行、却是错误的策略思想所支配：一是认为发展中国

① 林愍茨，黄崇哲：“世界公私伙伴关系的发展趋势”，《台湾经济研究月刊》杂志，台北：台湾经济研究院，2006年9月。

② 徐小玻：“台湾要做一个抉择”，《财讯》杂志，台北：财讯杂志社，2006年2月。

③ 孙克难：“财政政策失灵”，见李诚主编：《谁偷走了我们的工作：1996年以来台湾的失业问题》，台北：天下远见出版公司，2003年版，第102页。

家应该各自高树关税壁垒和实行进口数量管制，以保护其“国内”市场，扶植自身的进口替代工业；二是认为根据凯恩斯的学说，当用人为的管制将利率压低，以保证“国内”企业获得便宜资金，此既可以降低生产成本，有助于物价稳定，又可以刺激生产和投资。不幸的是，这两种政策思想所实行的结果都是弊大于利，如拉丁美洲国家，虽然其资源等条件远胜于台湾地区百倍，然而由于其一直坚持着上述两种策略思想的指导，不仅贯彻人为的低利率政策，而且在第一期进口替代之后直接进行了第二期进口替代，结果导致了经济的长期衰弱。

所幸的是，正如第一章中所描述的，台湾虽然在1950年代前期也追随了上述错误的政策思想，但在1950年代后半期，藉由蒋硕杰、刘大中、邢慕寰等人对尹仲容的建言，以及尹仲容大刀阔斧的第一次自由化改革，台湾首先放弃了低利率政策以对抗通货膨胀，接着将台币币值贬到实际的水平，改繁杂的复式汇率为单一汇率，进口配额管制放宽或者取消，使出口工业有利可图而大幅增长，岛内资源从而由不合台湾比较优势、极不经济的进口替代工业，转移到适合台湾资源禀赋而能与人竞争的出口工业。由此而开始的出口导向政策，将台湾纳入了世界经济和自由贸易的轨道，贸易从此成为台湾经济增长的发动机，不仅台湾的人力、物产等资源开始得到合理的运用，而且台湾民众真实所得也开始得以惊人的速率猛增，使得当时继续采取错误政策的拉丁美洲各国为之瞠目结舌。

以上的分析正是蒋硕杰在1983年4月于墨西哥“世界经济开发会议”中发表的《台湾经济的启示》一文中的观点，但是，这一观点已经得到了世界上很多经济学家和台湾岛内包括夏道平、邢慕寰等诸多经济学家的认同。1984年，蒋硕杰又在《亚洲四条龙的经济起飞》一文中，继续详细分析了台湾地区、香港地区、新加坡和韩国经济起飞的关键因素，发现台湾的情况也适用于其他三个地区，“总而言之，过去二十或三十年来，台湾地区、韩国、香港地区以及新加坡的快速经济发展并非使用奇诡的经济策略所达成，他们只是采用了新古典经济学原理所指示的合理政策而成就的。在如何完成经济起飞方面，这四个国家或地区的发展经验实在有足供其他的发展中国家借镜之处。”① 这里所指的新古典

① 蒋硕杰：“亚洲四条龙的经济起飞”，见蒋硕杰：《台湾经济发展的启示——稳定中的成长》，台北：经济与生活出版公司，1985年版，第223页。

经济学原理，也就是本章已谈论过的重视储蓄和货币供给等供给面的影响，以稳定的物价条件追求长期成长等原理，这一原理自然是与凯恩斯强调有效需求因而主张政府强力干预的思想截然相反的。因此，第一次自由化改革体现出了重视市场机能、自由竞争，放弃过度管制和干预的精神，正是这一精神为台湾的经济成长插上了起飞的翅膀。

同时，值得注意的是，自由化的开端不仅仅是市场自由化的开端，也是自由经济思想得以在台湾产生重大影响和显示巨大力量的开端。毋庸置疑，实施第一次自由化改革、推动台湾经济起飞的关键财经官员尹仲容并不是自由经济学者，但是蒋硕杰等自由经济学家对他产生了重大的影响，① 经由1958—1961年外贸自由化的诸多改革措施，原先由于“政府”过度管制而造成的弊端和消极影响得到了相当大程度的消除和削弱。虽然尹仲容由始至终赞同“政府”实行经济计划，但经由自由经济思想的影响，他在实践中产生了对经济计划更深入的理解。他曾经引用哈佛大学经济学家艾格斯顿的话：“一个自由社会的经济计划，可视为经济发展方向的指针，‘政府’的责任，只是立于赞助人的地位加以指导，它的任务只是加以鼓励，而非实际操作。”从而得出“任何经济制度之下，都可以有经济计划，只不过随着经济制度的不同，而计划方式与性质也有所差异而已”的结论。认为只要“个人有合理的自由意志从事经济活动，并仍然受到利润动机的驱使，及接受价格的支配，便是自由经济”。因此，台湾的问题，“不是设计或不设计，而是采取何种方式的设计。”② 尹仲容的理念虽然与自由经济的理念还有一定的差距，③ 但是他却接受了自由经济思想中最为基本的一点，即自由经济并非反对所有的“国家”干预，而是反对凌驾于市场机制的“国家”干预。第一次自由化改革的诸多措施正体现出了他的这种认识，以及他对市场机制的重视和尊重。而自由经济思想经由对尹仲容的改变，也开始展现出巨大的影响和构建的力量。

---

① 参考第一章第一节的有关论述，及第一章脚注③。

② 尹仲容：“台湾经济十年来的发展之检讨与展望”，见尹仲容：《我对台湾经济的看法》三编，台北“国际经济合作发展委员会”，1966年版，第93页。

③ 杨渡：“强控制解体的年代”，见杨渡：《强控制解体》，台北：远流出版社，1999年版，第6—7页。

二、战后台湾宏观经济政策思想的局限——稳定与成长的迷思

（一）对于新重商主义和泛实用主义宏观经济政策的重新反思

虽然台湾当局在尹仲容时期走向了回归市场的第一步自由化历程，因而促成了台湾经济的起飞，然而可惜的是，自由化的改革实行到一半，便随着1963年尹仲容的逝世而人亡政息。自由贸易的政策受到了卷土重来的重商主义的挑战，台湾当局采行了出口扩张与进口替代并存的策略，因而在货币、财税等各方面宏观政策措施上也配合了这种内向政策与外向政策的并行，“政府”的干预步伐也逐渐加快。其结果，如前所述，财税政策的重商主义则造成了台湾财政日益入不敷出，债台高筑，酿成今日严重的财政危机。而金融自由化进展的迟缓，不仅导致了台湾长年积聚的巨额外汇存底引起美国的严厉对抗，从1986年起，台币汇率大幅下降（台币大幅升值），原来在保护与扶持（包括币值低估）之下成长的出口工业遂陷入困境，而且巨额外汇存底所释放的强力通货也酿成资金泛滥，引发股票和房地产的投机，同时地下金融的泛滥也日益不利于台湾中小企业的发展。最后，台湾的泡沫经济终于在1980年代形成，又于1990年代初在美国等强大的国际压力下迅速破灭，从而引发台湾经济景气的长期低迷。

纵观台湾当局于战后所采取的金融和财税政策，我们不难时时感受到其中的重商主义和实用主义的心态，而正是这两种心态导致了当局在对待宏观经济政策最核心的两个目标——稳定与成长——中出现了偏差。稳定与成长，是任何国家和地区在制订和实行宏观经济政策时必须谨慎权衡的两个目标，处理好两者之间的关系，不仅需要权衡当时宏观经济的具体环境和状况，更要遵循市场的法则和经济发展的长期规律。然而，这个道理说起来明白，在具体的实践中却往往使人陷入迷思。国民党当局播迁台湾后，由于对其在大陆执政时期因造成严重的经济和社会不稳定而丢掉政权的经验深切悔恨，因此明确把经济成长与经济稳定视为经济政策的两大目标，而其中又尤其主张经济稳定的作用。在1950和1960年代，台湾当局以高利率等政策也确实成功地控制了台湾的通货膨胀，使得台湾经济在稳定的社会和经济条件中得以起飞。然而，进入1970年代，由于受两次世界石油危机爆发导致世界经济不景气的影响，台湾经济也陷入困境，此时，稳定与成长之间的关系也随之改变，甚至相互对立起来。这种迷思尤其在1980年代的蒋王人战中表现得尤为突出。

虽然蒋硕杰经过学理的分析和经济史实的论证，不厌其烦地再三强调“经济成长与物价稳定相辅相成”，“首先我们需要认清楚这两个目标是相辅相成的，而不是可以舍其一而取其它，更不能期望以其一来换取其它的。时下颇有一些社论作家，认为我们如果放弃一些物价稳定就可以更加速我们的经济成长。这是极错误的而且是极危险的看法，因为物价的稳定是经济快速成长的基本条件之一。……在一个像台湾这样依赖国际贸易及国际投资的‘国家’，物价之上涨率如超过国际贸易之对手国家，出口一定会衰退。如果不断以汇率贬值来抵补，又将使国外投资裹足不前，如果在这种情况下利率再受控制，那么更要造成‘国内’资本之大举逃避。‘国内’投资资金将大大减少。经济之成长自然要停滞了。所以放弃物价稳定以换取经济成长，是极危险的政策，不可轻易尝试的。……所以面临此艰难而又充满机会的‘（民国）七十年代’，我施政当局必须认清学理所指示的方向，而择善固执，才能实行蒋‘总统’的稳定中继续求不断成长的指示，这是我们馨香以祝的。”①

然而，如同蒋硕杰的其他建言以及其他自由经济学者如夏道平、邢慕寰的呼吁一样，这番话仍然很快被另外的学者以及工商界人士要求以增发货币、降低利率等手段来缓解工商业困境的声浪所淹没。王作荣提出：“稳定只是一个成长的条件，成长才是目标，这个成长不是为的炫耀，而是为了生存。在这一了解之下，正确的政策应该是在可以容忍的稳定环境之下，全速推动经济发展，对我们而言，没有发展，就是消失，没有第二个选择。无论如何，大敌当前，孤军奋战，打的就是成长，不是稳定。……成长是我们生存的关键，稳定是那些进步而又安全国家的休闲品。”②其他有关人士也多在报纸上发表类似于“蒋硕杰等建议偏向长程，不符合当今政策号召”③ 的言论。而至于经济学理，王作荣认为：“经济学说的流行就像女人的裙子一样，没有准：今年是迷你，明年是迷地，后年也许又回到迷你了。……正因如此，我从不对任何学说认真。……我国有句名言

---

① 蒋硕杰：“稳定中求成长的经济政策”，见蒋硕杰：《台湾经济发展的启示——稳定中的成长》，台北：经济与生活出版公司，1985 年版，第65—78 页。

② 王作荣：“敬答蒋硕杰先生”，见《经济政策大论战——王作荣大战蒋硕杰》，台北：环球经济社，1984 年版，第 24 页。

③ 欧阳正宅：“蒋硕杰等建议偏向长程，不符合当今政策号召”，见《经济政策大论战——王作荣大战蒋硕杰》，台北：环球经济社，1984 年版，第 132 页。

‘尽信书不如无书’，可说道尽了其中辛酸与愤慨。”“任何学说必须出自现实，也必须能适用于现实，否则空说而已矣，不足贵，不足取。”①

而在当局方面，原来强调“在稳定中求成长”的思想也在经济困境的现实中产生了转变。蒋经国在1982年2月的中国国民党中央常会上，虽然指出台湾过去所采取的政策路线是成长与稳定并重的平衡路线，今后仍将朝此方向努力，但同时却又提出目前台湾努力的方向是“应以全力促进经济复苏为当务之急。希望‘行政院’再与农、工、商各界就如何切实有效提高投资意愿，加强竞争能力，拓展外销市场，妥筹善策，贯彻执行，以期及早恢复景气。”台湾当局想事事周全而又矛盾百出的言辞已经屡见不鲜，但这里我们不难看出其中已包含了至少在现阶段内成长优先于稳定的倾向。接着，在同年七月，蒋经国在其两点政策原则指示中又提出：（一）“经济学说与理论，学派很多，各有各的立论依据。不过我想决不可能以任何一个理论来解决一切的经济问题，重要的在于经济政策的抉择和实施，首先必须适合国情，一切总以符合民众利益为前提。”（二）“就以近来大家讨论得非常热烈的问题——成长与稳定孰先为例，经国个人觉得两者实应并重，而在执行之前，还得要看时机与状况，作适当的协调，总使台湾经济在持续不断成长之中，对人民生活不利的影响减至最小，而使有利的因素能够发挥到最大。”②

从上面的各段文字中，我们看到，面对台湾经济的不景气，台湾当局以及一些相关的学者和人士表现出迫切追求经济持续增长的心情，这一方面是因为急切追赶发达国家的愿望所致，一方面是与大陆竞争、保障台湾安全的需要所致。这种心情固然无可非议，但是在当局却因此而将经济稳定与经济成长对立起来，认为成长优先于稳定，为了成长可以实行增发通货、扩大公共支出和税式支出等手段来刺激经济，这实际上正是凯恩斯以通货膨胀的代价来换取经济发展的主张。而蒋硕杰等人所言的“在稳定中求成长”，是主张在稳定的基本条件下全力追求长期的成长，无奈却被当局急切追求成长的心态曲解为只要稳定，不要成长。然而，事实证明，当局后来以牺牲稳定为代价来追求经济成长的金融、财税等各方面措施，并

① 王作荣：“经济学说与经济现实”，见《经济政策大论战——王作荣大战蒋硕杰》，台北：环球经济社，1984年版，第13、16页。

② 转引自《旨哉，元首之言——蒋“总统”对经济决策原则的指示》，见《经济政策大论战——王作荣大战蒋硕杰》，台北：环球经济社，1984年版，第152页。

未达到初衷，短暂的繁荣最终被证明是一场泡沫经济，而陷入长期经济低迷的苦果也只有让后人慢慢吞咽。

当局之所以未能把握好稳定与成长之间的关系，一方面是由于长期以来的重商主义所致，另一方面是与当局凡事以现实需要至上的实用主义心态有关。从上面引述的文字中，明显可以看出，当局考虑一切事物的出发点就是现实需要，并进而轻视市场法则和经济学理论，同时，当局还始终抱持着一种“政府”万能、永远能够根据现实需要而相机抉择的自信。然而正是这种重商主义与实用主义之下的“致命的自负”，不仅使得当局认不清稳定与成长之间的本质联系，而且还导致了短视的揠苗助长的政策。这种揠苗助长的经济政策不仅会带来严重的经济后果，而且还会导致恶劣的政治影响。蒋硕杰在 1987 年 10 月 22 日和 23 日在《联合报》上连续发表的《“揠苗助长”的经济政策》一文中感慨：不论在落后或先进国家，与“揠苗助长”性质相同的经济政策相当普遍，令人担忧的是，尤其在民主‘国家’，“揠苗助长”性的经济政策更具有令人难以抗拒的政治压力。因为搞政治，必须要靠群众支持，可是群众不是都能深谋远虑，而又了解经济成长的基本原理的，大多数只能见近利，而无长远眼力，若有野心政客以立竿见影之政策相号召，就很容易响应追随。可惜的是，台湾的经济事实和政治事实都被不幸言中。泡沫经济的形成和破灭自不待言，而本章所述的重商主义的财税政策还产生了经济后果之外的政治恶习。正是由于财税政策带着强烈的追求经济成长而忽略经济稳定的急进实用主义色彩，所以减税往往形成了“政府”和民众的惯性依赖。虽然台湾的威权体制在蒋经国时代之后逐步瓦解，但是自 1996 年之后，即使政党轮替，也没有执政者敢采取贸然征税的举措。尤有甚者，为了因应大选，执政当局甚至会不顾及日益严重的财政危机及其对台湾经济造成的通胀压力和稳定威胁，而依然实行如老农津贴、5 年 5 千亿元台币重大工程建设之类的“政策性的买票”！对此，台湾政治大学经济学系教授林祖嘉甚至呼吁：为了顺应政治经济周期以及政党轮替，我们有必要制订“财政纪律法”。①

（二）关于建立符合现代市场经济机制的宏观经济政策思想的重新思考

关于蒋硕杰、邢慕寰、夏道平、费景汉等所提倡当局若要长期维持经

① 林祖嘉：“政党轮替与政治发展之关系”，见《国政分析》，台北：财团法人国家政策研讨会，2003 年 9 月份。

济增长，首先就得尊重货币纪律与维持市场法则的思想，弗赖伊在《太平洋地区发展中国家或地区的金融与经济增长》一文中对前述台湾这些学术派、自由派经济学家的理论与思想之正确性提供了有利的佐证。弗赖伊的研究证明，对于太平洋地区发展中市场经济国家所取得的平均水平之上的经济成就，其大部分多能用它们较低的金融压抑水平来解释，正如测度到的实际利率和黑市汇率升水显示的那样。它们相对未扭曲的金融与外汇市场，刺激了投资和出口增长。高投资和快速的出口增长加速了经济的增长。高的经济增长率和未扭曲的金融外汇市场又增加了储蓄和投资率。这些证据表明，在创造太平洋地区所发现的高储蓄、投资、产出增长和出口增长之间的有效循环中，长期货币纪律和市场法则的维持起到了重要的作用。①

事实上，政府管制、重商主义与急进的实用主义实际上都是相伴相生的，其本质都在于政府漠视市场法则和经济长期发展规律，而追求短期的经济效益。即使是注重短期宏观调控的凯恩斯在其晚年也意识到了自己的理论过于追求短期的实用效果，而有引发通货膨胀、威胁经济长期稳定持续发展的危险，其名言“在长期中，我们将与世长辞”，或许也是表明了这种忧心。② 其实，稳定与成长之间的关系及协调，是任何宏观经济政策都必须严谨对待的，不能罔顾其间的本质联系，仅凭所谓短期内的现实需要就轻易作出取舍。解决现实问题固然是经济政策义不容辞的责任，但是解决现实问题不仅要着眼于当前，还要着眼于长远和未来，不仅需要着眼于现实，还需要着眼于市场规律和经济原理。这就必须“认清学理所指示的方向，而择善固执”。在现代经济学已高度发展的今天，我们的经济思

---

① 弗赖伊：“太平洋地区发展中国家或地区的金融与经济增长”，见［荷］赫米斯等主编：《金融发展与经济增长》，北京：经济科学出版社，2001 年版，第七章。

② 按照通行的说法，凯恩斯这句“在长期中，我们将与世长辞。”是凯恩斯为了将过去经济学中所侧重的长期均衡分析一改为注重政府短期宏观微调而发出的重要名言。不过，在凯恩斯一生中，也曾多次重申这句话，并且赋予这句话不同的含义。根据哈耶克的说法，凯恩斯在其去世前的最后三个月的与哈耶克的会谈中，凯恩斯一改过去只是注重短期均衡的看法，承认短期对货币需求的不断增加最后必定会引起通货膨胀的危机，在凯恩斯生命最后的岁月里，对这一问题之发生甚为忧虑。凯恩斯对哈耶克说道，不是活着的凯恩斯，而是凯恩斯的理论继续享有影响力，决定了以后事态的发展。所以，凯恩斯诚挚的向哈耶克提出保证，如果他的短期均衡理论会发生影响，他将会立即挺身而出，设法改变舆论。但不幸的是凯恩斯还来不及重新著书立说，他便去世了！转引自施建生：“海耶克与凯恩斯”，《经济前瞻》第 7 卷第 3 期，台北：中华经济研究院，1992 年 7 月 10 日。（F. A. Hayek, *Studies in Philosophy, Politics and Economics*, 1967, P. 348）

想、观念若不汲汲地从经济学理论中寻找，不啻为对当代经济学的否定。因而，对于政策的思考、评价和建议，借用邢慕寰的话来说，应该具备“共同价值判断”和“纯洁的逻辑思考”两个基本条件，讨论经济问题，则应在市场法则、货币纪律、长期与短期，以及理论与事实等四点上有共识。

在蒋王大战中，蒋硕杰语重心长地以“最后的几句忠言”为标题说出了这样的一段话：“王教授颇以文笔之雄肆驰名于当代台湾。听说已故的梁寒操先生曾经在报上读了王教授的大作，大为激赏。立刻自动挥毫写了一副对联奉送王教授，其中有‘辣手著文章’之类的赞语。我对于王教授的文章也同样的钦佩，但是我不能不提出一句忠告：就是经济学的文章，和其他科学性的文章一样，不是光凭一只手，不管它是‘辣手’也好‘妙手’也好，可以一挥而就的。它也需要用脑筋将理论与事实搞清楚之后才可以动笔的。在一个销售上百万份的报纸上发表一篇政策性的文章，是要对全体岛民与历史有所交代的。大约两千年前汉朝有一儒生贾让，他的文笔之佳妙至少不亚于王教授。他曾写了一篇《治河议》，就文笔而论确是一篇值得传诵至今的好文章。我自己在中学念书时也曾诵读过。可惜他对于水利学及黄河的水文资料都没有研究清楚。因此他所建议的所谓上策，即‘不与河争尺寸之地’，将现有的河堤决开，让黄河舒舒畅畅、从从容容的流入海去的策略，是不可行而有害的。他的文章愈写得动听，流传得愈广愈久，危害也愈大。我希望我们为报纸写文章的人都能各自警惕，不要作当代的贾让才好。”① 这段话不可谓不重，虽然蒋硕杰院士本身就是一个十分率直坦诚的人，但之所以讲这样的重话，也一定是因为当时台湾的重商主义与实用主义甚嚣尘上，事态已十分严重，才不得不如此。当然，这段话不仅适用于一个人，也适用于包括蒋硕杰先生本人在内的所有学者和公众人物自勉，尤其值得任何执政当局的决策人物警惕。台湾过去的教训和经验向我们警示着：不要再犯下揠苗助长、饮鸩止渴的大错。

当然，不论对与错，最终历史还是会给前人留下一个公允的评价。正如高希均在《台湾第一位“政策经济学家”——王作荣先生的壮志与失落》中所言，王作荣融合了儒家思想、西方理念、独立思考、道德勇气，

---

① 蒋硕杰：“货币理论与金融政策”，见蒋硕杰：《台湾经济发展的启示——稳定中的成长》，台北：经济与生活出版公司，1985 年版，第 94—95 页。

以财经、教育、法治为拟定政策的主轴。无可讳言的，王作荣是一个极具争议性的人物，但是他以台湾现代化为终极目标，集大学教授、意见领袖、“政府”官员的三重身份，言人所不敢言，坚持人所不敢坚持，其综合影响超过了任何一位教授、一位意见领袖、一位官员。他的言论与思路影响了台湾经济发展政策达半世纪。更正确地说，他对台湾经济发展政策的影响，不论是正面的或是反面的，半世纪来几乎是无人出其右者，影响的范围更超越经济。事实上，经济学家依他们的贡献也许可以分成两类：第一类是对经济理论有原创性的贡献，他们是诺贝尔奖得主。自1969年颁发以来，全世界约有70位得到这项荣誉。第二类是按照他们的贡献及参与，分别在不同的专门领域发挥专才：其中有些在构建模式与实证研究上有成就；其次一些是在推进经济理论上有创见；最后一些则是把经济理论与思潮用到公共政策，用以影响经济体系的运转。然而直至目前，没有一位台湾经济学家得过诺贝尔经济学奖。台湾“中研院”经济类院士的成就，大都在第二类的前两项，而王作荣则是属于最后一个类型。① 尽管前述学术争辩的场景已经成为过去，“蒋王论战”以及其后衍生的宏观经济政策之经济思想的时代意义还远不止本章所能道尽，事实上，它对21世纪台湾走向自由化与全球化经济的道路，对台湾形成以知识经济、信息技术经济、微笑曲线、蓝海战略为主的经济特征，对当代台湾寻求“自由化”、“全球化”和“制度化”的影响，乃至于对当今中国大陆探求市场经济的借鉴，都还有待于深入地挖掘和研究。

---

① 高希均：“台湾第一位‘政策经济学家’——王作荣先生的壮志与失落”，《远见》杂志第245期，台北：天下文化公司，2006年11月。

第四章　战后台湾微观经济政策的经济增长思想变迁

第一节　战后台湾关于国营、民营的思想探讨

一、战后初期“公营领导民营从属”发展实业的思想及其批判

（一）战后早期台湾发展公营事业的经济思想渊源及其影响

不同于战前台湾以民营企业为主导的经济体系，战后台湾在“发达‘国家’资本”的意识形态下，借由接收敌人产业之机会，将战前占台湾87%国民生产总值的民营企业一律收归国有。国民党当局的这一做法有着深刻的思想渊源。

当代著名的中国经济思想史学者，北京大学经济学院赵靖教授认为，受到我国封建时代中央集权专制主义国家政权的作用和影响所致，我国古代的经济思想多是国家本位的经济思想，而少有西方奴隶社会和封建社会所流行的那种奴隶主、封建主的家庭经济学，所以中国古代的经济思想着重谈论“富国”而较少谈论“富家”。历代的思想家大多是从国家的角度谈论财富，把“富国”、“富民”作为研究经济问题的目的和中心，而很少有人从微观分析的角度谈论个体如何发财致富的问题，即令是对那些已经涉及商品、市场等微观体系的问题，我国古代也主要是从国家管理财政、经济的角度进行探讨。① 像司马迁善因论那样地提倡个人本位主义和放任无为的经济思想在我国漫长的历史传统中，毋宁是个十分罕见的例子。②与西方基督教世界渺小的人类臣属于崇高且不可知的终极上帝观念大不相同，受到儒家传统价值的影响，国人往往对人的理性和道德能力有过度乐观的态度。自古以来，受到儒家典籍教化的文人，普遍相信“人之初性本

① 赵靖主编：《中国经济思想通史》第一卷，北京大学出版社，1991年版，第31—32页。
② 赵靖：《中国经济思想史述要》，北京大学出版社，1998年版，第246页。

善”、“人皆可以成尧舜”。在上述这种思想传统的熏陶和帝王权力的统治与监督下，也加强了历代政府对经济干预的习惯。

此外，由于我国传统价值一直强烈排斥私有财产制度和市场交换，加上自古以来中国文化人普遍并不熟悉经济生活，因此传统社会追求的是“不患寡而患不均”的平均主义，贬斥“私心”、“私有”，和期盼“天下为公”的大同思想。被这种《礼记·礼运·大同篇》中“天下为公”的经济乌托邦理想影响了两千多年的中国人，往往无法理解以私有产权为基础的市场经济对于经济活动的基础性作用，因而必然对“公有制”和“计划经济”情有独钟。这种“公有与计划”相结合的思想倾向，早在清末中国知识分子在经济和道德方面的价值取向就已显露出来，如康有为大同思想和孙中山民生主义都表达了对人类理性的过度乐观，有明显的道德化色彩与乌托邦追求，误以为可以超越私有制度和市场经济。在这种传统思想起引导作用的大背景下，我国传统积淀下来的道德完美主义、大同思想与全能政府的传统，便和欧美近代以来的民主社会主义的带有平均主义倾向的经济观念相结合。① 而这种“结合中西”经济思想的重点在于提高生产效率须以“计划经济”方式才能实现，而民主政治须以“经济平等”（平均）为保障，如此一来，人民的经济自由便与国家的经济计划融为一体。所以，政府必须对微观经济体系实行广泛国家干预的“营造主义”思想便成为必然的结果！②

为了加速中国早日完成工业化，改善我国的国际地位，孙中山在其民生主义第二讲中说道：“中国不能和外国比，单行节制资本是不足的，因为外国富，中国贫，外国生产过剩，中国生产不足。所以中国不单是节制私人资本，还是要发达国家资本。”③ 关于国营与民营事业划分的标准，孙中山认为，中国实业之开发，宜分个人企业与国家经营等两路并行。凡夫事物之可以委诸个人，或其较国家经营为适宜，应任个人为之，由国家奖励，而以法律保护之。凡天然之富源，如煤铁、水力、石油等，以及社会之恩惠，如城市之土地，交通之要点等，与夫一切垄断性质之事业，悉当

---

① 台湾“社论派”经济学家王作荣认为，孙中山的民生主义经济思想除了讲如何解决食、衣、住、行等问题外，主要思想实系吸收20世纪初期欧美正在发展的民主社会主义思想。

② 营造主义是战后台湾经济学界颇为流通的词汇，该词义主要源于17世纪的笛卡儿与20世纪的哈耶克的观念，其主要观点是：“人类取得各种生存技巧的能力完全来自人类的理智。”

③ 孙中山：《三民主义》，台北：正中书局，1969年版，第228页。

归国家经营，以所获利益归国家公用。① 也就是说，中国实业之开发，应采国营、民营两路并行的方式发展。

尽管民生主义认为日后中国实业发展宜采民营、国营并行之原则，但由于孙中山认为中国经济落后，私人资本力量薄弱，尤其是一些关系发展全局的重要实业私人资本力不能办，只有以国家资本来经营才能使这些实业迅速建立，并且带动整个国民经济的发展。因此，将发达国家资本上升到足以影响中国未来经济发展的关键因素。此外，由于孙中山思想体系十分强调国家积极干预在经济发展中的作用，使他在理论上也倾向于国家干预主义，而反对斯密氏之经济个人主义。② 孙中山对斯密的经济自由主义颇不以为然，认为没有国家的积极干预，必然会导致贫富严重分化和垄断资本操纵国民生计。孙中山甚至将欧美国家在大机器工业出现后的垄断压迫和阶级斗争激化，看作是奉行斯密学说的结果。③ 另外，由于某些特定历史上的原因，抗战时为了“抗战建国”而建立的战时经济体制，使国家统治迅速加强，国有部门逐渐扩大进而形成国有部门肥大的国家资本主义体制。这样的局面使得官办企业对工业的垄断大大加强，为日后中国工业国有化和扼制私人自由企业的制度发展创造了经济结构上的条件。

受到国民党当局奉行孙中山的“节制私人资本，发达国家资本”，以及苏联国有制计划经济的成功经验和在抗战建国历史中所形成的特殊经济结构之影响，二战结束后，南京的国民政府便依据“收复区敌伪产业处理办法”，接收了日本在台湾殖民体系下的所有日本企业。④ 所有这些日本人企业，经过国民政府的接收和兼并组合，除了部分文化传播事业收归党营外，其他就形成数个中大型公营企业。此外，国民政府于 1947 年 8 月出台的“经济改革方案”也规定，要以“国家资本为前驱，领导私人资本之活

① 见孙中山之《中国实业当如何发展》一文以及《实业计划》之《第一计划》。

② 赵靖：“孙中山和中国发展之路”，见刘诗白等主编：《中国经济发展前景》，成都：西南财经大学出版社，第 430—431 页。

③ 孙中山认为：“实业未革命以前，人皆奉斯密·亚丹之说为圭臬，一致主张自由竞争，其结果卒酿成社会上贫富激战之害。”见《孙中山全集》第二卷，北京：中华书局，第 520 页。

④ 这些企业涵盖了金融、交通运输和通讯、工业原料、金属冶炼、矿业、机械工业、肥料、水泥、纸业、水力与电力，以及农业中的糖、盐、烟草和酒、林务等重要产业。战前台湾地区资本规模在 20 万日元以上（当年币值）的企业有 53 万家，其中台籍企业只占企业家数总数的 8.3 %、总股本数的 9% 而已；当时占九成以上的日本人企业，绝大部分是民营事业。

跃”，“以国营事业任其难，扶植民营事业任其易”，借由“政府与人民”通力合作，以达到工业化之目的。紧接着1949年国民党政府溃败至台湾后，“中国石油”、招商局、“中纺”等少数公营企业亦跟随国民党政府由大陆移转来台，因而当时台湾除了农家耕作和地方性小型工商业之外，接收自日本人的产业与迁台之原大陆的公营企业几乎囊括了当时岛内所有经济活动，使整个经济体系充满了“‘国家’资本主义”的色彩。事实上，战后早期台湾这种以计划式“国有”经营方式为主导的经济体制，确实为当时岛内经济的正常增长平添了许多人为束缚。

（二）战后前期台湾发展民营企业的思想滥觞

早在1950年代，就有学者开始启迪自由经济思想，并积极提倡大力发展民营企业以取代公营事业。如，陈式锐指出：“日本占领期间，政府与民间投下的资本，计26亿5千万日元，此数约合现在同值的美元，在战争后期日本由台湾年取盈余1亿日元。战后由我们接收，岛上有工业必需的电力，有农业必需的水利，又有流通必需的交通，它的经济规模，中国大陆除东北之外，无有一地可与伦比。然五年来，讲统制经济……眼看这26.5亿日元的公营事业，在‘偷’、‘吃’‘懒’的不良经营之下，已被摧毁了元气。”①陈式锐认为，台湾经济有它的特殊性，但这话并不是一般地指它属于过去日本的殖民地型，而是说因接收时所种下的原因——台湾的经济原属私人企业，却由敌产接收而成为公营事业。试看经济史上，无论中外，公营事业本就不如私营企业经营地有效率，更遑论一个“国家”。如欲一方面维持私有财产，另一方面又推行国有制，其结果一定恶劣。若是国有制且使私产可以遗传后代，那么经理人的贪污数目，必超过已公开之记录。尤有甚者，经理人为保有其特权，还要改造掌握政治，使政治权力成为其经济权力之工具。与公营企业相比，民营企业显然更有利于台湾生产力的提升。他还指出：“官僚所谋者，为其集团的利益，是以操守上不能离开自私自利，所以贪污舞弊比比皆是。然而诚如斯密氏之名言：一个人懂得他自己的利益，远非任何政府所能及，就它的意义看，所指的政府，当然是上轨道的政府，尚且不及私人经营的有效。如政府为官僚政治所侵入，它所招致的恶果，更不堪设想。众所周知落后地区的政治不及西

---

① 陈式锐：“再谈台湾经济”，原载于《真理世界》第16期，1951年5月5日，收入陈式锐：《台湾经济》，台北：财政经济出版社，1954年版，第32页。

方先进国家，不待再言；是以欲谈干涉经济，基本上自各异其基础。”①

那么，国营主导实业发展的弊端是什么呢？戴杜衡以为，首先就纯经济的观点来看，由于人性中自私的弱点，仍没有找到一项东西，可以替代利润，来做效率的确切保证。次者就政治的观点而言，国营范围如听任其无限制地发展，则多少会构成对民主政治与自由的威胁。民主政治系植根于各种多样性的私人活动，凭借各种社会基础以获得力量，来对“政府”权力作有形或无形的制裁。如果经由经济生活的单一化而削弱了各种私人活动的社会基础，结果是“政府”党的力量增加、反对党的力量由衰落而至消灭。当多数人民都成为“政府”的雇员之时，人民的意志就不得不为“政府”所左右，并逐渐丧失在政治上作种种自由选择的便利，事实上，要维持庞大的公营事业只能成就一个极权“政府”。② 戴杜衡在《经济平等谈起》一文中指出：“发展‘国有’事业的主要动机是经济平等，这是一个最强烈的动机，却仅能得到最薄弱的论据。它赢得最多数人感情的支持，却经不起任何人理性的考验。”此外，该文也提出一项诘难：“此即‘平等’抹杀了人们对努力的激励，因而阻碍进步。由于公营事业不能反对进步，因而难以反驳此诘难。”③ 对于声称“国营”企业所可能带来人民之生活平等，夏道平认为，从实施的后果而言，则“国营”事业的范围日益扩大，民营则日益缩小，其后果必然造成哈耶克所讲的“到奴役之路”。④ 当然，在此戴杜衡等人并不是要完全废除公营事业，如戴杜衡仍认为，举凡交通、邮局、矿产等仍以“国有”经营为是。⑤

关于民营企业的不可从属性，陈式锐强调，人皆有不可转让之权利：生命、自由及追求幸福；经济自由，亦由此而来，它可以私人经济企业之权代表之。人民组织政府，则为保障这些权利；且为谋个体与群体利害的调和，亦即促进全体的福利，乃容许政府干涉私人企业的活动。然极权国家只见及群体，

---

① 陈式锐：“台湾经济概观——兼论经济安定委员会”，原载于《民主评论》第4卷16期，1953年8月20日，收入陈式锐：《台湾经济》，台北：财政经济出版社，1954年版，第54—59页。

② 戴杜衡：“论经济的国权主义”，《自由中国》，第2卷第3期，1950年3月16日。

③ 戴杜衡：“经济平等谈起”，《自由中国》，第7卷第8期，1952年10月16日。

④ 夏道平：“国营事业转投资问题的商榷”，《自由中国》，第11卷第9期，1954年11月1日。

⑤ 戴杜衡：“试论计划经济”，见戴杜衡：《免于偏见的自由》，台北：传记文学出版社，1979年版，第276页。

忽视个体，其干涉乃至剥夺了经济自由，不啻是直欲造林，而又不顾树木的生长。任何政体的国家倘其干涉至于剥夺经济自由，它就于无形中步入了极权国家的范畴。举凡欧美先进国家的干涉，初限于调节金融，嗣又顾及分配，并且这些举措都必须有助于私人企业，或至少亦不予阻碍，并且希望有一天可以中止；而这些干涉，又务必经过完善之立法程序。统观落后地区的情况，政治既不健全，根本不宜侈谈干涉。经济发展之解决之道，只能努力于创造一个适宜的环境，让私人企业自由发展，自可集树木而成林，为着经济的正常增长，应当从速放宽经济管制至最低的限度。①

二、从“公民营并举”到“官退民进”发展民营企业的思想转变

如本书第一章所言，在战后早期，台湾当局普遍相信在台湾缺乏有胆识的企业家与银行家并且工业基础又极为薄弱的情况下，要加速经济发展改善“国民”生活，如任民间自由发展，民营工业势必很难建立，因此必须有赖政府积极参与经济活动。陈式锐以当时曾经亲自经营民营企业的业主身份回忆道：“我着实地经营那小粉丝厂——比我从前在南洋时加倍地努力——但我逐渐发现困难，而这些困难绝非我个人之能力所能克服；换言之，台湾的经济社会，整个发生了问题，因为这样，我放弃了那小工业……”②“由于民营企业数量微不足道，政府主管支配庞大的公营事业，尽管处于主宰地位，但在违反经济原理下，公营事业亦受其苦，正当的私营企业则更苦不堪言……目前政府政策不仅为管制经济，更从而经营办理之；于是企业竞争与生产效率之提高，均只成为纸上谈兵。台湾局面原已不大，私营企业机会又加缩小，正常投资企业机会异常缺乏，迫使民间资金趋向投机事业……”。③

由于岛内资源稀缺，庞大国营事业确实窒息台湾正常之经济增长，因此管制经济有利于经济发展的信仰势必宣告破灭，1950 年代中晚期以后，以较有效率的民营企业取代公营企业的思想已逐渐成为台湾学、官两界的普遍共识。1958 年 10 月发表于台湾《公论报》的一篇社论认为：“公营事业乃社会主义计划经济思想的产物，分配重于生产，本身就无法发挥企业化精神。台

---

① 陈式锐：“论政治干涉经济”，《自由中国》，第 18 卷第 3 期，1958 年 2 月 1 日。

② 陈式锐：“自序”，陈式锐：《台湾经济》，台北：财政经济出版社，1954 年版，第 3 页。

③ 陈式锐：“附当前经济改进方针案”，原载于《财政经济月刊》第 4 卷 5 期，1954 年 4 月 15 日，收入陈式锐：《台湾经济》，台北：财政经济出版社，1954 年版，第 78 页。

湾财政经济如果要想打开困境，人力物力能充分利用，真正走向进步繁荣，就必须改采自由经济策，扬弃公营幻想，鼓励民营企业。”① 面对当时台湾的困境，尹仲容在《台湾经济十年来的发展之检讨与展望》中修正了自己早期对民营事业的看法，该文中尹仲容开始意识到民营企业家在现代经济增长中的地位。尹仲容说道：“资金缺乏并不是落后‘国家’经济发展的最大困难，想方法筹集资金和有效利用资金的企业家缺乏才是真正困难的所在……‘政府’的经济活动究竟要受到许多限制，有时也非‘政府’能力所及……”。②

尽管台湾当局在战后相当漫长的时间里，以被一战后由俄、德、日等国逐步形成之国家管制思想影响而修正过的孙中山“节制私人资本，发达国家资本”为教条，实行了以占比率极大的公营事业来促进台湾的工业化政策。但在台湾庞大的公营事业系统无力为台湾战后人口激增所带来的农村隐藏式失业问题提供就业以及提供基本的民生需要保证后，许多主政的政府官员也开始重新反思台湾的这些刻不容缓的实际问题，并借由重新“解释”孙中山的民生主义思想以改变占台湾比率极大且无效率之公营事业政策。③ 李国鼎以为：“孙中山先生在建国大纲中，开宗明义的说：‘建设之首要在民生’；民生问题的解决实在可以说是实行三民主义的重心所在。但是，民生问题，怎样才能够解决呢？简单的说，就是要实行工业化。民生主义的主旨，在发展实业……工业化的目的，是要增进‘国民’生活，解决全国人民食衣住行和日用必需品的供应问题。这是工业化的起码条件，也是工业化的首要目标。”④

针对过度庞大的公营事业管制打击民生问题，战后初期担任过台湾银行总经理的瞿荆州批评了政府从不借由“扩大国际贸易”来着手解决人口问题，却反其道地要在“降低生活水准”上着想。瞿荆州认为，解决人口问题的关键并不在于土地面积之广狭，而是在于国民生产力的大小，人口问题之解决，实有赖于资本形成的增加，而其关键在于政府放松“紧缩与管制”，

---

① 社论：“公营事业的改革问题”，台湾《公论报》，1958年10月13日，第2版。

② 尹仲容：“台湾经济十年来的发展之检讨与展望”，见尹仲容：《我对台湾经济的看法》三编，“国际经济合作发展委员会”，1966年版，第90—91页。

③ 这种现象维持了相当长的时间，直到1962年台湾的公营事业的资本额仍占全岛制造业资本总额的45.34%。见于宗先：“公营事业的定位与任务”，于宗先，王金利：《一只看得见的手》，台北：联经出版社，2003年版，第209页。

④ 李国鼎：“从解决民生问题看台湾工业化”，此为李氏1955年在高雄工程师学会所作的演讲，收入李国鼎：《台湾的工业化》，南京：东南大学出版社，1996年版。

使企业家投下资本，雇用劳工，以经营任何产业。① 此外，和尹仲容意识到的企业家实有利于国民经济的发展，再能干的政府也不能完全替代企业家一样，此时很多早期从事经济管制的官员也已经体认到发展民营企业的重要。

李国鼎认为，“所谓资本，以实质来说，是指固定资本设备，各种生产工具和原料而言，关于资本可以提高生产效率的尽人皆知，已经无待说明。而一国的资本来源，一般都认为是储蓄。资本累积当然需要储蓄，但在经济发展比较落后的地区……储蓄并不会自动的变成生产性的投资，要变成生产性的投资，必须要有有利的投资机会……”，如何加速有形资本的形成，李国鼎认为其中的关键是一群健全的企业家，“企业家就好比一粒种子，投资环境是一种气候，气候不好是不利于种子的成长的……”，②“如没有企业家来把这些有利的生产要素加以适当的组织和利用，这个社会的经济仍不得发展的；中国并不是一直都是贫穷的……我们有丰富的资源，也有丰富的人力，但是……缺乏企业家。没有企业家把这几种有利的因素联合在一起，加以组织运用。假如能加以组织运用，我们也许是最老的也是最进步的工业‘国家’了。”③ 李国鼎以为，在科技、经济、社会各方面迅速变迁的时代中，无论供给或需要方面的情势都不易掌握，因此选择投资对象，承担风险，必须要靠充分的情报、灵敏的嗅觉，以及通常只有企业家才有的直觉与冒险的精神。在这方面，坦白地说，政府无论是多么努力，恐怕都难与民间企业相比，政府所应做的，主要是在尊重市场机能的原则下，积极创备一个公平中竞争的环境，以及建立若干辅助性的制度和条件，使民营企业在这样环境下，促进台湾的经济增长。

在诸多自由经济思想学者的批判，以及学界翻译引进的熊彼特思想逐渐在岛内传播的影响下，台湾当局终于了解到现代民营企业在20世纪经济增长的地位。台湾经济若要确实发展，势必得由战后推行的“公民营并举”改变成“公退民进”的指导思想，方能为岛内已蓄势待发之民营企业发展提供必要的生存空间。有鉴于此，为了使民营企业发展能够有适宜的“气候”、

---

① 瞿荆州：“人口增加与资本累积”，《自由中国》第19卷第8期，1958年10月16日。

② 李国鼎：“企业家在落后地区经济发展中的作用”，原载于《自由中国之工业》第15卷4期，1961年4月25日，收入李国鼎：《台湾的企业经营与管理》，南京：东南大学出版社，1995年版，第338页。

③ 李国鼎：“论台湾的工业发展”，原载于《新时代》第1卷6期，1961年6月15日，收入李国鼎：《台湾的工业化》，南京：东南大学出版社，1996年版。

"环境"，李国鼎在1960年8月的一次演说中提出："今后政府将对民营工业的扶植分为'消极'与'积极'两种"。所谓"消极扶植"是指限制公营事业的发展，凡是适合于民营的工业，如塑胶原料、人造纤维、平板玻璃、水泥等工业，在设置新厂的时候，无论环境如何有利，利润如何优厚，政府资金都不参与其间，这些工业都由民间投资办理，政府资金决不参与。此外，对于已经设立的公营纺织工业，如政府原先经营的几家纺织工厂，则一律维持其原来的设备不变，并限制其扩充，听由民营厂去扩充。如此，这样在发展方面，民营工业便少去一个有力的竞争者。所谓"积极扶植"则是针对民营中小企业的弱势与辅导需求所给予的直接帮助，例如指引发展方向、提供资金信贷、减免税收、扩大需求、外汇改革等等。

虽然部分的官员已经逐步开始意识到民营经济主导经济增长是较符合资源配置效率，然而事与愿违的是，1970年代台湾"经济部"实施大力发展重化工业的第二次进口替代政策之后，公营企业在"十项建设"等计划的推动下，再一次实现了飞跃式的发展。① 事实上，纵观整个战后台湾的经济发展过程，除早期是以消极扶植为主，两种扶植基本上一直都存在。但事实证明，台湾成功的经济发展是在扬弃不适当的"发达'国家'资本"的思想束缚、大力发展民营中小企业之后，才开始逐渐走向一条较为正常的经济增长道路。

三、公营事业民营化的思想探索

事实上，战后世界多数市场经济国家和地区都曾经实施过一系列工商企业国有化等涉及微观经济领域的政府干预政策。② 在这样的经济政策下，

---

① 在"十项建设"推动后，据1976年台湾工商普查，各类公营企事业共有1008家，其中"国营"企事业29家，省营企事业35家。与1966年相比，企业数量增加2.8倍；职工总人数达到36.78万人，增加1.1倍；实际运用资产总值由97.50亿美元增至421.9亿美元，增长3.3倍；年营业收入由18.88亿美元增至85.62亿美元，增长3.5倍。从1952至1978年，公营企业固定资本投资额累计达到189.75亿美元（分别按当年汇率折算），其中84.68%集中在1970年代投资。这就使得公营资本与民营资本的比重从1960年代呈现下降态势的41.56：58.44，上升到1970年代的49.92：50.08。见莫世祥：《开放经济的比较优势——珠江口特区群及台湾的实证》，北京：中国时代经济出版社，第385页。

② 在战后多数市场经济国家的典型情况是国家拥有绝大多数公用事业和交通运输事业，甚至在有些国家里，政府企业也积极参与其他经济部门的活动。在发展中国家里，也存在着一种强烈的意识，认为政府应该拥有并控制那些生产可供出口的自然资源的企业。即使在以实行自由市场为方针的美国，国有企业也在美国某些地区经营着公用事业，其大部分运输业务属于公有经营。

政府广泛地经营着诸如交通、邮政、重要工业、钢铁、造船、电信、能源、金融等重要的产业领域和基础设施。然而，在 20 世纪 80 年代以后，以英美为首的发达国家，亦开启了公营企业民营化运动。此改革引发了半个世纪以来世界范围内的一次规模最大、程度最深的国有经济大调整，这是台湾经济转型时期公营事业民营化变革的一个基本背景。① 综观台湾在战后前四十年的经济发展过程中，公营事业确实曾经扮演相当重要的角色。但是随着台湾经济的持续增长，民营企业的迅速发展，国际竞争的愈加激烈，自由化、国际化、制度化运动的日趋高涨，1980 年代以后许多台湾公营企业的发展无不面临了严峻的考验。②

关于公营事业民营化的必要性与正当性，中华经济研究院研究员孙克难认为："公营事业民营化已是全世界的潮流，必然有其理论上与实证上的依据。首先，就企业个体层面而言，民营化的目的在于提升经营效率。由于公营事业以往在自然独占（即某些产业之长期平均成本具有随着产量的增加而递减的性质）的掩护下，往往取得法定独占的地位，进而在缺乏竞争压力之下，经理人的经营理念并不在追求利润的最大或成本的最小，而是为了个人的权力与地位，多用属员，盲目扩厂，以致冗员充斥，投资泛滥。而从业员工所面临的奖惩制度又常使努力与报偿之间不具对等关系，以致普遍缺乏工作意愿，更遑论发挥创新潜力。此外，在种种人事、会计、预决算、审计等法令层层限制下，造成了弹性与应变能力的缺乏。然而，政府在赋予公营事业具有法定独占地位之余，又同时施加各种政策包袱。并且因为事业体往往长期在政府保护下拥有超额利润，故成为利益团体钻营逐利的对象。"③的确，民营化对于台湾整体层面而言，在减少政府不当角色与职能范围的同时，能够使得社会经济资源能做更有效率的运用，进而有助经济增长，并提升全民福祉。然而，在既得利益的反对下，近年来台湾公营事业的民营化改革仍然有许多需要克服的难题。

① 陈师孟等："公营事业民营化的国际现况"，见陈师孟等：《解构党国资本主义》，台北：允晨文化公司，1991 年版，第五章。

② 于宗先："台湾公营事业及其民营化的途径"，见于宗先：《蜕变中的台湾经济》，台北：三民书局，1993 年版，第 135—145 页。

③ 孙克难："从中工事件看公营事业民营化的补强之道"，《经济前瞻》第 41 期，台北：中华经济研究院，1995 年 9 月 5 日。

那么，民营化的困难与症结究竟在哪里呢？于宗先认为：“推展公营事业民营化，其工作的范围甚广，从移转前的前置规划，事业的价值估算、移转方式，既有员工的权益，从业人员优先认购股份的优惠，到移转时的出售作业，与移转后剩股的股权管理等，所牵涉的事物与法规甚为复杂，甚至工作时间也很冗长。在业务上所牵涉的主体，包括被移转事业、单位的主管机关、员工、投资人及社会大众等。”① 是的，公营事业民营化不是一条简单的路，但是在自由化、国际化潮流的趋势下，衡量台湾加入世界贸易组织后所受的规范，如产业的国民待遇原则与最优惠待遇原则等，则未来无论公、私企业都必须面临竞争。因此，民营化仍是台湾各界应该继续努力的政策目标，决不可为某一事件而因噎废食。新世纪台湾必须汲取教训，一方面务须让民营化的过程更透明化、合理化；另一方面也应同时健全相关的法规与制度，以降低民营化过程中所衍生的后遗症。唯有两方面密切合理地配合，才能使台湾经济免于因利益输送而无法达成民间所期望的更“公平”与“效率”的目标。

现在，让绝大多数事业民营化的思想已成为台湾学界与官方的共识。截至 2004 年 1 月，岛内已有 31 家公营事业完成民营化，但是同时，“政府”仍持有这些事业的相当比例的公股，并占有一定比例的董事及监察人席次。②这不免让各界提出了“假民营化”的质疑。看来，台湾探索民营化的道路还远未结束，如何以更好的方式来实现公、民营的划分及其相互配合，以保障自由竞争、经济增长和民主政治，仍是需要探讨的重大课题。

第二节　战后以来台湾产业政策的思想变迁

一、“重工业救国”与“自给自足经济”的思想及其批评

尽管在日治时期，与大陆相比，台湾工业已经奠立了相当程度的近代

① 于宗先：《一只看得见的手》，台北：联经出版社，2003 年版，第八章。

② 根据公营事业的定义，只要政府资本在 50% 以下即为民营事业。因此“政府”可以移转一部分资本以符合民营的形式，但实际上仍继续掌握公司的人事和经营大权。例如，“中钢铁”、台肥、兆丰金控、华南金控、第一金控、农民银行、“中再保”、台湾中小企银、台湾航业及高雄银行等公营单位，虽然公股持股比率低于 50%，但实际上因董事及监察人席次仍占半数以上，所以仍可能由“政府”掌握公司之经营控制权。

化基础。[①] 但无可讳言，战后初期的台湾仍然是一个以农业与轻工业为基础的社会，国民党当局不仅面临着建设经济的任务，而且由于历史的原因，还必须未雨绸缪地防备着与大陆之间的战争。因此，其工业化，特别是发展重工业来富强经济、保护安全的需要就显得尤为迫切。由此，战后初期台湾当局的产业政策，便流露出一种浓厚的以“富国强兵”为目的，试图建立“自给自足”民族大工业的理想。

在蒋介石时代被当局十分看重的经济顾问王作荣，在其回忆录当中对其早年经济思想的追忆就颇能印证这一情形，“当我在读大学的时代，还没有所谓的‘经济发展’这个名词，至少不是很流行，我不曾在课堂上听过或书本上读过。那时落后国家要想进入进步国家的集团，要想‘富国强兵’，所时常喊的一个口号，就是‘工业化’。那时的工业化与现在的经济发展可以说是同义字，由此见工业化在整个经济发展中的分量为如何”。[②] 在其发表的多篇论文中，王作荣反复论证建立重工业对于台湾之必要性。王作荣说道：“工业发展则是经济发展的核心，而重工业发展又是工业发展的核心。历史上，日、俄两国都是基于国防的需要，大量发展国防工业，使他们的经济迅速发展，而造成今日的地位，而国防工业就是我们通常所说的重工业。不仅日、俄两国如此，环顾当今世界的一些大小进步国家，莫不以重工业为其经济的主导部门，而经济又为其国力的基础……为什么工业发展对于一个国家，特别是落后国家，有如此的重要性呢？这是因为许多工业，特别是重工业，如钢铁、机械、重化学、电器、飞机、汽车、造船等，一方面需要其他工业供给原料、配件；另一方面，其产品又成为其他工业的原料或配件。因此，发展一项关键性的工业，可引起无数的其他工业的发展……”[③]，“我们所从事的是一个现代的战争，而现代的战争就必须要以现代的经济来支持，绝没有以一个落后的经济来应付现代的战争而能获得胜利的……”，因此，“惟有大规模的建立高级工业，减轻

① 陈式锐：“现阶段底台湾经济”，见陈式锐：《台湾经济》，台北：财政经济出版社，1954年版，第37页。

② 王作荣：《壮志未酬——王作荣自传》，台北：天下远见出版公司，1999年版，第97页。

③ 王作荣：《壮志未酬——王作荣自传》，台北：天下远见出版公司，1999年版，第97—98页。

对外援的依赖……”,① 为了达成国防、政治与经济发展等因素的考虑，当局必须采取所有一切努力，“善用一切刺激……来创办合于国际标准的重工业”。②

面对当局这种无视经济法则之过度的“国家主义”行径，戴杜衡在1951年6月发表的《国民经济论与战争》一文中，深刻而尖锐地揭露了当局内心深处的动机。戴杜衡认为，主张经济的“国家”主义者所持的国民经济论，事实上是无视经济法则的，也可说他们是以扭曲经济法则的说辞来掩饰他们内心的隐秘。即使他们心知高度的国际分工，然而从“国家”的观点来看，国际分工却有致命的害处，那就是使“国家”无法进行战争，至少无法进行现代化的战争。③ 出于蒋氏当局“反攻复国”需要，当时“政府”特别青睐的重工业主要有钢铁、汽车以及机械等工业。④ 不过在当局枉顾基本经济原理的情况下，其“理想”不但未见成效，甚至戕害了一个正常经济运转的基本伦理。对此，当时民间舆论颇有不满，如陈式锐所指责的：“当局每以战时经济为理由，意谓人民在战时应该有所牺牲。不错，战时可讲牺牲，只是牺牲与健康有关，倘若经济不健康，欲其牺牲，其限度是可以想见了……台湾既然患的是‘贫穷病’，我们就自当寻思如何的‘在贫穷中求发展’。”

对于在近代不平等条约的时空中被种下“历史梦魇”的国人来说，渴望重工业发展与经济自给自足，自然是一个非常能够振奋民族自尊的理想。并且，就许多工业先进国家而言，工业也的确是曾经带动经济成长的主力之一。但不幸的是，此种事实却也使得国内知识分子萌生一种“唯工业发展”的情结，以为只有工业才能发展经济。在此一概念下，工业发展在国家的建设中便取得了一种无可侵犯的尊严地位，任何其他政策的推动——例如其他产业的发展、环境生态的维护、经济自由、人权等等，若与工业发展的目标有所抵触，往往就不得不退居次席，得不到合理的重视。事实上，一个国家

① 王作荣：“现阶段经济动员的形态与做法”，见王作荣：《台湾经济发展论文选集》，台湾时报文化出版事业公司，1984年版，第105、108、117页。

② 王作荣：“论重工业的建立”，见王作荣：《台湾经济发展论文选集》，台湾时报文化出版事业公司，1984年出版，第118—121页。

③ 戴杜衡：“国民经济论与战争（上、下）”，《自由中国》第4卷11与12期，1951年6月1日和6月16日。

④ 尹仲容：“机械工业与当前台湾经济发展”，见尹仲容：《我对台湾经济的看法》三编，“国际经济合作发展委员会”，1966年版，第259—265页。

是不是可以发展何种产业，并非仅由单纯的主观意志所能决定，还必须看客观条件——例如资源、技术、制度等因素——是否具备或优越而定。某种产业适不适合发展，是政府不能勉强，也勉强不来的。

在现代商业活动中，无可争议的，由价格信号以及由此衍生之利润、成本函数是任何微观经济决策者在草拟经济措施时无法漠视的一个先决必要条件。在资本主义制度下，对盈利能力的计算将成为一个指针，指示个人他正在经营的企业在某些给定的条件下是否应该继续经营，以及他的企业是否正在以可能的最有效的方式运营，亦即生产要素的使用成本是否最低。如果一个新的企业正处于规划阶段，人们可以事先计算出该企业是否能盈利，以什么样的方式盈利。比如，某人想修建一条铁路，他可以通过估计预期的交通量和运费率来计算在这项业务中投入的资本和劳动力是否能得到回报。如果计算的结果表明计划修建的铁路将没有盈利，就等于说，修建铁路所需投入的资本和劳动力有其他更为紧迫的用途，社会的富裕程度还不足以负担这样高的成本。不过，对价值与盈利能力的计算，并不是在是否应开展某项业务的问题提出来时，才起决定性的作用。事实上，它决定着企业家经营他的事业过程中的每一个步骤。不过，在国民党当局以“重工业建国”与“自给自足”发展经济的思想下，一个产业能否为企业主以及整个社会带来利润并不是当局思考的重点。

于宗先以为，有利可图才是产业界首先考虑的问题，企业界绝不会因无利可图而去发展一种产业，道理十分明显。当局试图建立起汽车工业，在自给自足的观念下，多年来“政府”总是一厢情愿地规定汽车自制率的比例。也许，从自主的立场，无可厚非；然而从经济的观点，要求自制率提高或许会产生不经济的现象，因为民间业者所重视的是利润。够利润，就会牟利；够自立，很可能得不偿失！关于汽车，我们应选择汽车零件的制造，抑或整个汽车的制造？对于后者，如果生产未达规模经济，这种生产是会多耗成本的。① 对于适合台湾经济正常运转的产业发展伦理，陈式锐认为，一个平衡的经济——“繁荣的双腿”——农业与工业并行发展，更有助于岛内工业基础的奠定。②

① 丁宗先：“经济剧变中，台湾产业何去何从”，见于宗先：《锐变中的台湾经济》，台北：三民书局，1993 年版，第 125—126 页。

② 陈式锐：“繁荣的双腿——农业与工业”，见陈式锐：《台湾经济》，台北：财政经济出版社，1954 年版，第 88—92 页。

二、从“自给自足”到“比较利益”的思想转变

（一）战后前期台湾学界对自给自足经济政策的批判

面对当局思想中存在着这么多有昧于战后国际经济分工体系，以及漠视人性追求财富的观念，于宗先在《突破经济观念中的茧》一文中强调：“要使台湾经济持续增长，必须突破经济观念中的茧。蝉之幼虫所以能够成为会飞翔的蝉，就必须脱掉它的外壳；飞蛾之能够自由飞舞，也必须突破它的茧。我们要社会不断进步，要经济能持续成长，我们必须顺应时代的潮流，适应环境的需要，及时解脱那些有碍进步与成长的观念上的束缚。唯有如此，我们才能迈开我们的步伐前进，也才能使我们所付出的代价产生所预期的效果。”于宗先以为，过去中国是个相当封闭的王朝，由于封闭时代时间过久，中国人在适应开放后的世界时，曾受了相当大的冲击，但封闭式的观念仍然流行。而这其中尤为引人诟病的观念，就是“自给自足”发展经济的思想。在国人心理上，总认为能够自给自足，国家才安全。①

事实上，台湾原是个自然资源相当贫乏的海岛，从很多角度来评价，实在不具“自给自足”的条件。如果硬要创造自给自足，那就无法顾到经济利益。由于台湾缺乏工业生产原料，强求工业上的自给自足只能说是“截腰式”的自给自足。我们发展钢铁业，必须进口铁砂；我们发展铝业，必须进口铝土；我们发展石化业，必须进口石油；我们发展纺织业，必须进口棉花或利用石化业的上游产品。所以，在工业方面，根本无法自给自足。再者，经济的最终的目的为“消费”，所谓“生产”、“交易”与“分配”都是手段。所以对于商品的生产问题，我们也应当以广大“国民”消费的利益为准绳，无论是暂时的抑或是长期的，才能够得到正当的解决。

为什么强调达到工业自给自足生产能力的经济思想，会一度成为台湾当局视若金科玉律的教条呢？尽管古典学派的自由贸易理论和国际分工理论，已为世界多数国家的经济发展提供了有用的依据；但19世纪落后的德国在违反此一原则下，仍以国家积极干预保护的策略建立了坚实的工业基础。由于德国的成功，以及继起仿效的落后日本也获兴起，是以怀有“迎

① 于宗先：“突破经济观念中的茧”，见于宗先：《突破经济观念中的茧》，台北：经济与生活出版事业公司，1985年版，第3—9页。

头赶上”先进国家生产力愿望的国人，无不祖述德国之李斯特；是以孙中山在民生主义中，就特别希望借由德国式的保护关税方式来建立起中国的民生工业。① 而如前所述，所谓的民生工业就是台湾多年来奉行之进口替代的思想起源。

尽管李斯特的办法备受孙中山、马寅初的推崇，不过与孙中山自给自足观念有区别的是，李斯特虽然不同意自由贸易，但却仍然相信国际分工的必要。斯密、李嘉图从国际分工体系出发，认为在别的国家中生产费用较低的商品，就无须在本国生产，因为花钱向别的国家购买更为合算和有利。而对于一个落后国家而言，李斯特却从提升该国长期生产力的视角，反对斯密、李嘉图的这种说法。李斯特相信，财富的生产力比之财富本身更为重要；向别的国家购买廉价的商品，表面上看起来是要合算一些，但是这样做的结果，德国工业的生产力就不能获得发展，德国将处于落后和从属于外国的地位。而采取保护关税的政策，起初会使工业品的价格提高，经过一定时期，生产力提高了，商品生产费用就会跌落下来。即令保护关税却使消费者有所牺牲，但它却使生产有所增长，甚至足以抵偿损失而有余。② 尽管强调保护政策的重要，但李斯特仍意识到国际分工有其必要性，李斯特以为，和一个国家内各个不同的地区一样，各国之间也存在着分工与生产力协作的关系，只不过前者是通过国内贸易进行，而后者是通过国际贸易进行的。他在《国家经济学》里写道：“吾人不能使各国均产茶，一如中国然；使各国均产香料，一如爪哇然；使各国均产棉花，一如路易斯安那然；使各国均产五谷、羊毛、水果、工业品，一如温带之诸国然。凡与本国气候土质不相适之产物，可由国际分业（对外贸易以获得者），而必欲藉国家分业（本国生产以致之），价既昂而质亦劣，此非至愚者不为也。反之，若国家不善利用其所有之天然力，以供给本国之需要，并以其剩余，交易本国所不能生产之必需品者，亦为缺乏文化与工业之表证也。”③

针对当局对李斯特的不完全认识与既成的经济事实，陈式锐认为，适合台湾发展的产业绝不是为国防做准备的重工业，亦不是基于自给自足思

① 孙中山：《三民主义》，台北：正中书局，1969 年版，第 262—264 页。

② ［德］李斯特著，王开化译：《国家经济学》上册，台湾：商务印书馆，1974 年版，第 122、132 页。

③ ［德］李斯特著，王开化译：《国家经济学》上册，台湾：商务印书馆，1974 年版，第 146 页。

想下所主导的进口替代产业，而是基于台湾特殊历史、地理环境下的农产品加工业。陈式锐认为，纵使是在李斯特式的国际分工思想指导下，台湾要发展的特产工业，也应该是“糖及由其副产品糖蜜所产生出来的酒精，酵母钾肥，蔗渣所制造的纸浆；真稻谷可以制造活性炭或酸胶体，从而可以建立新的大工业，米糠可以制造糠粕同米糠油；盐可以供给制碱工业，盐酸工业，及卤汁工业等，而制碱工业尤为一种基础工业；其他如肥料工业，石油工业，以及编帽手工业等等。而台湾当局为进口替代需要而推行的棉纺织工业却不应保护。”①以国际分工来发展经济的思想是否符合战后的世界潮流呢？邢慕寰作了这样的评价，由于台湾地狭人稠，专靠发展农业以及农产品加工业，是绝不可能为迅速增加的待业人口提供充足的就业机会。此外，由于工业的发展与一国市场大小有密切关系。有鉴于台湾是个“国内”市场狭小之海岛的事实，当局实应发展适合本地生产要素的禀赋的出口产业，来促进岛内生产资源之有效利用。②对于仅凭以几项“政府”“精心规划”的关键性工业为基础，自可引起其整套上、中、下游工业自给自足的经济发展思想，夏道平也批评道：“一个蕞尔小岛的台湾，要求经济上的自给自足，非愚即妄。明智的办法，是依照比较成本的原理，将生产要素用之于生产条件较优的生产事业，将其产品输出换进价廉物美的商品，以求国际贸易的平衡。”③

（二）台湾向比较利益经济原则的皈依

战后岛内最早以比较利益的原理来论证台湾微观经济发展的路径，应该是1951年戴杜衡在《自由中国》所发表的《国民经济论与战争》。较令人惊奇的是，戴杜衡不仅从“比较利益”这一基本的经济原理出发来论证台湾合理发展产业的顺序，而且他还提到了在战后全球经济联动整合下，参与国际分工与合作的好处。④ 这一认识在1950年代初期的台湾学术界是非常突出的！但是，诚如英国著名经济思想史学者布劳格所指出的，如果你想对现代

---

① 陈式锐：“台湾棉布问题面面观”，《自由中国》，第7卷1期，1952年7月1日。

② 邢慕寰：“经济较量与经济政策”，《自由中国之工业》，1954年10月。转引自邢慕寰：《台湾经济策论》，台北：三民书局，1993年版，第5—24页。

③ 社论：“民营事业的使命”，《自由中国》第12卷第8期，1955年4月16日。

④ 戴杜衡：“国民经济论与战争（上、下）”，《自由中国》，第4卷11、12期，1951年6月1、16日。

经济学产生影响，那么，你就必须在适当的时间发表你的作品。① 受限于当时台湾特殊的政治经济环境，戴杜衡的观点并没有得到应有的重视。

事实上，战后台湾第一位以比较利益原理来做政策建言，并取得真正影响力的是邢慕寰发表于1954年《自由中国之工业》的一篇论文。邢慕寰在《经济较量与经济政策》一文中认为，假如某国能够廉价丰富供给一种商品，则台湾与其自己勉强生产，不如把资本转用于台湾擅长的产业才是明智，否则等于故意把资本投用于自己不擅长且效率较差的事业。实行保护政策，虽然可以提前发展某种产业，但"国民"的整个生产和所得则绝不因而增加，反而较之采用自由贸易政策时还会减少。其实，台湾产品的绝对成本比外国货的绝对成本高不一定是真正的出口障碍。事实上，台湾经济长期增长的关键在于相对成本，输出岛内相对成本低的产品以换取海外相对成本高的产品，才是同时促进台湾出口和生产资源利用的最有效办法。台湾经济要发展，只有在岛内劳动力能被利用于生产其他数以百计易于进入国际市场的出口商品时才能真正实现。换言之，最符合台湾比较利益需要的就是台湾拥有相对资源禀赋优势的劳动密集型产业。②

除本土的邢慕寰外，美籍院士蒋硕杰也是较早试图说服当局采行比较利益的学者之一。蒋硕杰认为，台湾在战后发展的初期采取的发展策略——以严格的数量管制和高关税壁垒来发展民族工业——在此政策下，实际上台湾的出口品仅限于少数的传统产品，诸如蔗糖、米、菠萝，加上少数的次要产品。因而工业化的努力只限于发展供给高度保护下的"国内"市场之低级消费品产业。在此错误政策下，台湾不但放弃了经由比较利益达成专业化所能获得的利益，而且也错失了快速成长以达成起飞的唯一机会。由于台湾只是一个和荷兰相同大小的小岛，在这全岛仅有三分之一的可耕地，而且人口密度又高于荷兰的拥挤的小岛上，农产品（如米、糖）一定不是具有比较利益的产品了。具有比较利益的产品一定是那些需要相对的较多人力而使用土地少和不用大量资本来生产的产业。因此，纺织品、衣物、鞋子、洋伞、玩具和其他轻工业品似乎是早期最合乎台湾的生产因素禀赋条件的产品。在台湾我们所拥有的，是充沛而具相当素质之人

---

① ［英］布劳格：《20世纪百名经济学巨匠》，北京：中国经济出版社，1992年版，第135页。

② 邢慕寰："经济较量与经济政策"，《自由中国之工业》，1954年10月。转引自邢慕寰：《台湾经济策论》，台北：三民书局，1993年版，第5—24页。

力，而所缺乏的则是原材料。我们出口的目的是为了增加进口，而进口的物资，一方面可提供生产所用，一方面可供民众消费使用。①

在邢慕寰、蒋硕杰等重量级经济学家的建议影响下，台湾当局开始意识到发展劳动密集型产业相对符合当时台湾的比较优势。在前述思想指引下，当局于1966年在高雄成立了世界经济史上第一个加工出口区。东吴大学经济系侯家驹教授在《加工出口区》一文中写道："加工出口区在形式上是一般工业区与自由贸易区的混合，成立之目的一方面吸引外资，另一方面拓展外销，而可解决后进'国家'资本与外汇具缺的双重缺口。在加工出口区成立23年后，加工出口区在吸引工业投资、平衡国际收支、拓展对外贸易与创造就业机会上，有很大的贡献。"②

关于台湾微观基础环境的培育，蒋硕杰、邢慕寰等学者，除了提出要遵循比较利益原则外，也十分强调尊重自由国际贸易的重要性。蒋硕杰以为，提倡贸易自由化是要使台湾有充分的自由，来从直接或间接的两种生产方式之中，选择其中最有利的方式。出口贸易如果单独的来看，是没有意义的，因为它只是将本国人民辛苦的产品去供外国人享受而已。出口的意义，一定是要将它视为整个间接生产过程的一环来看，才能认得出来。这也就是说：我们一定要看，以出口商品去交换进口商品回来，是否比自己直接在"国内"生产那商品要便宜，才能认出国际贸易的重要。如果我们对出口胡乱加以津贴，那么本来不划算的间接生产方式，可能就得比直接的生产更为经济，因而导致资源之错误分配。反之，如果我们对进口商品胡乱课以重税，那么本来很经济、划算的间接生产方式，又会显得不如直接生产来得经济了。③

蒋硕杰认为，采行按照比较利益原则的自由贸易政策并非一定会导致任何采用这种政策的国家都趋向劳动密集工业。蒋硕杰认为，尊重比较利益原则的自由贸易将使各国的企业家能自动地去寻找最有利的产品，以及运用最有利的生产方式去生产，然后向最有利市场输出。如果劳工的价格

---

① 蒋硕杰："台湾经济发展的启示"，见吴惠林策划《蒋硕杰先生学术论文集》，台北：远流出版社，1995年版，第57—64页。

② 侯家驹："加工出口区"，见高希均主编：《台湾经济发展1949—1989》，北京：国际文化出版公司，1992年版，第230—250页。

③ 蒋硕杰："倾销与以内销养外销"，见吴惠林策划《蒋硕杰先生时论集》，台北：远流出版社，1995年版，第124页。

在台湾确为低廉，那么企业家们自然就会采用劳工密集的方式来生产劳工密集的产品，去向劳工昂贵的市场输出。但是如果劳工在台湾已非低廉之生产因素，企业家自然会改变其生产方式，并寻求适合于台湾之新资源禀赋条件之新产品以外销。决不是自由贸易政策就一定会导致劳工密集产品的生产与输出。如果生产要素之价格结构有了改变，有能力的企业家自然会适应新的环境而改变其生产策略。不能适应新环境而只知墨守成规的生产者自然会在竞争之中被淘汰。在自由贸易的竞争环境中，台湾自会循序渐进地迈向资本密集，而又科技密集之工业。①

如同任何一种理论及其导致的战略选择都多少带有内在缺陷一样，比较利益也有其局限性。但是，战后早期台湾较为成功的经济发展经验表明，如果“政府”不遵循比较优势，去不切实际地发展资本、技术非常密集的产业，不仅创造的就业机会很少，而且也无法改善人民的福利。此外，不符合比较优势的产业在竞争激烈的国际市场中也是没有自生能力的，只有靠“国家”的保护与补贴才能勉强生存。十分有趣的是，尽管积极发展制造业曾是战后台湾早中期微观经济思想中所高度重视的，但是随着工资上升，20 世纪 80 年代岛内相当数量的制造业已开始无法与其他世界上工资较低廉的发展中国家和地区竞争，1990 年代以后台湾的大多数制造业已经转移到大陆的珠三角、长三角与东南亚地区继续从事生产。其实，比较利益并非是静态的、一成不变的，伴随着经济的发展，资本就会逐渐从相对稀缺变成相对丰富，劳动力则从相对丰富变成相对稀缺，工资水平也随之不断提高。当代主流微观经济学理论表明，经济体系在产业结构升级的过程中，应当向外转移不再具有比较优势的产业，才能成功地完成转型。而转型意味着经济发展导致不同生产要素及其主次地位的重新配置，由此必然引起新、旧比较优势的此消彼长。

台湾 1980 年代以来的产业升级发展和经济转型就印证了这一原理。在开放条件下，大量劳动密集型制造产业的出走虽然一时造成了“产业空洞化”的恐慌，但后来的事实证明，这却是台湾制造业向资本、技术和知识密集型升级的必然过渡。同时，从 1980 年代后期以来，升级后的台湾制造业虽然仍不失为维持和促进台湾经济增长的一大重心，但因应制造业升级

---

① 蒋硕杰：“今后台湾经济发展的策略”，见吴惠林策划《蒋硕杰先生时论集》，台北：远流出版社，1995 年版，第 96—98 页。

发展而催生出的台湾服务业的产值与就业人口已经日益超过制造业。[①] 近年来台湾从制造业衍生的服务部门与新兴外包的生产性服务业，通过原本制造业转型与升级后所产生的资源配置优化、跨区布局的摸索，已使得新世纪台湾的相对优势，如设计、研发、国际通路、营运中心、企业总部、广告、品牌行销、投资理财咨询、顾问等等，逐渐凸显出来，并成为中国大陆东南沿海尤其是长三角与广东的互补产业。虽然截至目前台湾仍是一个服务贸易的入超地区，但是由于1986年以后台湾较为成功的“自由化”、“国际化”与“制度化”的经济转型，以及入世以后积极履行的服务贸易自由化承诺，已使得台湾在新一轮的对外投资中确立了新的比较优势。近年来，台商的对外投资虽然就大陆的情况而言，仍集中于制造业，但与此不同的是，台商在大陆以外地区的投资项目，除较具竞争优势的电子及电器产品制造业外，服务业已经俨然成为对外投资的主要业别。以2003年为例，在台湾核准投资金额的前五大产业中，金融保险业、服务业、批发零售业、运输业等超过对外总投资的85%，这无疑反映出台商企业国际化的整体趋势已由制造业扩及服务业部门。

可见，不论是台湾产业政策思想的变迁，还是台湾产业发展升级的经验，都证明了一厢情愿地“精心规划”和保护某些产业，以期达到自给自足或者实现赶超的想法与措施，并不能真正促进繁荣。“政府”唯有在尊重比较利益原则、由市场自由选择的基础上，补充以适当职能，才能在动态的发展过程中不断寻找新的比较优势，才能真正有效地促进产业升级发展、促进经济增长。

第三节　开放经济下的竞争伦理与人性激励

战后台湾所经历的微观经济政策思想变迁，从根本上来说，其实也正

---

① 根据台湾“行政院经建会”的统计资料显示，台湾服务业占GDP的比重在1987年以前一直维持在45%—50%，此后持续增长，至2005年第二季已达到70.7%，而制造业占GDP的比重在1991年就降为33.3%，1994年首次降至30%以下，到2005年第二季仅为23.3%。与此相应，两大产业在就业人口方面也呈现相似的消长情形。服务业就业人口比例从1987年的42%逐渐上升至2003年的57.9%，而制造业就业人口比例则由1986年的39.4%下滑至2003年的27.1%。显然，进入1990年代以后，台湾就已经步入了后工业化的时代，服务业俨然成为台湾经济发展之新动力。

体现了在开放经济下对竞争伦理和人性激励的重新认识。

一、开放经济下的竞争伦理

奠立20世纪微观经济学体系的马歇尔，曾用森林的寓言来比拟理想的产业生态体系。马歇尔写道，在森林中，新树在老树阴影下挣扎成长……只有少数能获得足够的养分长大茁壮，并取代一些老树。……这些年轻的树也终将变老、枯萎，而为新的小树取代。……树木成长的过程循环不息。① 对于一个森林而言，有大树、小树，有老树、也有新树，如此才能构成完整的生态环境。而一个开放经济环境下的微观经济生态也大致如此。事实上，对于一个处在正常经济发展条件下，各种涉及微观经济问题的因素并不是被看作以连锁的因果关系逐一决定的，如甲决定乙、乙决定丙等等，而是将它们看作互相决定的。大自然的作用是复杂的，如果把这种作用说成是简单的，并设法以一系列的基本命题来阐明它，毕竟没有什么好处。由于各生产要素的报酬——工资、利息、地租和利润，不仅是个别的劳动、资本、土地和组织的报酬问题，甚至关系至整个国民收入的组成问题。因此，马歇尔认为，关于微观体系的均衡，并不能只研究个别工业、个别企业或个人的局部均衡，还必须涉及整个经济体系的伦理。

于宗先在《突破经济观念中的茧》一书中说道，尽管中华民族拥有五千多年的悠久文化，而且在人类发展史上，也曾多次放射出灿烂的光芒。但由于传统中华文化封闭过久，即令台湾经济已逐步与世界接轨，但封闭式的观念仍然流行。在传统文化中，统治阶层常以父母官自居，而被统治阶层则以子民处之，因此，社会中的君与臣、官与民的关系便披上家庭伦理的色彩，而这种伦理关系演变下来，使从政者有一种潜意识存在，那就是为百姓作尊长，当导师，任舵手。台湾的工业发展路径便被当局类比为子女成长的过程。在经济比较落后的萌芽阶段，当局为使工业能在安全的环境下成长，便采取了管制、保护政策。② 在此观念影响下，便相信一国经济愈放任、愈开放，则该国经济便愈不稳定，而根本不相信培育一个开

---

① 转引自薛琦："中小企业的蜕变与竞争力"，见施建生主编：《1980年代以来台湾经济发展经验》，台北：中华经济研究院，1999年版，第311页。

② 于宗先："经济观念需要升级"，见于宗先：《突破经济观念中的茧》，台北：经济与生活出版事业公司，1985年版，第69页。

放式的自由竞争环境将更能适应国际风暴的袭击。[1] 关于台湾当局采取管制、保护的理由，于宗先以为，在一个较自由的落后“国家”，“政府”在经济活动上所作的管制与保护，主要是为了使匮乏的资源得到有效的运用。因为资源不足，无法满足各种需要，所以就只能对生产加以保护，对需求加以管制。[2]

尽管市场竞争伦理在斯密时代就已经成为引导近、现代经济增长的重要信念，然而受到传统政治全能主义与战前盛行的唯科学主义的影响，这样的概念却不为早、中期台湾所理解。实际上，当局宁可相信具体有形的“有计划总比没计划好”的信仰，[3] 却不愿意相信抽象无形的市场竞争伦理。战后前期刘润田在《论初期的经济建设方针》中写道：“自由竞争虽有推动生产进步的功用，但纯依自由竞争的经济发展，其进行是相当迂缓的。英国工业化的完成，需要一世纪以上的时间，美国也费了半个世纪以上的时间，今日在台湾经济上较先进各国落后数十年乃至百年，靠着各企业家的自由竞争去从容发展经济是不现实的。是以我们更需要实行经济计划，由‘政府’依据国防、民生的需要定出一个全盘计划来。”[4]

那么，竞争伦理对经济增长的重要性究竟在哪里呢？对台湾经济增长思想有重要启迪作用的哈耶克以为：“我们遵守的道德规则所赋予我们的能耐，在某些方面大于我们的理智能够赋予我们的，也就是说，道德规则让我们能够对我们个别心灵永远不能意识到的问题情况，做出调适的行为反应。”较早以市场竞争伦理对当局经济管制进行批判的陈式锐以为，事实上，经济的中心关系是人，人有“取得天性”及“竞争天性”，因此，人也就不断地发挥他的进取精神。这才是经济进步的原动力。人因为追求生活，大家从事经济活动，以求取所得，作为消费或再投资，循环不已，让人类生生不息。[5] 积极参与1990年代台湾经济自由化、国际化工作，曾

---

① 于宗先：“两次世界经济风暴给我们的启示”，见于宗先：《突破经济观念中的茧》，台北：经济与生活出版事业公司，1985年版，第92页。

② 于宗先：“从经济管制演变为经济自由化的探索”，见于宗先：《蜕变中的台湾经济》，台北：三民书局，1993年版，159—162页。

③ 戴杜衡：“试论计划经济”，见戴杜衡：《免于偏见的自由》，台北：传记文学出版社，1979年版，第252页。

④ 刘润田：“论初期的经济建设方针”，见刘润田：《当前经济问题》，台北：中国经济月刊社，1958版，第150页。

⑤ 陈式锐：“论政治干涉经济”，《自由中国》，第18卷第3期，1958年2月1日。

经担任过台湾大学经济系主任与“经建会”副主委的薛琦认为：“个体经济是艘有帆没舵的船，会动，但没有方向；总体经济则是有舵无帆，知道要往哪走，但动不了。”① 在现实经济生活里，竞争伦理就像是一具带有指南针的舵，会使这艘船在汪洋大海中航向目的地。

对于当局只知保护特定工业，而不尊重市场竞争伦理的举措，夏道平批评道，一讲到长期保护之结果，正是对保护政策的理由——扶植并发展“国内”工业，予以否定。台湾造纸工业，由于1950年以来禁止洋纸进口，一直是在保护政策之下经营。缺乏市场竞争的保护政策，使台纸公司可以长期不求管理和技术的改进而仍能生存。保护政策，是使消费者要以高于国际价格来购用低于国际品质的纸张。这样的保护政策，同其他若干工业保护政策一样，早就应该考虑放弃的。因此，夏道平建议，有限度地开放受保护的种种工业产品之进口，以市场竞争伦理来刺激“国内”工业改善经营之效。② 蒋硕杰以为，国人常有一种误解，总相信保护政策的功效，殊不知开放性的国际市场竞争对于激发一“国”经济潜力的好处。③ 厂商并不是个个效率均等，每个厂商所生产的产品获利能力也不是一律的；许多厂商很可能在“政府”不保护下也能发展，而有的厂商即令在“政府”大幅补贴的情况下，也还不能面对国外厂商的竞争。④ 在这种通常习见的情形下，当局所制定的保护政策极有可能不如自由市场竞争合理。所以，“政府”的主要经济功能是尽可能地确保竞争状态，而不是采行保护手段；在市场机制下，竞争将导致经济体系各成员的最大满足，而保护不但无效有时甚至会产生意料不到的负面作用。实际上，“政府”的不适当保护将只能扭曲价格机能与误导资源配置。

曾经担任过台湾大学校长、“经建会”副主委的孙震认为，在市场经济发展的历史中，由于竞争的存在，企业家本来就拥有一种降低生产成本的本能。他们通过引进更多的机器设备、改善本身的技术与管理、运用新

① 个体经济、总体经济都是台湾通行的语汇，其意义与大陆通用的微观经济、宏观经济相同。见薛琦：《经济聊天室》，台北：先觉出版社，2003年版，第2页。

② 社论：“保护政策的限度”，《自由中国》，第13卷第6期，1955年9月18日。

③ 蒋硕杰：“经济计划与资源之有效利用”，见蒋硕杰：《台湾经济发展的启示》，台北：经济与生活出版事业公司，1985年版，第339页。

④ 蒋硕杰：“出超与外汇资产累积的意义”，见蒋硕杰：《台湾经济发展的启示》，台北：经济与生活出版事业公司，1985年版，第178—179页。

的发明、奖励创新、异地设厂、跨国投资等各种降低成本的手段，以求能以低于竞争对手的价格出售商品。事实上，经济增长是平均劳动生产力长期持续增加的现象。在生产力提高的过程中，工资增加，所得增加，产业结构改变。长期中，平均真实工资的增加率大致等于平均生产力的增加率，而生产力不能提高、产品的价格又不能相应上涨，以致无力支付工资的产业和厂商被迫退出经营。这是经济增长过程中必然发生的现象。① 对此，曾经受聘为台湾当局顾问的弗里德曼，建议台湾与其消极地采取保护手段，倒不如积极地接受市场竞争的伦理。弗里德曼说道："厂商倒闭对经济会有什么影响？土地仍在，厂房仍在，员工也在，少掉的只不过是一个失败的经营者。只有失去竞争力的厂商退出市场，释放出资源，做更有效率的使用，才能使平均生产力继续增加。"

二、人性激励在微观经济决策中的作用

（一）传统经济思想中对人性激励的看法

人性激励即是在人性自利的假设基础上，通过各种制度安排对其进行激励和引导。虽然自利并不是复杂人性的全部，但是毋庸置疑的，自利仍然是人性中最本质的一部分。正如哈耶克曾经感叹的：正是由于忽略了人性自利这一最本质的事实，才导致了诸多哲学和相应学科的中途夭折。实际上，相信人性激励对经济发展的作用，不论是在公元前 2 世纪中国的司马迁，还是在 18 世纪英国的斯密，实在是没有太大的区别。司马迁在他的《货殖列传》中写道："故待农而食之，虞而出之，工而成之，商而通之。此宁有政教发征期会哉？人各任其能，竭其力，以得所欲。故物贱之征贵，贵之征贱，各劝其业，乐其事，若水之趋下，日夜无休时，不召而自来，不求而民出之，岂非道之所符而自然之验邪……"、"富者人之性情，所不学而皆欲者也。故壮士在军，攻城先登，陷阵却敌，斩将搴旗，前蒙矢石，不避汤火之难者，为重赏是也。其在闾巷少年，攻剽椎理，劫人作奸，掘冢铸币，任侠并兼，借交报仇，篡逐幽隐，不避法禁，去死地如骛者，其实皆为财用耳。今夫赵女郑姬，设形容，楔鸣琴，揄长袂，蹑利屣，目挑心招，出不远千里，不择老少者，奔富厚也。"

与此看法相类似的，现代经济学之父斯密在他的《国富论》中写道：

① 孙震：《台湾经济自由化的历程》，台北：三民书局，2003 版，第 168 页。

"我们每天所需的食物和饮料，不是出自屠户、酿酒家或面包师的恩惠，而是出于他们自利的打算。我们不说唤起他们利他心的话，而说唤起他们利己心的话。我们不说自己有需要，而说对他们有利……""通常他既无意去促进公共的利益，也不知促进了多少。他优先投资于国内产业而非国外产业是为了自己的安全。他如此经营此产业以获致最大的产值只为了自己的利得。他在此一情况和在其他很多情况下一样，被一只看不见的手所带领，达成了他原本无意达成的目的。他无意于此亦非对社会不利，他追求自己的利益往往比有意促进社会利益更能有效达成社会的利益。"

比较斯密和司马迁的说辞，同样身为中国人的我们也许会觉得《史记》比《国富论》的言语更生动，然而斯密的论说中却包含了一项司马迁所没有的私利公益调和的学说。那就是个人在追求自己的利益时，冥冥之中被"一只看不见的手"带领，达成了公共的利益，而且比蓄意去做更为有效。自利是社会经济运作的基调，也是经济进步最重要的动机之一。但可惜的是，尽管司马迁已经意识到人性激励在微观经济中促进生产力的作用，然而我国古代、近代大多数思想家却往往从道德规范的角度来思考如何引导和约束人性自利。诚如孔子、孟子与荀子所言："罕言利"、"见利思义"、"君子喻于义，小人喻于利"、"公事闭，然后感治私事"、"欲应中理"。近代孙中山在民生主义中说道："何谓制造国家资本呢？就是发达国家实业……如果由国家管理资本，发达资本，所得利益归人民大家所有，照这样的办法，和资本家不相冲突，是很容易做到的……如果交通、矿产和工业三种大实业……假若是有国家经营，所得的利益归大家共享，那么全国人民便得资本的利，不受资本的害。"①

（二）战后台湾经济增长思想中对于人性激励的看法

受到传统儒家思维与孙中山民生主义教条的影响，相信私人企业只顾私利而忽略公益，或只顾眼前个人利益而忽略长期整体利益的思想，便成为战后台湾当局思考微观经济政策的一项重要的准则。② 在私利寓于公利的思想主导下，在相当漫长的时间里，当局执行了相当多的计划、管制政策。以公营管制为例，在1985年以前，台湾当局一直都尽力维持着公营生

---

① 孙中山：《三民主义》，台北：正中书局，1969年版，第230—231页。

② 李玉彬：《先秦儒家经济思想与民生主义》，台湾：商务印书馆，1971年版，第164—169页。

产投入占台湾总生产投入50%以上的比值。但与投入不成正比的事实是，投入比重较大公营事业对台湾GDP的贡献却明显小于民营企业。①

事实上，对于抽象的人性激励比有形的产业计划、公营管制更能有效促进经济增长的看法，早在《自由中国》时代就已经开始形成。曾经担任过“经济部”参事的高叔康在《落后“国家”的资本形成问题》一文中较早地对私利寓于公利的思想提出质疑。高叔康以为，多年来当局所制定的经济计划，除了说明当前与资本形成最有密切关联的问题外，实际上，并没有解决具体的问题。其实，有资本在手的人，谁也知道追求自己资本的利益，尽管没有什么积极的促进资本形成的办法，但只要没有外在的消极阻力，任何人都会找到能增加自己资本的途径。当时身居“经济部”参事的高叔康相信，利用人类追求利益最大化的利己心来激励台湾的资本形成，将比当局采行不适当的管制方式更有效率。高叔康以为，各人的利己心，自然会使他们把资本向最有利益的地方去投。某种事业，资本放下过多，这事业的利润便会减少，其他事业的利润便会增加；因此，他们就会改正此种错误的投资。如此，即使无何种法律的干涉，人人的利己心也会引导他们把社会的资本向着该社会内各种事业适当的地方分配去。②

与高叔康看法相类似，曾经担任过台湾大学经济系主任的张汉裕在1964年一次对“经合会”的报告中说道：政策的作用其实不过是“引发”的作用，如果没有发自“人性自利”的自动自发的力量起而响应，政策的作用就非常有限。只有在有大批企业家自动自发从事创造发展之处，适当的政策才能帮助经济的发展。纵览世界经济发展史上，第一流国家如英国、美国，由企业家领导政府的活动；第二流国家是德国和日本，由政府活动引导企业家的活动；第三流的国家，政府虽有适当的活动，但是却无法唤起民间的响应，这种国家的发展前途最为悲观。投资环境好比气候、风土，企业家如同种子、树苗；气候和风土适宜当然有助于种子与树苗的

---

① 据刘进庆的统计，在1952—1985年间，公营企业的工业产值增长16倍，民营企业的工业产值增长112倍。1985年，民营企业的工矿业产值比重上升至81.2％，公营企业的工矿业产值比重下降到18.8％，这些悬殊绩效对比是鲜明的。见刘进庆：《台湾之路——典型NIES之成就与问题》，台湾：人间出版社，1995年版，第135页。

② 高叔康：“落后国家的资本形成问题”，《自由中国》第18卷第7期，1958年4月1日。

生长，但是气候或风土决不能创造种子或树苗。这是我们在讨论投资环境与经济发展时必须知道的要点。①

关于人性激励对台湾经济发展的重要，蒋硕杰也数度提及。如蒋硕杰在《以英国之经验看台湾当前的经济问题》一文中说道："孙中山在民权主义上说，以前封建社会有帝王、公、侯、伯、子、男、庶民等几个阶级，都是世袭，不能改变的，因此使社会上有能力的人，就不想去努力，各自发挥其最大的才干。孙中山说真的平等应该让大家在同一个起点出发，人与人之间不免有才能上的差别，就应该让他们有不同的发展，得到不同的报酬……可惜，孙中山讲民生主义的时候，好像把这一个基本原则忽略了。其实在民生主义里也应该采用这个原则，就是让从事生产的企业家按他们的才能尽量发展……""'政府'如果不让人发财，就会使许多有才干的人不去努力工作……所以在理想的社会中，我们要让有能力的人，凭他自己力量去发财。"② 对于当局信奉相机抉择式的以计划而复管制办法，比简单抽象的人性自利方式更能促进经济增长的看法，蒋硕杰尤为抱持着一种怀疑的态度。他在《如何维持台湾经济快速成长的问题》一文中写道："工业之种别日繁，人才亦散处民间。此时欲使我经济作更进一步之蓬勃发展，允宜群策群力，使朝野人士均能自发的各尽其才以从事其专业，始能收最大之效果。欲达此目的，唯有予人人以适当之利诱，使能自发的尽其最大努力。盖天下熙熙攘攘之经济行为莫非为利，此义我先哲老聃已剀切言之。倘吾人以过分之管制及课税，消灭经济行为上之利诱，则人民将缺乏自发性之努力。虽'政府'当局宵旰辛勤，殚精竭虑，以计划而复管制一切，然'国家'之经济成长必较人人能自发的各尽其才时为滞缓也。"③

斯密在《道德情操论》一书中强调："若不了解道德情操所扮演的角色，经济学也没什么用。"人性激励实为经济增长中之关键因素，若当局昧于相信这一简单的事实，一味迷信"相机抉择"，则一项本应有效的产

① 张汉裕："投资环境与经济发展"，见张汉裕：《经济发展与经济思想》，张汉裕博士文集出版委员会，1974年版，第21页。

② 蒋硕杰："以英国之经验看台湾当前的经济问题"，见蒋硕杰：《台湾经济发展的启示》，台北：经济与生活出版事业公司，1985年版，第24—25页。

③ 蒋硕杰："如何维持台湾经济快速成长的问题"，见吴惠林策划：《蒋硕杰先生建言录》，台北：远流出版社，1995年版，第70—71页。

业政策，也将无济于事。对此，匈牙利的科尔奈在《迈向自由经济之路》的台湾中文版序言中深刻而清楚地批判道："真正的市场机制只能与威权体制政治和管制计划经济体系共存一段时间；但是，那是呈现一种半运作、半麻痹的状态。在一个健全的社会里，最后市场机制都会起而反抗那大而无当的政府部门、官僚凡事介入的欲望，以及政治体系所加诸的各种限制。真正相信市场的人也必须相信私人产权的扩张；虽然他们可以赞成政府在经济上扮演活跃的角色，但是，却必须反对扼杀私人动机过多的政府作为。"①

开放虽不是唯一的万灵丹，但是过度的管制却一定会制约台湾未来的经济竞争力。事实上，能否建立一个更加开放的经济与社会环境，已经真正成为影响台湾在21世纪实际竞争力的关键，而开放的经济必然以市场竞争伦理和人性激励为前提要件。就此，台湾始自1990年代与新世纪初期实施的"戒急用忍"、"积极管理、有效开放"等政策，应该深为检讨。诚然，就像孙震所提出的，大陆经济崛起，既为台湾带来了冲击，但也为台湾带来了机会。台湾如顺应市场情势，排除障碍，积极发展与大陆的投资与贸易关系，则完全可以借助大陆的人力和市场，得到最大的利益。前国际货币基金副总裁费士尔也说：我尚未看到很多例子，居于迅速成长的经济之旁，不利于本国之发展。②因此，与其让"政府"通过各种管制限制来帮助各个前往大陆的投资者做决定，还不如让投资者自己去评估，而且他们也会比"政府"更关切，因为毕竟是他们自己的投资。正如斯密所言："每一个人了解自己本身的利益，远非任何政府所能及。"而战后台湾微观经济政策所经历的思想变迁，所总结的经验教训，无疑也应该在新世纪中得到继续坚持和发扬。

---

① ［匈］科尔奈：《迈向自由经济之路》，台北：远流出版社，1994年版，第21页。

② Stanley Fischer 的原文是：I have not seen a lot of cases when it was a bad time to be next to a rapidly growing economy. 见孙震：《台湾经济自由化的历程》，台北：三民书局，2003年版，第178—179页。

第五章　战后台湾从经济增长到经济发展的思想变迁

第一节　关于经济思想与经济发展意义的重新思考

战后的台湾经济一直保持了较高的增长速度，成为东亚的奇迹之一。然而，随着 1980 年代后半期以来泡沫经济的形成和破灭，经济繁荣背后的扭曲也日益凸显出来，主要的有台湾民众收入差距急速拉大，失业率持续上升，生态环境日益恶化，社会制度弊端日现等等，台湾经济也由此进入一个长期的调整和徘徊时期，并开始面临着一个更为复杂的课题，即如何从过去传统的单一追求经济增长的路径转变到关涉社会全面发展的经济发展路径。

事实上，经济增长和经济发展是两个相互联系而又有点区别的概念。通常，经济增长是指一定时期内一国的总产出、国民生产总值或国民收入的增加，或者更恰当地说，是指一国在一定时期里人均实际产出、人均国民生产总值或人均收入的增长。在现阶段中，人均国民生产总值仍是一个广泛使用的衡量经济增长的基本尺度。但是，国民生产总值的尺度不能反映不同货物和劳务类型及这些货物和劳务究竟得到多少福利，不能说明由于环境污染、城市化、人口增长所付出的增长代价，不能显示收入分配的状况及国内价格结构的差异。而与经济增长思想相比，经济发展则具有广泛得多的内涵，它不仅包括增长所意味的一国的收入和物质财富的增加，而且还要考察经济和社会变动的其他方面。经济发展的中心意义一般被认为是社会和个人福利的进步。发展经济学家曾提出五个指标：基本必需品的消费量、收入和财富分配的均等程度、识字率、健康水平和就业状况，并且将其加权平均合成一种有综合意义的指标。因此，衡量发展比衡量增长更为困难。经济发展与经济增长具有密切的联系，促进经济发展的基本动力是经济增长，经济增长是一切经济进步的首位的必要的物质条件，而经济增长的目的是为了经济发展，否则就失去了增长的意义。同时，二者的区别也很重要，因为增长并不一定意味着发展，而发展也不总是意味着增长。目前，许多国家的经济发展十分缓慢，已出现了美国经济学家克劳尔所称的“无发展的增长”和“发展危机”的现象。

战后台湾实际的经济政策，长期落入了经济增长至上的误区。直到20世纪末叶，台湾当局的经济思想观念仍然认为，经济增长就是“善”，妨碍“经济增长”就是“恶”。经济增长可以解决“政府”面临的各种难题，于是没有一个官员不把这视为最应当争取的目标。经济增长可以给人们以丰富的消费品，使人们普遍富裕，于是大多数主政的官员与经济学家无不为之喝彩。经济增长可以使企业扩大、收益增多，于是任何一届的经济建设委员会成员无不把它当作自己的职责。在这种是非善恶标准之下，对经济增长数字的关心超过了对人们生活本身的关心，对“物”的注意超过了对“人”的注意。

然而，从1980年代末期以来，台湾学术界和民间逐渐开始对长期以来的这一误区进行了检讨。在这方面，“中央研究院”研究员萧新煌提出了较为典型和全面的看法，他在《展望90年代台湾的发展策略》中对经济增长与经济发展的意义重新做了一个新的区分，他提出，发展并不仅仅是“高经济成长率、私人企业鼎盛、大财团联营、外贸旺盛订单不停，或者让台湾的工业，尤其出口外销工业升级到资本技术密集的程度。”21世纪台湾所追求的“已开发”、“现代化”决不应该仅仅是前述思维的产物。事实上，经济发展不仅仅是为了执政者或决策单位的年底绩效和表现，而是为了生活在那个社会里的全体人民。因此，台湾经济要想可持续发展，除了产业面、经济面的问题外，还必须并考虑社会安定及文化层面的问题。近年来台湾社会呈现的社会不很安定以及文化欠缺深度的问题，恐怕也值得各界深思、检讨及改进。否则的话，产业及经济发展只能像浮萍一般不断地漂流，无法真正生根。① 其实对于每一个“个人”来说，经济发展的意义应该是更具体到人民的各项生活内容得到好处，他们对生活品质感到满意，那才是个人对于经济发展的真实了解。至于钢铁量是不是增加，外销是不是增多，宏观经济增长率是不是惊人，都不是最重要的，因为那些都不是经济发展的本身。如果一定要找寻发展的真谛，它应该是要具有人

---

① 社论：“传统产业转型及当前经济问题”，《台湾经济研究月刊》，台北：台湾经济研究院，2006年11月。

文色彩的旨趣才行，因为它不仅意味着面包，更包括人的尊严。基于此，1990年代以后台湾的经济发展应该包括下面这些人文目标："1. 适度的经济增长为基础，增加全民的所得；2. 经济成果的公平分配和分享；3. 免于贫穷及失业的不安和焦虑；4. 提供全民更多上进的机会，并在社会政治结构上先做调整；5. 尊重人的尊严和价值（人权）；6. 要让活在这个社会的人更快乐、更幸福。"同时，台湾今后的经济发展至少应该坚守如下几条原则："1. 发展的获得不应以破坏生态环境和肆虐资源为手段；2. 发展要能全面提高社区意识及共识的水平；3. 发展要顾及社会本身的能力（人才、资源）及其极限，不得强求……"①

那么，在从经济增长走向经济发展的道路上，台湾在相关的收入分配、福利、环境保护、制度改进等方面进行了哪些探索、呈现出了哪些思想内容和特点呢？实际上，关于经济增长的误区和经济增长过程中所产生的扭曲不仅仅是在台湾地区出现，在很多早已度过工业化阶段的发达国家和正在实行工业化的发展中国家，也同样存在，而发展中国家尤为严重。也正因如此，国际上才越来越提倡经济发展的概念和走出经济增长的误区。所以，台湾对这一问题的思考和探讨，应该说具有一定的普遍性和借镜意义。

第二节　战后台湾的收入分配、福利与均富思想

一、战后台湾的收入分配与福利

在台湾的泡沫经济出现以前，官方和民间的学者都一致认同战后台湾的经济增长与台湾民众收入分配的均衡及福利的提高做到了同步进行。连年的经济增长使得台湾人均GDP在1986年就达到了3748美元，在新兴工业国家和地区中，仅次于新加坡、香港及西班牙。同时，台湾民众在教育、卫生、交通运输、住房、现代化设备等社会福利指标方面也有了很大的提高。而收入分配的状况在1980年代也比以前有进一步改善。根据家庭收支调查报告，最高收入20%家庭所得合计数，在1964年为最低收入

① 萧新煌："展望90年代台湾的发展策略"，见萧新煌：《社会力——台湾向前看》，台北：自立晚报出版社，1989年版，第350—353页。

20%家庭所得合计数的5.33倍，此一比例在1972年降为4.49倍，在1980年又再度降为4.17倍。库兹涅茨曾总结，均衡与增长这两个目标，至少在发展初期是相互排斥的，随着增长的发展，贫富悬殊会越来越大。但是，结合以上的数据与事实，并根据切内教授对66个国家和地区进行的比较研究，可以肯定的是，台湾是唯一能够在经历飞速经济增长的同时又在缩小收入差距方面取得重大进展的地区。

然而台湾在经济发展前期所取得的这种成就并没有长期持续下来，在1990年代之后，伴随着种种经济的失调，社会贫富分化的现象日益严重。根据台湾“行政院主计处”的调查，2001年排名前10％的高收入者与排名后10%的低收入者总收入的平均差距，已由2000年的38.9倍扩大至61.3倍，最低收入组在1991年，平均每人还有近5万元新台币的收入，而2001年已降至2.3万元；与此同时，排名前10％的高收入者，1991年平均年所得87万元，2000年岛内经济衰退，但高所得组的个人平均年所得仍升至139万元。①

伴随着贫富分化加剧的另一严重问题就是失业率的攀升。在台湾战后的前期，失业率一直维持在2%以下，处于为人称道的充分就业状态。然而，自1996年以后，台湾的失业率节节上升，2000年高达5.17％，2003年的SARS风暴更是把台湾的失业率推至最高点。严重的是，失业人口结构在此期间有了大幅度的改变。过去，失业人口主要是刚毕业、第一次找工作的年轻人，或者再次进入劳动市场的妇女，但近年来的失业者却是以非初次寻职人士为主，他们都是因为关厂、歇业、业务紧缩的非自愿性失业人口。现有的统计数字显示，1980年因为关厂、歇业的非自愿性失业人口只占全体失业人口的7.3％，1995年上升至17.6％，2003年5月则上升至49.3％，此波高失业率不但影响到蓝领的工人，也影响到白领的职员以及金领的工程师与中高层经理。此外，失业人口的失业周期也越来越长，1994年失业人口的平均失业期间是15.68周，2003年5月则达到31.1周。② 失业的成本很高，除了本身的薪资损失以外，更包括技术流失、家庭经济破产、家庭关系破裂，甚至衍生出自杀事件。因此失业问题在近年

① 资料来源：http：//www.labournet.com.cn，2002年10月18日。

② 李诚：“后充分就业时代的来临”，见李诚主编：《谁偷走了我们的工作——一九九六年以来台湾的失业问题》，台北：天下远见出版有限公司，2003年版，第5页。

来已变成台湾一个严重的社会问题。

兼顾经济增长与收入分配均衡及就业福利等问题，是经济发展战略的一大课题，这与“均富”的政策和思想是密切相关的，然而值得关注的是，在东亚国家和地区之中，战后的台湾一直都将“均富”视为政策的重要指导原则之一，但为什么台湾经济发展的前后期却会产生差异如此之大的结局呢？这就需要我们对其“均富”思想进一步深入探讨。

二、效率追求与公平分配——台湾的“均富”思想及其演变

（一）“均富”原则与“富中求均”的思想

自古以来，“不患寡而患不均”的思想一直被中国历代统治者奉为圭臬。近代孙中山的民生主义更是以“均富”为理想目标，“我们要解决中国的社会问题，和外国是有相同的目标，这个目标，就是要全国人民都可以得安乐，都不致受财产分配不均的痛苦……”① 一向宣称以三民主义治国的国民党当局自然也承继均富的思想，并有力地将这一思想渗透于各项政策之中。台湾当局均富思想的典型代表应为蒋经国，在其执政 18 年中，他非常强调“均富”。1976 年 1 月 5 日，他在中兴新村说：“我们的经济政策是建设均富的社会，一切以大众的利益为出发点。”② 1976 年 2 月 27 日，在“立法院”作口头施政报告时也说：“建立均富安和之社会，增进全民福祉。”③ 1976 年 11 月 13 日，在中国国民党第十一次全国代表大会第一次大会政治报告中又把“均富”说成是“民生建设和国民经济的指标”，他说：“我们今天民生建设和国民经济的指标——均富，就是要于富中求均，于均中求富，均和富没有先后，而必须同时并举，……自由基地社会贫富的所得级距，最高百分之二十与最低百分之二十之间，二十年来，已由十五与一之比，缩短到了四点四与一之比。循此渐进一定会走上民生主义的盛轨。”④ 直到 1987 年 10 月 10 日，在“国庆祝词”中蒋经国还说：“经济上以追求均富、繁荣、丰足为标准。”⑤ 以蒋经国为首的国民党当局不仅把“均富”挂在口头上，而且还把这一思想贯彻于土地、产业和财政政策的

① 孙中山：《三民主义》，台北：正中书局，1969 年版，第 231 页。
② 《蒋经国先生全集》第 14 册，台北“行政院新闻局”，1992 年版，第 2 页。
③ 《蒋经国先生全集》第 10 册，台北“行政院新闻局”，1992 年版，第 570 页。
④ 《蒋经国先生全集》第 11 册，台北“行政院新闻局”，1992 年版，第 112 页。
⑤ 《蒋经国先生全集》第 13 册，台北“行政院新闻局”，1992 年版，第 96 页。

方方面面。如战后初期的土地改革就正是孙中山以平均地权来均富的关键步骤之一，而台湾当局重视工农业的均衡发展，蒋经国大量增加对农村的财政拨款，提高农民生活，甚至人为推迟调整物价、利率等，也都反映出“均富”的思想。

台湾当局的“均富”思想与追求稳定的思想是相辅相成的。众所周知，提高国民收入以改善生活水平是经济发展的最重要目标之一，但如果经济增长竟导致收入分配更大的不平等，并拉大贫富之间的差距日益扩大，那么不仅广大公众无法分享经济发展的成果，而且会带来社会动乱和城市危机。在这一意义上，均富就是稳定，稳定就是均富。如前所述，由于历史的原因，国民党当局在战后初期非常注重追求经济稳定的目标，蒋经国就多次在告诫各财经官员要“把握住稳定与成长兼顾并重的政策原则。”① 正是因为台湾的经济稳定不仅仅具有单纯的经济意义，还涉及政治安全和比较的意义，所以台湾当局比其他国家和地区更为迫切而切实地追求经济稳定与经济成长两大目标，由此，“均富”自然也就成为重要的政策思想和原则。

虽然“均富”是战后台湾经济政策的主导原则之一，但是台湾对于“均富”的理解，已经不同于“不患寡而患不均，不患贫而患不安”的思想。首先是“均”与“富”的先后次序上有所改变，提出了以求富为先，在富中求均的思想。早在孙中山阐述民生主义的时候，就已经提出：“……中国如今是患贫，不是患不均。……我们主张解决民生问题的方法，不是先提出一种毫不合时用的剧烈办法，再等到实业发达以求适用；是要用一种思患预防的办法，来阻止私人的大资本，防备将来社会贫富不均的大毛病。”② 这里，孙中山已经明白地认识到，在国弱民贫之时，当务之急是先求富，在求富的同时辅以节制私人大资本等方式来兼顾“求均”的问题。

台湾在战后初期，虽然“国父”孙中山的思想被国民党当局奉为指导思想，但经济衰弱落后和物资极端缺乏的经济现实也同时促成了当局和学界达成了“求富为先，兼顾求均”的共识。以蒋经国为代表的台湾当局多次提出的“富中求均，均中求富”的主张实际上正是这种思想的反映。而

---

① 《蒋经国先生全集》第19册，台北“行政院新闻局”，1992年版，第568页。

② 孙中山：《三民主义》，台北：正中书局，1969年版，第229页。

李国鼎在1965年“中国工程师学会”第30届年会上就更为明白地阐述道：“民生主义所指示的政策原则，是‘富而均’，而不是‘均而富’。所谓‘富而均’，系着重在‘富’，而在致富的途程中兼求其‘均’……民生主义之所以不采取‘均而富’的主要理由为，在一个只有大贫小贫之分的社会中，求均的结果只是做到大家一样的贫，虽可以达到经济平等的目的，但仍不能解决民生问题，要解决民生问题，唯有求富。”① 至于自由派的经济学者，更是赞同富中求均的思想，如蒋硕杰就一直主张“经济发展成果之公平分享或‘均富’之目标，最好于生产过程中自然达成。”②

（二）收入分配的均平与起点的均等——对孙中山均富原则的继承与扬弃

对于“均富”的进一步重要的认识则是在什么意义上才能真正地实现“均等”，是收入分配上的均平，还是起点的均等？台湾当局及一部分学者都比较注重收入分配意义上的“均富”，例如，蒋经国于1972年接任“行政院院长”以后，尤其注重拟定办法鼓励农业生产和减轻农民负担（如从低订定肥料价格，减轻农民赋税负担等），关注台湾民众的平均收入差距等指标，都是从收入分配的意义上来看待“均富”的，而台湾的财税政策更是体现了这种思想。曾任“财政部部长”的李国鼎在1970年代就鲜明提出过：“当前财税政策的实施，在满足财政需要的同时，必须能有助于社会经济的稳定与发展；在促进经济成长‘国民’所得增高的同时，更必须注意财富分配的均匀。也就是‘求富’‘求均’兼程并进，使‘产业革命与社会革命毕其功于一役’。”③ 由台湾具体的财税措施看来，这种“寓社会意义于财经措施中”的做法最为突出的有两个方面，一是大量的减免赋税，以奖励储蓄投资和生产，促进经济的发展和全民的富裕；二是采取累进税率的所得税制。值得注意的是，这两种做法对孙中山的民生主义中的均富原则都有所继承和扬弃。

孙中山提出要以“发达国家资本，节制私人资本”的方式来双管齐下

① 李国鼎：“孙中山先生实业计划经济部门之研究”，见李国鼎：《台湾的经济计划及其实施》，南京：东南大学出版社，1995年版，第20页。

② 蒋硕杰：“第二次赋税改革之我见”，见蒋硕杰：《台湾经济发展的启示——稳定中的成长》，台北：经济与生活出版公司，1985年版，第61—64页。

③ 李国鼎：“台湾当前的财税和均富政策”，见李国鼎：《台湾的财政金融与税制改革（上）》，南京：东南大学出版社，1995年版，第58页。

起到均富的作用，虽然台湾财经措施中已有许多预防社会财富过度集中以及照顾中低所得阶层生活的用意，但台湾当局大规模的减税措施有相当一部分是有利于民营企业的发展的。李国鼎对此曾解释道，民生主义制度是允许私有财产制度的存在和民营企业的发展的，如果过分惧怕民营企业增大而多方予以抑制，则反而使得民营企业无从发展，而且“我们目前的民营企业的规模，一般说来，仍嫌较小，远不足以和其他国家之大规模企业相竞争，允宜让其扩大，故对于民营企业之赚钱以扩大其企业，似可不必怀抱过分的惧怕心理。”李国鼎强调在台湾当前贫穷落后的条件下，应该是在先求富中兼顾求均，而且台湾目前不均的情况还没有严重到“牺牲富以求均”的程度。“过早的或过分的惧怕民营企业赚钱，将会有妨碍经济的快速发展及迟延贫穷的克服，则纵令能做到十分‘均’的程度，也不过是均贫而已”。同时，他还提出“民营资本的发展并不和节制私人资本相抵触。盖节制私人资本，并非限制私人资本的增加，而是使社会财富不集中于少数私人之手……大规模企业的发展也并不即是社会财富的集中，而可设法使其只是资本的集中使用。”李国鼎还以蒋介石在1967年的指示作为佐证，蒋介石曾提出“至于节制资本者，并不能专在限制发达方面着想，我以为节制之节，实为调节之节；节制之制，乃为管制之制。”①可见，台湾当局根据发展的现状和要求，对孙中山以“节制私人资本”来均富的原则做了进一步深入的探讨和发扬。

而至于所得税方面，台湾当局则一直倾向于以征收累进税率的所得税为手段来平均社会财富。孙中山在民生主义中就十分推崇以累进税率多征资本家所得税和遗产税的办法，认为“施行这种税法，就可以令国家的财源，多是直接由资本家而来；资本家的入息极多，国家直接征税，所谓多取之而不为虐。”“欧美各国近来实行直接征税，增加了大财源，所以更有财力来改良种种社会事业。”② 这一思想深得台湾当局的认同，并在实际的赋税政策上加以力行。李国鼎在1973年的一次演讲中就对此详细解释道：“孙中山先生曾经训示我们应采行累进式的所得税以平均社会财富。……因为累进式所得税可使富人纳更多的税。……‘政府’透过此种方式，将

---

① 李国鼎：“经济发展中的逆流”，见李国鼎：《台湾的经济计划及其实施》，南京：东南大学出版社，1995年版，第372—374页。

② 孙中山：《三民主义》，台北：正中书局，1969年版，第202页。

富人由社会大众所赚的钱，取回一部分，再用之于社会大众，藉以达成社会财富公平分配的目的，并防止私人财富的过度集中。……同时‘政府’又可获得充分的财源，以推进公共设施与社会福利。”① 包括刘大中在内的一部分学者也认为：“累进之综合所得税，量能课税，为最公平之课税方式。……我‘政府’必应排除万难，积极推进，使其能逐渐成为我国最主要赋税来源。”② 因而，台湾在战后长期以来，都是秉持着这种信念，追求“使台湾租税结构能早日臻于以直接税为主的境地，从而进一步谋致全民租税负担的公平”，③ 并采取了加强对高所得者进行稽核，以防止所得税逃漏等措施。

然而，对征收累进式所得税的做法，却有其他很多学者从经济效率和发展的角度提出了异议。早在1958年，就有学者赵冈在《自由中国》上提出以所得税为骨干的税制并不适宜台湾，因为所得税虽然对财富有再分配的效果，但从纯粹经济立场上来看，所得税具有“不利劳动的诱因，有减少储蓄和投资的作用”，他认为就台湾当时情况而言，“我们今天的‘中心’问题不是要平均分配的问题，而是如何加速资本形成，促进经济发展的问题……我们应该考虑到租税对整个经济的其他影响，我们不一定要放弃平等原则，但也不必把它奉为唯一的标准。”因而赵冈建议实行一种不课及所得中被储蓄和投资部分的支出税。④ 可见，赵冈是以先求富，在求富中兼顾求均的立场，来对所得税不利于鼓励投资和经济发展的弊端进行质疑的。

到了1970、1980年代，学者们对所得税的认识更加深入。其中最为典型代表的便是蒋硕杰。不同于从收入分配上来均富的视角，蒋硕杰提出了“起点平均”的主张。他认为：“要想做到财富分配的合理，以及社会阶级互相交流，应该在起点的平均上来努力。这可以从遗产税上来着手。”他还进一步分析了民生主义中有关均富思想的不足，“孙中山……说真的平

---

① 李国鼎：“谈谈钱的管理和运用”，见李国鼎：《台湾的财政金融与税制改革（上）》，南京：东南大学出版社，1995年版，第56—57页。

② 刘大中：“赋税改革之目标、原则及推进程序”，见杨必立主编：《台湾财税改革论文集》，台北：联经事业出版公司，1976年版，第201—202页。

③ 李国鼎：“台湾当前的财税和均富政策”，见李国鼎：《台湾的财政金融与税制改革（上）》，南京：东南大学出版社，1995年版。

④ 赵冈：“现行租税政策之商榷”，《自由中国》第18卷第3期，1958年4月1日。

等应该让大家在同一个起点出发，人与人之间不免有才能上的差别，就应该让他们有不同的发展，得到不同的报酬。但是不必让他们的子孙世世代代享受不同。可惜孙中山先生讲民生主义的时候，好像把这一个基本原则忽略了，不大再提起。其实在民生主义里也应该采用原则，就是让从事生产的企业家按他们的才能尽量发展。但是一面应该用相当重的遗产税使他们的子孙和别人站在相同的起点，互相竞争，才不会造成世袭的不平等，也不会在不同阶级之间产生敌对和不合作的态度。这是将来社会发展的趋向……"①

在1980年台湾实行第二次赋税改革时，蒋硕杰又进一步阐述了他先前的这种思想，"至于经济发展成果之公平分享或'均富'之目标，最好于生产过程中自然达成。即人口过多之国家，其劳工之报酬必极低；如勉强以赋税方式将'国民'所得由高所得者移转至低所得者（如劳工等），则高所得者之投资生产意愿必为之减消。其结果生产事业无从发达，'国民'所得总额无从增加，则此国家亦将永难自拔于贫困。倘此国家能不急切追求平均分配之理想，而先努力于工业发展多创造就业机会，则劳工在生产方面之需求大增，其工资因供求之原理自然快速上涨。我国过去所以能迅速发展而所得分配相对有所改进，为世界银行专家所称道者，即因是故。今后仍当为利用此一策略，不宜过分以赋税方式谋求短期内所得之转移。但为避免世袭的豪富阶级之产生，构成社会对立之因子，则可加强遗产及赠与税课征，以免巨额资产之世代相传，而达成国父所倡之机会均等之目标。"②

除了主张以累进式遗产税来均富以外，蒋硕杰还提倡以加值税来取代累进所得税，他认为"这是世界各先进国家都采循的新趋向，如英、美、德、法、瑞典、荷兰等先进欧美国家，近来无不放弃极力课征富人的所得税及财产税，而改征一种比较普遍而不甚累进的加值税了。"③ 可见，蒋硕杰正是从累进所得税会抑制投资意愿、不利于经济效率从而阻碍经济发展的角度，对所得税征收及其背后的在收入分配意义上进行"均富"的思想

---

① 蒋硕杰："以英国之经验看台湾当前的经济问题"，见蒋硕杰：《台湾经济发展的启示》，台北：经济与生活出版公司，1985年版，第23—25页。

② 蒋硕杰："第二次赋税改革之我见"，见蒋硕杰：《台湾经济发展的启示》，台北：经济与生活出版公司，1985年版，第61—64页。

③ 陈慈玉：《蒋硕杰先生访问记录》，台北"中央研究院"近代史研究所，1992年版，第138页。

提出了纠正和补充，他所提出的“起点平均”的思想和相应的在遗产税上着手的主张，应是台湾本身所具备的“均富”思想和孙中山的均富原则的进一步扩充和发展。

另外，值得一提的是，蒋硕杰关于台湾因为先求富，在求富中求均，通过发展劳动密集型工业来增进所得分配的分析，对台湾前期所取得的“均富”成就具有相当大的解释力。事实上，1980、1990 年代的学术研究也印证了这一分析，例如，一些学者的研究表明台湾收入分配改善的主要原因，一是 1950 年代初实行的土地改革有效地限制了耕地的持有，有利于财富向农民再分配；二是台湾工业发展一直都强调劳动力密集型制造业的发展，因而不但失业率较低，而且工资收入占国民收入的比例保持上升趋势，从 1964 年的 47.8 %，到 1972 年的 54.5 %，再上升到 1980 年的60.4 %；三是台湾的经济发展并不强调大规模企业的发展模式，中小企业有很大的发展空间，原则上属于家族企业的中小企业占企业总数的 95 % 以上，众多中小企业分享经济发展的利益，自然有助于收入分配的改善。① 而曾任台湾“财政部部长”和“中央银行副行长”的台大教授郭婉容及费景汉等人经过研究，认为台湾 1980 年代以前收入分配比较均等的成就是由于台湾当局 1960 年代实施出口导向的策略，大力发展劳动密集型工业，因而劳动力的迅速吸收和工资占国民收入比例的增加，成为经济快速增长中比较均衡地分配收入的两个根本原因。这一观点目前得到了台湾当局和民间大部分学者的认同。②

（三）“均富”原则与自由化的思想

在市场体系尚未成熟完善以前，由“政府”通过产业调整、工业保护、财税减免等手段而进行“均富”，自然能受到较为积极的效果。然而，“政府”的过度干预不仅有碍于实现均富，甚至还会造成适得其反的效果。对此，蒋硕杰曾提出了极为深刻和犀利的批判，他直接指出：“我们要知道避免强烈尖锐的财富不均是一回事，以不良的经济政策去促进均富的目标是另一回事。我们既然都同意明显的财富不均是促使社会冲突和不安的不良现象，那么我们应有一共识：就是千万不要为了其他政策目标，而采

① 参见林钟雄：《台湾经济发展四十年》，台北：自立晚报出版社，1987 年版，第四章。

② 参见郭婉容，拉尼斯，费景汉等：《台湾的经济之路——改进分配，加速增长（1952—1979）》，北京：中国经济出版社，1991 年版，第五章。

取显然会加强财富分配不均的政策来达成其他的目标。例如：……台湾以通货膨胀（亦即五鬼搬运法）大量收购出超所得外汇，同时放出大量的货币供给，引起股票价格及房地产的飙涨，于是又造成一批新暴发户，更加强财富分配的不均。如果我们一面打着均富主义的旗号，一面又用这种政策制造新的财富分配之不均，岂不令人笑我们没有诚意，而又自相矛盾吗？所以‘政府’既然标榜均富主义，就应极力避免使用五鬼搬运法那种显然会造成分配不均的政策。”① 可见，蒋硕杰仍然是坚持其一贯的尊重市场机能的主张，认为“政府”应该首先放弃过度干预的各种政策，促进市场经济的自然发展，从而在经济发展的过程中自然达成均富的目标。

随着台湾的市场经济日益成熟和国际化，以及自由经济思想的长期影响，还有很多学者也开始将尊重市场机能的自由经济理念与“均富”原则联系到了一起。例如，早年十分推崇“政府”干预的李国鼎在1980年代以后也转而从自由化的角度来认识均富政策，他认识到“政府”人为压低利率虽然有助于降低借款人之利息成本，实际上是拿存款人的利益来补贴借款人，不符合社会正义与公平的原则，因而提出“为了同时兼顾均富的目标，利率政策必须使利率趋向自由化，让利率随时反映资金供求状况，使利率合理化。”因为利率自由化以后，一方面可以合理反映资金成本，促进资金的有效利用与金融市场的发展，促使提高“国民”储蓄率及资本的形成，促进经济成长，另一方面也可以真实反映资金的合理报酬，使存款人得到合理的应得收益，消除对借款人的补贴，促进资本大众化及所得分配合理化，达到全民均享经济成长的社会目的。②

另外，对于台湾当局1990年代以来力图通过财税支出以支持各种有关全民福利的健保，以大型的公共建设支出来促进就业，促进分配平均的凯恩斯主义色彩的措施，也有许多学者提出了质疑，认为除了“政府”必要的干预以外，要平衡台湾民众的收入分配，增加福利，还应让市场发挥更大的力量。曾任台湾“经济建设委员会”顾问的学者高希均早就提出：“实施均富政策最重要步骤是把低所得家庭中成员透过各种训练，提高他们的人力素质，增加他的劳动生产力，使他们纳入生产行列。这就需要

---

① 陈慈玉：《蒋硕杰先生访问记录》，台北“中央研究院”近代史研究所，1992年版，第137—138页。

② 李国鼎：“从民生主义均富政策论台湾利率政策”，见李国鼎：《台湾的财政金融与税制改革（上）》，南京：东南大学出版社，1995年版，313、314、318页。

'政府'一面加强训练工作，一面创造更多就业机会。这是增加社会公平与效率，迈向'均富'社会的一条捷径。"① 在台湾现阶段的高失业率情况下，当局和民间关注最多的是如何通过解决失业来改善收入分配和福利的问题。很多学者，如曾任中华经济研究院副院长、台湾经济发展研究中心主任的李诚等，就不赞成"政府"直接以公共支出的方式来进行干预，认为当前财政困难，债务快速累积，实无减税与举债的空间，"增加支出或减税"只是"债留子孙"，不是万灵丹，因而提出了松绑劳动法规，解除最低工资限制，让市场更自由地决定工资，改善台湾投资环境，"政府"增加在健保和劳动者职业培训等功能的各种政策建议。② 可见，几乎大部分建议都表达了这样一种观念：就台湾的经济和历史而言，要挽回过去的错误，"政府"不应继续进行直接的干预，而应该给市场松绑，还给市场发挥力量的空间，而"政府"的作用就只在于提供和改善相应的法规、教育等制度环境，以及其他间接调控的措施。

三、新世纪以来台湾M型社会的日渐形成以及"政府"角色面临的新转型

所谓M型社会，就是指在全球化的趋势下，富者在数码世界中大赚全世界的钱，财富快速攀升，另一方面，随着资源重新分配，中产阶级因失去竞争力，而沦落到中下阶层，整个社会财富的分配，在中间这块，忽然有了很大的缺口，跟"M"的字形一样，整个世界分成了三块，左边的穷人变多，右边的富人也变多，但是中间这块就忽然陷下去，然后不见了。美国和日本等发达国家，早已步入了M型社会，根据大前研一的统计，截至2005年，日本已有八成人口沦入中低收入阶层，而进入新世纪以来，台湾也日渐显现出步入M型社会的趋势。从1998年到2005年，台湾依照个人可支配所得五等份分析，最穷与最富的一群人，其财富的年复合成长率分别为7.03%和7.12%，但中间族群的财富成长幅度仅为6.58%；同时，2005年台湾的痛苦指数（失业率加上物价指数）创下20年来新高，达到6.43%，而台湾的名义薪资年增率则低于消费者物价年增率；再加上台湾

① 高希均："论当前经济之逆流与主流"，见高希均：《天下哪有白吃的午餐》，台北：联经出版公司，1978年版，第87页。

② 参见李诚主编：《谁偷走了我们的工作——1996年以来台湾的失业问题》，台北：天下远见出版公司，2003年版，第2、4、5、10、11、12、13、14章。

在2008年将成为老龄化地区，65岁以上的老年人口将占总人口的8.6%，超过联合国标准，这一数据意味着台湾踏入M型社会以后就很难回头，因为台湾将陷入老年少子化的困窘，手上握有钞票的人大都是不爱花钱的高龄者，这会使整个社会的财富无法流动，原来的中产阶级要想赚钱翻身的机会也将变少。①

进入M型社会，无疑意味着社会的贫富差距进一步拉大。面对这一情况，在传统社会中，一般会要求政府在公平分配的过程中扮演更重要的角色，如征收更多的税额来救助贫困阶层，或者通过扩张性的财政和货币政策来刺激经济，以提高全民的收入水平。但是，从美国、日本已有的经验来看，这样的政府政策和角色却是行不通的。事实上，日本政府自1990年代以来就屡次试图依靠降息、增加货币供给来刺激经济，但即使其利率陆续创下世界新低，也未产生明显效果。由此，人们逐渐意识到，M型社会面临的是社会与消费心态的结构性改变，在这种崭新的演变中，传统的凯恩斯式的刺激经济景气的方式是并不适用的。那么，政府在这种新的形势下，面临着怎样的角色转型呢？大前研一根据日本当代社会特征指出，面对贫富差距扩大的问题，如果政府只是被动地把更多的钱拿去补贴穷人，那么未来就会形成巨额的公债，而这笔债是我们的子孙无法偿还的，届时政府的角色就会因为更重的赋税，而从慈善家变成强盗。为此，他尤其呼吁推动教育改革，使“国民”以全新的价值观念和竞争力来应对已经变化了的世界，帮助其在收入分配上加强自我调节。② 日本青木昌彦等经济学家已经提出在新型的经济社会中，市场与政府之间的关系应由相互替代转为相互补充，政府政策的重点也应转向以“扩张市场机能”为基础，即最大限度地发挥市场与民间制度相结合而实现的动态性资源配置，并促进民间协调更加顺利地进行。面对经济政策的两大目的：“资源配置的效率性”和“收入分配的公平性”，政府与市场的制度互补性也不仅仅限于经济领域，而是广泛涉及医疗、福利、教育、环境等政策和制度、行政体系、中央政府与地方公共团体的关系、政治制度、司法制度等等。③

---

① 参见旷文琪，刘承贤：“M型社会来了！”，台湾《商业周刊》第986期，2006年10月。

② 参见《商业周刊》对大前研一的专访：“未来社会没有轨道，让孩子自己找答案”，台湾《商业周刊》第986期，2006年10月。

③ 参见［日］青木昌彦等编：《市场的作用 国家的作用》，北京：中国发展出版社，2002年版。

由此观之，可以预见的是，台湾在新世纪以来日渐步入M型社会之时，“政府”所扮演的角色也同样面临着新的转型，除了在其所宣示的自由化道路上继续调整“政府”与市场两者之间的关系以外，“政府”的政策选择视角也将从直接的宏观经济政策干预，进一步转向全面调节市场与民间的制度的结合和协调，具体说来，即是转而在教育、环境、制度建设、信息服务等领域发挥更大的作用。这不仅是信息社会促使市场主体更加发育成长的结果，也是台湾社会追寻“富中求均”、“起点均等”的必然途径。

第三节　经济增长与可持续发展

一、“永续发展”的形成——台湾当局从忽视环保到环保与经济发展并重的思想转变

（一）经济增长的代价与可持续发展

担心经济活动和增长会耗尽自然资源的观点由来已久，我国早在孟轲的《孟子·梁惠王上》就已经提出了，“罟不入洿池，鱼鳖不可胜食也，斧斤以时入山林，材木不可胜用也。”而在300年前的欧洲，人们也担心木材资源不足，人口增长超过了粮食供应，鲸油将用尽，煤炭资源也将耗尽。令人欣慰的是，这些资源都没有从地球上消失，这些灾难也没有发生。但是，对这个问题的担忧仍然存在。环境限制经济增长吗？对经济可持续增长的担忧在20世纪70年代又重新引起人们的关注。1972年，由罗马俱乐部资助的《增长的极限》一书出版，宣示能源危机将接踵而来，结果该书销量高达400万本。作者采用计算机模型模拟世界经济，模拟了经济与一些环境限制之间的相互作用，比如说，可供耕作的土地、可开采的不能更新的自然资源，以及自然环境接纳工业和生活废物的能力。计算机的运行结果令人担忧，如果人口、工业化、粮食消费、资源消耗继续按照以前的趋势增长，“那么，这个星球的增长极限将出现在今后一百年内的某个时间”。同时，他们要求立即重造经济体制以满足所有人最基本的物质需求。换句话说，经济学家的主要任务不再是传统的经济增长，而是在一个国家与地区或全球层面上的再分配问题。当然，并不是大多数经济学家都接受《增长的极限》中的观点。有些经济学家认为，该计算机模型忽

略了回收利用的潜在好处，忽略了人造资本可以代替自然资本（比如，建立污水处理工厂，利用隔热物资减少燃油的使用等），忽略了无污染的、环保的服务行业的发展，更重要的是，它忽略了价格机制在鼓励使用必要替代物中所发挥的巨大作用。另外，这些经济学家又指出，自从1870年以来，美国的原材料价格就没有上升过。同时，能源危机已经过去，石油的价格又回到了更正常的水平。

1987年，联合国环境与发展委员会发表的《布伦特兰报告》又引起了另外一场惊慌。该报告提到了一个重要的新概念——“永续发展”,① 即一个世界的发展战略应该“既满足当代人的需求，又不损害子孙后代满足其需求能力的发展”。该报告不同于《增长的极限》，它鼓励经济积累，提倡“新的增长地区”，其中，发展中国家将扮演主要角色，也是主要受益人。简而言之，可持续发展也就意味着可持续增长。工业化国家增长正在向减少资源密集型和能源密集型的经济活动、提高资源和能源的使用效率方向转变，如果这种转变能够继续进行下去的话，那么，在环境方面，经济是可以持续增长的。《增长的极限》关注不可再生自然资源的耗尽问题，而《布伦特兰报告》关注的是自然有限的接纳能力、对可再生资源（比如鱼类、水、空气等）的危害等问题。它提倡召开一个国际性会议，回顾已经取得的进步，并提倡建立“在人类需求和自然规则指引下，人类持续进步”的必要标准，联合国环境与发展大会由此而来。1992年6月，里约热内卢会议又产生了《里约宣言》和《21世纪议程》。

可见，环境问题已经成为各个国家和地区在追求经济增长的同时必须正视的一大问题。简单说来，环境问题可被定义为以高于自然恢复率的速度开发自然资源造成的资源耗竭，以及由此而形成的环境恶化和污染，它会危及民众生活的持续和经济的再增长。发展中国家在经济起步的初期，往往实行粗放式的经济增长，而忽略环境的成本。战后台湾的发展模式也莫不如此，伴随着快速的经济增长，台湾的生态环境也付出了巨大的代价。1970年，台湾的空气污染指数不到40（以1981年为100），而1988年就达到了115。岛内的45条河流均被有毒废水所污染。台湾目前面临着多方面的环境恶化。在城市化和环境方面，虽然快速的工业化和较高的人口增长率，使得台湾的城市化程度有了显著的提高，城市人口比例由1950

① 永续发展在大陆通常称之为“可持续发展”。

年代的不到30%上升到1990年代初的80%以上，城市数量也有较大增加，然而，由于人口过度集中于都市，过度的拥挤和噪音、犯罪的增加、垃圾的泛滥等等，都严重干扰着人们的正常生活。在农业方面，大量杀虫剂的使用，不仅使生活用水质量下降，而且导致了某些动植物的灭绝和濒于绝种，失当的水利建设，如地下水的开发导致了地盘下陷，森林砍伐和山坡地开发引发了泥石流。工业化带来的环境污染更为显著。台湾著名的污染事件，大都与工业生产有关，如1965年高雄东南化工厂排放二氧化硫事件，1980年仁武工业区氯外泄事件，1984年桃园芦竹乡立翔化工厂甲基乙基酮过氧化物爆炸事件，1985年7月第三核电厂爆炸事件等等，都暴露出台湾日益恶化的生态环境。

环境问题的恶化与在追求经济增长中忽视环境和社会成本的思想是密切相关的。台湾当局前期的经济政策主要以经济成长和经济稳定为政策目标，在政策制定的过程中，并未产生重视环境成本和社会成本的思想，因而对政策所产生的环境负效应缺乏预见和考虑。高希均等顾问和学者就曾多次批评台湾当局“在经济快速成长中，轻视环保的推广，轻视社会成本的分担”。① 从很多方面，我们都可以看见这种环保思想的欠缺。

就台湾引以为豪的出口扩张战略而言，虽然围绕这一战略而实施的发展公营企业及促进民间中小企业的各种政策产生了积极的作用，但同时由于迫切追求经济增长而产生的短视，使得“政府”忽略了环境的成本。例如在公营企业方面，1970年代由于石油危机引起油价暴涨，核能发电成本相对较低的优点特别凸显，因而所谓核能发电的安全问题几乎不曾公开讨论，核能发电计划从而顺利推动。而在鼓励发展民间中小企业方面，中小企业本来就资本微小，需要“政府”加以扶持相应的防污染措施及技术，然而台湾当局直到1980年代才开始在民意的压迫下实行这一扶持。因此，在多年的忽视下，台湾积累了严重的淡水、海水水域污染和大气的污染。另外，台湾当局在战后初期实行“以农养工”的政策时，采取了人为压低农产品价格以实现低工资的方法，从而藉由工业利润的增加来诱导民间投资办厂的愿望。同时，在1960、1970年代，当局一直通过“政府”干预来实行低物价的政策，以保证经济的稳定，虽然这些政策起了一定的积极

① 高希均：“台湾经济发展过程”，见高希均，李诚主编：《台湾经济发展1949—1989》，北京：国际文化出版公司，1992年版，第11页。

作用，但是，低价格同时也诱发了家庭和企业能源利用上的浪费，能源利用效率的极其低下产生了无法避免的资源耗竭的效果。前苏联的发展模式便是一例，① 而台湾当局的一些政策也产生了类似的效果。

（二）经济增长的道德限制与环保思考

鉴于目前的经济增长对环境产生了巨大影响，以致扩大生产不能持续进行，伦理经济学不得不选择预防的措施，向政策制定者提供意见。因此，在1992年的《里约宣言》中有这样的一段话："为了保护环境，各国应根据自身的能力广泛地实施预防措施。在可能发生严重的、不可挽回的危害的地方，如果没有详细的科学根据，就不能推迟防止环境恶化的各种节约成本的措施的实施。"在1991年的《马斯垂克条约》中也能发现类似的原则。国际社会对此的关注表明，不必要的环境资源耗竭存在道德上的限制。人类面临的巨大挑战就是如何保护子孙后代的基本需求，并且不伤害到第三世界国家的人民。这就意味着，工业化国家居民许多不必要的需求都应削减。这只是一代人之间或几代人之间的社会公平问题。人们不得不问：一代人可以把不可挽回的危害转嫁到另一代人身上吗？社会公平性要求人类尽最大力量保证人类的将来，尊重"永久生存"标准。很明显，社会公平性和生态可持续性是同一个硬币的两面，因此，真正的社会经济学就应该是注重生态可持续发展的经济学。要以首要的社会价值观，比如说"保护子孙后代"，来支配市场经济活动。这才是克服了传统经济学个人主义的研究方法。②

随着经济增长与生态环境的矛盾日益突出，台湾许多官员和有关学者都对经济增长与生态环境保护之间的关系进行了重新思考。例如，台湾当局的顾问之一于宗先就提出："经济发展的最终目的不是经济成长，而是人民生活水准普遍的提高，和人民生活素质不断地获得改善。"由此他进而批驳了经济成长必然要求牺牲环保的论调："有不少人认为维护生态环境，必须付出代价；由于这个代价太高，它会阻碍工业的成长。这种论调似乎言之成理。如果仔细加以推敲，我们不难发现这个论调与认为提高工资水准，必然会增加生产成本，从而使产品在国际市场上失去竞争力一样

① ［日］速水佑次郎著，李周译：《发展经济学——从贫困到富裕》，北京：社会科学文献出版社，1998年版，第8章第3节。

② ［美］卢兹：《经济学的人本化渊源与发展》，成都：西南财经大学出版社，2003年版，第10章。

缺乏实证基础。……至于为维护生态环境所付出的代价，在短期内，对业者而言，确是一种生产成本，但严重的污染对生态环境所产生的破坏，却是难以衡量的社会成本，同时这种社会成本要由每一位社会成员来负担，而且无人能幸免。……在台湾，如果今后仍以增加生产成本为借口，拒绝对生态环境的维护，我们可预料到，即使今后我们的经济成长率仍会多提高几个百分点，但我们的生活素质将会如江河之日下，并非那几个百分点所能弥补的了。”① 可见，于宗先是从环境恶化引起的社会成本反而会使经济成长得不偿失的角度出发，提倡经济成长与环保兼顾，重视生态环境维护。这种不能以牺牲环保来追求纯粹经济增长的思想如今已成为对待经济增长与环境保护问题的主流，黄智辉甚至提出：“为了改善我们的生活品质以及留给后代子孙良好的生活空间，必须把较多的资源投入防止污染的用途，如果在环保与成长两目标无法兼顾情况下，为了环保，宁可牺牲成长。”②

既然我们意识到严重的环境问题对人类未来将产生巨大的威胁，这不仅要求人们改变生活方式，而且还要求人们改变认识问题的方式以及解决这些问题的方式。如果要更深刻地理解这个问题，就意味着要对经济活动和自然环境的相互关联性作出正确的评价。王鑫在《实质发展与环境》一文中认为，观察世界各地经济发展的例子，明显可见，许多发展都是在消耗那个国家的自然资源。随着时间的移转，为了争取生存、争取经济生活的提高，这些发展中的国家除了耗尽它们的资源、环境之外，几乎难有其他的机会去赶上已开发的国家。在已开发的国家中，有些国家具有丰富的天赋资源，有的有长久的高级精密工业基础，有的则是具有三百年以上的殖民时代，从落后地区盗取了足够的财物资金。不幸地，台湾全岛并不具备上述条件的任何一项，因此要想从平均“国民”所得3000美金提升至8000美金，除了全力消耗人力与天然资源、环境之外，似乎难有其他选择。在这些发展中国家里，外来的投资也以企图利用当地的资源、环境为目的。不幸的是在资源、环境的开发利用过程中，甚难兼顾生态与环境的问题，因此在资源开发与环境衰化之间失去了平衡。这些发展中国家也大

---

① 于宗先：“经济发展与生态环境的维护”，见于宗先：《突破观念束缚中的茧》，台北：经济与生活出版公司，1985年版，第327—331页。

② 黄智辉：“富裕社会中的贫穷”，见黄智辉：《台湾经验的省思》，台北：五南图书公司，1990年版，第106　107页。

多缺少技术上的能力以及足够的技术人员。尤其在发展观念上仍停留在30年前的情形。在今日的发展世界里，不论是已开发的国家或发展中的国家都共同面临着同样的环境问题。不知道如何才能妥当地兼顾人类自然环境的完整性、持续的经济成长，以及工业化。①

同时，在国际上，人类经过认真总结自己的发展历程，重新审视自己的经济社会活动与发展行为，在20世纪80年代以来逐渐形成了一种新的发展思想和发展模式——“可持续发展”，这是一种涉及人口、资源、生态环境、经济、社会等诸多方面的新的发展意识。因此，正是在现实的矛盾和国际思潮以及岛内本身思想转变的影响下，台湾当局开始检讨当初的经济决策，并作出了相应举措。1990年代台湾当局订定新的产业升级策略时，把对环保的要求列入了新产业的发展之中，污染防治成为台湾努力发展的十大新兴产业之一。2002年，“行政院”永续发展委员会大改组，延聘多位永续发展主力人士加入，由“行政院长”亲自担任主任委员，并拟定了《永续发展行动计划表》，以2002年到2011年作为永续贯彻期，且宣示2003年为“永续元年”。从这些举措看来，无疑，台湾当局过去忽略环保的思想已经转变，而经济发展与环境保护并重的思想被提上日程。

事实上，良好的自然环境将会是台湾地区未来能否成功地发展成类似瑞士成功吸引欧陆以及世界各国的顶尖人才前往定居谋求发展的必然条件。中华经济研究院研究员伯云昌在《台湾经济如何跳过断崖、展翅高飞》一文中认为，没有优良的自然环境与生活品质，就难以吸引全亚洲一流人才或富人或大企业的青睐，来台置产、居住、或从事投资设立研发及营运中心。这些研发中心所吸引来的国际一流工作人才，未来也可能要在台湾置产、居住、甚至结婚生子。故未来台湾的大部分山林均应恢复原有青山绿水的面貌，除在严格条件下从事观光休憩业外，均不应开放。不必要的传统农业生产也应鼓励从事改为种植平地森林游憩区；所有会产生重大污染的生产事业均应严格管制或禁止在台湾设厂。此外，重工业也应鼓励外移生产再运回成品加工成高附加价值的产品行销国际。鼓励绿色产业及相关科技研发将是未来台湾投资的重点产业，因为绿色产业不但环保且未来经济潜力十足，利润丰厚。除高科技研发、服务业外，环保绿色产业

① 王鑫：“实质发展与环境”，《大自然》季刊第9期，台北：台湾自然生态保育协会，1985年11月。

将是台湾未来的三大支柱生产事业之一。① 尽管从纯粹经济面的就业来看，前述的说法不无有一定的争议，但是积极重视环保的观念已成为新世纪影响台湾未来经济发展的一种重要思想潮流。

二、台湾民间环保思想的积极促进和发展

（一）积极批判和推动“政府”的民间环保思想

虽然台湾当局已经从轻视环保转变为环保与经济发展并重的思想，然而从台湾的历史和现状来看，推动环境问题解决的主动力量往往并非来自于“政府”，而是来自于民间。台湾大学地理系教授王鑫以为，“我们并不否认有些‘政府’事务是具有‘道德性’的。在这些事务上，妥协或是交换条件可能是避免不了的策略。”“‘政府’这个东西的另外一个本质，是她很少创新。这正好和很少放弃错误搭配成对。大部分的创新似乎都来自‘政府’体系之外。”“‘政府’计划顺利执行的另一个条件是要避开政治压力。任何‘政府’计划，如果具有单纯的目标，就容易成功。但是，‘政府’在环境经理的角色上，常常发生的情况是来自各方的压力要求兼顾就业机会、地方财务等等。一旦目标分歧、多元之后，整个计划就出现了各种破绽，走向四不像的窘境。”② 从民间对环境问题的批判和环保思想中，我们不难找出其中缘由。

一方面，台湾民间把环境污染造成的公害俗称为“公营之害”，即认为当局公营事业造成的污染是台湾最大的污染源。公营事业的污染问题，并非短时间内造成。台湾光复之初，国民党当局就将日资企业大量接受为公营事业，这项经济政策奠定了日后的“国家”资本主义发展的基础，而在1960、1970年代的20年间，以公营事业为主导的经济发展形态，更使台湾经济全面提升。虽然台湾民众享受了经济建设成果的果实，但同时由于当时民众的环境保护意识并未觉醒，经济挂帅的政策又使得各级“政府”未能注意到公害的防治，而当局对公营事业的“自己人”的心态，也造成了对公营事业在生产过程中污染的监督放松，致使台湾民众如今必须面对公营事业的巨大污染。由台湾的资本结构来看，公营事业占全部的

① 伯云昌：“台湾经济如何跳过断崖、展翅高飞”，台北《经济前瞻》第102期，台北：中华经济研究院，2005年11月。

② 王鑫：“政府在环境经理上的角色”，《大自然》季刊第43期，台北：台湾自然生态保育协会，1994年4月。

1/3强，这意味着至少有1/3以上的污染来自公营事业。既然公营事业带头污染，民营企业的污染也不例外，两相结合，造成了台湾严重的环境问题。以台湾的西海岸为例，战后初期“牺牲农业，扶植工业”的政策，使得西海岸的农民纷纷走入养殖业，养殖业需要干净的水源，但整个西海岸从南到北到处都有水污染，尤其是公营事业的污染，结果养殖业者只有依赖地下水，一抽再抽，造成了西海岸严重的地层下陷和海水倒灌现象。可见，台湾当局在环保思想的提出和环境问题的解决上之所以处于被动地位，是因为很多环境污染的根源就来自于“政府”本身。因此，与当局的被动相比，台湾民众却表现出积极强大的环保力量和尖锐活泼的环保思想。最为典型的便是1980年代鹿港反杜邦事件，彰化县海滨及鹿港的民众成功地抵制了“政府”意欲让美国杜邦化学公司在鹿港投资建厂的计划，从而避免了可能产生的二氧化钛的严重污染。这一事件中，民众已经不是简单地就环保而谈环保的问题，而是纷纷指责当局的环保政策与环保单位只是橡皮图章的单位与口号而已，不仅直指当局决策的本质问题，而且将反公害的诉求提升到对新帝国主义、跨国公司的批判的高度，成为台湾民众反公害史上一个里程碑的事件。从此，台湾民间反公害的思想提升到政治经济学的层次，不仅限于环保的具体问题，而且对环保问题中所反映的地方官僚的败坏、“国家”资本主义的本质与性格、官僚与资本家勾结的本质、“国家”机器末梢与污染资本家利益挂钩等都作出了彻底的批判。①

另一方面，台湾当局的短视实用主义也使得其环保思想缺乏积极主动的性质，容易流于“纸上谈兵”。对此，民间的学者进行了尖锐的批评。自由经济学派一贯批评当局拨弄增长数据的狭隘的经济成长的思想，要求当局去除对短期经济增长的短视，而考虑长远的经济发展。萧新煌等知名学者更是为文著作，评估“政府”的永续发展政策，呼吁永续发展的落实。他们指出，十多年来，台湾虽然历经政治转型、政党轮替、民主巩固等重大变革阶段，但是在“经济增长 vs. 环境保护”的典范转移上，却没有什么突破进展，依旧在两者之间打转，在面对和处理海岛环境问题的时候，也从未真正下决心采取“前瞻性规划”，始终摆脱不了“回应性修补”的窠臼。

---

① 参见杨渡：《民间的力量——台湾社会的现代启示录》，台北：远流出版公司，1986年版，第二、三篇。

关于核能发电与环境保护的争辩，就是始自上世纪80年代末一直争论至21世纪初的一个备受争议，至今仍然悬而未决的环保与经济发展的例子。东海大学景观系马以工教授认为："电厂污染较之垃圾场设置、石化、农业等高污染性工业所引起的抗争性活动不尽相同，""环境保护无疑已成为近年来非常热门的话题，有'保护'当然就有相对的'开发'，虽然许多人都喜欢强调，两者之间可兼容并蓄并不冲突，不论是过去环境保护重于工业开发的施政宣誓，或是目前不妨碍工业开发的环境保护，都说明了两者之间不能避免的对立。""纵使火力发电厂也有使用年限的问题（任何机件设备均有），但较之核能电厂大约30年的短暂使用年限，火力发电确有优势，一般火力发电厂并没有拆厂的问题，拆厂是纯属核能电厂的问题。目前全世界尚无完全拆厂之案例，但预计将耗费与建厂相等之费用。"、"核能发电是一种公共政策，公共政策的执行如果没有得到绝对多数大众的认同（美国的绝对多数是定在75%），其执行过程即有瑕疵。""平时核电厂的意外事故总是在核工专家保证不发生意外事件的情况下发生，1979年美国三里岛事件和1986年前苏联的切尔诺贝利事件，都是在一再保证下的产品。"① 关于是否应当兴建核四厂，不仅执政数十年的国民党到下台之前没有解决，而新上台的民进党虽然也试图建立"非核家园"理想，并从停建争议了十多年的核四着手，但终究也是"有想法，没办法"，似乎也未挣扎出一个明确的方向。② 而陈水扁上任后提出的"经济优先，社福暂缓"思想，也被斥为"重抱前威权时代的旧思维与旧政策"。③ 因此，要摆脱台湾当局长期以来的"实用主义"的短视，从经济发展而非单纯经济增长的角度落实永续发展的政策，还有一段很长的路。

（二）民间环保组织面向大众的宣扬和思考

如今由经济学的原理，我们知道，环境污染的产生起源于市场的失灵，由于公共资源和物品具有非排他的属性，缺乏明确的产权划分，因此，使用这些资源和公共物品的私人成本会背离社会成本，造成环境的"外部性"或"外部效应"。环境问题即来自于利用自然资源中的负外部

① 马以工："从环境规划看未来能源问题"，《大自然》季刊第31期，台北：台湾自然生态保育协会，1991年4月。

② 参见萧新煌等：《永续台湾2011》，台北：天下文化出版公司，2003年版，序言。

③ 古允文，刘育廷："民主与福利——台湾社会福利支出的验证（1981—2000）"，见江宜桦等：《华人世界的现代国家结构》，台北：商周出版公司，2003年版，第220页。

性，其核心在于私人对环境资源的开发超过了社会最优水平。因此，把利用环境（诸如把有害气体排放到空气中）的私人成本提高到社会成本的水平之上，环境问题就能得到解决。实现这种平等的政策手段在理论上也是众所周知的，一是根据科斯的定理，在用适当的费用就能对产权加以界定和保护的地方，由政府来界定公共资源的产权，如通过对排放污染物质的企业和家庭实行“可销售的污染权”或“贸易许可证”配给，可以把诸如空气和水这样的环境资源的产权确定下来；二是根据庇古的理论，利用税收和补贴同样可以实现最优控制。可见，环境问题的解决需要市场以外的政府来加以控制。

在现代民主制度下，至少从法定的角度看政府是作为中立的第三方居于释放污染的企业和遭受损失的居民之间。然而就台湾的事例而言，由于释放污染的企业是“政府”的一部分，以及当局在认识和处理环境保护与经济发展之间的联系时，未能摆脱实用主义的短视，因此，民间的力量就不得不成为批判环保不力并推动环境问题解决的主导力量。

更可贵的是，除了力促“政府”加强环保以外，台湾民间还组成相当数量的环保组织、创办环保杂志，向大众广为宣扬保护自然环境的重要性，以期达成社会长期的和制度化的环保共识。如，影响力较大的《大自然》季刊就时时体现出这种语重心长的劝导意识：一个社会要享受经济增长，也一定要付出代价，今天台湾一般人的心态是，只顾自己目前短暂的物质享受和繁荣带给他们的快乐，而留给后代子孙去偿还繁荣与享受背后所应付出的代价。整个社会，就如同一个十五六岁的少年，耽湎于欢乐美好的时光，而不愿为自己生存的前途负责。更不幸的是，今天政策的拟定以及政策的推行，也和绝大多数的“国民”，抱持着相同的心态，一味地追求着经济的繁荣，并以物质来麻醉“国民”，当作经济政策的成就。如果我们仍然依循着这个方向继续的发展，除了台湾的生态和环境，有一天要面临全面崩溃的命运外，这岛上的居民，将演化成一群贪婪、自私、堕落的人类的新品种。对经济发展所造成的环境或生态冲击的任何补救和维护的措施，仅是一种消极的工作。我们更应积极地、严肃地来探讨在人类文明发展的历史过程中，如何为台湾这社会寻求出一条踏实而健康的道路。因此任何经济的活动，如将造成生存环境的严重污染和生态的破坏，那么就应立即调整我们的经济政策，甚至于改变经济的结构。我们深信，经济成长率不是衡量一个社会进步的唯一指标，因此我们摒弃危害生命安全和生活环境的任何经济活动。人类应以大自然体系下的从属地位，本着尊敬和爱护大自然的心怀，珍惜地球上极有限的资源而妥善使用。人类唯有放弃主宰宇宙、征服自然的野心，建立与自然互依共存的新关系，那么我们的文明，在这地球上才有继续绵延的希望。①

第四节　制度、文化、教育与台湾的经济发展

一、台湾经济增长的经验与制度性体认

从战后初期台湾开始大量引进现代经济学理论以来，发展经济学理论、新古典经济学理论等等，都对台湾经济政策的制定、思考和建议产生了重要的影响。尤其是以新古典主义为代表的国际主流经济学，在台湾的政界、学界、教育界，都一直居于主导地位。然而，由于现代经济增长理论基本上是以英美为首的英语圈发达国家为对象进行分析的。由于这些发达的英语圈国家的市场体系较健全、资源配置体系比较完善和发达，从而忽略了对经济运行机制和环境的研究。尽管现代经济增长理论承认经济运行机制和环境对经济增长的重要性，但往往把它作为给定的因素而不予更多的研究。因此，现有理论难以解释同样的资源在发达国家与发展中国家的产出差别为什么很大的原因。不过，自从新制度经济学派的科斯、诺斯等人纷纷在 1991、1992 年获得诺贝尔经济学奖以后，制度经济学也开始为台湾认识经济增长和经济发展提供了新的视角。1996 年纳尔森的研究指出，在经济增长的研究中，市场经济组织制度的复杂性大多被掩盖了。就算技术进步是经济增长的决定性因素，为什么不同国家和不同企业的技术进步差别这么大？那么，决定技术进步的因素又是什么？纳尔森把市场经济制度比作进步的发动机。他认为，自由的市场经济制度建立了一种可行的方法，保证创新的动力有着多重来源，并且让创新主体在真正竞争的环境下大胆设想，勇于实践。并认为支持现代市场经济技术进步的组织制度主要包括：1. 专有权管理，包括产业研究与开发与实验室的关键作用、占有机制及其范围；2. 技术的获取、

---

① 张国龙："人与自然互依共存"，《大自然》季刊第 8 期，台北：台湾自然生态保育协会，1985 年 8 月。

分享以及企业间的合作，包括专有技术怎么成为公共技术，企业间的研究与开发合作机制；3. 大学的作用。

1979 年，联合国教科文组织召集 17 国专家专门讨论世界综合发展问题，会后该组织请与会者之一——法兰西学院名誉教授 P. 佩鲁以此为主题，从哲学角度进行思考。1988 年佩鲁的研究认为，对经济增长的研究，正如过去 30 年在定义确定、理论应用和形式化方面所出现的问题那样，暴露了它在为发展中国家制定和由其执行的经济政策方面存在的根本性缺陷。关于制度对经济增长与发展所起到的关键性作用，1989 年兰德斯在美国经济学年会上，也以《为什么我们如此富裕，而他们那么贫穷?》为题，就经济增长与发展问题中制度产生了重要的作用为内容发表演讲。兰德斯认为这个世界由不同形态和规模的经济体组成，有许多十分富裕的国家或地区，同时也存在一些非常贫穷的国家。一些国家和地区迅速地增长，而一些国家和地区则根本没有增长的迹象。有些国家也有很大的投入，却没有持续高速的增长。因此经济增长与发展的核心问题并不是一种投入产出的问题。因此，不管是不同国家还是不同的企业，同样的投入产出往往差异很大。根本的原因在于不同国家或地区和企业有着不同的资源和风险配置系统及激励约束机制。发展中国家往往缺乏有效经济制度及资源和风险配置系统，缺乏社会激励兼容，因此投入同样的资源，却难以达到与发达国家同样的产出。可见，健全完善的经济系统是促进经济持续稳定增长的决定因素。因此，对于发展中国家和地区而言，关键在于研究建立产生经济高增长背后的运行系统和机制。

无疑，经历二战以后半个多世纪的经济增长，台湾逐渐摸索出了一条市场经济自由化的道路。而进入 1990 年代以来，台湾学界就有一部分学者纷纷进入一个更为综合、全面的制度性视野，来对这一历程和经验进行了检讨、回顾。台湾金融研训院院长薛琦对台湾经验的制度性体认就十分具有代表性，他提出：“根据韦伯伦的说法，制度就是一个社会当时普遍流行的思想方法。这个普遍的想法决定了经济社会中人们互动的方式，如决策、交易成本、甚至今天大家所重视的创新环境等。这些因素决定了一个国家长期的经济成长与发展。因此，如果说制度是一个国家经济发展的软体基础建设，一点也不为过。再说，制度一旦形成之后，正因为它有共同性、普遍性，同时也包含了争议处理的机制，大家依循制度运作，多能顺畅，这也是经济学鼻祖亚当·斯密在两百多年前就指出，一个国家追求富裕、成长，最后限制它发展的因素就是制度。台湾地区成功的经济发展就是一个最好的例子，如果把时间拉长一点，台湾经验其实是一个建立制度、建立市场经济的经验。”他还认为，大陆1978年改革开放以来的经济发展其实也是一个走向市场经济的制度变革。①

“中央研究院”研究员朱云鹏也认为：“自由化是一种‘政府’政策导引的制度改变。而任何一种制度改变在影响经济活动上扮演角色的重要性，在诺斯（1991）文中有很好的描述：‘制度是一套人为的限制，用以规范政治、经济与社会互动……制度缓步地演变，将过去与现在和未来联结在一起……制度决定了一个经济体的诱因体系；当此体系演变的时候，它决定了一个经济是走向成长、停滞还是衰败。’”②

然而，以制度作为检视台湾经验的视角仅仅是开始，学者们所获得的制度性体认，其实更加着重于思考台湾要获得长期经济成长，其制度性保障应是什么？显然，这就必然要涉及如何对台湾经验中所得出的市场经济自由化的宝贵经验加以巩固，以及台湾在新世纪以来所面临的制度性挑战是什么等问题。如，薛琦就分析指出，经济长期成长，制度的重要性胜过政策的重要性，“政府”政策应有制度性的长期规划，应避免政策的短期性和随机性，因为“任何短期经济政策都有副作用……若政策多从短期出发，长期一定要付出代价，更可怕的是祸及我们的下一代。”他还把如何整合台湾与大陆的关系纳入到台湾长期经济成长的制度性因素，认为：“台湾经济何去何从，……可以从两个大面向来思考：首先，台湾能不能坚持制度改革，大力推动？其次，两岸关系能否持续改善？”③

基于此，有的学者对经济增长中市场与“政府”的关系重建进行了制度性反思，如台北大学经济系教授周添城剖析道：“当前台湾的经济窘境，不单纯在失业升高、经济成长率降至百分之六或以下等等表象，更深沉的问题是过多的政治干预，已使台湾经济负荷过重，难以发挥竞争力。由于内部政治不太清明，促使政商勾结取代了正常应有的政企关系与分际，进

① 薛琦：“制度的品质——停建核四真正的代价”，见薛琦：《薛琦经济聊天室》，台北：先觉出版公司，2003年版，第123页。

② 朱云鹏：“经济自由化政策之探讨”，见施建生主编：《一九八〇年代以来台湾经济发展经验》，台北：中华经济研究院，1999年版，第135—136页。

③ 薛琦：“制度与政策孰重？”“浴火凤凰”，见薛琦：《薛琦经济聊天室》，台北：先觉出版公司，2003年版，第129—131，152—159页。

而败坏了一度公平而良好的投资环境，再加上自由化政策未能大幅推展，导致财团以卡位取代长远的投资规划，竞相凌驾经营，同时也进一步扭曲了政商关系，形成金权政治积重难返的弊象。至于对外方面，不论两岸政策或外交政策，均以人为干预取代市场机制，错乱了资源的配置。因此，台湾经济发展所面对的问题是：‘政治’与‘市场’这两股力量，到底将由谁取得主导权？”①

朱云鹏则通过对台湾1980年代以来的自由化各种案例进行分析，对“政府”职能的转变提出了更为成熟的认识，他认为，虽然台湾在市场愈形扩大和日趋成熟、民间力量日趋茁壮之时，有市场失败而需“政府”介入或高度管制的情形日益减少，“但这并不表示‘政府’的最适职能应当减少……实际上，对‘政府’直接参与生产的需求可能减少了，但对‘政府’其他功能（包含裁判与警察）的需求反可能增大了，所以在从事自由化之制度改变时，关键较不在于‘政府’整体职能的扩大或缩小，而较在于职能内容的调整。”因此，他认为，长期看来，台湾自由化制度的改革的关键还不在于1980年代初期提出“自由化、国际化、制度化”的宣示，而在于其后的步骤能否出现“政府”“边做边学”的良好效果。② 值得注意的是，这种认识在一定程度上受到了当前国际学界关于政府作用的重新检讨的影响，或者说是与之契合的。诚如美国经济学家杰拉尔德·迈耶所分析的，在20世纪90年代，人们通常认为国家是过度膨胀的，为了使价格正确，需要有一个市场价格体系，为了使政策正确，稳定化、自由化、放开管制和私有化是必须的。然而，由于制度经济学的影响，“现在人们终于认识到，要使价格和政策正确，还必须‘使制度正确’。”“关于政府的作用会出现新的观点。问题将不再是新古典主义观点所认定的市场失灵或政府失灵。未来的分析必须承认新市场失灵，必须对政府政策采取成本－效益分析，必须确定政府行动支持制度和深化市场的方式。……将来可能会出现反对第二代发展经济学家所倡导的最小限度国家的观点。确实，国家不应过分膨胀。在消费品和生产资料的直接生产或引发革新和变革方面，政府确实不能比私人部门干得更好。但是，在处理新市场失灵（信息

① 周添城：《经济奇迹的迷思》，台北：中华征信所企业股份有限公司，1998年版，第205页。

② 朱云鹏：“经济自由化政策之探讨”，见施建生主编：《一九八○年代以来台湾经济发展经验》，台北：中华经济研究院，1999年版，第160—161页。

不完全、市场不完全、动荡的外部性、规模收益递增、多重均衡和路径依赖性），提供公共物品、满足教育、健康，减少贫困和改善收入分配等优化要求，提供物质和社会基础设施，以及保护自然环境等方面，政府仍然具有广泛的功能。”①

虽然相比于占主导地位的新古典经济学，台湾经济学界在汲取和直接应用制度经济学理念方面才刚刚起步，但是，如果把视野放宽到文化、传统、道德伦理、教育等领域，就会发现，实际上，经过战后几十年来的经济增长，尤其是自20世纪70年代以来，台湾早已开始不自觉地审视这些非经济的制度因素，并且将其与经济发展的思考融合到了一起。

二、战后台湾在经济发展过程中所面临的文化冲突、文化调适与道德重塑

自韦伯《新教伦理与资本主义精神》等一系列研究文化与经济关系的论著引起世界性的反响以来，文化对经济发展的影响就一直成为广受关注的一个领域。在东亚奇迹被广为赞誉和探讨的1980、1990年代，一般认为儒家文化在日本和亚洲四小龙在战后的经济增长中产生了相当大的正面影响，而当日本于1990年代初开始陷入长期的萧条和调整阶段，以及1997年东南亚金融危机爆发之时，人们又开始质疑和检讨儒家文化对经济的影响是否一定正相关。那么，台湾在经济增长过程中又是如何来面对和处理相应的文化问题的呢？

实际上，台湾在战后数十年来逐渐融入世界经济的过程中，便饱受了文化冲突的体验。韦政通曾经从社会学的观点形象地描述了台湾人的这种体验：“‘边际人格’的描述，恰足以表达台湾在全球化冲突下造成的生活失调的真相。边际人格是由文化长期冲突引起的新旧文化、价值交替过程中的产物。他生活在新旧双重的文化生活中：一方面他享受着双重文化的某些优点，得到祖先所得不到的满足，一方面他又被两极化的价值所撕碎，感受到祖先所难有的痛苦。这种人竭力企图挣脱传统的枷锁，因此不为祖先团体所容；同时他又竭力拥护外来的优势文化，但不能入其堂奥，因此又不被优势文化所完成接受。社会学家施托奎斯对边际人的描述是：

① 杰拉尔德·迈耶，约瑟夫·斯蒂格利茨主编：《发展经济学前沿（未来展望）》，北京：中国财政经济出版社，2003年版，第16、24页。

这种人脚跨两个（或多个）社会，心理摇摆不定，在他的心灵深处，对这两个世界，同时怀有去留之念、爱憎之感，但分量不同，一强一弱。一个人跨越在新旧两个世界，往往会产生严重的矛盾心理。这种矛盾心理，正如美国的俄籍移民莎斯嘉所说的：我最大的悲剧，是同时看到相反的两面，某种事物头一天我似乎看来有道理，第二天全错了。尚不止此，许多事物同时觉得对，又觉得不对。许多人就是因彷徨在文化边缘所生的冲突，在不知何去何从的困惑下而造成生活失调。”韦政通还进一步指出，就理论上讲，传统人与传统社会相整合，现代人与现代社会相整合，边际人既不能与传统社会相整合——因为传统社会已在消逝，又不能与现代社会相整合——因为现代社会正在形成，因此造成个人解组。个人重组其实就是从传统人转变为现代人的过程。这个过程极其复杂，且与文化振兴运动密切相连，振兴运动如只停顿在本土运动的类型，势将延长个人解组的痛苦，并使社会蒙受更大的损害。振兴运动如能早日走向创新运动的阶段，将极有助于个人人格的重组。反过来，个人重组若有成效，亦将是推动文化创新的有利条件。①

因此，在现代化的演进中进行文化调适，也是战后台湾经济增长、制度演变的一个重要因素。实际上，文化调适问题是任何一个走向现代化的国家和地区都必然要面对的问题。这一问题涉及方方面面的思考，包括：如何适应现代化的需要改造传统文化，既要最大限度地发挥传统文化的积极作用，也要使传统文化得到创造性的转化；如何在现代化过程中吸收新的异质文化，促进现代化进程的顺利开展；如何在现代化过程中保持文化的同一性；如何使现代化过程最大限度适应文化传统，探索具有自己特色的现代化模式，并建立新的文化，等等。对此，一方面，早在战后初期，就有牟宗三、徐复观等学者在台湾开展新儒家的研究，意图重新发掘中国传统文化的精神，以应照西方的民主、自由、人权等理念；同时，也有柏杨、殷海光、韦政通等学者致力于以西方文化的视角重新检讨和审视传统文化，既批判传统文化的某些特质，也对传统文化进行创造性的转化。这些学者在台湾现代化进程中对中国传统文化进行重新解读、研究和转化的努力，在国际汉学界、华语圈产生了巨大的影响。自 1970 年代末和 1980

① 韦政通：“文化冲突与生活失调”，见韦政通：《中国文化与现代生活》，台北：水牛出版社，2002 年版，第 26—39 页。

年代以来，经过经济起飞后的多年探索和成长，台湾文化界开始日益呈现出前所未有的蓬勃现象。远在美国的学者林毓生就根据当时台湾林怀民的《云门舞集》、郭小庄的《雅音小集》、姜成涛的民歌演唱等文化现象，观察出台湾文化界已渐渐在超越以前那种没有生机的唯传统至尊和盲目崇洋的两极，认为台湾已经开始在严肃地寻找自己的根的过程中与传统产生了创造的链接，既丰富了传统的生命力，也吸收了西洋文化艺术的多元性。① 可以说，这种可喜的文化调适和创造性转化在台湾的文学、艺术等多个领域中都有呈现，而且目前也正处于不懈的探索之中。

然而另一方面，台湾在经济增长中出现的问题和反思，也为如何重建文化（尤其是道德伦理层面）提出了严峻的要求和方向。数年来，台湾虽然取得了不错的经济成长成绩，但社会的道德现状却日渐令人担忧。有的经建官员就这样反省道："过去'政府'为了要提高'国民'所得来改善老百姓的生活，谋求'国家'的富强，将大部分的精力放在经济建设方面，而未能以同样的注意和力量来从事文化建设，结果我们物质方面的确进步了，可是精神方面却相形落后。物质文明和精神文明的脱节，可以说是造成当前社会上许多病态和问题的主因。我们不能否认当前社会纪律巨幅转变，大家有钱的结果变成金钱万能，一切以利为出发点。笑贫不笑娼已成为现今社会的价值观。"② 学者石兹宜更对此进行了很直接的批判。他认为："台湾社会因为经济快速发展，也让我们失去过去在传统社会最宝贵的'同理心'，也就是所谓的'己所不欲，勿施于人'。缺乏同理心，使我们比禽兽都不如，商人让消费者吃含有抗生素的饲料奶粉、死猪肉、农药蔬果；家庭充满暴力，诸如：丈夫打妻子、父母虐待小孩、兄弟为争夺遗产而反目成仇等事件层出不穷；社会也充满暴戾之气，青少年为了被取缔飙车愤而攻击派出所，黑道分子视'政府'工程为禁向而动辄恐吓、威胁合法业者，民意代表成天打架、做秀而让'国会'殿堂沦为动物山庄。坦白说：这是一个残忍的社会。为什么我们生活在台湾这块土地的人，眼睁睁地看着别人痛苦，而心里一点不安都没有？我们何其残忍。"③韦政通则提出了重建现代道德价值观的迫切性："在走向现代化的过程中，我们

---

① 林毓生："超越那没有生机的两极"，见林毓生：《思想与人物》，台北，1983 年版。

② 天下编辑编：《走过从前回到未来》，台北：天下文化公司，1988 年版，第 99 页。

③ 石兹宜："从人格教化开始"，见石兹宜：《学习革命》，台北：天下文化公司，1998 年版，第 172 页。

的价值观念，尤其是道德价值方面，因固守成规，缺乏积极而创新的努力，不但使传统道德价值，在迅速变迁的社会中，越来越与现代生活脱节，且使生态方面的适应，和制度方面的适应，也因受到价值观念闭锁的影响，不能获得更大的成效。现代化的国家，大都经历了政治巩固、经济增长、社会动员和心理适应的过程，我们因价值观念的转变，远跟不上其他方面的变迁，所以在社会动员和心理适应方面，就遭到较多的挫折。现代化是一个整体性的变迁过程，某一部分变迁速度太慢，会造成文化失调，而拖累到整体。因此，目前迫切的工作，是价值的现代化，尤其是道德价值的现代化。道德价值的现代化，是要把传统的德目经过再解释，使它重新具有适应现代生活的功能。"①

那么，什么样的道德伦理是符合现代经济发展和现代社会的呢？就当前的台湾思想界来看，人们其实普遍提倡的是公平、正义、和谐等价值理念。如，韦政通认为在提倡竞争的同时，也要考虑公平："人是竞争的动物，人类如果没有竞争，也就没有进步。……为了适应现代社会，父母教育子女，不能不鼓励他们经由竞争的方式，去获得社会位置，可是我们很少想到，当一个社会还没有能提供公平竞争的环境时，这种鼓励会导致怎样的后果呢？在这种情形下，我们往往只想到竞争的好处，如竞争可以产生互相之间的了解，激励个人的进取精神和创造力量，而忽略了不公平的竞争，会给予个人和团体以解体的影响。社会对不公平的竞争如不能予以适当的控制，必不可避免使个人与个人之间、团体与团体之间，发生不道德的行为，甚至于暴力的冲突。在现代社会，个人为达成目标必须竞争，竞争是为求取胜利，当正当的方式不能如愿时，往往为情势所迫，只好利用非法的手段，于是只顾目的不择手段的无耻之徒常获得成功，而诚实守法却一蹶不振，当竞争演变成这样的结果时，其对道德的败坏是不难想见的。"② 为此，他提出在经济发展中，除了要尊重每个个人的自我主体性，也要宣扬一种"利他"精神，两者应均衡发展。因为"无论是社会全体或个人，价值发展的不能均衡，是社会缺乏进步，个人不能健全的一个根本原因。没有任何一个时代，再比现在更需要价值的均衡发展。原因之一是

---

① 韦政通："文化冲突与生活失调"，见韦政通：《中国文化与现代生活》，台北：水牛出版社，2002年版，第37页。

② 韦政通："道德问题"，见韦政通：《中国文化与现代生活》，台北：水牛出版社，2002年版，第184—185页。

现代社会与社会之间，个人与个人之间，它们的互依性和相关性，比以往任何时期都要大。尽管如此，人类的各群体间，偏见的存在，完全是事实。人类不同的社群，由于环境的孤立和社会结构、价值系统的互异，在共同的利益上很难得到一致的见解，社会文化的设计，多半只利于‘己群’，而不利于‘他群’。社会学家素罗金，在《人性的重建》一书中，认为如果人类要消除战争，必须建立一个利他的社会，要建立一个利他的社会，必须改变我们的文化、社会机构，和市民的人性，并将之导向一个利他的方向。文化、社会、人性，任何单项的改变，都将注定失败，因为这三种现象是不可分的三位一体。他说：我们须把人类所有的社会机构，以及所有的人类文化的主要部门，包括科学、宗教、法律、道德、艺术、经济和政治，转型到一个创造性的利他的方向。不然，所有的尝试均注定为夭折的，同时证明为有害无益。”①

经济学者朱敬一、林全也不满地指出：“长久以来，经济学家对于效率的概念，所做的诠释与推演极其丰富，但对于公平的概念，确实进展有限。……久而久之，公平面的考量，就形成了经济学者鲜少触及的沙漠领域。……然而，不论经济学者如何回避公平议题，他们总是难以回避一些极为基本的问题。经济学讨论资源分配，总不能对‘明显不合理’的资源分配噤声不语吧。”他们认为，所有的学问都有边界，但是从阿马蒂亚·森获诺贝尔经济学奖的事实来看，在传统经济学效率分析的范围之外，还应有道德伦理等重要面向。在当代社会“工具理性”与“效率至上”的压力之下，唯有努力顾及公平、正义、多元、和谐等人类族群以至于生物群体根本演进的伦理规范，人类社会才有更进步的一天。②

为此，学者们还提出了“政府”在推进道德培育和演化中的重要作用。代表性的观点有韦政通的“道德的组织化”一说。他指出，传统的道德（不限于中国），是对应着较单纯的生活和人际关系结合密切的小组织而产生的，如儒家的“己所不欲，勿施于人”，基督教的“爱邻如己”。这类道德起点由个体出发，终极的目标则要求个人人格的完美，扩及社会，也只限于面对面的方式进行，因此传统社会问题的解决，都寄望于道德软

① 韦政通：“现代生活的理想”，见韦政通：《中国文化与现代生活》，台北：水牛出版社，2002年版，第207、211、222、223页。

② 朱敬一，林全：《经济学的视野》，台北：联经出版公司，2002年版，第172—180页。

化，而道德软化的功效，则系于少数有德者，正如曾国藩所说的，“风俗之厚薄，系乎人心之所向”，这在传统圣化的社会，的确是如此。“君子之德风；小人之德草：草上之风必偃。”上行下效，风吹草偃，在生活单纯的小组织里，少数人道德的感化，是可以收到效果的。但在高度复杂化的现代社会里，如果把人的爱心和慷慨，仅由面对面的方式表现，把移风易俗的重任，仅寄望于少数有德者，我们很难想象这个社会将变成个什么样子。在现代化的社会里，人类的爱心与慷慨，业已利用科技的工具和企业化的大型组织在进行——“上晅”就是道德组织化的意思。道德经由组织系统的运作，可以不必用面对面的方式，就能达到救助远方人的目的。一个地方发生水灾或旱灾，现代可以利用现代化的运输工具，和有组织的机构的操作，迅速地将物资运往灾区，这就是道德组织化的功效。谢恩说：“在这个时代，利率的些微变动，即会触发通货膨胀（伤害到收入固定的人，特别是老年人）或是通货紧缩（造成失业），这证明仅说联邦基金储备会议需要好人来组成是不够的。当然那些人应该是好人——廉洁、献身人类福利，处事公正无私。但他们也同时应该了解财政和经济制度的复杂运作系统。该制度运作所产生的利害后果，其力量远大于其中分子作为的好坏。”这说明在现代经济生活里，组织化的道德，其重要性远大于个体性的道德。这自然不是说，个体性的道德不重要，爱邻人就是直接亲自去帮助在需要中的人，这种面对面的善行永远都是重要的，人类社会绝不会因成长而不适于它，问题在现代组织化的社会要求更多，只有组织化的道德才能满足这种要求。而个体性的道德与组织化的道德，实一根而发，这个根就是人类的爱心。①

同时，对于如何在转化传统文化的基础上重建现代文化，重建现代道德伦理，台湾学者们也普遍注意到了教育的重要性，以及“政府”应该在教育领域中发挥的积极作用和有效的作用方式。

三、现代教育与台湾后工业时代的经济发展

应该说，在战后以来的经济增长过程中，台湾的教育水准得到了很大的提升。到1985年，台湾地区六岁及六岁以上不识字的人占总人口的百分

① 韦政通：“道德问题”，见韦政通：《中国文化与现代生活》，台北：水牛出版社，2002年版，第194—195页。

比只占8.4%，到了2000年大幅降低为4.7%。全台湾15岁以上的人口，受到高职或高中以上教育的人口，也从1985年的38.5%，提高到2000年55.396%。从这一发展趋势看来，贝尔所谓的“后工业社会”的若干特征已经开始在台湾形成并快速发展中，而“政府”近年所推动的若干措施，如“资讯高速公路”、“高速铁路”以及教育改革等，都有助于以上社会特质的加速发展。

然而，随着经济的高度发展和步入后工业时代，台湾当前对教育问题的关注已经不在于识字率的提升和文盲的扫除，而日益转为对人格教育和人文教育的提倡。对此，各界学者纷纷从重塑道德伦理、适应多元现代文化的发展等角度宣扬相应的教育理念。如，学者石兹宜在对台湾社会现状的批判中就强调了人格教育的重要性，他指出，“荷兰人文学者伊拉斯模说过：‘国家的教育在年轻人的教育上。’教育改革是建立高品质社会的唯一希望。以往我们过于注重经济发展，忽略在政治、社会、教育、人文等诸多方面也该齐头并进，导致了失序、失衡等乱象。面对丛生恶果，并非单单拔掉败坏的果实就能解决问题”。他甚至尖锐地提出，“我认为：台湾是一个‘情绪文盲’充斥的社会，‘情绪文盲’如同失去生命意义的动物，可以说根本不是人。达摩经上有一句话，大意是：‘现在的我们就是由于我们过去的想法所造成。’这个社会的混乱不安、自私自利、尔虞我诈，是因为我们过去只重视‘智商’教育，我们可以教育出高学历的人，但我们教育不出高品德的人。我们欠缺一个成熟社会所需的人格教育，这些教育是属于处理‘情感智慧’。我非常同意《EQ》作者高曼教授（Daniel Godeman）的看法，他认为有一个传统的字眼可以涵盖EQ的主要内容，那就是：人格特质。所以要挽救这个社会，必须从人格教育开始”。①

韦政通则尤其强调通过教育来改变青年一代的权威性格，以建立适应现代社会的新性格。他指出，在岛内自己从事的一项集体研讨中，大抵已可以指证，权威性格是中国人的各色性格当中最基本的一种，其他的性格，如依赖、顺从、缺乏自发精神、消极退缩、多疑、羞怯、乐天知命、保守、怕失面子、缺乏个性等，不仅与权威性格相关，简直就是权威性格的不同表现。……代表中国人的这种基本性格，究竟是怎样形成的？事实

---

① 石兹宜：“扫除台湾的情绪文盲”，见石兹宜：《学习革命》，台北：天下文化公司，1998年版，第200—203页。

上，性格的构成与社会化的过程密切相关。社会化过程中，又以家庭和学校的教育占最重要的地位。因此，要改变台湾人的性格，也要从这两个方面去着手。要从耽溺于自我中心的想法中跳出来，方法之一，是在训练“开放思想”，养成改正自己的习惯。对一个权威性格已定了型的人，人类学和文化比较的知识，也许已起不了大作用；但对一个学生，这方面知识的吸收，有助于防止人格向那方面发展。①

黄俊杰则根据对台湾重新形成新文化的洞察，具体地提出了通识教育的主张。他认为，在即将迈入 21 世纪前夕的台湾，新的文化正在形成之中。这种新文化是以“自我意识”的觉醒为其基本特质，充满了多元性，它与传统中国政治主体主宰一切领域，“一元论”色彩很强的文化体系，有其本质上的差异性。从历史角度来看，近百年来台湾与大陆之间存有一定的隔阂，尤其是二次大战以后 50 年来台湾的经济发展，是台湾新文化得以孕育发展的重要历史背景。但是，台湾新文化却也面临许多问题，其中较为重大者有二：1. 由于台湾文化中的各个领域或社群的自我意识高度觉醒，并从过去的静止状态走向活动之状态，所以诸多“领域”或“社群”间之相互竞争乃至冲突不仅不可避免，甚至日趋激烈。因此，如何引导台湾新文化中各“领域”或“社群”回归和谐之状态？2. 台湾新文化既系以“自我意识”的觉醒为基础，那么，在台湾的“自我”展开的过程中，如何避免由于过度膨胀自我而落入狭隘主义甚至部落主义的陷阱？面对这两个文化问题，黄俊杰认为必须在教育中注入一种有机论的观点，使台湾的居民深深体认文化中的诸多领域，或“社群”之间存在着有机的而不是机械的关系，两者间是一种持续的而不是断裂的关系。只有基于这种认识，21 世纪台湾新文化才不至于因为“自我意识”的觉醒而陷入诸多主体互相冲突，或堕入部落主义之困局。而这有机论的眼光之拓展，则有赖于通识（而不是专业）教育来完成。“通识教育是建立人的主体性，并使人与他所处的客体世界达到互为主体的教育。”“我们可以说不论是从 21 世纪台湾的社会、经济或文化可能的格局来看，通识教育的重要性均不容我们忽略。”②

---

① 韦政通：“权威性格”，见韦政通：《中国文化与现代生活》，台北：水牛出版社，2002 年版，第 112、128、133 页。

② 黄俊杰：“大学通识教育的理论”，见黄俊杰：《大学通识教育的理念与实践》，台北：通识教育学会，2005 年版，第 47、49 页。

另外，还有学者根据当代经济发展的特点和需求来提倡人格教育和人文教育。如，曾任台湾成功大学校长、“教育部”部长的吴京，就尤其从知识经济的特点强调了人文教育的理念。他认为，知识经济很重要的一个特色就是多元性，它带动了过去的及现在的农业经济和工业经济，使其有更好更大的发挥，创新是知识经济的骨干。但这里的创新不仅仅指浅表的技术层面的创新，创新的根要扎深，还需要有人文素养的配合。人文素养是创意的源泉，没有人文素养，创意就是表面的，人文素养是知识经济的主要动力。因此，为了培养良好的人文环境，家庭、学校与社会教育应该在人格培养、基本科目知识的培养方面一贯互补。他提倡台湾教育规划的基本理念应是大学教育、技职教育、师资培育、私立学校、终生学习五育并重，由此让孩子们在快乐中适性成长，并有充分的机会发现自己。①

应该指出的是，台湾教育理念的以上转变，与伴随着战后经济发展而产生的个人主体性日益崛起密切相关。市场经济是一个以分权为特征的经济形态，随着市场经济的发展和深入，众多分散的、多样化的市场主体必然在主体意识、个人力量方面日益苏醒和增长。进入21世纪，积累了半个多世纪的市场经济发展的台湾，已处于这种新的社会形态之中，个人作为一个主体日益高度觉醒。学者杨国枢在比较及综合了数十项有关21世纪研究的发现以后，列举出二十项特点作为现代人的主要心理与行为特质，这些21世纪人格特质，虽未必一一出现于台湾，但是就其大趋势来看，个人主体性的觉醒，已是21世纪台湾社会的基本特征。在这样的新社会中，人与人相处之道就比过去更形重要。而且诚如贝尔所说，进入后工业社会以后，机械工业就逐渐被知识工业所取代。人类所面对的已不是“人与机械”的关系，而是“人与人”的关系的问题，因此，如何合作协调、如何发挥个人的主动创新性就成为21世纪社会中人类最重要的能力。只有通向人格教育、人文教育的改革才是培养这种整合其通观全局的能力的重要途径。

正是基于此，学者们在倡导现代教育理念改革的同时，也纷纷指出，“政府”一方面既要大力支持当今的教育转型，另一方面也要修正过去的“人力规划”理念。光复初期，台湾的教育深受国民党意识形态的束缚，

① 吴京：“知识经济时代的教育政策”，见高希均，李诚主编：《知识经济之路》，台北：天下远见出版公司，2000年版，第三章。

各级教育颇受政治之主宰。1960 年代以后，教育则又为经济建设而存在。1970 年代则又以科技发展为教育工作的主要目标。战后台湾大约半世纪，教育部门多半是为非教育部门（如政治、经济或科技发展）而存在。因此，过去 10 年来，岛内的教育政策受到“人力规划”概念的桎梏既深且巨。曾参与光复以来台湾经济发展的李国鼎、陈木在就曾经这样说明教育对经济的作用：“无论从事政治上的改革或经济上的发展，其人民先须具备某种程度的教育水准；而且，这种教育水准要不断地提高，才能提供由封建而民主的社会，以及由农业转变为加工性工业、再由加工性工业转变为创新性工业所需要的高素质人力。我们一直认为开发人力资源及投资教育是良好的长期投资，台湾的教育不仅相当普及，而且其水准不断提高，近十年更加强专业性教育的推展，以应技术密集工业发展的需要。”① 1990 年代中叶，台湾当局仍旧局限在这种传统实用主义的思维里认为，在迈入 21 世纪前夕的台湾所面临的诸般挑战之中，以产业及科技升级最为严酷。台湾经济在新兴工业化“国家”（NICS）中已相对落后，在“前无去路，后有追兵”的困境之中与时间的强大压力之下，台湾必须慎选若干策略性产业全力发展，并努力将台湾建设为一个“亚太营运中心”与“高科技之岛”，才能在 21 世纪新世界秩序中站稳脚跟，而这一些建设都必须“产、官、学”三方面密切合作始能克竟其功。在这种时间压力之下，台湾教育的内容必须全力配合“国家”需要加以调整，所以，教育部门应提供产业升级及自动化、建立亚太营运中心、因应加入世界贸易组织以后服务业所需的人力，并推广成人进修教育以及实施第一专长之补充训练。为此，台湾当局一些主管教育的官员仍然习惯性地将技职人力培育视为经济发展的重要一环，因而主张对综合教育和技职教育的比例进行统筹管理。

对此，黄俊杰就提出，以教育服务于经济发展这种说法固然是战后台湾经济发展的实情，但是这种只重视教育的附加价值而忽略教育在唤醒人之主体性的根本内涵，并不足以适应 21 世纪新时代的需要，而他所提倡的通识教育改革正是针对这种功利的教育观而力求改善。朱敬一、林全等学者也主张修正这种“人力规划”思维，他们指出，一方面，受限于“政府”无法对未来数年人力需求做到预测准确，因而，“政府”的人力规划

---

① 李国鼎：《台湾经济发展策略总论》两卷本，台北：联经出版社，1977 年版，下册第 483 页。

和对高职招生人数的管制常常无效。另一方面，教育的主体是人，教育的效益并不只是就业市场上“供需配对无误”。阿马蒂亚·森关于“经济发展的目的是为了实践与保障自由”的观点其实也正是教育的目的，没有人否认技职教育对经济发展的贡献，但教育不需要也不应该透过经济发展而得到肯定。因此，我们不要忽视劳动市场的调整机能，不应让“政府”以人力规划的集权思考，去主导教育政策。教育应该提供充分多元的体制和机会，让孩子们既体认到自己的公民权利和权利意识，也尽可能接触多元而丰富的文化面相，进而找到自己的兴趣和优势，作出自己的选择。①

综上所述，从战后初期至今，在半个多世纪的发展中，台湾从对经济增长的重视扩大演变到对经济发展的全面诉求，从着重 GNP 的增长，转而追求整个经济、文化和社会发展的上升，以及对制度、政策、文化、道德伦理、教育等多种非经济因素的综合思考，这不能不说是台湾战后经济思想发展演变的一个重要进步。这一进步无疑与战后世界范围内对经济发展的探讨密切相关。二战以后，国际上开始广泛注意到发展是建立在经济增长基础上的社会多维变化过程，1974 年获得诺贝尔经济学奖的冈纳·谬尔达尔在对南亚和东南亚发展中国家考察的基础上而著述的《亚洲的戏剧：对一些国家贫困问题的研究》一书中，就代表性地提出了发展不只是 GNP 的增长，而是包括了整个社会体系的提升，影响经济发展的有产量和收入、生产条件、生活水平、工作和生活的态度、制度、政策等因素，因而应从质和量上去把握发展问题，发展应该是经济增长再加上社会改革。1980 年代后期美国发展经济学家托达罗在《经济发展与第三世界》一书中也指出：“发展不纯粹是一个经济现象。从最终意义上说，发展不仅仅包括人民生活的物质和经济方面，还包括其他更广泛的方面。因此，应该把发展看为包括整个经济和社会体制的重组和重整在内的多维过程。”因此，除了收入和产量的提高以外，发展显然还囊括制度、社会和管理结构的基本变化，以及人民的态度甚至还有人民的习惯和信仰的基本变化。不难看出，借由 1960 年代第一次自由化运动和出口扩张策略而日渐融入世界经济体系的台湾，其在战后以来的经济成长和经济思想演变都自觉不自觉地与世界保持着同一步调，并受到世界思潮的很大影响和推动。

但另一方面，从经济增长走向经济发展的思想演变，也是台湾经济起

---

① 朱敬一，林全：《经济学的视野》，台北：联经出版公司，2002 年版，第 97—106 页。

飞后数十年来市场经济的深入和经济自由化运动逐步扩展的内在结果。1950年代初期的台湾是个贫穷的社会，人均所得不到200元美金，而到了1980年代，台湾便变成一个富裕的社会，不仅跻身于发达地区，而且东亚四小龙在当时也被称为新兴工业化社会。这固然是经济增长的一个奇迹，但是，这一从贫穷走向富裕的奇迹还远不能代表台湾所获得的真正益处。实际上，从长远发展来看，战后台湾市场经济的发展所催生的多元化市场主体，所培育的市场制度和市场精神，以及所引致的社会制度变革，在相当大的程度上促成了台湾民众主体意识的觉醒和成长，使之不仅能够积极参与经济增长的历程，而且能够充分探讨现代化进程中各种密切相关的环境、文化、教育等制度性问题，而且企业界、学界也能重新审视“政府”的恰当角色问题，并为“政府”职能的转变作出积极的推动。这才是台湾在战后以来的经济成长中真正获得的最大益处。自1980年代末期以来，台湾已从当初的新兴工业化社会逐渐演变成今天的后工业化社会。虽然在这一转变过程中，台湾产生了不少问题，尤其是当局始终未能摆脱重商主义思维，并且未能妥善处理两岸经济一体化的问题，导致台湾的经济发展受到阻碍，但是，在从经济增长到经济发展的思想演变进程中所积累下来的文化观念、多元机制，相信已为将来的经济成长和问题解决提供了一个坚实的制度基础。

第六章　战后台湾经济增长思想的成就与局限

第一节　战后台湾经济增长思想的成就

一、自由化思潮的迈进

台湾从战后至今的经济成长过程和其中所涌动着的各种经济思想及其相互之间的碰撞和博弈，远远比十几万文字所能表达的更为丰富和复杂。但要鸟瞰战后台湾经济思想的演化，我们却可以看到一条生动的脉络在从不间断地纠正和牵引着台湾的经济成长，这就是自由化的思潮及其演进。① 由于历史传承及现实需要等多重复杂的因素，战后台湾形成了以高度管制为特征的经济体制，虽然这种"政府"管制的经济在短时期内快速地实现了台湾的工业化，但其同时造成的其他问题及遗留下来的长期问题却是更为深重的。台湾作为一个成功的经济典型曾经被誉为亚洲四小龙之一，然而，进入1990年代，尤其是亚洲金融危机以后，随着四小龙奇迹的褪色以及随之而暴露出来的诸多问题，很多人都对四小龙的神话开始有了动摇和质疑。就台湾而言，尽管有着各种各样的台湾经济之所以成功和衰落的解

① 关于经济自由与经济自由化含义与定义的区分，于宗先院士以为，经济自由化与经济自由的意义并不完全相同。经济自由是指个人在行为上所享有的一种自由，与宗教自由、信仰自由、言论自由等一样，而经济自由化则是指经济制度的"松绑"或"解除管制"。经济自由化与经济管制是相对语，没有经济管制，便不会有经济自由化。也就是说，经济自由化是对经济管制的解脱。若从市场机能的运作来看，凡妨碍市场机能自由运作的任何措施，都属管制；反之，凡使市场机能恢复自由运作的动作，都是自由化。很多经济行为是受契约约束的。受契约约束的经济行为是否也是经济管制？难免有人会有这样的怀疑。任何契约都是由双方同意订定的，因此，双方都须遵守契约的规定。正如运动场上的竞技一样，先有一套约束双方行为的规定，而双方在规定之下，较量技能，就是一种自由竞争。只要执行这种规定的人是公平的，自由竞争的精神就会发挥出来。换言之，经济自由化的目的就是要创造一个自由竞争的环境，使生产资源得到有效的利用。前述的文字，见于宗先："迈向经济自由化的台湾经济"，台湾省政府新闻处编印：《迈向经济自由化之路》，台湾省政府新闻处，1990年版，第2—3页。

释，但如本书所述，自由经济的思想及相应政策为战后初期台湾防止通货膨胀和经济起飞起到了毋庸置疑的牵引作用，而后来与自由化相违背的政策和措施却促成了相反的效果。换言之，台湾的经济起伏与自由经济思想及相应措施的浮沉是密不可分的。虽然经济自由化的思想历经沉浮，但最终，台湾毕竟经过几十年的代价终于迈进了以自由化为主导的成长之路。如今，从企业到"政府"官员，从民间到学术界，过去"强政府"造成经济奇迹的迷梦已然碎裂，自由市场经济已成为大家的共识，"削弱政府管制"的呼声也愈来愈强。当然，这种局面的形成除了因为自由经济思想本身的演进以外，也是与国际思潮的影响和美国等贸易国家的压力，以及台湾自 1980 年代末以后实施政治自由化等因素相关联的。

自由竞争的市场机制已经由诸多国家的发展过程证明是目前最为优越的制度，它最能保障个人的自由与经济的效率。而在真正的自由市场经济中，国家以及国家机构的作用从来都不是既定的，相反，任何一项国家活动对经济过程的干预都需要进行充分的论证。如果没有这种持续的科学和政治讨论，现代化国家中的经济和政治体制就不会得到进一步的发展。诚如奥地利学派第四代著名学者哈伯勒在《经济成长与安定》一书中所主张："很明显地，经济安定与增长虽然很重要，但不是最基本的。对大多数人而言，还有一个更基本的目标——自由，真正的个人自由。"哈伯勒又说道："消费者的选择自由，居住和职业的选择自由、以及自由企业，这些都是比增长与安定更为重要的价值，更为重要的政策目标。要保护它们：必须有自由市场，不可以管制价格。所幸的，这些自由并不是与增长和安定的目标冲突。而是有利于实现快速的增长和安定。因此，这些自由是手段，同时也是目的。"① 这些话，充分表现了哈伯勒承袭了奥地利学派的精神传统——经济学是以"人"为中心，是以一个一个有血有肉的"人"为中心，是以有血有肉而享有自由的"人"为中心。

是的，尊重个人自由，并不等于不需要政府，或一味地削减政府的作为，而是说政府经济政策的制定，不能侵犯个人自由，也不能违背市场法则，否则其结果必归于失败。正如哈伯勒在该书附录《为什么要经济增长》文中所强调："是不是政府必须有个增长政策？为什么不让经济增长

---

① ［奥］哈伯勒著，夏道平译：《经济增长与安定》，台北：台湾银行经济研究室，1977 年版，第 1、5 页。

率决定于民间个人们的一些有关的作为，如储蓄、投资，以及用在教育、研究发展等方面的金钱呢？这些疑问只与一个类型的成长政策有关，也即，牺牲当前的消费，刺激储蓄与投资以加速长期成长的那一类型的政策。”接着哈伯勒又提到现代的政府活动愈来愈多，因而它的预算就愈来愈增加。这种情形“使政府对于经济增长不能保持中立。是好是坏，政府的活动总归要给经济安定和增长强烈的冲击。……所以有些可用以刺激经济增长的金融政策或其他政策，很可能被政府其他活动妨碍成长的后果抵消掉。换言之，促进增长的政策，很可能是把政府活动对成长的全部冲击推进到更接近于‘中立’的境界，因为有了这着意推行的增长政策，比较没有它的时候更好些。所谓更好，是就不干涉民间的决定这个原则而言的。”①

当然，战后台湾大多数经济学家所着重的经济自由主义，并不是完全自由放任式的自由主义。毕竟，经济学中的自由主义和在英美等国广泛发生重要影响的罗素式的“浪漫的自由主义”与杜威式的“积极性自由主义”仍有很大程度的区别。② 与前述偏向哲学意义的自由主义不同的是，米塞斯、哈耶克式的经济自由主义是从市场机能的运作中发现的。夏道平在《讨论经济问题应有的共识》一文中就清晰而明显地表达了这一立场。夏道平写道：“就经济问题的讨论来讲，应有的共识，起码应涉及市场法则与货币纪律……”、“不错，现实的市场不是，也不可能是，完全自由的。因而市场法则不可能在实际的任何时空都能顺利运作。正因为如此，‘政府’的措施要为它解除障碍，让它得以发挥作用，也即促进市场自由化。也唯有这样，有限的经济资源才会做到最有效率的利用……”、“货币纪律的维持，为的是维持货币购买力的稳定。也许有人说，一切经济事象都在变动中，那又何贵乎货币购买力的稳定与不变呢？货币的购买力如不相当稳定，合理的经济计算就不可能。其结果，势必有些经济活动限于停顿……是以维持货币购买力的稳定，也即适度控制货币供给量。”③ 而事实上，要达成这些目标，不但“政府”不能放任无为，而且还需要具相当效能的民主政治与宪政法制方能达成。

---

① ［奥］哈伯勒著，夏道平译：《经济增长与安定》，台北：台湾银行经济研究室，1977 年版，第 209—210 页。

② 吴惠林：《台湾自由经济之路》，台北：华泰文化事业公司，2002 年版，第 40 页。

③ 夏道平：“讨论经济问题应有的共识”，台北《中央日报》，1982 年 9 月 5 日。

哈耶克在《自由秩序原理》中引用了著名美国司法官布兰代斯的话说道："当政府的目的在于行善便民时，经验告诉我们更应当保有警醒以保护自由。然而，对于自由最大的危险，则是潜藏在那些善意但却令人无法理解其为何如此之善的行径中。"① 是的，正如哈耶克所言，社会的进步，并不是由于某些人凭理智的努力，用既有的方法以达成一个预定的目标。如果我们承认这个论断的正确，我们就会确信由一个中央机构来计划经济或统制经济不仅无助于社会进步，而且有害于它。② 夏道平在《自由经济的思路》一书中多次地论证了什么是一个现代"政府"应做之事，夏道平写道："要把事情处理合理，就要尽可能地深谋远虑。在这个意义下，所有的人，除掉彻底的宿命论者以外，都是一个计划者；所有的政治行为也都能算作是计划行为。这里的差别，只是好的计划与坏的计划，聪明或远见的计划与愚蠢或短视的计划而已。事实上，自由经济所须要的只是一个经常性的法制架构，在这个架构当中，让各个人按照各人的计划从事各种不同的竞争活动。这个架构既名为法制架构，可知其并非无计划的。是以在自由经济体制下，为防止人对人的强制，'政府'享有强制权的独占，而强制权的行使又限之于一定的范围。而为使自由市场得以顺利运作，'政府'也必需要维持一个稳定的币制和统一的度量衡制度等等。此外，'政府'在某些条件下对于财产权、契约自由的保障，乃至某些必要的经济管制，如工厂立法等等，都是这个法制架构所赖以形成的因素。但是这种一般性的计划与现代主张计划经济或统制经济者所设计的中央计划截然不同。"③

从战后台湾经济增长的历程中，我们看到正是自《自由中国》以来，包括蒋硕杰、邢慕寰、戴杜衡、夏道平、刘大中、周德伟、张汉裕、费景汉、于宗先等人持之以恒地倡导自由经济理念，并对"政府"过度管制进行不断地批判、修正和重新定位，直到自由市场经济成为当代台湾的主流共识，台湾当局才在这一自由化思潮的演进中逐渐得到了重新的定义和变迁，从而完成了台湾转变为现代经济实体的重要一环。正是在这一意义上，自由化思潮的迈进不啻为战后台湾经济增长思想的一大成就。

---

① ［英］哈耶克：《自由秩序原理》，北京三联书店，1997 年版，第 17 章。

② ［英］哈耶克：《自由秩序原理》，北京三联书店，1997 年版，第 3 章。

③ 夏道平：《自由经济的思路》，台北：远流出版社，1989 年版，第 83—84 页。

尤其可贵的是，台湾在朝着自由市场经济迈进的思潮中，不仅注意到了市场机制的效率问题，而且注意到了市场与自由的本质联系。战后初期的《自由中国》在这一方面尤为表率。《自由中国》不仅讨论了“政府”过度管制对效率的损害，而且还多次阐发了自由经济对于人的自由的意义，这在其反对外贸管制、反对国营事业的过度发展、反对腐败等种种经济问题的分析中均有反映，同时，《自由中国》还进一步地认识到了经济自由与其他自由的联系，以及其对于人的自由的基础重要性：“赞成政治民主而反对经济自由，在理论上不易贯通。经济自由实现了而其他条件未满足时固然未必有美满的人生，可是如果经济失去自由，其他许多自由将随之失去。”① 同时，从哲理的高度来认识市场与自由也代表了台湾自由经济思想的一大成就。正如戴杜衡所倡议的：“……我感到，重要之点，还是在于观点，在于理解，在于一种关于政治的基本哲学。”戴杜衡指出自由主义并不是要取消“政府”的一切计划和干预，而是要从区分两种哲学来判断这种干预是否正确，“这两种哲学，一种是尊重人性而防范权力，另一种是崇尚权力而鄙视人性。”② 虽然在今天看来，衡量什么是恰当的“政府”干预还远远不止这些，但基本的角度却是一样的，即从自由的哲理而非仅仅技术层面来理解什么是自由主义，什么是恰当的干预，也唯有如此，才更能廓清台湾当前还存在着的对自由主义和“政府”干预的误解和歧义。

《自由中国》在战后初期台湾所做的开端，尤其具有重要的意义。1998 年获得诺贝尔经济学奖的阿马蒂亚·森在其著作《以自由看待发展》中，就提出，只从效率出发高度赞扬市场机制是不全面的，由于以自由交换作为前提，市场更重要的是与人的基本自由相关联，而且“自由是发展的首要目的”，“自由是促进发展的不可缺少的重要手段”。由此，我们可以理解，不论是凯恩斯主义，还是“中间派政策”的卫士，如果像他们那样允许国家一旦认为“经济力量的自由运作”带来“社会所不期望的结果”，国家就有必要干预市场过程，那么就实际意味着给予了国家凌驾于市场之上的无限的权力。这种权力不仅使市场得不到真正的自由从而损害了效率，而且更重要的是威胁到了个人的自由。

---

① 殷海光：“自由主义底蕴含”，《自由中国》第 3 卷第 3 期，1950 年 8 月 1 日。

② 戴杜衡：“国家权力的界限”，《自由中国》第 4 卷第 5 期，1951 年 3 月 1 日。

虽然在《自由中国》以后，由于威权体制的威压以及各种原因，台湾的自由化思潮中所涌现的关注自由市场效率的思想多于对市场自由与人的自由之关系的进一步理解和宣扬，但自由理念的种子毕竟已经播撒开来。蒋硕杰、邢慕寰、费景汉、夏道平、戴杜衡、周德伟、张汉裕等上一代自由经济学家曾经体验过的曲高和寡的局面已不复存在，如今，自由经济已成为台湾社会探讨的主流，而中华经济研究院的一大批中青年学者更是在其中形成了中流砥柱的力量，这对台湾现在和未来的发展都是令人欣慰的保证。当然，台湾目前的自由化思潮也不无误区，在一定的领域和条件中，人们很容易产生类似于"'政府'管得越少越好"的口号理解，这种口号本身就存在一些理解的误区，很容易招致不必要的非议。正如蒋硕杰倡导自由化只是达到经济成长的途径而非目的，不能将其沦为口号一样，要拨开台湾整体自由化思想中的迷雾，我们还应从哲理的层面上更深入地理解自由竞争的市场机制为人类带来效率和自由（尤其是自由）的意义。正如阿马蒂亚·森所指出的："让个人自由成为社会的承诺。"因此，在这一层面上，台湾自由化思潮的迈进还任重而道远。

二、思与学的结合

对于当代大部分经济政策的研究、制定，虽说学者或官员们也许并不需要现代职业经济学家们所使用的数学手段及复杂的模型，但光靠直觉和常识也是不够的。经济领域终究是一个其内部相互影响的迷宫，而且随着信息、货物及资本在各地区和国家之间更为自由地交流而愈加复杂，经济事件和政策因果关系往往不像它们看上去的那样。战后，台湾经济与世界经济体系逐渐合为一体，因此，如果不懂得一些决非显而易见的经济原理或经济关系，是无力对台湾经济增长所面对的实质问题作出有益的解释的。就像研究生活中其他领域的问题一样，在研究经济问题时，常识是非常可贵的，然而我们要想辨明使得现代经济得以运行的种种复杂的关系，单凭常识就不够了。这时我们便需要了解一些经济原理，并在实践中将其严格地应用于具体的问题。

战后初期，曾经担任过早期台湾银行总经理的瞿荆州在《理论与事实》一文中认为，任何经济政策之拟定，或经济政策之推行，其背后总会有理论，或至少必定会有合于理论的常识；此外，我们还要看其行事是否切合实际。如果在当时不得已的实情之下，是较好的切合实际的措施，哪怕他虽然有些“不能符合纯原理的要求”，那也是“情有可原”的！不过，所谓切合实际，也颇难言。有时此一实情是被另一事实所逼成，有时此一事实竟又增加另一事实的困难，抑或横生枝节。因此，我们决不能认为经济理论是一回事，而经济政策之考订，又是一回事。与此相反的，我们必须尊重理论，珍惜理论；决不能先有结论，然后再装上一套道理。若是当局者先挟其之“成见”或“偏见”，一味地蛮干到底，那么纵然他是雄才大略的“铁血宰相”，那也是“不可恕”的。① 活跃于1950及1960年代的戴杜衡认为，从原始时代到今日，人不能无病。病了，就有求治的愿望、求治的活动。初时，人向之求治的是巫，不是医。人类求治的行为是沿着巫术（不知而行）——医术（不确知而行）——医学（知而行）的路径逐步改善。医学指的是有目的，有正确而完备的知识为凭借，所以也具有达成目的之最充分的把握；医术虽仍有治病目的，但仅局限于不一定可靠的经验为凭借，所以仅具有达成目的之或多或少的若干希望；与前两者相比，巫术虽有目的却又无所凭借，因此，巫术碰巧达成目的之机会不能说完全没有，但却微乎其微。在20世纪以前的500年里，当经济开始广泛地分析、定义并构成体系时，无疑地，现代经济学分析的体系必然主宰人们对经济的大部分看法。②

曾获1969年诺贝尔经济学奖的萨缪尔森说道：“最难被非专业经济学家理解的经济学原理的例子，首推比较利益理论”。大多数未受过经济学训练的人总会凭直觉地认为，只要一个国家能够比其他国家更具生产力，那就没有必要专业分工、自由贸易。近代中国由于受到列强多年来的欺凌，许多进步的思想家在思考中国未来的命运时总会陷入片面工业化的误区。瞿荆州在《工业化的实际问题》一文中论证了这个问题：过去有些工业建设，往往过于“近视”或“急功近利”地过于重视工学的一面，以致我们生产之工业化，总认为这些都是专门工学上的问题。总认为只要煤、电、石油等动力以及铁路、航运、港湾等交通设施先有准备，其次对于钢铁、机械、及酸碱等基本工业有了相当的部署，再用重金礼聘些工程师，

① 瞿氏于1946—1950年代初期任台湾银行总经理，由于名义上的“中央银行”至1962年始复业，故瞿氏为当时台湾实际上的“央行”总裁。瞿荆州：“理论与事实”，见瞿荆州：《台湾金融经济论集》，台北：自由中国出版社，1953年版，第217—218页。

② 戴杜衡：“政治的巫术”，见戴杜衡：《免于偏见的自由》，台北：传记文学出版社，1979年版，第41—51页。

如此照着预拟的计划，逐步推行，我“国”就会逐步走向发展，除此之外，很不容易想到还有一些经济学的实际问题。但事实上如果币制不稳定、金融不流转、会计不精细、产品无市场，舍弃这些实质的先决的经济学问题而妄谈工业化，不啻缘木求鱼。以产品市场为例，如果台湾大量生产的产品，没有其销售的市场，必将导致产品徒然积存于仓库或要求“国家”收购，如此生产等于浪费。①

事实上，台湾经济学家的想法，如果不是合理、有机地结合欧陆近三百年经济成功发展所获得之宝贵经济思想、理论遗产，是不可能达到如此深刻的思想见解的。以周德伟为例，离开大陆前，周德伟担任财政部下属的关务署长，到台湾后一直继任到1969年退休。作为财经官员，他的主要建树，首先是致力于消除帝国主义在海关事务中的特权和影响，恢复中国海关的主权。在1950年代期间，他则致力于推动台湾的外汇贸易改革方案，消除台湾对外贸易的大障碍，引导台湾顺利地融入世界经济分工体系中，建立起市场经济的基本体制，这可以说是斯密、李嘉图、哈耶克等思想指导下的一种政策实践。而他对通货膨胀的反对理由，则完全是哈耶克式的：“货币贬值陷社会于不稳定的焦虑和盲目的投机之中，使人无法为更高的理想设计筹划，而社会诸多的价值均有赖于长期的努力与积累。”②这种具有高度人性哲学的批评，如果没有欧陆数百年自由主义传统积淀下所孕育的古典自由主义思想的帮助，③ 是不可能获得这样睿智的洞察力。

三、专业经济学家取代非专业经济学家主导经济思想的时代

已过世的当代著名经济思想史学者胡寄窗认为：“文明之演进是由简单而趋复杂，由笼统而趋精密……此中之精意即经济学者所言之分工。就学术界而言，这种发展所循的过程更为显明，一切的学术都是由一般性而趋于专门性，所以专门性就是进步，愈专门就是愈进步；当然对于社会之应用性之大小自是另一个问题……亚里斯多德是博学多能的，他的时代需

① 瞿荆州：“工业化的实际问题”，见瞿荆州：《台湾金融经济论集》，台北：自由中国出版社，1953年版，第184—196页。

② 这样的言论可以见诸周德伟：“介绍海耶克博士给中国知识群众”、“当前外汇贸易问题的检讨及建议”，前述文章见殷海光等：《海耶克和他的思想》，台北：传记文学出版社，1965年版，第222—223页、周德伟：《尊德性斋论注拾遗》，台北：大陆杂志社，1962年版，第209页。

③ 冯杨：“古典自由主义中的市场与政府”，《山西财经大学学报》，2005年4月。

要他，即以经济思想而言，直到今日，我们也不能不追述到这位哲学家。但是他的零碎经济思想现在看来算得什么，如以学他为满足，实在是大错特错。因此，不患有一般性之学术，而患只有一般性而忘却专门性之学术……在这种不正常的时代要求之下产生了不少时代文人，远之如梁任公，现存者如胡适；从政治经济、哲学、教育、历史、文学、训诂、伦理、法律一直到做官、革命、为人，无所不通，结果是每门学术都是那一门中的A、B、C。”①

从战后台湾经济发展的轨迹来看，这些大部分非专业的学者、思想家与其说是对台湾战后经济增长思想提供一种有指导意义的经济思想，倒不如说是对台湾经济增长前景提供出一种“愿景”构建！曾经致力于翻译、引介20世纪奥地利学派大师米塞斯、哈耶克思想的台大哲学系教授殷海光是这样评价：“古往今来，有许多思想家常对社会的远景作乌托邦式的构想，然而，这类构想却很少不是建立在沙滩之上的；当着一个构想没有完备而又坚实的知识基础但却能勾起人的幻想时，社会也许就面临一个大变动的前夜。而这样酿成的大变动，也许就是一个风暴式的大灾害。”② 曾于1930年代，受教于奥地利学派大师哈耶克的周德伟评论道：“除经济学家外，误解多于了解；然而‘政府’及具有威权的政治人群，常贬损经济学并诋毁经济学家，致阻遏问题本质的理解。”“‘国人’还以为凡与财富有关的自然科学，均是经济，如是机械工程家、建筑家、地质家、书店老板均自命通晓经济，勇敢负责，而真正经济学家，则被遗弃，这已为‘国家’带来重大的灾害。”③

当代中国经济思想史研究主要奠基者之一的胡寄窗认为，唯有理解当代西方经济理论的真正含义及其作用，以便于我国的社会主义四化建设能正确而妥当地借鉴其合理因素；不过受限于种种原因，建国以后一直到20世纪70年代末，西方经济理论的引入和研究是十分有限的。④ 据上海财经

---

① 胡寄窗：“一般性与专门性”，见胡寄窗：《胡寄窗文集》，北京：中国财政经济出版社，1995年版，第1—2页。

② 殷海光：“海耶克论自由的创造力代序：从无知论出发”，见殷海光等：《海耶克和他的思想》，台北：传记文学出版社，1965年版，第三页。

③ 周德伟：“介绍海耶克博士给中国知识群众”，见殷海光等：《海耶克和他的思想》，台北：传记文学出版社，1965年版，第225—226页。

④ 胡寄窗：《1870年以来的西方经济学说》，北京：经济科学出版社，1988年版，第1—2页。

大学的赵晓雷统计，从1949年到1979年，大陆从西方国家翻译的经济学论著一共只有68部，其中英、美两国占52部。在这些翻译的论著中，古典经济学的原著占有很大比重。① 与此相较，台湾在外国经济学说的引入与传播上，其态度是与大陆大相径庭的。仅以台湾银行经济研究室1979年6月份之翻译出版目录为例，光古典、现代、当代经济学名著翻译便计有127种，而当代应用经济学丛书计有17种。以1970年代中晚期，台湾1千8百万人口与当时内地的8亿人口相比，现代经济学确实是在台湾占着举足轻重的主导地位。②

在台湾经济的起飞之后，为了面对岛内、国际间错综复杂的经济事务需要，台湾益发注重现代经济学教育。1962年“中央研究院”开始成立经济研究所筹备处，并自1966年起，“中央研究院”经济研究所筹备处与台湾大学经济系合办经济暑期讲学班。1967年在美国社会及人文科学院的支持下，成立了“中央研究院”与台湾大学合作设置经济学博士班委员会，由刘大中先生担任主任委员，自1968年开始招收博士研究生，授课教授除了原有的美籍华裔院士蒋硕杰、刘大中等人外，也邀请一些曾获诺贝尔经济学奖得主如库兹涅茨、弗里德曼、哈耶克和美国一些著名大学教授如Alfred Kahn（康乃尔大学）、Richard Rosett（曾任美国芝加哥大学商学院院长）、Walter Galenson等外国教授来台讲学，以促成岛内学术研究风气蓬勃发展。东吴大学曹添旺教授与“中研院”经济所管中闵研究员等在《经济学学术期刊的分等与台湾各经济学系所的表现》一文中客观地指出，在多年精心的经营下，台湾大学逐渐成为在全亚洲范围内，经济学学术地位仅次于日本东京大学的现代经济学重镇。③ 在国际重要的经济学期刊发表上，除了“中研院”经济所与“中研院”社科所经济组外，教学单位中台湾大学经济系、辅仁大学经济系、中山大学经济所、中央大学产经所与政治大学经济系之表现亦不差，足以与其他华人世界颇负盛名的新加坡大学

---

① 赵晓雷：《中国现代经济学理论1949—2000》，上海人民出版社，第552页。

② 若是加上其他台湾出版社翻译的外国经济学丛书，其数量很可能会是台湾经济研究室翻译的丛书总数的4—5倍以上。

③ 根据1999年，香港中文大学的金强和姚路易斯依照发表在国际著名经济类学术期刊的指标显示，台大的经济学研究能力能够与美国最好的州立大学相媲美，其学术能力大约与英国第二代著名的红砖大学，例如，曼彻斯特大学与伯明翰大学相当。见管晓云等：“国外常青藤大学经济系龙虎榜排法”，《经济学家茶座总第12期》，济南：山东人民出版社，2003年版，第65—66页。

经济系、香港中文大学经济系、香港科技大学经济系与北京大学中国经济研究中心媲美，有的甚至表现更为优异。此外，岛内其余一些著名私立大学的经济系也有不错的表现。①

据胡寄窗教授的考证，由于我国1920—1940年间一些到国外研习经济学的留学生，大多不愿以基本经济原理作为专业方向，而大多选择应用经济学科。这样，就使得我国对现代经济学基本理论的引入和研究受到影响，如此也就制约了国人很少在现代基础经济学领域上获得一些有创见的研究成果，也因此导致国人无力对现代经济知识、理论展开合理有效地利用。② 与新中国成立前大不相同，战后台湾随着大量经济学名著的翻译、引介以及岛内经济学教育的逐步完善，在1980年代以后，台湾经济学者在许多基础的经济学领域的研究已逐渐达到国际前沿水平。以1980年代后发表于国际七大顶尖期刊（*AER*，*JPE*，*QJE*，*RES*，*RE&S*，*Econometrica*，*EJ*）的篇数来看，1981—2000年间，台湾本土经济学者共计发表了15篇。③ 在上世纪的最后20年里，与本土经济学家在国际核心期刊上崭露头角相呼应的是专业经济学家的经济思想与经济政策的关联更为密切。其中值得一提的是，1981—1983年间引发台湾经济政策“学术派”、“社论派”集体辩论的“蒋王大战”，参与论战的双方均是职业经济学家。与台湾早年相比，“工程师经济学家们”鄙视专业经济学家意见、思想的场景已不复再现！④

成立于1981年7月的中华经济研究院，在某种程度上也标示着专业经济学家开始主导着台湾经济增长与发展的思想。不同于过去台湾所设立其他研究机构是从属于当局的某个部门，新成立的中华经济研究院是采取一个独立于“政府”部门的财团法人形式，而这样的优点是有利于该院能随时对台湾财经当局提供比较客观有根据的政策建议，以供“政

---

① 曹添旺，管中闵等：“经济学学术期刊的分等与台湾各经济学系所的表现”，“中央研究院”经济研究所编：《经济论文》第34卷第3期，台北：“中央研究院”经济研究所，2006年9月。

② 胡寄窗：“二十——四十年代中国的基本经济理论”，见胡寄窗：《胡寄窗文集》，北京：中国财政经济出版社，1995年版，第681—691页。

③ 依发表年代排列，他们分别是：陈昭南（陈氏除了此时期外，早在1970—1980年间，就已经独自在国际七大顶级期刊发表过4篇文章），曹添旺、麦朝成、施俊吉、黄鸿、朱云鹏、朱敬一、古慧雯、霍德明、萧代基、杨建成、巫和懋、罗玮、陈业宁等台湾学者。他们的大学教育均是在台湾完成，其中还有几位是台湾训练出来的博士，其中二位也先后当选台湾“中研院”院士。

④ 巫和懋：“中国经济学一百年：经济学在台湾的发展”，见《经济学季刊》第1卷第4期，北京大学中国经济研究中心，2003年7月30日。

府”财经当局选择。在这跨期三年的“财经政策大辩论”期间，时任中华经济研究院院长的蒋硕杰主张利率自由化，并以市场决定的较高利率来抑制通货膨胀；而时任台大经济系教授的王作荣则强调低利率有利企业界的投资。双方各有其支持者，在媒体辩论中，充分引发知识分子与社会大众对经济研究的兴趣。这次辩论有益于厘清台湾民间与“政府”之间观念上的许多盲点，辩论的结果是1983年之后台湾的财经政策更加依赖台湾“学术派”经济学家的意见。美国经济学者韦德在《驾驭市场》一书中评论道，在1983年后，“学术派”经济学家最终挤进了台湾经济政策与思想的中心，取代了此前台湾经济决策与思想由“工程师”掌控的局面。①

最后附带一提的是，尽管台湾由于较早开放，曾经在现代经济学的传播和引介上取得过较好的成绩，但是由于台湾地区的人才基数较小，在大陆广泛的开放后，目前在国外现代经济学的专著与经典文献的翻译上，台湾已逐渐落在大陆学术界之后。② 事实上，在21世纪当代中国经济学体系的知识网络的架构与交流上，海峡两岸如何进一步深化学术成果的共享，是两岸中国人在经济学研究上重要的大事。

四、对中国经济学前沿经验与认识的开拓

（一）台湾经济学界对当代经济学理论的思考与对话

自1901年严复翻译的《国富论》在上海出版的一百多年后，具世界普遍性的经济学思想和理论已逐渐成为我国主流学界判断经济政策得失的依据。虽然各个国家和地区的具体情况千差万别，但认识和解决市场中的一些本质问题，却离不开基本的原理和理论。实际上，任何理论，包括自然科学的理论与社会科学的理论，其成立与持久的必要与充分条件都是建立在事实的基础上，并经得起事实的考验。许多重大的经济理论，如斯密的自由贸易理论，李嘉图的比较利益理论，都是从事实归纳、演绎出来的，都是解释实际现象与解决实际问题所得出的宝贵结论。在经济分析技术已经在欧美成功发展二百多年后，在全球化的经济环境与语境下，单方

---

① ［美］韦德：《驾驭市场》，北京：企业管理出版社，1993年版，第244页。

② 根据2004年台湾地区书籍的出版数目为4万余种，而同年大陆出版的书籍总数为12万余种。虽然在国外经济学著作透过翻译引入两岸学术界中的数目，并没有精确的统计，但新世纪确实是大陆在弥补经济学认知网络的构建上，做得较台湾出色。

面固执地强调具国别特色的经济理论的空间可能越来越小。

就台湾经济思想的发展历程而言，当代台湾经济学领域的工作者面对当代世界新的经济问题的相关学术研究，已较民国时期的前辈们更加成熟地向前迈开了一大步。战后台湾经济学者们除了对台湾本地的经济增长思想积极地提出确切的政策思想、建议与办法外，也同时更加积极地面向世界，为现代经济思想、理论的开拓与发展群策群力地提出自己的学理贡献。曾获1977年诺贝尔经济学奖的米德就曾经高度评价过蒋硕杰所撰写的《进口需求的国际比较》、《两次大战之间的英国进口需求》、《世界出口需求的统计注释》等文，对二战后新的国际经济政策形成所作的极富于启发性的开拓性贡献。① 摘取1992年诺贝尔经济学奖桂冠的贝克尔也强调："蒋硕杰的贡献不只对台湾，对全世界都有贡献。"② 事实上，蒋硕杰也因这些文章而获得1982年的诺贝尔经济学奖提名。而邢慕寰发表于1957、1959年的关于编制战后各国新的"国民经济部门帐"的两篇论文，③ 也早已被国际经济学界承认为是联合国于1968年所刊行新版的《国民会计系统》的先驱性工作。④ 费景汉在1961、1964年，与古斯塔夫共同合作修正刘易斯于1954、1958年所提出的"无限剩余劳动供给"模式，而形成享誉国际发展经济学界的"Rains & Fei"模式。该模式也已经被现代发展经济学视为20世纪经济发展理论中的经典文献。1980年间，费景汉在蒋硕杰货币理论的基础上，发表了一篇关于"可贷资金"的论文，而该篇论文被1981年荣获诺贝尔经济学奖的托宾评论为，是整个1980年代中，在经济发展理论体系内最具突破性进展的文章之一。⑤

另外，对于1960、1970年代台湾财税改革思想颇有贡献的刘大中院士，是仅有一位名字被收入《帕尔格雷夫经济学辞典》的美籍华裔经济学家，该词条的作者纳洛夫认为，刘大中最有名的学术成就，在于识别不足

---

① ［英］米德：《国际收支》，北京：首都经济贸易大学出版社，2001年版，第3页。

② 吴惠林：《当代财经杰出经典人物》，台北：翰墨出版社，2002年版，第18页。

③ Mo-Huan Hsing (1957), "An Approach to A General Social Framework", *Review of Economics and Statistics*, Vol. 39, No 1; Mo-Huan Hsing (1959), "The Construction of Social Accounting Models," *Weltwirtschafiliches Arhiv.*

④ 麦朝成主编：《邢慕寰院士的经济理念、政策与学术贡献》，台北：中华经济研究院，2000年版，第73—81页。

⑤ 吴惠林：《当代财经杰出经典人物》，台北：翰墨出版社，2002年版，第75—77页。

和结构估计的计量经济学，刘大中以为经济结构基本上就是识别不足的，是以我们所能指望的最好结果就是估计简化型的方程式。这一思想对现代宏观模型化的批评上具有广泛的影响。在刘大中理论的协助下，刘大中对一系列的美国经济模型做了估算，成功地将这些模型简化到应用于愈来愈短的时期，从而为美国全国产品组成的月估算做了准备。事实上，刘大中与丁伯根、克莱因等人都被视为20世纪中晚期计量经济学领域研究的最主要奠基者。① 陈昭南院士不仅对台湾的金融、汇率自由化思想提供杰出的贡献，② 同时也是一位享誉世界货币与汇率领域经济学的著名学者。③ 曾任中华经济研究院院长的麦朝成院士，除了在当前台湾经贸政策思想上扮演着一位具有准官方身份的学者角色外，同时也是一位对现代区域经济学、国际经济学研究具有广泛国际影响力的前沿学者。④ 以一种较具开放性的心态来看，战后台湾为了谋求经济长期增长，所制定的某些部分的特定政策无疑是相当出色的。当然这其中的理论与实践的结合，如果没有一些杰出的并与世界经济发展潮流相一致的经济思想与理论是不可能达成的。

（二）台湾经济增长思想对大陆经济转型政策形成的借鉴

库兹涅茨在为葛伦生编撰的《台湾的经济增长与结构变动》书中的《增长与结构变动》一文中强调："本文以数量表现方式阐释的，几乎全是关于经济增长的结果——也就是全体及各重要构成部分的生产与支用结构；它只是间接反映基层因果关联的因素。其所缺失的最重要部分，就是

---

① 纳诺夫："刘大中"，见《帕尔格雷夫经济学辞典》第三卷，北京：经济科学出版社，1996年版，第236页。

② 陈昭南院士发表于1974、1989年的《开放程度递增国家的物价变动试析》、《开放经济体系下的货币数量说》的两篇论文，已经被台湾经济学界视为1970—1990年间，影响台湾从固定汇率制向浮动汇率制发展的重要历史文献。

③ Chau-Nan Chen (1973), "Diversified Currency Holdings and Flexible Exchange Rates", *Quarterly Journal of Economics*, Vol. 87, No. 1; Chau-Nan Chen (1974), "Capital Mobility and the Stability of the Flexible Exchange Rate System", *Quarterly Journal of Economics*, Vol. 88, No. 3; Chau-Nan Chen (1976), "Currency Denominations and the price Level", *Journal of Political Economy*, Vol. 84, No. 1; Chau-Nan Chen (1980), "The Distribution of Income by Factor Components", *Quarterly Journal of Economics*, Vol. 95, No. 3.

④ Chao-Cheng Mai (1990), "Effects of Spatial Price Discrimination on Output, Welfare and Location", *American Economic Review*, Vol. 80, No. 3; Chao-Cheng Mai (1988), "On the Equivalence of Tariffs and Quotas under Duopoly: A Con-jectural variation Approach", *Journal of International Economics*, Vol. 24, No. 3/4.

关于'政府'和'非政府'方面所采决策手段，以及其他可供选择的政策之前后连贯关系。这一部分的仔细检讨，必将更充分地提示经济增长加速或趋缓的条件。”其实，在促进经济增长与发展的经济政策形成上，政府与市场究竟如何定位、分工与协作，一直是百年来中国经济学界最关心的核心问题。台湾大学历史系黄俊杰教授认为，战后“台湾经验”之所以能够成功在于随着经济的增长发展，个体的主体性也能够快速地成长。① 由于台湾当局所推动的经济政策多是引导的，而不是强制的；是协助的而不是指派的。正是这一种方式，使得台湾民间的活力不但没有被扼杀，反而获得滋润茁壮。战后台湾经验从陈仪时期的管制经济，到1953年以后的计划经济、混合经济，逐步走向1980年代以后的自由市场经济的过程中，民间社会的活力一直发挥着极大的作用。②

无疑的，战后台湾所推行的经济增长政策对大陆具体的经济政策形成，具有一定的借鉴意义。曾经在战后岛内经济发展的前期，积极向台湾当局出谋划策的六院士之一的邹至庄以为，事实上大陆在改革开放的过程中，所采取的促进经济增长的政策与战后台湾所采用的非常类似。大陆在1978年后的经济改革的重要的经济思想改变是，减少政府的干预和鼓励私人的积极性。大陆的经济改革始于农业的私有化、农村市场的扩大以及对外开放政策，接着是城市改革，允许国有企业有更多的自主权，建立个体和集体企业。战后台湾经济增长的成功经验，除了如何发展自由市场经济，其他如强调总体物价水平的稳定、把促进出口作为经济发展战略的一个重要组成部分、逐步取消对进口的限制等思想，无疑地极大丰富了大陆在推进市场经济改革构建过程的认识。③

关于台湾经济学认识与经验的成长，于宗先认为：“台湾经济经过多年来的快速发展，已由落后状态进展为现代化境地，也已由贫穷处境提升为繁荣、富足的局面，而这一成就已受到国际上的认定与赞扬。可是在经济学方面的发展，是否也同台湾经济一样，有长足的进步?”④ 在

---

① 黄俊杰:《台湾意识与台湾文化》，台北：正中书局，2000年版，第156—168页。

② 黄俊杰:《农复会与台湾经验》，台北：三民书局，1991年版，第263—278页。

③ [美] 邹志庄:《中国经济转型》，北京：中国人民大学出版社，2005年版，第53—57页。

④ 于宗先:“经济百科学全书序”，见陆民仁编:《经济理论》，台北：联经出版社，1986年版，第1页。

《台湾的故事——经济篇》一书中，于宗先以为，没有一个地区和国家可以长时期保持高度（如8%）的经济增长，近者如日本的经济，远者如战后的英国；事实上，当一个国家和地区已经变成“高所得经济”（如经过购买力平价调整的GDP超过2万美元）之后，经济学家认为应当追求的是一个稳定（如3%—4%）的成长。这也就是说，不同的增长阶段，应当要有不同的经济政策。自从进入20世纪80年代，台湾的经济成长率由过去平均8%以上的成长，滑落到5%与8%之间，21世纪初岛内的GDP增长约为3.6%。这虽不全是政策调整所产生的结果，但这样的成长率不仅是可以接受，也应当是受欢迎的。当局决策阶层应当利用这样大的转变，将强调经济成长的“台湾经验”，调整为以生活品质、人文关怀、社会公平、政治民主、社会多元化、两岸双赢关系为核心的“全方位”思想与观念的重新调整、认识与成长，来为岛内的居民提供一个更为良好的生活蓝图。①

当然，台湾经验是有正面的，也有负面的。台湾在经济发展的过程中，为了追求经济的快速增长，长期忽略了基础建设与环境保护；② 在台湾威权主义的年代里，台湾经验是在牺牲部分的民主与人权下，换得了社会安定以及所带来的高度经济增长。21世纪在多元社会的“后台湾经验”中，台湾人民得到了较前为多的民主与人权。但可惜的是因为共识缺乏、社会秩序混乱、特权猖獗、公权力衰退、台湾经济增长率急速下降，全体岛民也付出了极大的代价。韦政通以为，台湾在经历了经济快速发展，结果技术变了，制度变了，价值系统就是不甘愿变。这方面变迁步调的过分缓慢，给已步入后工业化的台湾社会，带来许多新而严重的问题。③ 美国《远东经济评论》前总主编普拉特以为，即使许多的后台湾经验的实践并不完美，但其中关于经济发展和民主政治间如何取舍的经验，仍能提供包含新加坡与中国大陆在内的所有汉语世界借鉴。④

---

① 高希均：“台湾成长的故事——读于宗先所著《经济篇》”，见高希均：《构建一个干净社会》，上海三联书店，1999年版，第129—133页。

② 叶万安：“现阶段台湾经济政策之检讨与前瞻”，台北《自由中国之工业》，1989年3月。

③ 韦政通：“工业文明的伦理新貌”，见韦政通：《中国思想传统的创造转化》，台北：红叶文化公司，第306页。

④ 林宏达：“专访《远东经济评论》前总编辑普拉特”，台北《商业周刊》977期，2006年8月14日。

第二节　战后台湾经济增长思想的局限

一、威权体制、言论钳制对经济思想与政策的压迫

（一）威权体制、言论钳制对经济思想

解严之后，台湾民众开始获得普遍的言论自由。从1945—1987年，漫长的40多年里，台湾的思想、言论长时间被蒋氏父子威权统治所禁锢。也因此，在台湾早期大部分的经济文献里，不太容易见到学者们“完整”、“自由”地表达自己本身对台湾早期经济问题的看法。曾任美国斯坦福大学经济学系教授的刘进庆说道：一般来说在战后早期阶段，《台湾银行季刊》、《自由中国之工业》等定期刊物上发表的文章，可视为此一领域中具有代表性的研究水准，但由于大多数的执笔者是行政官僚，因此一般都是围绕着政策解说为中心，其内容亦离不开资料解说、事实罗列的范围。为弥补此一缺憾，刘进庆在日本东京大学留学期间，致力于完成其博士论文《台湾战后经济分析（1945—1965）》，然而却仅因该学位论文批判了台湾早期党营官僚资本的实情，于1971年秋被国民党当局吊销“护照”，此后长期流亡海外。①

类似于明清两代，专制帝王借由篡改历史典籍、学者专著与文字狱的手段来胁迫知识分子消弭其民主、自由思想，以维护其牢不可破的统治地位，台湾在蒋介石、蒋经国父子长期威权统治的年代，也是对触犯当局“禁令”的言论、思想大加排斥，甚至相关作者也会因此背负长期的牢狱之灾。② 雷震创办的《自由中国》半月刊杂志，是台湾早期（1949—1960年）肩负岛内政治、经济思想启蒙的重要刊物。与同时代官方出版的学术期刊相比，由于《自由中国》杂志并不承担着解释官方政策的义务、责任，因此在思想深度、广度上，无疑可被视为战后50余年里岛内出现过的

---

① 刘进庆：《台湾战后经济分析（1945—1965）》，台北：人间出版社，1992年版，第1页。

② 雷震本人即因《自由中国》长期的言论及思想触犯了蒋介石，1960年底蒋介石罗织雷震为“匪谍”罪名，将雷震送入军事法庭审判。除了以极不人道的手法判处雷震长达12年的监禁外，并将雷震所有的私人财产没收、充公。无疑地，《自由中国》事件对战后台湾经济增长思想的发展影响是巨大的。除了雷震被囚禁，傅正也被当局罗织罪名判了6年徒刑。此外，受到这次事件的打击，胡适、殷海光、戴杜衡等人在1960年初均因心灵的压抑而加速引发心脏病、胃癌、肺癌等疾病而英年早逝。而夏道平、陈式锐等人也因为该事件而丧失了在台湾一流大学的教职。

最出色刊物之一，旅美作家聂华苓女士称其作者为当时世界华人中“最聪慧的头脑”。在《自由中国》中体现出来的经济思想和对“政府”管制的批判深度，例如，夏道平的《“政府”不可诱民入罪》、《从满街苹果看外汇管制的弊端》，戴杜衡的《凯恩斯的乘数原理》、《国民经济论与战争》，陈式锐的《论政治干涉经济》、《台湾棉布问题面面观》，瞿荆州的《工业化的实际问题》、赵冈的《怎样以凯恩斯理论来研究台湾经济》，马逢华的《发展台湾经济的方向》等等，应该是台湾经济思想史中最重要的里程碑。

不过，即令如此，当时的《自由中国》杂志仍受到蒋介石政权的相当敌视，因此某些文章也曾惨遭当局的篡改！以署名“夏道平”的《再论经济管制措施》一文，就是早期台湾威权迫害学术的一个著名例证。这一事件的起因是自由经济思想家夏道平于1951年6月1日发表的《“政府”不可诱民入罪》一文中揭发台湾当局金融管制机关所犯的一些严重恶行，并加以谴责。由于触犯了当局的主管金融管制单位。在最高当局的首肯及胁迫下，时任《中央日报》董事长陶希圣捉刀代笔地写下了《再论经济管制措施》并以原《“政府”不可诱民入罪》的原作者夏道平的名义令《自由中国》杂志于1951年6月16日发表。①

《再论经济管制措施》一文中说道：“我们对于当前的经济管制，政策上一向是赞同的。本刊每期上面所揭示的‘宗旨’和前此发表过的社论，都可找出明证来……本刊的大前提即是赞同‘政府’在经济方面有所施为而不是主张自由放任……我们虽反对牺牲政治民主化去换取所谓经济社会化，但我们的基本立场，仍然是主张‘政府’适时适度地管制经济。我们对于数年来台湾的经济管制制度和改革，是承认有其相当功效的，否则台湾的经济情形是不会有今日这样的稳定。”② 除了学者本人就台湾当前局势所发表的一些经济思想被篡改外，甚至连有些外国学者原著的译本也被有关当局擅自篡改，这种事件也不胜枚举。

德国诠释学大师伽达默尔告诉我们，即令在正常的情况下，直接从文本中追寻作者的本意，本就不是一件容易事；有时甚至是原作者追述自己写就的文本原意，也往往不免有失。③ 受到过去言论控制的影响，有时即

---

① 汪幸福：《胡适与自由中国》，武汉：湖北人民出版社，2004年版，第19—29页。

② 事实上，据笔者了解除了“再论经济管制措施”是遭受言论迫害的“伪作”之外，署名戴杜衡并收入《免于偏见的自由》一书中的一篇名为“关于加速经济发展计划”一文，也极可能是“伪作”。

③ ［德］伽达默尔：《真理与方法》下卷，上海译文出版社，2004年版，第503—523页。

令作者对当时所发生的历史事件有其看法，或对未来发展方向有其独到见解。但在威权体制下，有时就不得不借由曲折、委婉的文字，或者干脆就与威权当局唱和，抑或噤若寒蝉！曾经是台湾“社论派”经济学领衔人的王作荣回忆道：“早年为财经大员起草演讲稿时，总须不时的在其中插入一、二句妆点门面的话。”① 王作荣在其自传中曾经吐露过其早年成为社论派领袖的契机，王作荣自述道：“1967 年 6 月，蒋介石在‘国家安全会议’上曾向出席的党政大员提到我。大意是说：‘有一个叫王作荣的，写了一本书叫做《台湾经济发展之路》，其中百分之八十我都同意，你们下去找一本读一读。’散会后，这些大员纷纷向我原来服务的机关‘经合会’索取，报上说一时洛阳纸贵。1967 年 11 月国民党九届‘五中全会’，他又在约八百人的党政军人员前介绍这本书，并宣读，要大家下去读，于是他们又向‘经合会’索取了一次，‘经合会’为此印了好多版本，还有大字版。那时我远在曼谷。后来，他告诉左右，说王作荣是个什么样的人，他要见见……1967 年 9 月 12 日前夕，‘经合会’通知我去晋见蒋介石。我晋见时，蒋‘总统’连声说好，并说该书他都看过，内容也很同意……”。②

曾经担任过台湾大学经济学系主任兼研究所长的张汉裕教授，在其中年所发表的一篇纯经济性的论文《台湾农民生计的研究》就曾引起过《台湾银行季刊》的疑虑，并遭有关当局暗示将对其不利……几经波折，最后方能发表。③ 以现代的诠释学眼光来看，文字传承物在台湾经济思想领域的研究中，确实是较之其他的传承物有着特殊的地位，因为我们主要是通过历史遗留下来的“文本”来理解过去，启发现在和未来。伽达默尔在《真理与方法》中曾经告诉我们，语言的特性意味着文本可以容许不同的解释，④ 当然，作为由“特殊作者”写就的经济思想史文本也是如此！对于我们这样的现代读者或者经济思想史的工作者来说，诠释学的经验告诉我们，谁试图理解某一文本，谁就必须拒斥某些东西，也即拒斥那些从自

① 王作荣：“纵论国家大局”，王作荣：见《王作荣谈李登辉》，台北：稻田出版社，1995 年版，第 53 页。

② 王作荣：《壮志未酬——王作荣自传》，台北：天下远见出版公司，1999 年版，第 356—357 页。

③ 台大经济研究学术基金会编：《张汉裕教授纪念研讨会》，台北：翰芦图书公司，2001 年版，第 49 页。

④ ［德］伽达默尔：《真理与方法》下卷，上海译文出版社，2004 年版，第 503—523 页。

己偏见出发而作为意义期待起作用的东西，只要这些东西被本文的意义所拒斥，理解所指向的意义整体的展开，必然强迫我们作出解释和革新。因此，我们在解读战后台湾这些文本史料时，谨慎的选择与理解尤其必要。

（二）“戒急用忍”与“积极管理”对经济政策的误导

台湾当局对言论与思想的钳制，在后蒋经国时代已逐步地得到改善。许多早期在两蒋时代激怒当局的学者与政治人物如刘进庆、吕秀莲、许信良等，都已获得平反并且终于能够得到当局允许返台讲学、甚至定居。此外，台湾威权体制下的许多政治冤狱，也获得当局的赔偿与道歉。例如，柏杨因为翻译美国长期连载的《大力水手》漫画，而从1968年起被监禁在火烧岛长达10年。对此，1992年李登辉“总统”就曾经在两次公开的演讲中强调说：“柏杨的事件，以后再也不会发生！”这不但是战后台湾最高领导当局的第一次正式宣示，而且柏杨也因为长期宣扬反专制的思想与杰出的学术贡献，被授予第一届人文大师的桂冠。① 尽管，文字狱的现象已经不复存在，但是台湾对于解除经济政策的威权束缚仍旧步履蹒跚。1990年代中期大批台湾厂商的大陆投资热终于引起当局的戒虑与顾忌。1996年9月李登辉在台湾经营者大会致辞时，提出对大陆投资实施“戒急用忍”政策并声言要防止企业在大陆过度扩张投资。同年底，台湾“经济部”根据这一意图制定大陆投资新规则，其要点是：区分产业为禁止、准许及专案审查三类，并对高科技产业及基础建设赴大陆投资予以严格限制；依企业规模大小采取累退方式，订定个别厂商对大陆投资金额的上限。与此同时，台湾当局还促使公营企业及党营企业带头执行投资东南亚各国的“南向政策”，试图带动民营企业改变投资大陆的主流导向。

2000年是战后台湾政治史上第一次迈向现代多党民主政治的转变。民主在某种程度上意味着，执政当局对于不当的政治干预经济应当减少。然而，由于1999年5月民进党第二次党员代表大会通过的“行动纲领”明确宣布“反对新设核能发电机组”，“限期关闭现有核电厂”。此外，陈水扁在参加2000年台湾大选的竞选纲领中也宣示“停止核四兴建”。因此，

---

① 据柏杨自己回忆：“《大力水手》是一个全球发行的漫画，没有政治色彩。可是，那一次的稿件，画的却是波派和他的儿子，流浪到一个小岛上，父子竞选总统，发表演说，在开场称呼时，波派说：‘Fellows’，就是这个 Fellows，我如果译成‘伙伴们’，大难降临的时间或许延后，可是，我却把它译成‘全国军民同胞们’。”见柏杨口述、周碧瑟执笔：《柏杨回忆录》，台北：远流出版社，1996年版，第252—253、395—396页。

2000年5月民进党上台之初，就迫不及待地掀起停建“核四”的风波。即令此时“核四”的施工进度已完成32%，并预计将于2003年完工启用。当局仍于2001年10月宣布“核四”停工，从停工到2001年2月复工的日子里，“核四”兴建工程估计损失新台币超过35亿元。事实上，根据一项完成于1997年的关于世界各国与地区在1990年代初、中期的各种竞争力指标排名里，台湾地区在经济自由度中的排名不仅大幅落后于同为亚洲四小龙的韩国、新加坡、香港，而且业落后于许多东南亚的发展中国家和地区。① 利普塞特指出：政治制度的良莠与否是会对经济产出取决定的影响。② 除了利普塞特外，巴罗也强调：民主与繁荣指标之间的正相关关系已经成为一条确凿的经验规律了。③

尽管台湾在后蒋经国时代对于经济思想与理论的钳制已不复存在，然而不幸的是，当局的经济政策依然受到了重商主义与“政府”权威的束缚。事实上，对于一个资源相对缺乏的小国或地区，良好的政治体制与对外自由开放程度与经济增长成正相关的经济实证结果早已为经济学界所熟知。④ 库兹涅兹对日本、台湾地区、韩国的实证研究表明：这三个国家（地区）在战后长期经济增长的历程，在相当程度上是来自于当局采取了鼓励公司和企业发展的政策，并取消了威权体制对商业活动的管制与限制。⑤ 而塞奎因和钱纳里考察了一百多个国家，发现在1852—1983年实行外向型政策的国家较实行内向型政策的国家年均产出增长率高出1.22倍。⑥ 从实证经济学的角度来看，自1996年至今，李登辉与陈水扁针对台商对大陆投资所长期执行的“戒急用忍”政策，无疑违反了自由贸易原则

---

① 据该份经济自由度排名指出，台湾位居第16位，而香港、韩国、新加坡分别位居第1、12、2位，此外马来西亚、泰国分别位居第6、8位。转引自林向恺：“评跨世纪国家建设计划”，《台湾经济预测与政策》，1998年1月，第87—104页。

② 这就是经济增长理论中的利普塞特假设。见 Lipset, Seymour Martin.（1959），“Some Social Requisites of Democracy: Economic Development and Political Legitimacy”, *American Political Science Review* 53, pp69—105.

③ ［美］巴罗著，李剑译：《经济增长的决定因素：跨国经验研究》，北京：中国人民大学出版社，2004年版，第二章。

④ ［美］格罗斯曼、赫尔普曼等著，何帆等译：《全球经济中的创新与增长》，北京：中国人民大学出版社，2003年版，第一章。

⑤ Kuznets, Paul W.（1988），“An East Asian Model of Economic Development: Japan, Taiwan, and South Korea”, *Economic Development and Cultural Change* 36（suppl.）: SI 1— S43.

⑥ Syrquin, Moshe, and Chenery, Hollis.（1989）, Three Decades of Industrialization. World Bank Economic Review 3: pp145—181.

与市场体制精神。对于台湾当局长期执行的“戒急用忍”政策，台湾学界也多有批判。中华经济研究院研究员陈丽瑛以为：“事实上，台商对大陆地方产业发展之模式，乃先引进出口导向企业，在当地建立产业网络及国际贸易实力后，其扩散效果就及于当地整体工业之发展。迄今为止，台商占台湾对外贸易约三分之一，但占了含括内销市场在内的全台湾工业总产值，则降为13.43%，显示台商的绝大多数是以大陆作为加工基地外销全世界，故内地经济的起伏对台商影响还不如全球的景气循环。所以台商若按照这样的模式继续从事大陆投资（不深入经营大陆市场），台湾经济受大陆影响的程度就不会如大前研一所想的 Taiwan Passing，Taiwan Nothing。我们最差的状况就是维持现况。但是若北京方面认知到大陆经济重大难题——区域不均衡发展，台商就可以起到带头引导外资往中部及西部发展的关键作用。一旦两岸和平相处，台商从大陆东部沿海往中、西部推进力量，加上两岸的联手规划（以往20年经验显示，外商特别是日商总是跟进台商建好的产业网络区位投资），则未来20年，两岸因和谐合作所产生的力量，一定会为东亚经济带来令世人刮目相看的 Something。”①

事实上，在当今经济自由化、全球化和知识经济发展的态势下，台湾制造业的升级与转型势必要求台湾当局重新检讨与松绑目前行之已久的不开放政策。然而，不幸的是，目前台湾当局不但未重新检讨有违台湾当局在1986年宣示的自由化原则并已执行多年的“积极开放，有效管理”政策，尤有甚者，竟然在2006年的新年文告中提出更为倒退的“积极管理，有效开放”政策。应该看到，台湾制造业外移是当今全球化发展趋势下所不可避免的结果，不论是“有效管理”还是“积极管理”，在当今生产要素能够自由流动的世界经济体系中，政治对经济的不当干预将会是高成本而低效率的。2005年8月24日，中蕊总裁张汝京由于不满台湾当局长期对其投资大陆高科技制造业的打压，已申请放弃台湾户籍。无疑，这一事件已构成对当前所谓“积极开放、有效管理”政策的直接警讯。台湾若不充分认清当今世界经济的变局，不及时地以积极的自由化来发挥自己新的比较优势，就不仅会制造出更多的离心力、引发更多类似的事件，而且也会错失重塑台湾经济的良机。毕竟，台湾岛内的资源、人口、市场还是有

① 陈丽瑛：“中国不会崩溃，台湾不会 Nothing——只是我们不要和平相处，创造 Something”，《经济前瞻》第87期，台北：中华经济研究院，2003年5月5日。

限的，境外投资实质上不仅是对岛外资源的有效利用和整合，也是对岛外市场扩张的一种形式。虽然台湾的制造业曾经支撑了战后数十年来台湾高速的经济增长，但当局应该认识到以台湾有限的资源与市场环境是不可能维持台湾经济的永续发展。事实上，若台湾没有同大陆经贸往来，今日的情况将会更糟。以2005年岁末台湾2533亿美元的外汇积累来衡量，① 这个数字恰好等于台湾近年来与大陆顺差的总和。所以，台湾当局应以更开放的心态和长远的眼光，用台湾新的比较优势积极整合岛外的资源和市场，这才是长远之计。② 由此，可以看出，台湾当局的经济政策直到今天仍然没有完全摆脱重商主义与“政府权威”的影响，所以台湾经济学界一以贯之的自由经济思想对当局经济政策的纠正与角力仍将是长期的。

二、营造主义的滥用

（一）营造主义的起源与弊端

在受到儒家文化影响的社会，总存在这样一个基本的信念：即政府不仅可以扮演积极的角色，而且政府有责任要为这个社会进行合理的分配。即令像台湾这样已经走入充分民主、自由的社会，大半走上街头的群众运动仍是要求“政府”出来负责，甚至在市场经济体制中，个人的投资失败，也要“政府”出来帮忙干预。这种信念在所有华人社会和受到儒家文化影响的东亚社会都是共识。③ 中国经济思想研究最重要的奠基者之一的赵靖教授指出，在漫长的中国经济思想历史里，尊重自由放任的“善因论”远远比不上崇尚政府干预的“轻重论”受到政府青睐。④ 从中国近代经济思想发展的角度来看，自鸦片战争以后，我国就长期处于以不足的思想资源和认知能力来面对无尽的新变化窘境之中。19世纪中叶百余年来，外国列强先进的工业生产能力对中国知识分子造成了深刻的印象。以抗战为例，据统计，抗战爆发时，中国无论是轻工业或重工业、军事工业都远

---

① 见台湾“行政院主计处”公布的2005年12月台湾外汇储备，网址为http：//www.dgbas.gov.tw。

② 曹小衡主编：《2005—2006年度台湾经济与两岸经济合作研究报告》，北京：九州出版社，2006年版，第111页。

③ 当然这只是杜维明一家之言，许多研究儒家经济思想的学者是承认儒家思想也有相当多自由经济的因子，如侯家驹在《儒家思想与经济发展》一文中，就充分肯定了儒家对自由经济思想的启蒙，见《先秦儒家自由经济思想》，台北：联经出版社，1982年版，第289—304页。参见［美］杜维明等：《儒家与自由主义》，北京三联书店，2001年版，第7页。

④ 赵靖：《中国经济思想史述要》，北京大学出版社，1998年版，第257页。

远落后于日本。由于工业与经济实力相差太过悬殊，中国在战争中遭受了空前严重的亡国危机。民族屈辱感造就了强烈的民族主义情绪，渴望“快速工业化”就是这种情绪的自然延伸。但有鉴于通过市场机制自发地实现工业化则需要漫长的时间，更何况中国本来就缺乏市场机制正常运转的环境。因此，当代早期的许多政治家或思想家往往视现代完整而精致的经济学体系为救不了近火的远水；要实现国家富强以应对挑战，便只能从现成的知识体系中挑出能很快见效的“成分”以解救危局。

受到1917年之后俄国在短时间内推行计划经济成功的范例，以及民国时代唯科学主义最终获得主宰我国思想界的影响，全力利用含科学的成分的“科学万能论”来改造各方面实业建设落后的思想，逐渐被多数知识分子视为一种至高无上的终极性教条。① 许多接受过近代科学教育的政府官员，如翁文灏、王云五等等，往往以不用经济学家的思想、政策感到自豪。② 夏道平曾将战后台湾那些被统称为“经济学家”的人群，就其思想言论的底蕴分为三类，一为真正的经济学家，二为经济工程师，三为特定经济利益发言人。夏道平以为，特定经济利益发言人确实是为我们所不齿，但若这类人赤裸裸地讲出他们所争、所取的是什么，那倒也是光明磊落，无可厚非！虽然这类人大多把内心的真正企图伪装到富国利民的宏论中，藉以在舆论造势。然而与特定经济利益发言人相比，经济工程师对于战后台湾的经济发展冲击更大。③

为什么经济工程师远较特定利益发言人影响台湾经济增长为大呢？夏道平以为其中的悖论，主要来源于经济工程师对于经济问题的一个主要观点。即人类的任何成就，皆是其运用逻辑演绎的理智能力，直接或间接取得的成果；而一切未经如此理智设计的社会成规与常例，如果真的有益于

---

① ［美］郭颖颐：《中国近代思想中的唯科学主义》，南京：江苏人民出版社，1998年版，第167页。

② 其他类似的言论，不胜枚举。例如，尹仲容曾经说过：“要成为一名工程师，必须有科学家追求真理的精神和经济学家注重实际的方法论，因此，工程师是一位对经济学有渊博知识的科学家。”早年做过尹仲容助手而后担任过“经济部”、“财政部”部长的李国鼎也有类似的言论：“关于台湾的经济发展，当然要各方共同协力，但是最重要的，还是靠全体工程师们的智慧和才能的发挥，因为工程师是工业建设之母，对于工业的重要性，知之最深，登高一呼，收效最宏。”曾任“经济部工业局”副局长的吴惠然的说法，尤为经典。吴惠然指出：“我们对经济学家的确谈不上什么尊敬，他们多数人只不过是教师而已，对现实世界一无所知，所以我们在听取他们意见时，不必太认真。”

③ 夏道平：《自由经济学家的思与言》，台北：远流出版公司，1995年版，第90—91页。

人类，也只是侥幸使然。因此，经济工程师也就屡屡把岛内公共经济事务的处理当成一项工程来做，亦即将人“物化”，这些人都是搬弄一些经济学名词，而以工程师的心态、工程师的技巧，来处理活生生的人的行为所形成的公共经济事务。而这种营造主义的观念，对于战后台湾经济政策思想的形成，毋宁是既深且远的！事实上，“泛营造主义”言论在台湾一些著名的经济学家的文集中是随处可见的。

例如，著名的社论派经济学家王作荣就曾多次地提出这类带有浓厚“营造主义”色彩的看法：“经济发展是一个严肃的，有高度勉强性的工作，因此‘政府’就必须采取强而有力的措施，引导或迫使大家向这方努力，不宜听其自然演进……如果过去我们的经济动员程度大一点，则经济的进步绝不止此。”①“任何时代任何国家的经济发展，都需要有重大的刺激，而这些刺激可以是自然发生，或以人力故意为之……是以掌握‘国家’经济大计的人，要使经济连续不断的自我成长……便要能够主动的选择这些刺激和制造这些刺激。”②“我所谓的‘中央’银行制度，是要‘中央’银行能够有效的运用它的权力，影响全国的金融活动……我们必须发展一套金融活动的工具并培养环境，制造条件，使这些工具愈用愈利。”③ 对于王作荣的这类带有极端凯恩斯理论倾向的营造主义思想，曾任中华经济研究院第三所所长的杨雅惠批判道，依据经济学者蒙代尔所言，欲达成 n 个目标，须有 n 个政策工具。而“央行”意图达到多重目标，如主导利率走势、平稳汇率、阻挡套汇投机、控制货币供给、促进出口、协助产业升级与经济增长等等，除非“央行”有三头六臂，否则焉能把所有责任一把担起？此外，在决策问题中，“央行”虽有理事会，然在“央行”直接或间接干预利率与汇率时，并无经过理事会审慎评估之过程。而“央行”内部有无充足的研究背景报告，外界亦难洞悉。因此，吾人看不到“央行”每次决策的背后，有无长期的规划。

① 王作荣：“现阶段经济动员的形式与做法”，见王作荣：《台湾经济发展论文选集》，台北：时报文化出版公司，1981 年版，第 116—117 页。

② 王作荣：“论重工业的建立”，见王作荣：《台湾经济发展论文选集》，台北：时报文化出版公司，1981 年版，第 118—119 页。

③ 事实上，王作荣的看法与台湾“中央银行”法的“立法”精神相去甚远，按照立法于 1935 年的台湾“中央银行法”第二条经营目标的规定，“央行”经营之目标为：1. 促进金融稳定；2. 健全银行业务；3. 维护对内及对外币值之稳定；4. 于上列目标范围内，协助经济之发展。王作荣：“台湾经济发展之路”，见王作荣：《台湾经济发展论文选集》，台北：时报文化出版公司，1981 年版，第 29 页。

则“央行”决定政策走向时，若有偏误，谁来查核？谁来监督？①

诚然，中央银行在经济中的调节作用是不可或缺的，但在了解和分析市场信息的基础上根据市场动向进行的调节（如美联储格林斯潘的调节），与罔顾市场机制和信号而按照预先设定的政策目标进行的人为安排是截然不同的，前者是在尊重市场机制的前提下，通过中央银行的作用使政策目标与市场达到协调，在此情况下，中央银行是一种增进协调的制度安排；后者则是先设定想要的政策目标，然后企图通过中央银行改变和扭曲市场机制来达到目标，在此情况下，中央银行是一种凌驾于市场机制之上的人为操作工具。② 正因如此，曾经受聘于台湾担任“顾问”，并当选过“中研院”名誉院士的弗里德曼对于这类具有“营造主义”观点的思想并不苟同，曾有一次在听完台湾“中央银行”和“经济建设委员会”的简报后，毫不客气的向当时的俞国华总裁说：“Abolish the Central Bank, Abolish the Planning Council.”③（撤销央行、撤销经建会。）

（二）岛内各界对于营造主义的批判

对于战后台湾经济增长思想中广为“政府”滥用的营造主义，戴杜衡也曾经做过语重心长的批判：“计划是一个非常悦目的名词，似乎谁都这样想，任便甚么事，有计划总多少比无计划为佳。”“人们鉴于自由经济之弊，很容易的想到管制、计划经济之原则。”“然而如果要在严格的范围以内规划并实施有效的经济管制政策，在技术上会遭遇极大的困难。此乃，经济生活，其关系之复杂与牵连之广泛，不是其他方面的生活所能比拟。经济关系常显得是一个像数学那样精巧的题目，并且这种数学，包含一些可变的数字，随时跟着环境而移动，要用机械的法律来掌握这些灵活的数字，最容易陷于左右两难，顾此失彼……因此，不谈计划则已，一谈计划，就必然指那一种由‘政府’来规定并督促实行的全面性计划。”④ 在《试论计划经济》一文中，戴杜衡更借由人体自然机理运作的比喻批判了当局的营造主义：“人体上食

① 杨雅惠：“论‘央行’的角色定位与决策理念”，《经济前瞻》第7卷第1期，台北：中华经济研究院，1992年1月。

② 在第三章论述的蒋王大战中，蒋硕杰与王作荣关于“中央银行”作用的争论，也涉及了对这种区别的认识。

③ 丘秀芷主编：《政治家的风范：俞国华先生八秩嵩寿文集》，台北：俞国华文教基金会，1994年，第139—146页。

④ 戴杜衡：“论经济的国权主义”，《自由中国》，第2卷第3期，1950年3月16日。

物之消化，血液之循环，肺叶之一合一张，试问这是出于谁的计划？一种高明的卫生学或营养学，必以推进此种自然机能为职志，而不能阻碍它、扼杀它。现在所有的卫生学或营养学，显然没有进步到这个程度。谁要是按着刻板的维他命单位计算而进餐，实行三个月，我保险他必变得面黄肌瘦。”①

是的，一个良好有效能的政府干预确实能够帮助政府当局有效地处理“市场失灵”，这的确是一个令人信服的正面命题。但是，如果这个正面命题是合理存在的话，那么这个叙述的反面命题也是同样合理的存在。一个没有效能的政府干预也确实不能够有效地处理“市场失灵”。从当代经济学说理论发展的演进历程来看，当福利经济学的基本原理被证明以后的数十年间，在考虑政府作用的时候，市场失灵理论曾经占据了优势地位。但是在里根总统和撒切尔首相的时代，“政府失灵”理论也开始成为主流。“政府失灵”论的主张为：1. 只要没有宪法上的约束，特定利益集团就会给市场设置壁垒以产生租金；2. 公共利益是扩散在大范围的民众之中的，因此无力与特定利益对抗。也就是说，即使总成本大于总效益，在与效益相比成本还是远为扩散的场合，就会发生公共物品的问题；3. 寻租竞争虽然有使租金消散的可能性，但租金产生和消散的过程本身就是浪费。②

斯蒂格勒在《人民与国家》一书中多次论证了“政府失灵”这个问题：“我们有一张市场失灵的表，而且是一张长长的表。如果可能的话，市场失灵应加以修正，然而我们只有两种选择——政府或祷告。事实上，我们都非常清楚政治体系的不完美，包括对地位突出之少数民族的敏感性、在接受新科技上的迟缓怠延、深具惰性的政府单位，以及强势政客在汲取私人财富时忽略了公众的利益（或较此更糟的情形）……我们确实可以告诉社会跳出市场的沸锅，但是，我们没有根据可以预言，当我们跳出来以后，将会落在一张华丽的床上，或是落在火焰里面。”“有关政府管制的课题，其重心时常在变。某一年可能是劳资关系，下一年却变成如何就农田水利的改良状况补偿佃农、以及对于铁路费率的管制……因此，要以一套单一的理论来引导社会处理这种种复杂且变动不居的问题，难免显得过于抽象，而无法引起专注的研究努力。此外，有关政府职权的适当范

---

① 戴杜衡：“试论计划经济”，见戴杜衡：《免于偏见的自由》，台北：传记文学出版社，1979年版，第237—241页。

② ［日］青木昌彦等：《市场的作用　国家的作用》，北京：中国发展出版社，2002年版，第25、29页。

围、以及国家相对于各种受控制的私人行动所占的优势，这种种问题很难用一套一致的理论来处理。”“由一个特定的管制机构来执行管制，会发生四点困难：1. 公职人员，即使是受过训练而又很勤奋的，通常也很难切中其弊地检发违规行为，而且其能力永远不会高过社会上其他相关的群体；2. 使管制者集中心力于大问题和加快处理速度的诱因很弱，因为立法单位并不认为有必要去强化这种诱因。立法上的改善可能会对区分案子的重要性提供方针，但似乎不可能设计出一种有效的诱因系统来加快处理的速度；3. 稽核管制机构需要下断支出相当多的资源，而社会上只有一种群体——那些受制于管制者的群体——才有提供这些资源的诱因；4. 如果某个管制机构表现很差，个人或小群体并没有反制权。”①

回顾战后早期，台湾地区和其他发展中国家的主要难题是资源（广义言之，包括技术、资金、企业能力）在质和量上都很匮乏。所以台湾当局透过管制措施，取代原来应由市场机能来发挥的任务，因而导致市场机能受到抑制，使得要素价格、经济效益等都受到严重的扭曲。例如，战后初期因尹仲容等大多数“政府”官员与学者认定由于岛内民间企业家及资金不足（加上社会和政治因素），② 以致从战后之伊始至1960年代初期台湾的公营企业强过民营企业，而至今仍见其害而无法善后。③ 再者，为保护所谓的幼稚工业，如汽车业，反而使台湾的汽车工业落在韩国之后，并使部分企业家获得超额利润、部分企业家蒙受损失、消费者权益受损，有限资源未能有效地发挥潜力。这是“市场失灵”和“政府失灵”的相乘效果，而这恰也正是战后台湾大多数自由派、学术派长期不间断地批判台湾当局执行不当之新重商主义的深层原因。

正如斯蒂格勒在《经济管制理论》一文中所作的分析：“政府机构和权力对社会中每个行业而言，都是一项潜在的资源或威胁。政府以其禁制和强迫的权力，或以征税或补助的方式，可以——也确实曾——对许多行业选择性地造成帮助或伤害。在美国，素为“政治迷思”的石油工业，历

---

① ［美］斯蒂格勒著，吴惠林等译：《人民与国家：管制经济学论文集》，台北：远流出版社，1994 年版，第 77、141、142、143、209 页。

② 尹仲容：“台湾经济十年来的发展之检讨与展望”，见尹仲容：《我对台湾经济的看法》三编，“国际经济合作发展委员会”，1966 年版，第 40—96 页。

③ 陈师孟等：《解构党国资本主义：论台湾官营事业之民营化》，台北：允晨文化公司，1991 年版，第一、二章。

来获得了巨大的政治利益，同时也使得海洋保险的保险业者分得了一杯羹。经济管制理论的中心课题，就是要解释哪些人将从管制得到好处，而哪些人又将承受其负担？管制将以什么样的形式出现？以及管制对于资源分配的影响为何？"① 当然前述的批判，也同样适用于战后台湾的新重商主义政策。令人讽刺的是，即令曾经在1950—1960年代受到当时台湾最高财经当局尹仲容特别垂青而发迹的石化业巨头王永庆，尽管其早年确实是得力于"政府"的管制与扶持，但在1970年代石油危机以后，王永庆也理解了"政府"的保护与干预事实上在一定程度上也是束缚其石化产业发展的隐性杀手。因此，在1980年代之后，王永庆就多次著书立说地抨击"政府"对其所经营石化业的"伤害"。② 于宗先在《经济剧变中，台湾产业的何去何从》一文中分析道："当局在推动策略性工业发展时，曾提出六个准则：即市场潜力大，产业关联性大，附加价值高，技术层次高，污染层次低，能源依存度低。但这完全是整体经济的观点，或者经济计划的立场……事实上，应发展哪种产业，方能有利可图？这是产业界首先考虑的问题。产业界决不会因无利可图而去发展一种产业，道理十分明显。"③

阿克洛夫在《柠檬市场：质量不确定性与市场机制》一文中论证了在不对称信息条件下，人类某些经济行为是无论政府或者市场都无力解决的事实。阿克洛夫的分析表明，在非对称信息条件下，旧货市场上的卖主对于旧汽车质量的信息平均地要比买主掌握得更多些，这样就形成有关旧汽车质量信息的非对称分布。由于买主总是愿意以平均质量的预期价格水平支付购买价格，这样，高于平均质量的旧汽车将被迫撤出市场。由于高质量旧汽车撤出市场，导致旧汽车市场上商品的平均质量进一步下降……如此循环，最后旧汽车市场上仅剩下低质量汽车的交易。因此，阿克洛夫认为，改变这种状况的方式之一是有赖于市场上的所谓"诚信"。④ 斯密曾经

① ［美］斯蒂格勒著，吴惠林等译：《人民与国家：管制经济学论文集》，台北：远流出版社，1994年版，第145页。

② 王永庆："确立'我国'工业发展方向与政策"，见王永庆：《革心·革新》，台北：联经出版社，1985年版，第1—17页。

③ 于宗先："经济剧变中，台湾产业的何去何从"，见于宗先：《锐变中的台湾经济》，台北：三民书局，1993年版，第125—126页。

④ 阿克洛夫于2001年以非对称信息理论获诺贝尔经济学奖。阿克洛夫："柠檬市场：质量不确定性与市场机制"，见《阿克洛夫、斯彭斯、斯蒂格利兹论文精选》，北京：商务印书馆，2002年版，第1—18页。

说过："若不了解道德情操所扮演的角色，经济学也没什么用。"文化不仅会影响群体中个人的思想与行为方式，同时也会影响整个群体（小到公司，大到国家）的行为方式。除了这些具体的实体，文化还会影响一些较抽象的经济行为，例如市场机制、政府效能。一个市场与政府是否良好运行，除了取决于价格信号、法律体制外，其他诸如信任、信用这种抽象的文化概念也会冲击整个市场与政府的运转。在布坎南的《自由、市场和国家》一书中写到："政府的缺陷至少和市场一样严重……所以市场的缺陷并不是把问题转交给政府去处理的充分条件。"[①] 因此，在市场失灵的地方，不一定就是必需政府干预的地方，有的时候，文化的协调反而比政府的干预更能够解决问题。例如，就包括台湾在内的大部分东亚地区而言，对于市场缺乏诚信的问题，儒家文化就能起到良好的积极协调作用，因为正如余英时所分析的，"诚"与"不欺"在新儒家伦理中尤其占有最中心的位置，在理学大兴之前，这两条德目已成为儒家道德的起点，经由新儒家和民间宗教的长期宣说，诚信观念在明清时代已深深印刻在商人的心中。[②] 而就东亚经济的发展和台湾中小企业经营的经验来看，儒家文化倡导的诚信观念确实也起到了潜移默化的良好协调作用。

（三）关于"市场机制"与"当局角色"的重新认识

事实上，对于"政府"干预对经济增长的促进作用的局限，在战后台湾经济发展的初期，不少"政府"官员和学者已有深刻与清晰的认识。尹仲容在《论经济发展》一文中说道："经济活动是人类活动的一部分，与人类其他的活动——文化的、社会的、政治的等等，有着不可分离的关系。这些活动是一套，从经济发展的观点看，要落后全部都落后，要改革全部都需要改革。绝不可能其他活动都落后，而经济活动却特别的进步，也决不可能其他方面都不改革，而经济方面的改革可以单独成功的。"[③] 除了"政府"官员有这样的体认外，张汉裕在《有关经济发展的两大前提和九点建议》一文中也说道，经济发展的工作也是总体性的。这就是说，不

---

① 美国对话季刊："布坎南与公共选择家"，见布坎南：《自由、市场和国家》，北京：经济学院出版社，1988 年版，第 281—282 页。

② 余英时：《中国近世宗教伦理与商人精神》，合肥：安徽教育出版社，2001 年版，第 237—238 页。

③ 尹仲容："论经济发展"，见尹仲容：《我对台湾经济的看法》续编，"美援运用委员会"，1960 年版，第 175 页。

但农、工、商、金融、交通、财政等经济方面的各因素有密切不可分的关系，而且国防、法律、政治、行政、学术、教育、哲学、文化等经济以外的各因素对于经济发展的成败也是相关的。经济增长需要的是整个社会的“实业化”或“企业化”、“现代化”，这也就是说经济增长需要法治、民主、有效的行政、文化、新的教育、新的伦理思想等等来配合，亦即需要整个社会的现代化。这也就是说经济增长需要整个“国家”社会采取配合现代经济的生活方式，需要现代经济生活方式所固有的观念和作风。①

从战后台湾经济增长思想发展的历程来看，确实主要引导台湾经济前进的主要思潮是经济自由主义。为什么战后台湾主要的自由派、学术派学者鲜少在其著作中论述与探讨“政府”应当扮演“看得见的手”的重要呢？台湾清华大学的赖建诚对此提出了解释：“影响战后台湾经济发展的‘剥削者’（或是资源的浪费者），是一个从前被忽略的角色——‘政府’……虽然，我们的立场不在（也无能力）提出全盘有效的经济自由化方案，而是从历史演变的角度，提供一个鸟瞰图。我们同意目前的台湾经济应该走向自由化与国际化，但这并不表示经济自由化是超越时空的真理。是的，确实市场机能也有失灵的时候，但我们的观点是，战后的台湾经济，如果没有‘看得见的脚’，其成果将会更好。”② 对引发1997年东亚金融危机难辞其咎的索罗斯尽管在其《开放社会》一书中对市场原教旨主义提出了强力的批判，但索罗斯也强调：“尽管市场不能单独满足我们全球社会的所有公共需求，这是一个事实；然而市场在满足个人需求方面却能做得非常好。对于中国读者（与大多数发展中国家的读者）来说，我希望强调的是市场经济的优越性。的确是这样，如果我一开始就是打算写给中国读者的，我就会写成另外一本书，一本赞美市场经济优越性的书。”③ 诚然，在理论上“看得见的手”与“看不见的手”有机而合理地结合的时候，的确是一个美好的最优解。但是，在“看得见的手”不幸地沦为“看

① 张汉裕：“有关经济发展的两大前提和九点建议”，原载于《财政经济月刊》第11卷第10期，1961年9月，转引自张汉裕：《经济发展与经济思想》，张汉裕博士文集出版委员会，1974年版，第7 8页。

② 赖建诚：“开放与抗拒之间的台湾经济”，见赖建诚：《重商主义的窘境》，台北：三民书局，1992年版，第98—99页。

③ 索罗斯：“致中国读者”，见［美］索罗斯：《开放社会》，北京：商务印书馆，2001年版。

得见的脚”的时候，那么我们也就不妨将“看不见的手”视为现实意义上的“次优解”吧！

康德以为，人类的理性只能帮助人们理解表面现象，因此唯有“回到事物自身去”，才是吾人探索问题答案的必经途径，“回到事物自身去”即要求研究者搁置一切现存的想法，直接或者直觉地去理解和觉悟所面对的现象本身，只有在获得了所面对的现象的真正了解之后，吾人才有可能正确建构其思想、理论。① 战后长期担任台湾“关务署署长”的周德伟认为，经济思想、理论所处理的对象为人、为人与人之关系、为人与各种人群之关系、为人与全群经济财之关系，因此，经济事物自身可说是繁复至不可想象。每一人各有自己的意识、各有自己的习惯与爱好、各有自己的价值判断，不能让科学家放在试验室内摆布，政治权威能以自己的意志凌驾被统治人群的意志，但其效果，绝不能尽符预期。有服从者，有抗拒者；有阳事服从，阴事抵抗者；有名为服从，实则选择合理或不合理的途径规避统治者的意旨或另图发展者。每一法案，每一措施（包括经济的）均可能遭受此一命运。面对如此纷繁的现象，自然科学的方法，移用于社会事象的研究，决不适宜。②

对于现在广泛适用于世界各国有关形成市场经济秩序的那些行为规则，虽然是我们人类自己发展出来的，但它们却既不是我们人类天生就会遵循的，也不是我们人类衡量审度本身所处的情况，为了达成某些目的，而着意选择设计出来的。它们虽然是人类行为的结果，却不是人类设计的结果。事实上，它们是人类近两千年经济进展中透过竞争机制，所演化的重要产物。哈耶克指出，一般而言，透过竞争，比较有利于人类生存的行为规则，比较有可能被选出并留传下来。但这并不是说，那些留传下来的规则，因此便毫无被批判的余地。不过话说回来，我们也不该过度夸大理智批判传统规则的能力，更不用说，我们能够按照自己的好恶，设计一套全新的道德以取代形成市场经济秩序的行为规则，或任意更动它们。人类不是生下来就有智慧，人类变得聪明，是因为有（介于理智与本能中间的）传统让他学习，而这个道德传统，却不是来自于理性解释客观事实的

---

① ［德］康德著，蓝公武译：《纯粹理性批判》，北京：商务印书馆，2003 年版，第三章。

② 周德伟：“介绍哈耶克博士给中国知识群众”，见殷海光等：《哈耶克和他的思想》，台北：传记文学出版社，1965 年版，第 225 页。

设计能力，而是来自于种种回应客观事实的习惯积累。它主要是告诉人类，在某些状况下，他们该做些什么或不该做些什么，而不是告诉人们，我们可以预期什么一定会发生。因此，在某些方面，传统的习俗与道德比人类的理智更为优越、更有智慧，而形成市场经济秩序的那些规则便是这样的一种传统。它能让人们更能在种种不明的情况中进行调适，亦即让人们在其理智可能的知见范围之外，有效地协作，形成有力的整体活动秩序。这种活动秩序所吸纳与利用的资讯（包括各种可用的人力与自然资源方面的资讯），远超过任何人为理智设计安排的秩序。对于身处市场经济秩序的人们来说，他们的理智很可能永远不足以取代市场秩序自动竞争、演化与调适的过程。

事实上，强调“看不见的手”的作用并不是反对政府在经济秩序中扮演一个重要的角色。奠定近代民主国家政府形态的英国哲学家霍布斯，曾提出一个被后人称为“霍布斯丛林”的假说。霍布斯认为，在一个国家或者社会里，如果没有一个合适的仲裁者及良好的组织秩序，那么每个人都是其他个人的敌人。每个人都会想尽办法偷抢人家的财产，并想尽办法不被别人偷抢。在这种没有国家制度的条件下，大量资源被用于从事偷抢和防止被偷抢的活动，因此生产活动不可能发达起来，而偷抢在结成人群的团体之间发生时，就是战争。只有当一个适当的领导者出现时，才有可能建立制度以惩罚其他人的偷抢行为。一个良好的领导者及制度的出现，方能有效地改进交易效率、促进分工的发展和生产力的进步。其实，在现代市场经济中，政府对社会经济的介入是有明确的界线的。正如诺贝尔经济学奖得主诺斯指出的那样，西方世界的兴起在于国家对个人和企业的关系上发生了根本性转变：从英国光荣革命开始，政治与经济发生了根本的变化，即政府不仅开始与经济保持距离，而且其权力不断地得到弱化，这就是基于法治基础的现代市场经济体制的起源。这里所指的法治应该包括两层含义：一是为了约束政府对经济活动的任意干预；二是为了约束个人与企业的经济行为而创造一种有秩序、公平竞争的环境。是的，在以法治为基础的现代市场经济是政府在不直接干预经济的情况下，应起到公平执法的作用，包括定义产权、维护公平竞争、反垄断、执行合约、维持货币纪律等等。这也就是说，政府是不能既当运动员而又担任裁判员。政府的职责是市场的裁判员，是如何保证民众与企业有发表意见或申诉的渠道，保证市场的经济自由与竞争。

（四）泛营造主义的消除与中华经济圈的未来

其实，岛内学术界对于当局不当的政治干预经济的诤言与批判，在台湾的经济发展过程中一直没有中断过。战后台湾经济发展的前期，陈式锐在《论政治的干涉经济》中说道：日出而作，日入而息；王，于我何有哉……人的经济努力，有其中心诱因，那就是利润的获得；也因此私人经济企业制度，就受了孪生要素——价格与利润——所支配……企业家从事经营，其所专心致意者，唯价格利润结构，舍此他将无法成功！为此，他必须注意供求关系与变动，由统计以观察价格的趋势；他必须注意成本的影响，凡方法、工具、运输、工资、租税等的变动，在在可以改变价格；此外，他必须注意竞争，不但买者还包括卖者，价廉物美东西，在市场可占优势；他必须注意价格的涨落，以作生产扩张或缩小的计划；他又必须注意生产的幅度，以为利润或损失的衡量。一言以蔽之，正因为追求利润，整个经济在价格的作用之下不断地向前转动……然而"政府"虽不反对私人经济制度，却标榜欲使私人经济较善运行的办法，但"政府"一旦干涉经济，因其伤害了竞争企业的机能，毛病容易滋长，益使其倾向于增加干涉。这时经济结构的主要功用如货币流通与价格、利润作用受其干扰，必然发生问题。① 在台湾经济增长的历史进程中，我们深刻地了解到营造主义的思想对台湾经济所造成的负面影响。在战后初期台湾当局有鉴于市场机制不足所建立起庞大的公营体制，造成了台湾半个多世纪公营事业的尾大不掉；而在整个1970、1980年代，当局的经济工程师们利用汇率工具、货币工具来刺激台湾经济增长，导致了20世纪末期，岛内致命性的泡沫经济灾难，均是这种工具理性思维造成的恶果！关于泛营造主义对经济体系的危害，在蒋经国统治的晚年，这位威权政治"强人"最终也意识到这点："经济问题是非常复杂的问题，经国早年曾经从事经济管制工作……然而工作是失败的。失败的原因很多，但从过去的经验里使我得到一个很大的教训，就是'经济的问题一定要照经济的原理、经济的办法来解决，而不能用政治的办法来解决。'今天我们如用经济的原理、经济的办法来解决台湾的经济问题，我相信台湾经济一定会欣欣向荣，使台湾迈向经济发达的大道上去。"②

---

① 陈式锐："论政治的干涉经济"，载于《自由中国》第18卷第3期，台北：自由中国杂志社，1958年出版，第85—88页。

② 蒋经国先生全集编辑委员会编《蒋经国先生全集》第九册，台北"行政院新闻局"，第196页。

事实上，不当的政治干预不仅存在于当局试图用“致命的自负”宏观调控地操纵经济变量，并且更广泛地被用来处理两岸的政经关系。高希均在《八个观念改善台湾》中认为，当全球焦点都投射到大陆市场时，台湾地区的领导人有责任要为两岸开拓一个双赢的机制，不能让台湾自外于这个潜力庞大的市场。其实，台湾的命运从来就是与中华民族的兴亡盛衰血脉相连。然而，战后五十年来，台湾当局的三位“总统”对大陆却一直有他们奇特的坚持：1. 蒋介石一直坚持“反”的政策——“反攻大陆”；2. 蒋经国一直坚持“不”的政策——不谈判、不接触、不妥协；3. 李登辉一直坚持“拖”的政策——以“拖”待变。这些举措都不利于两岸经济一体化的整合与“大中华经济圈”的发展。[①] 其实，随着知识经济与全球经济一体化的加剧，四I——产业（Industry）、投资（Investment）、个人（Individual）、信息（information）——也加紧在全球范围内的各经济区域间流通无阻，曾经适合19、20世纪大部分时间封闭模式的地盘观念，也势将难以为继。在老旧的经济地图上，最重要的制图元素不外乎原材料的产地、能源、可通航的河川、深水港埠、铁路线、已经铺设好的道路，以及国与国之间的界线。但是在今天的地图上，信息和知识经济已经取代时空距离和政治关系，变成影响经济活动流通最关键的因素。[②] 对于台湾来说，现在大陆内需市场的大幅开放，正是岛内服务业扩展的最好机会，而且此一机会稍纵即逝。[③] 正如大前研一给台湾当局的忠告：由于台湾不但有制造业的基础，而且各种服务业也都具有相当程度的优势，伴随着大陆消费与服务市场的崛起，所以台湾应该有机会发展成“中华经济圈”的专业服务供应地，这是台湾未来的角色，只要好好地提供中国大陆13亿人服务，台湾经济一定会有生机。[④] 其实台湾当局不应自缚手脚，在这方面，台湾当局应该好好研究美国过去的产业升级经验，虽然美国的产业外移了，但是美国人却强化自己家乡一些诸如金融、投资咨询、影音视听等现代的专业与消费服务的更进一步发展，如此，反而增加了就业机会。可见制造业空洞化是可以解决的问题，只要台湾当局有意识地更加自

---

① 高希均：《八个观念改善台湾》，台北：天下文化公司，2004年版，第70、84页。

② ［日］大前研一：《民族国家的终结：区域经济的兴起》，台北：立绪出版社，第4—7、41页。

③ 林祖嘉：“内需市场大，服务业是台商的新契机”，台北《远见》杂志，2006年4月1日。

④ ［日］大前研一：《力用中国》，台北：天下文化公司，2002年版，第202—212页。

由化地放宽两岸经贸的限制，台湾新兴的服务业一定会有更大的发展空间。①

可以预见，在21世纪，中国大陆经济将会呈现完全不同的面貌。因此，台湾当局应该积极鼓励台湾人民到大陆寻找发展机会，掌握未来变化的契机，而不是处处设限，扼杀台湾可能的发展空间；在全球经济进一步整合的大环境下，新经济已经成为“脑袋”经济学，② 如果两岸能够三通的话，大陆很多有才干的人，就会有机会到台湾住。如果开放大陆移民，大陆会有两种人想来台湾，一是有钱的人，二是有能力的人。③ 而如果要抓住这些新的变化机会，台湾当局“泛营造主义”式的对两岸政经的不当干预就必须解除，而开放三通将会是一个很好的起点。世界银行估计2007年时“大中华经济圈”占世界出口的比重将会达到15%以上，根据国际货币基金所的全球各国购买力平价计算的GDP来看，2004年大陆的人均GDP高达5642美元，再经过2004年国家统计局的第一次全国性商业普查之后的数据调整，事实上，2004年以购买力计算的中国大陆人均GDP达到6591美元，再以GDP总量来看，经过重新测算后大陆的GDP总量更高达8.57兆美元。此一数据不但远远超过日本的3.82兆美元，而且与美国的11.61兆美元相去不远。在中国大陆已变成世界工厂与世界市场的事实中，与消费市场及相关服务业的兴起，势将成为带动大陆经济增长的另一部引擎。

因此，台湾经济的未来走向，特别是与大陆经济如何结合，如何推动两岸经济一体化进程，将决定未来10年甚至更长时间台湾在东亚及国际分工体系中的地位。如果两岸经贸能够进一步深化合作，则中国大陆和台湾地区都能够获得极大的裨益。不仅大陆可以扩大资金来源、增加就业、提高产业技术进步，特别是科技产业化的速度、获得产业发展的国际营销经验等，台湾也可以拓展产业发展的巨大市场空间、提高资源的利用效率、获得更多的科技资源，并推动岛内产业的转移和升级，同时提升全体“大中华经济圈”在世界经济竞赛的总体竞争力。④ 所以，台湾应以更开放自由的经济增长政策，用台湾新的比较优势，积极地与大陆的资源和市场进行整合，这才是台湾经济发展长远之计。

---

① 杨玛利：“台湾停一年，世界进十年”，台北《远见》杂志，2006年7月1日。

② 王芸：“脑袋经济学”，台北《远见》杂志，2005年5月1日。

③ 杜书伍：“如果开放大陆移民”，台北《远见》杂志，2006年7月1日。

④ 曹小衡：“东亚经济新格局与海峡两岸经济一体化前景”，曹小衡：《东亚经济格局变动与两岸经济一体化研究》，北京：中国对外经济贸易出版社，2001年版，第254、276页。

附　录

附录Ⅰ　战后台湾部分经济人物小传

在台湾半个多世纪以来的经济成长中，涌现出了许多杰出的经济学家、政治家和学者，他们为台湾的经济成长作出了卓越的贡献，发挥了重大的影响。若要为他们一一立传，恐怕需要长篇巨著才能完成。但是，有一小部分的经济人物是本书认为应该特别提出来做专门介绍的。在前面正文中，这些人物在各自领域的经济增长思想和观点都已经有所提及和论述，但由于他们对战后初期台湾经济增长的道路选择发挥了重要作用和深远影响，所以本书在附录一部分，特意为他们分别做一小传，这既是为了表达对他们的纪念，也是为了进一步增进大陆同胞对台湾的具体了解。

蒋硕杰

蒋硕杰（1918—1993），湖北省应城县人，出生于上海，在兄弟姐妹中排行老六，其父为当时知名的军人政治家蒋作宾。蒋硕杰在中国接受中小学教育之后，便进入日本庆应大学学习理则学（逻辑）。1937 年卢沟桥事变发生以后，父亲蒋作宾将他从日本送往英国念书。蒋硕杰在英国经过一年的补习进修，即考入英国伦敦政治经济学院经济系。当时系里名师济济，有哈耶克、凯恩斯、庇古、卡尔多、罗宾逊、罗宾斯等人，这些都是经济学大师级人物，领导西方经济学理论长达半个世纪之久。蒋硕杰能够进入执经济学思想牛耳的名校，接受大师熏陶，应是造就他日后成为经济学界巨擘的一个关键。

在英国求学期间，蒋硕杰的表现非常出色。他曾因躲避战事而从伦敦政治经济学院转至剑桥大学（当时凯恩斯学派的大本营），[1] 但却选择和接

① 由于战时伦敦受到德军的空袭，因此当时的英国政府就将伦敦政治经济学院暂时迁到剑桥大学。

受了哈耶克的经济思想，并终其一生反对和批评凯恩斯理论。其两篇批评凯恩斯理论的论文荣登英国著名的《经济学刊》（*Economica*），并得到哈耶克的高度评价。此后，蒋硕杰更致力于动态分析的理论发展。他还指出庇古在《就业与均衡》一书中的错误，庇古当时对这个初出茅庐的中国学子的批评感到吃惊，但经过再三验证，他仍然向蒋硕杰承认了错误，并因此修改了著作中的两个章节。

1945年，蒋硕杰27岁拿到博士学位，次年，应当时北大校长胡适的聘请，前往北大任教。不久，蒋硕杰的博士论文《景气循环和边际利润的波动》获选为伦敦政治经济学院每两年颁发的最佳经济学论文奖，校方颁给他一座镌有经济学鼻祖亚当·斯密遗像的“哈钦森银质奖章”，由胡适校长代为颁发。1947年，蒋硕杰与马静熙女士结婚。随后，蒋硕杰因在杂志上撰文向最高当局提出整顿金融、控制通货膨胀的建议，受到蒋介石的约见，但当时行政院长翁文灏并未重视蒋硕杰的提议。

1948年，蒋硕杰夫妇迁徙台湾，蒋硕杰任教台湾大学经济系。1949年7月，蒋硕杰离台赴美，进入国际货币基金组织（IMF）的专门研究处工作，继续从事学术研究。当时，与他最为亲近、对他影响颇深的好友刘大中，已经在国际货币基金组织工作。在国际货币基金组织十年的工作期间，蒋硕杰发表了许多相当具有学术价值的论文，主攻中南美国家收支和外汇研究。1956年，他在《美国经济评论》发表的《综论：流动性偏好和可贷资金理论，乘数和流速分析》，是其厘清货币理论的集大成之作，指出凯恩斯理论的流动性偏好理论在逻辑上的缺失。由于该文具有突破性的发展，因此在发表后，国际顶尖学者纷纷来函表示敬佩，甚至有人以此作为蒋硕杰的成名作。时至今日，这篇论文仍然是货币学研究生的必读教材之一。

蒋硕杰在IMF工作期间，以自己一流的论文奠定了他在国际金融和货币理论的大师级地位。但他最重要的影响和贡献则是在台湾。蒋硕杰赴美后经常返台。蒋硕杰返台时，主要与执政者交换意见，畅言市场经济，他是最早提出市场利率要自由化、不可人为扭曲的学者之一。1952年，蒋硕杰回台拜访当时“中信局局长”尹仲容，并带给尹仲容一本英国经济学家J. M. Meade所写的《计划与价格机能》，这本书对改变尹仲容的观念，使其了解和重视市场机能产生了巨大的影响。1954年，蒋硕杰和刘大中同时应邀担任“行政院”经济顾问，此后，他们差不多每年都利用国际货币基金组织暑期休假的时间回台提供经济改革方案，提倡自由经济的理念。

蒋硕杰对台湾经济发展的直接影响集中体现在两大事件。一是1950—1960年代，尹仲容采纳了蒋硕杰的自由化建言，尤其是蒋硕杰、刘大中关于采行单一汇率和提高利率两项政策建议，推行了台湾第一次经济自由化的“十九点财经政策”。事实证明，正是第一次经济自由化运动导致了台湾后来的经济起飞。芝加哥大学经济学系的约翰逊教授认为，蒋硕杰把台湾的市场开发，纳入了全世界的经济体系，是对世界的一大主要贡献。虽然台湾第一次自由化政策随着1963年尹仲容的逝世而停滞搁浅，直到20多年后，台湾才再度回到自由经济道路，但蒋硕杰在其间依然本其一贯的自由市场理念，通过各种机会和途径进行建言和宣扬。

另一重大事件则是1980年代初的蒋王大战。蒋硕杰由于发表文章猛烈批评台湾当局所采用的凯恩斯学派的政策，引发王作荣教授的为文反击。尽管当时的蒋王辩论到后来似乎并没有绝对的答案出现，蒋硕杰在论战之时也备受围剿之苦，但迄今为止，经济自由化思想之所以能够广为学界和民众了解接受，不能不归功于那场沸沸扬扬的激烈论战。

到目前为止，蒋硕杰是唯一一位获得过诺贝尔经济学奖提名（1982年）的华人。蒋硕杰寡言低调，不善言辞，但却治学严谨，精益求精，文风犀利，极具震撼力。他追求真理的执著、做学问严谨的精神，不畏横逆敢于直言的品格，使他不愧为世界级的大师。而蒋硕杰对台湾经济建设的热切关注和忘我投入，也反映了蒋硕杰对华人世界的热爱眷恋之情。正如蒋硕杰自己所言：“我自认不是一个纯讲理论的学者。我用的理论都是自己造出来的，为自己的目的而造——研究如何使像中国这样穷的国家变成富有的国家。”①

尹仲容

尹仲容（1903—1963），字国墉，湖南邵阳人，出生于江西南昌天后宫寓次。尹仲容1925年毕业于交通部南洋大学电机系，因成绩优异被保送进入交通部电政司任职。1930年，尹仲容升任科长，随即被提拔为帮办，对电政革新贡献良多，举凡制定电政制度、开辟全国长途电话、合并邮电机构等，都是出自尹仲容的规划和设计。1936年到1938年，尹仲容出任中国建设银公司协理，主持该公司水电力投资开发业务，像西安、南昌等

① 《蒋硕杰先生访问记录》，台北：“中央研究院”近代史研究所，1992年，第126页。

大城市的水电业，都是经尹仲容之手创办完成。1939 年到 1945 年，尹仲容担任资源委员会国际贸易事务所纽约分所主任，负责抗战时期国防物资的采购，而后调回中国物资供应公司，担任通讯器材组组长，主办通讯器材采购业务。1945 年冬，宋子文出任行政院长，尹仲容应邀担任行政院秘书、参事、襄赞枢机等职务，并协助策划战后生产和交通事业的恢复与兴建。1947 年到 1949 年，尹仲容重新回到中国建设银公司担任常务董事，再度主持该公司有关经济建设的各项投资，同时兼任华南矿路公司执行董事，对当时煤炭的供应和交通的维持贡献很大。

1949 年，尹仲容随国民党当局迁徙台湾。尹仲容虽然未曾担任当局最高行政官员，但他深受最高当局信任，可以说是台湾财经决策的核心人物。在俞鸿钧担任“行政院长”时代，尹仲容曾担任过一年多的“经济部长”。1954 年，陈诚兼任“行政院长”后，邀请严家淦任“财政部长”，杨继曾出掌“经济部长”，而最具意义的举措则是撤销原“经济安全委员会”，另订“行政院美援运用委员会”，由“行政院长”陈诚兼任主委，尹仲容则以副主委的身份负实际责任，于是尹仲容主导台湾财经政策的“尹仲容时代”就此来临。尹仲容将单纯的美援机构，转变成除了发展农业以外，负责推动全面经济发展的实权机构，再加上尹仲容在 1958 年 3 月兼任“行政院外汇贸易审查委员会”主委，其后又身兼“中央银行”总裁，使他一时监管外汇、贸易、金融等三项攸关国计民生的重大事务，将美援、外汇、金融、贸易、经济设计及执行等权责集于一人，从而得以大刀阔斧从事多项重大财经改革，建立现代化经济的制度和基础，成为开创 1960 年代高速经济成长的关键因素。

尹仲容的本行是电机，而非经济学，但他知人善任，务实包容，勇于接受真理并改变自己。而尹仲容转变观念一事已成为台湾学界津津乐道的逸事。根据“中央研究院”院士邢慕寰的回忆，他与尹仲容在 1951 年第一次见面时，“我一进他的办公室，他就劈头申斥起我替他写的那一篇关于台湾糖业的文稿。因为我在该文章中批评了当局干涉农民自由选种稻米和甘蔗的作法以及武断限制这两种主要农作物价格的不当，接着话锋一转，他就畅谈当局当时采取的工业保护和扶持政策以及进出口贸易、管制和外汇配给政策。凭我当时的印象，尹先生只不过是一个刚愎自用满脑子都是经济管制、计划的官僚；他要我去见他的目的，只是给我这个学经济的人上课，而不是要听我的意见。同时他讲话时滔滔不绝，声势逼人，我根本没有插话的机会。尹仲容足足讲了半个钟点，才意犹未尽的勉强煞住。于是我诚恳地要求道：'尹先生刚才讲了半小时，能不能也给我半小时……'，于是我先解释：'政府'限制糖米争地的做法如何不当，接着我针对他谈到的关于工业保护和扶持以及贸易和外汇管制等政策逐一的加以批评，重点无非是这些政策必然造成生产资源的浪费和生产效率的低落，终致严重影响出口竞争能力和台湾经济发展的前途。尹先生几次想打断我的谈话，但是每一次我都扬手制止：'请你等我说完……'等我一口气讲完将近半小时的时候，尹先生迫不及待的说：'你讲的这一套都是理论，完全不切实际。'我听了这句话，实在气极了。因此丢开了原来一直勉强保持的尊敬，也顾不了对一位长辈讲话时应有的适当修辞，就冲口说：'尹先生，我非常怀疑，没有理论根据的经济政策，能不能算是经济政策！'他当时愣了一下，接着似乎很费劲的挤出一点笑容，然后站起来送客。"①

尽管尹仲容与邢慕寰在1951年两人的第一次会谈中，以不欢而散的结局来收场。但是，尹仲容经过多年的冷静思考，并仔细研读了蒋硕杰带给他的《计划与价格机能》一书，却几乎全盘地接受了当时蒋硕杰、邢慕寰、刘大中、费景汉、张汉裕等经济学家关于自由市场机制的经济思想，并将其作为经济改革的理论基础。在1957—1963年尹仲容生命旅程的最后六年时间里，尹仲容推行"十九点财经改革措施"，其政策的主要导向就是解除不必要的经济管制，使经济体制自由化，具体包括将外汇和贸易管制大幅放宽，外汇汇率的差别逐步缩小以至于完全消灭，外汇汇率的水准亦逐步提高以至与几乎能代表市场均衡的黑市汇率渐趋接近，等等。此外，许多稳定自由市场经济和改善民营企业投资环境的辅助措施，也都纷纷出笼。尹仲容在1957—1963年间推动的这些自由化经济政策，已被台湾经济学界定论为第一次真正促进台湾经济增长的经济自由化运动。后来事实证明，这一连串"经济自由化"的政策改革，开辟了台湾经济由进口代替导向转为出口扩张导向的坦途，从而创造了1960年代以后台湾经济真正稳定增长的基石。事实上，如果没有尹仲容当时明智地接受了这些属于全人类经济思想宝贵遗产中合理的成分，或许1960年代之后的台湾经济发展还会增添许多变数。

---

① 邢慕寰："尹仲容先生与我的一段交往"，见《台湾经济策论》，台北：三民书局，1993年版，第238—239页。

尹仲容个性刚强率直，外表严肃、内心宽厚。其部属都说他是“剃刀嘴，豆腐心”，嘴巴像剃刀一样锋利，心中却充满爱心，爱国家、爱社会、爱父兄、爱朋友，而且也是出了名的孝子。尹仲容是一个性情中人，有时在开会中会与人争吵，但争吵过后拍拍肩膀又是好朋友，他会先示好说：“打桥牌去吧！”尹仲容洁身自爱，清廉自守。他身后萧条，家中仅存若干旧书籍而已。

更重要的是，尹仲容善于学习。据他的胞弟回忆，尹仲容自小天分高又勤奋好学，不但精通电机工程和数学，对中西文学也有独到之处，对旧文学的经史子集、诗词歌赋无所不窥，并勤于温习四书五经，即使在三等火车里也会高声朗诵，旁若无人，要是他读完了带来的书籍，就背诵四书五经中他认为最合适的段落句子。善于学习的品格使得尹仲容在主导财经决策时，能够不断接受新观念和新理论，不仅如此，他还对官员和社会大众灌输这些新观念和新理论。尹仲容以他整体改革的雄心抱负，以及勇于开创、勇于决断、勇于负责的精神，为战后初期的台湾当局和民间注入了一股活力，带来了新气象。尹仲容有一句座右铭：绝对不可有“多做多错，少做少错，不做不错”的心理，应抱持“多做事，不怕错”的勇气，只要不是存心犯错！从这短短的几句话中，就能看出尹仲容作为一代财经巨擘的器识与担当。

正是由于尹仲容开启了台湾第一次经济自由化运动，为台湾经济发展奠定了基础，并在执政期间培养了一批财经决策接班人，再加之他本身所体现出来的令人敬仰的性情品格，所以台湾人才将尹仲容先生尊称为“台湾经济发展之父”。

邢慕寰

邢慕寰（1915—1999），生于湖北省黄梅县，毕业于中央大学经济系。1946年，他作为南京资源委员会派到美国进修经济的学生，曾追随库兹涅茨在纽约国民经济研究所（NBER）学习国民所得与国民会计，第一次接触了解到市场的力量。1949年到台湾以后，邢慕寰虽再未接受过正式的硕士、博士训练，但他数次进入芝加哥大学、哈佛大学、耶鲁大学进修，广泛接触过世界一流经济大师，因而其研究水准胜过很多具有博士学位的人。邢慕寰在台湾大学长期任教，并被评选为台湾“中央研究院”院士。1972年，邢慕寰以讲座教授的身份，应邀为香港中文大学经济系教授。1982年，香港中文大学授予他荣誉博士学位，以表扬他在经济学术上的成就。

邢慕寰将自己大半人生（50年）的时光与心力都奉献给了台湾社会经济的研究与发展。经过从青年时期开始的十多年的摸索，加上受到库兹涅茨、奈特（F. Knight）、范纳（J. Viner）、哈耶克等大师的影响，他选择并笃信自由市场经济的理念，毕生从事于自由经济政策的研究。

邢慕寰对台湾经济的影响主要体现在两个方面。一是对经济政策的直接影响。自1950年起，邢慕寰经常被当局几位经济领导人约见，参与台湾经济政策的讨论。对于这一期间他所欲表达的观点，邢慕寰还于1954年写成第一篇陈述自由经济政策的专论《经济较量与经济政策》。1950年代后期，邢慕寰同蒋硕杰等学者对尹仲容提出了关于外贸改革的建言，被尹仲容采纳，从而掀起了台湾第一次经济自由化运动。其后，邢慕寰与蒋硕杰、刘大中、费景汉、顾应昌、邹至庄等六院士于1974年共同提出《今后台湾财经政策的研讨》建言，1976年又共同提出《台湾财经政策之再检讨》，1978年，邢慕寰与蒋硕杰、顾应昌、费景汉、邹至庄等五院士（刘大中已经去世）再次提出《经济计划与资源之有效利用》，旨在敦促"政府"加速经济自由化之步骤与巩固经济稳定之基础，从而保护台湾经济之健康发展。但这三次建言中所提建议受口头赞誉者多，见诸接纳实施者少。这是邢慕寰最感到遗憾的事情。

邢慕寰对台湾经济的另一主要贡献则体现在他的著述与教学中。其论文，如1949年《近二十年来（1929—1949）台湾甘蔗作业收益变动之分析》（《台湾糖业季刊》，第2卷第3、4期合刊），1957年"An Approach to A General Social Framework"（哈佛大学，*Review of Economics and Statistics*, Vol. 39, No. 1），1961年《台湾经济的投入产出关系》（"美援运用委员会"《经济丛刊》之25），1965年"New Estimates of the National Product of Taiwan"（*Asian Studies in Income and Wealth*, published for International Association for Research in Income and Wealth by the Asian Publishing House, New York），1971年的"Industrialization and Trade Policies in Taiwan"（published for Organization for Economic Cooperation and Development, London: Oxford University Press），1979年《所得分配与经济成长阶段——以英国、美国、日本、台湾地区、南韩的经济印证》（台北《经济论文》，第7卷第2期），1983年的"Mashall's Third law of Derived Demand in Light of Substitution Effect and Output Effect"（*Academica Economic Papers*, Vol. 11, No. 1），1985

年《民国51—70年台湾制造业技术进步、单位劳动平均资本增长率、及单位资本报酬变动率的间接测量》（《经济论文》第13卷第2期），1992年“On the Measurement of Aggregate Production Functions”（*Cambridge Journal of Economics*），等等，对编制和研究台湾的“国民”所得、观察和比较台湾在战后的经济成长，以及在基本理论的探索方面，作出了许多重要和开创性的贡献，至今仍为台湾学术界重视和讨论。

此外，邢慕寰在台大任教时，和另一位哈佛人施建生是当时最受学生欢迎的老师。邢慕寰曾开设《经济分析》等课程，据学生回忆，“邢老师身材修长，温文儒雅，望之俨然，大家的印象是邢老师和大明星格里高里派克非常像。邢老师上课时不用课本，也不用讲义，所有上课内容全在脑海中。邢老师写粉笔字既工整又优美，说话不疾不徐，用词典雅，图形清晰，说理简明扼要，所以学生记笔记、复习和相互讨论都很方便。邢老师经济分析的内容以个体经济学为主，也涉及总体部分，邢老师总能以简单的几何图形和数学推理阐释经济学原理和经济现象。邢老师上课的内容也有在当时的一般教科书中没有涵盖或未加演绎的部分……当时上邢老师的经济分析课，总能得到非常清晰的概念，条理分明的解析，并能满足追求新知的欲望。而邢老师不用课本，体系完整，以及新颖的题材，对学生更是最大的吸引力。”① 邢慕寰的教学对学生产生了独具魅力的经济学启蒙，而他对培植后进也不遗余力，以至于现在的台湾“中央银行”副总裁陈师孟、许嘉栋等人当年还为此从台大商学系国贸组转系到经济系，陈师孟回忆道：“一个大一学生对经济学的认识原本是一张白纸，如果不是邢老师在一年之间让我萌发对经济学的兴趣以及研读经济学的自信心，就不可能有今天的我。”② 总之，邢慕寰通过经济学原理的教学，以及对自由经济理念的倡导，深深影响了台湾一代学子，台湾后来担任过“中央政府”部长、“政务委员”的很多人（如孙震）、“中央银行”副总裁陈师孟、证券暨期货发展基金会总经理施敏雄、“中央研究院”、中华经济研究院的一些研究员、所长和院士（如胡胜正、王业键等），都是当年曾经受教于邢慕寰的学生。

邢慕寰治学严谨，而且刻苦用功，即使卧病在床，仍手不释卷。他读

---

① 施敏雄：“怀念邢慕寰院士——受业参学记”，见麦朝成、吴惠林主编《邢慕寰院士的经济理念、政策与学术贡献——逝世一周年纪念》，台北：中华经济研究院，2000年，第111—112页。

② 陈师孟：“邢老师会做如是想吗?”，同上，第119页。

书力求了解，而且用批判的眼光去吸收。他撰写论文，一改再改，不怕麻烦，论文既成之后，也不会马上就去发表，他还是要考虑再三，直到自己满意为止。邢慕寰一生崇尚自由经济，他对台湾的贡献在政策领域、学术界和教育界都是卓著的。“中央研究院”院士于宗先这样纪念他：“邢院士为一介书生，却是这一代学界之良心；他一生两袖清风，却学贯中西；他为千万学子之良师，亦为执政当局之诤友；他为学术研究之典范，亦为引导经济发展之尖兵。作为一代学人，他风骨嶙峋，不忮不求，始终如一。其人虽与世长辞，其穷理研机，为社会、为人民之精神将永垂不朽。”①

刘大中

刘大中（1914—1975），1936 年于康奈尔大学获得理学士，1937 年理科硕士（工程学），1940 年哲学博士（经济学）。刘大中于 1946 年曾任布雷顿森林会议中国代表团秘书。刘大中对计量经济学造诣颇深，为蜚声国际的经济学家，于 1960 年当选台湾“中央研究院”首位经济学院士，1965 年当选为世界计量经济学会荣誉会员。在美国时，刘大中编制了第一个美国经济逐月经济计量模型，他利用综合部门资料估算制造业生产函数（与 G. 希尔德布兰德合作），对未知数、结构估计值和预测等经济计量问题以及各个时期的总量效应进行理论分析。

1954 年，刘大中和蒋硕杰同时应邀担任台湾“行政院”经济顾问，开始频繁回台。他和蒋硕杰等学者一起，建议改革台湾当时的外汇控制，促使“政府”在 1958 年实施外汇贸易改革，为台湾后来十几年的外销拓展和出口导向式的经济成长奠立了良好基础。1964 年，刘大中替“经合会”建立一套总体经济模型，并且建议编制产业关联表，使台湾经济设计方法全面革新，奠定台湾现代化经济设计的基础。1965 年，“行政院”主计处接受刘大中建议，设立“国民所得统计评审委员会”，数十年来，对“国民”所得计算方法及统计的改进贡献良多。1967 年，刘大中协助“政府”邀请美国第一流经济学家来台参加台湾经济发展研讨会，在会议期间，刘大中提出“政府”收支及台湾总生产的供需报告，建议“政府”编制全台湾总资源供需预算，作为决定“政府”每年收支预算的参考，对于健全预算制度，稳定经济有很大的贡献。1968—1970 年，刘大中任台湾赋税改革

① 于宗先：“于序——邢慕寰院士留下的珍贵资产”，同上，页 XIV。

委员会主任委员，在任内完成了修订《所得税法》，增强综合所得税的征收，创设财税资料处理及考核中心，首次利用电子计算机处理财税资产，建立税务稽核制度，修订《奖励投资条约》，加强对投资的奖励，以改革工业结构。为减轻所得税的负担，刘大中一直力倡实施营业加值税，台湾实施营业加值税后，不仅没有带来当时越南、韩国两国引起的物价激烈波动，而且扩大了课税基础。1970 年 7 月 1 日，赋改会任务结束后，刘大中由于对赋税改革卓有功勋，特别获得“政府”颁授二等大绶景星勋章一座，以表扬他对台湾的贡献。此外，刘大中还与蒋硕杰、邢慕寰、费景汉、顾应昌、邹至庄等学者于 1974 年向“政府”提出共同建言，督促“政府”实施自由化经济政策。

刘大中是个充满爱国热忱的学者。他最喜欢的两门学问，一门是计量经济学，一门是中国大陆经济学。事实上，他还撰写过《中国大陆的经济：1933—1939 年的国民收入和经济发展》（*The Economy of the Chinese Mainland: National Income and Economic Development*, 1933—1939），（与 K. C. 叶合著，Princeton University Press，1965）等专著，为国际学界所关注。刘大中在台湾大刀阔斧主持赋税改革时，十分忘我投入，在会上遇到不绝于耳的反对和批评之声时，他则声嘶力竭为自己的方案辩护，说到激动处还声泪俱下。当赋税改革大功告成之时，他毅然卸任，回归校园，做一名单纯的学者。在晚年时期，刘大中一心一意想为中国社会、中国人、中国学术和教育尽一番心力。1975 年 8 月 14 日，刘大中因肠胃癌恶化，在美国与夫人双双仰药自尽，消息传来，中美经济学界同感震惊。

对于刘大中为台湾所得税和赋税改革所做的卓越贡献，以及他对台湾经济建设的影响，前“立法委员”张九如曾评价过：“就台湾的财经建设而言，奠基的是尹仲容，测论高楼大厦建筑蓝图，铸成除草平地机械的则是刘大中。”前“中央银行”总裁、前中华经济研究院董事长张继正则说：“如果将二十年来刘大中为‘国家’所做的一连串工作详细记下，其实就是一部台湾近二十年经济发展史。”

费景汉

费景汉（1923—1996），生于中国北平，1945 年获得北平燕京大学经济学学士学位，1950 年获得美国华盛顿大学研究硕士学位，1952 年获得美国麻省理工学院（MIT）经济博士学位。自 1962 年开始，费景汉任教于美国耶鲁大学，期间曾赴康奈尔大学和华盛顿大学讲学。1980—1982 年，费景汉返台继蒋硕杰院士之后担任台湾经济研究所（现台湾经济研究院）所长。费景汉早在 1972 年即当选为“中央研究院”院士，1983 年 8 月在蒋硕杰辞去中华经济研究院董事长之后继任董事长，直到去世。同时，他还在台湾大学经济系授课。

费景汉最初以研究经济发展理论为主，并在该领域中以突破性贡献获得国际性声誉。1960 年代国际学术界人士耳熟能详的“Rains & Fei”模式，就是以古斯塔夫（Gustav Rains）和费景汉两人的姓氏来命名的。这一模式理论来自于费景汉和古斯塔夫于 1961 年在《美国经济评论》上联名发表的文章，以及两人与 R. D. Irwin 的共同著作《劳动剩余经济体系的发展：理论和政策》（*Development of Labor Surplus Economy: Theory and Policy*），这也是继刘易斯（1979 年诺贝尔奖得主）著名的“无限制劳动供给”模式之后最有名的经济发展理论。费景汉一生执著于学术研究。在晚年时期，他还依照蒋硕杰所提出的货币理论路线，在经济发展的理论体系内修正了“可贷资金理论”，写出了一篇被 J. Tobin（1981 年诺贝尔经济学奖得主）承认颇有一些突破性进展的文章。而在 1996 年 3 月的 *Review of Economics and Statistics* 这本有名的学术刊物里，费景汉还与人合撰了一篇讨论生产函数的论文。

费景汉与台湾经济的关系十分密切。1979 年，费景汉与 G. Rains、郭婉容合作撰写了《伴随着公平的成长：以台湾为例》（*Growth with Equity: The Taiwan Case*）一书。该书分析指出了在台湾经济的高速增长过程中，并没有出现其他国家和地区在发展早期所发生的所得分配恶化的情况，而是呈现出高成长率和公平所得分配并存的局面。这一研究使得台湾经济增长奇迹成为库兹涅茨从事国际研究的一个特例，并使台湾成为世界银行专家们深感兴趣的研究对象。此外，费景汉还与蒋硕杰、邢慕寰、顾应昌等院士向台湾当局提出了著名的三次建言。台湾近年来的自由化运动也曾受到费景汉的重大影响。1995 年，当时的“行政院长”连战提出备受议论的“供给导向”经济理念，以及 1995 年“亚太营运中心”理念，均主张让市场机能发挥主导作用，“政府”不再“创造有效需求”。这些政策理念都含有费景汉所提供的理论基础。当然，1981 年发生的那场最受台湾人瞩目、对台湾青年一代影响颇大的“蒋王大战”中，费景汉所扮演的角色也十分重要。当时曾参与论战的前“财政部长”许嘉栋回忆说，那场论战分为壁垒分明的两派，一派以蒋硕杰为首，成员有费景汉、陈昭南和许嘉栋，主张利率由市场决定；另一派以王作荣为首，成员包括柯飞乐、陈文龙和陆民仁，主张要由“政府”政策压低利率。在当时的论战中，费景汉因过度投入，得罪了不少企业家。费景汉也自述，“蒋王大战”是他提出来的名词，而且他是站在蒋硕杰一方和自己的老友王作荣①做学理的论辩。

费景汉心直口快，好恶分明，秉性天真。在治学讲学上，他严肃认真、勤奋负责。但教学研究之余，他嗜好票戏、下围棋与弹钢琴。认识他的人都认为，费景汉是一个多才多艺的人。余英时就追忆了费景汉留给他的深刻印象：“我认识费景汉已有二十多年。大概是1972年，他在耶鲁大学开了一门关于中国经济史的课程，曾约我去为研究生谈谈这一方面的问题。他留我在他家中住了两晚，但晚上他不谈学术，而缠我下围棋。他的棋瘾很大，一上棋盘便不肯罢手。同时他还在准备着上台表演京剧，下棋之后便练习水袖，是一个典型的戏迷。我因此才知道他原来是一个具有多方面的业余兴趣的人。同时他还嗜中国古典诗词，有些名篇他能背诵如流。这正是费景汉的性格——多才多艺而趣味盎然。有他在场，聚会一定很热闹。我觉得他在生活上有很好的调剂，纯理智的经济研究是他的专业，但业余所追求的是情感上的奔放。1977年我从哈佛转至耶鲁任教，和费景汉有整整十年的同事之谊，我们的交情更密切了。八十年代中，他一度寄宿我家，先后有一个月左右的时间，天天早出晚归。晚上回来时，如果我恰好空闲，他便不容分说地推我上棋盘，而且一交手便不肯罢休。他在这种地方完全流露出一种未泯的童心，因为他仍有童心，所以他有时也能和我的孩子一起弹钢琴，有说有笑。”至于弹钢琴，一位台大经济系的毕业生章友馨怀念说：“有一次在老师家上完课，他踱步到钢琴旁，问道：‘你们哪个会弹钢琴呀？’这时大家支支吾吾地答说：‘小时候学过，但现在弹不来了！’老师一听，得意的说：‘我可是没跟任何人学过，你们听听我弹得如何。’说完立刻掀起琴盖，叮叮咚咚地奏起美妙的旋律，闭着眼睛摇头摆脑地陶醉在弹琴的快乐中。”台大经济系教授朱敬一也追忆说：“他从未拜师，却靠苦练而能弹奏肖邦的高难度练习曲。从他的弹奏中，我都能体会他的老顽童脾气。”②

可见，费景汉在严肃思考之外，有着鲜明可爱的性格，但也因如此，

---

① 王作荣是费景汉于1947年在美国华盛顿州立大学经济学研究所就读时期的同学。

② 见 http：//bbs. cenet. org. cn/dispbbs. asp？ID = 47477&boardID = 92518&page = 4。

他在人际关系上却显得比较幼稚单纯。晚年时期，他在中华经济研究院提出建立“专业的财经政策研究群”，形成“台湾财经政策的智库”，这一理念虽然与许多当事人不谋而合，但由于费景汉不善于与人沟通协调，因而其改革推动十分艰难，并在一场相关的董事长制和院长制的纷争中告以失败，这成为费景汉晚年最引以为憾的经历。

戴杜衡

戴杜衡（1907—1964），生于浙江杭州，上海震旦大学肄业。戴杜衡早年治文学，二十岁左右，就在上海文艺界崭露头角。以后几年，他主编几种文艺刊物，其间印行他自己的创作及翻译的文艺书籍多达十几部。民国二十年前后文坛的权威杂志——上海现代书局发行的大型纯文艺刊物《现代》，就是由（戴）杜衡、戴望舒、施蛰存三人合编的。戴杜衡当时以“杜衡”为笔名写小说，用“苏汶”为笔名写文学理论和文学批评，戴望舒纯粹写诗，施蛰存写诗、小说和散文。当时“杜衡”的小说，属于新写实主义，富有浓厚的乡土气息和强烈的社会意识，其中短篇小说《荒村》是他最为出名的代表作。“苏汶”的文学理论和文学批评，力主作家应以最真诚的写作态度，把握最真实的事物本质，亦即以“真”为文艺的第一生命，以追求“真”为文艺创作的第一要旨，这种自由主义的文艺思想，和戴杜衡以后的自由主义经济思想、政治思想是一致的。戴杜衡在民国二十年代还与鲁迅等作家开展过激烈的笔战，蜚声国内文坛，后来他转入新闻界工作。

抗日战争期间，戴杜衡先后在香港《民国日报》、重庆《中央日报》担任主笔，抗战胜利后继任南京《中央日报》主笔，1949 年随该报迁居台湾。1954 年戴杜衡离开《中央日报》后，成了当时报界争相罗致的评论家，大约有十年之久，他曾同时为《新生报》、《联合报》、《徵信新闻报》（现在《中国时报》的前身）和《大华晚报》撰写社评，并且又是《自由中国》、《民主评论》杂志的主要撰稿人。1950 年代，台湾为戒严地区，禁止自由民主的言论，而戴杜衡却身兼五大日报的主笔和两大政论性刊物的主要撰稿人，其不顾个人安危，力倡新闻自由、民主政治与自由经济的思想和勇气，着实是令人感佩的。

戴杜衡虽然早年治文学，但是迁居台湾之后，他转而刻苦学习和钻研经济学，并取得了很大成就。戴杜衡天分极高，且又十分勤奋。为了理解当时盛行的凯恩斯学派理论，他专门钻研微积分，后来还写出了很有分量的评介和批判凯恩斯理论的论文，其水准即使是一些经济学出身的专家也难以比拟。戴杜衡的经济思想主要体现在他为《自由中国》撰写的多篇文章，以及后人为纪念他而出版的《戴公纪念集》中的《免于偏见的自由》等著作。戴杜衡思维敏捷、思想深刻，最能把握一个问题的核心，其文章的主要特色，是行文流畅、逻辑谨严、见解高远，而又能深入浅出。最重要的是，由于戴杜衡具有深厚的人文素养，所以他对经济问题的分析和判断，往往能够超越简单的表象和数据，而能从人的权利、自由、制度等因素入手，从更广泛、更高的哲学和政治学角度，来指出问题的核心所在。也因此，戴杜衡的经济思想体系和研究方法更接近于古典经济学和奥地利学派。《自由中国》是1950年代台湾最受瞩目、影响最大的一份刊物，而他在《自由中国》上面宣扬自由市场经济、品评台湾经济症结、批评当局相关政策和理念错误的各篇文章，可以说是《自由中国》经济思想的灵魂之一。事实上，借由在各大日报和重要刊物上发表社评和文章，戴杜衡对1950年代的台湾人的观念影响是非常重大的。

据戴杜衡的友人回忆，戴杜衡年轻时是才气纵横、豪迈勇健的文艺斗士，但到了中晚年时期，“他已经变成一位完全成熟的学者，谦和冲淡，与世无争，终日好学苦读，待人接物，永远是那样和平，又那样的诚挚”①。而不论是从事文学还是从事经济学研究，戴杜衡都始终贯穿着对自由信仰和理念的执著。也许正如宋文明对他的理解：“杜衡兄何以要放弃他已经很有成就的文学领域，而要中途专注于经济学？我想这个道理，就像近代欧洲的圣人舒维兹博士，放弃他在神学及音乐方面的已有成就，转而从事医学研究，决心要在非洲丛林中行医一样。文学是在促进人类心灵的真善美，但促进人类心灵的真善美，何若比把自己的国家治好与拯救苦难中的同胞更具体？杜衡兄正如我们这一代的大多数人一样，生长在国家的多难之秋，以他那样的天分与才华，处此境地，难道不会有动于衷？所以杜衡兄的放弃他文学上的已有成就，而集中精力于经济学的高深研究，实在是为了更能济世救人，为了追求一个理想，为了要使中国能成为一个富强康乐与自由进步的新国家。”②

---

① 汪彝定：“哭戴杜衡兄”，见《戴杜衡先生纪念集》，台北：戴杜衡先生新闻奖学金委员会出版，2001年，第21页。

② 宋文明：“哭杜衡兄”，同上，第19页。

由于长期超负荷的写作，原本身体孱弱的戴杜衡于1964年病逝于台中，享年仅五十八岁。戴杜衡虽然从未作为“政府”顾问对“政府”决策产生过直接影响，但他对自由理念的执著、对自由市场经济的坚持和宣扬，使他无愧为台湾早期追求自由主义的思想家、文学家和政论家。

夏道平

夏道平（1907—1995），生于湖北省大冶县保安镇，1929年考入武汉大学文预科，两年后升入武汉大学法学院经济学系。在武汉大学毕业后，夏道平曾留校任助教，抗战时期则毅然离校到洛阳前线任文职军官，抗战结束后转回重庆，任职于国民参政会，成为经济建设策进会研究室主任，雷震是当时参政会的副秘书长。雷震作为夏道平的顶头上司，却不摆官架子，两人很快成为朋友。在南京，夏道平还在雷震家中首次会见胡适。雷震就是后来对台湾民主化产生深远影响的《自由中国》半月刊创办人，胡适则在《自由中国》早期担任过名义上的发行人。

1949年迁徙台湾以后，雷震在台北创办了半月刊《自由中国》，从1949年11月创刊到1960年停刊为止，夏道平一直在《自由中国》杂志社担任编委和社论主笔之一。夏道平撰写的社论文笔犀利，直指当时国民党当局在政治、经济政策方面的各种弊端，其1951年的社论《“政府”不可诱民入罪》就因揭发金融管制执行机关所犯的罪行而轰动一时，并触怒了当局。在《自由中国》的十一年，夏道平不但写了一系列深具影响力的社论，而且也培养了对自由经济理念终生不渝的情操。这其中，张佛泉和殷海光对他的助益良多，他们在自由哲学方面时常辩论，相互启发，虽然他们各人对自由的理解不同，但对自由理论的钻研却都有着同样炽烈的热情。

《自由中国》停刊之后，夏道平曾在台湾政治大学、东海大学、辅仁大学、东吴大学、铭传商专等学校任教，继续传播自由市场经济的理念。

夏道平在人生后期对台湾学术界和教育界的最大贡献，就是潜心翻译了米塞斯《人的行为》、《经济学的最后基础》等代表作，以及哈耶克的《个人主义与经济秩序》、洛卜克（W. Ropke）的《自由社会的经济学》等著作。在多年的翻译过程中，夏道平默默地做着当时被认为不合时宜而且又吃力的冷门工作，但由于他本人偏好这种理论体系，所以倒也乐在其中。1974年哈耶克获得诺贝尔经济学奖之后，夏道平多年的翻译工作终于受到台湾学术界的重视，博得了相当肯定，此一“不虞之誉”，又给了他意外的安慰。

1981年"蒋王大战"之时，夏道平深受蒋硕杰两篇文章感动，于是主动写信给蒋硕杰表示敬佩和支持。蒋硕杰便邀他到中华经济研究院从事改稿和编辑《经济前瞻》的工作。夏道平退休之后，也因缘际会进入中华经济研究院担任特约研究员。

1995年，这位一生致力于为自由经济散播种子不遗余力的传道者——夏道平安详辞世。在他的《我在自由中国》、《自由经济的思路》、《自由经济学家的思与言》三本文集中，留下了一个真正知识分子的典范。

附录Ⅰ的参考文献：

1. 吴惠林:《当代财经杰出经典人物》，台北：翰芦图书出版有限公司，2002年。
2. 马克·布劳格，保罗·斯特奇斯编：《世界重要经济学家辞典》，北京：经济科学出版社，1987年。
3. 陈慈玉：《蒋硕杰先生访问记录》，台北："中央研究院"近代史研究所，1992年。
4. 蒋硕杰：《蒋硕杰经济科学论文集——筹资约束与货币理论》，北京大学出版社，1999年。
5. 沈云龙编：《尹仲容先生年谱初稿》，台北：传记文学出版社，1972年12月。
6. 麦朝成、吴惠林主编：《邢慕寰院士的经济理念、政策与学术贡献——逝世一周年纪念》，台北：中华经济研究院，2000年。
7. 吴惠林、傅祖坛主编：《邢慕寰先生学术论文集（一）》，台北："中央研究院"经济研究所，2002年。
8. 《戴杜衡先生纪念集》，台北：戴杜衡先生新闻奖学金委员会出版，2001年。
9. 戴杜衡：《免于偏见的自由》，台北：传记文学出版社，1979年。
10. 戴杜衡：《爱国者的试金石》，台北：仙人掌出版社，1971年。
11. 刘大中：《刘大中赋税改革言论集》，台北：刘大中先生纪念会，1975年。

附录Ⅱ “五四”后期人物对经济自由的探索
——《自由中国》杂志的经济思想

如本书所述，战后台湾经济增长最重要的发展趋势就是朝着市场自由化不断演进，1984年台湾提出的“自由化、国际化、制度化”三项基本原则，就是对战后台湾经济增长这一变迁路径的总结和升华。然而，难能可贵的是，战后初期台湾岛内最重要、影响最大的一份杂志《自由中国》，就已经在其经济思想中初步蕴含了“自由化、国际化、制度化”的种子，这为台湾日后的经济增长与发展产生了什么样的影响，给予了什么样的启迪和思考，是颇值得当今大陆和台湾学术界重新重视和探讨的。虽然《自由中国》的经济增长思想和观念在本书正文中已有所提及，但在此，作者希望将一个更完整的初步研究成果藉由附录二展示出来，以抛砖引玉，引发学界同仁更多的研讨和思考。

在台湾，除了原住民以外，岛内的居民都是近四百年来因各种不同原因，在不同时间先后从大陆来到台湾的。虽然1949年前后涌入台湾的遍及内地各省的新移民，只占战后岛内人口的较少比例，并且大部分现在已逐渐凋零逝去。但是，在战后初期的台湾经济发展与文化思想观念的形成中，有一部分人却在经济、社会、文化和哲学领域里扮演了相当重要的启蒙者的角色。① 而无疑地，活跃在《自由中国》的一些作者就是其中的翘楚。《自由中国》原本拟在上海创刊，后来辗转迁徙台湾，成了1950年代岛内最为重要和最受瞩目的一份刊物。②《自由中国》最初以胡适作为名义上的发行人，后来由雷震统一担任发行人和社长。它虽然是一份政论性的半月刊，但同时也开辟经济和文艺类栏目。在风雨飘摇、极度威权统治的年代里，《自由中国》集结了一批在民国时期就一直秉承“五四”思想、苦寻民主自由的知识分子，而正如《自由中国》一大思想台柱——殷海光所自命的一样，这群知识分子其实都是“五四后期人物”，他们“没有机

---

① 尽管战前台湾早已普遍实行小学的义务教育，并且岛内已有相当一部分的人数受过高等教育。但是，由于日本政府较狭隘的殖民教育的束缚，虽然，也有少数本省籍精英在国外获得过法律、政治、社会、哲学、经济等人文社会科学的学位，但大多数取得大学以上教育的本省籍精英的学术领域，往往局限在医学、农业、美术、音乐与教育等少数学科上。

② 薛化元：《<自由中国>与民主宪政》，台北：稻乡出版社，1996年版，第4页。

会享受到‘五四’时代人物的声华，但却有份遭受到寂寞、凄凉和横逆”。① 虽然《自由中国》宣扬民主法治的政治思想早已备受关注，但它所蕴含的经济思想，尤其是这些“五四”后期人物关于经济自由的思考与摸索，却也有着非同寻常的价值意义。现在对《自由中国》经济思想的研究还非常少，本文将追溯和介绍《自由中国》经济思想的探索历程和主题内容，从而探讨其特殊的价值和时代意义。

一、《自由中国》的特点及其经济思想的探索历程

研究《自由中国》的经济思想，不得不先注意到《自由中国》本身的特点，及其对经济思想和探索历程产生的影响。

（一）《自由中国》的特点及其对经济思想的影响。首先要注意到的是，由于《自由中国》是政论性刊物，因而它对经济类文章的采选和发表自然有别于纯粹的经济类刊物，它并不旨在传播和介绍经济学原理，也不以提供经济分析、为当局或企业界出谋划策为目的，实际上，不论是刊载政治、经济类的文章乃至文艺类的散文、小说，不论是探讨理论性的问题或品评时势，《自由中国》都始终如一地追随着这样一个理念：“我们要向人民宣传自由与民主的真实价值，并且要督促当局切实改革政治经济，努力建立自由民主的社会。”这是胡适于1949年秉承“五四”精神为拟将创刊的《自由中国》所撰写的首要宗旨，这段话此后被刊载在每一期的《自由中国》上，以标示《自由中国》的宗旨和努力方向。无疑，这一宗旨直接促成了《自由中国》追求民主法治的政治面向，但它同时也对《自由中国》的经济思想赋予了相应的理念诉求，它意味着《自由中国》不会只是就经济谈经济，而是要从社会制度层面上探索如何建造一个更为开放与多元的环境。

其次，由于《自由中国》主要是一份人文性质的刊物，因而要理解其经济思想还不能仅仅局限于经济学专业的眼光。一方面，《自由中国》在政治、哲学等领域的深入探讨有着骄人的成绩。战后基于法西斯极权带来的惨痛教训，西方世界开始重新思考个人自由和国家权力的问题，有秩序的个人主义重新得到正名，古典自由主义也由此复兴。受此影响，《自由

---

① 殷海光：“海光文选自叙”，见殷海光：《殷海光全集》第17卷，台北：桂冠图书公司，1990年版。

中国》对个人与“国家”的价值及其相互关系进行了持续的思考，如张金监《个人自由底社会价值》（第2卷7期），罗鸿诏《国家自由与个人自由》（第8卷1期），许冠三《关于个体自由与群体自由》（第9卷2期），殷海光《政治组织与个人自由》（第10卷2期），等等。这些文章虽然都不探讨经济问题，但从理论本质看来，这些探讨所涉及的个人自由、个人价值等政治与哲学观念，却为自由经济奠定了基础。另一方面，从作者群本身的知识结构来看，为《自由中国》撰写经济文章的作者群也并不局限于经济学专业，而是具备多元化的人文学科背景。以《自由中国》的编委为例，在撰写经济评论的主笔中，后来成为经济学家的夏道平和时任台湾银行总经理的瞿荆州都是经济学出身，但发表经济类文章数量较多且思想成就突出的戴杜衡，却是民国时期蜚声国内文坛并曾与鲁迅进行过笔战的小说家和文艺批评家，他是到香港和台湾以后转而钻研经济学并卓有成就的。以社外撰稿人而言，除了专门研究金融、货币、财政、外贸等问题的赵冈、陈式锐、刘国增等经济学者以外，哲学、政治学、史学领域的著名学者张君劢、王聿修、金承艺等人也在《自由中国》上面发表过经济评论。另一位产生过重要影响的撰稿人周德伟，他虽然是著名经济学家，但同时也是一位深谙中国传统文化的饱学之士，作为哈耶克的亲传弟子，他还将哈耶克的著作《到奴役之路》引介给殷海光。殷海光以边译边注的形式将译文连载于《自由中国》第9—11卷相关各期，而哈耶克正是一位熔经济学、法哲学、社会学、政治学与历史研究于一炉的自由主义大师，哈耶克的思想理论对《自由中国》各个学科背景的撰稿人都产生了广泛而深远的影响。因此，广泛深入的人文探讨加上作者群多元化的人文知识背景，也为《自由中国》的经济思想打上了深深的烙印。

（二）《自由中国》经济思想的探索历程。《自由中国》的上述特点在很大程度上左右着其经济思想的探索历程。在创刊初期，虽然已有明确的办刊宗旨作为指引，但什么才是符合这一宗旨的经济思想呢？对此，《自由中国》一开始并没有清晰的概念。由于受当时以追求绝对“经济平等”为号召的苏俄计划经济的影响，以及与国民党当局尚处于交融期，《自由中国》早期多数文章是将“经济平等”与“经济自由”不分先后、混合并举的，如曾虚白《“自由”“民主”“社会”三主义合论》（第2卷6期），王师复《经济社会化的政策性》（第2卷7、8期），等等。当然，还有明确提倡经济自由的论述，如戴杜衡《论经济的国权主义》（第2卷6

期)、《从经济平等说起》(第7卷8期)。但是，由于受到追求民主自由这一根本立场的牵引，并随着《自由中国》在探索更开放与多元的道路上逐渐与国民党当局关系破裂，这样一个混杂的局面终于还是向着以经济自由为先、然后再兼顾经济平等的方向收敛。

在这一认识论的基础上，殷海光译注的哈耶克《到奴役之路》在第9—11卷的连载成为一个有力的触发点和鲜明的转折点。《到奴役之路》是哈耶克根据奠基于个人主义的古典自由主义思想体系，批判统制经济致使个人自由丧失的理论著作。殷海光对该著作译注式的连载，如同在遍布火种的草原上刮起了一阵猛烈的旋风，迅速燃起了《自由中国》各个学科背景的作者对经济自由的强烈主张。即使是对经济学理论所知寥寥的殷海光，也在《到奴役之路》的译注中表现出对自由市场经济的肯定和醒悟，认为"若就政治情况而言……在今日的东方，若行管制经济，有而且只有加速新奴隶社会之建成",[①] 并把控制民众消费和私人生活的管制称为"百分之一百的经济的父权主义"。[②] 而曾经倾心于苏俄计划经济体制的胡适，在1954年读了殷海光译注的《到奴役之路》后也对自己过去的相关认识表示了"公开忏悔"。[③] 自此以后，《自由中国》采选和刊载的各篇经济文章都统一指向了经济自由，在1955年的社论中，《自由中国》明确表示：对于政治经济问题我们一向有些坚定不移的信念，其中我们认为政治民主是要以市场经济为基础的。[④] 由此，《自由中国》终于统一、完整而且鲜明地建立起古典自由主义的信念，在1950年代的台湾进行着它对于市场经济自由化的理想诉求。

二、《自由中国》经济思想的重要主题

《自由中国》涉及的经济问题非常多，既探讨理论问题，也探讨关于发展台湾经济的方向、物价、财经改革、土地等问题。但统观其追求经济自由的整体思想，可以说有三大主题非常重要并且贯穿于大多数文章

---

① 殷海光译注："管制计划与自由计划",《自由中国》第9卷7期，1953年10月1日。

② 殷海光译注："统制经济的种种危害",《自由中国》第10卷3期，1954年2月1日。

③ 罗志田："胡适与社会主义的合离"，许纪霖编：《二十世纪中国思想史论》，北京：东方出版社，2000年版。

④ 社论："民营事业的使命——勉台纸公司及其他民营事业",《自由中国》第12卷8期，1955年4月16日。

之中。

（一）针砭时弊，批判经济管制。这一类文章的数量最多，所针对的管制领域几乎是全方位的，包括金融、货币、财政、税收、外贸等等。在早期，《自由中国》就已经广泛注意到管制经济的各种弊病，如，1951年的社论《"政府"不可诱民入罪》（第6卷1期）就因揭发金融管制执行机关所犯的罪行而轰动一时，并触怒了国民党当局。1953年的社论《当前管制经济的措施亟待改进》（第8卷6期）中，也明白地指出当时台湾出现的"生产成本过高"、"主要产品滞销"、"及外汇不敷分配"三大严重的病症，"除了导源于台湾经济先天条件不够及战时经济本身的困难外，其主要原因乃是'管制经济的措施'在那里作祟。"但早期的《自由中国》并没有完全反对全面的经济管制，只是希望其"亟待改进"，这主要是由于1950年代初的台湾处于战后的非常时期，以及《自由中国》与国民党当局还处于"交融期"和"磨合期"，且自身对经济自由的理论认识尚未厘清的缘故。

但是，随着管制经济的弊端和所导致的矛盾越来越突出，尤其是《自由中国》终于皈依于市场经济的旗帜之下，在追求民主法治的道路上与当局关系日渐破裂之后，它对经济管制就完全是一种反对和批判的态度了。不论是谈论财经改革、物价问题，还是批评保护政策、分析证券市场的设立，很多文章都引用相关经济理论来讨论市场现象与市场规则，批评了各类经济管制的措施并提出了相应的建议。这些文章所涉及的范围不仅广，而且切入和剖析的角度也非常犀利而深刻，乃至从当时发生的个人套汇案和受到进口管制的苹果满街贩卖的现象中，也挖掘出其背后的过度外汇管制症结。① 社论《我们的经济》（第17卷6期）就是其中一篇代表性文章。该文层层推进、环环相扣地分析了国民党当局当时在投资政策、限制设厂政策、保护政策、银行信用政策和汇率政策等各方面对民间生产和对外贸易的抑制和阻碍，提出了具体的开放民间设厂投资、开放银行之设立、实施较自由的汇率等政策主张，并分析了这些政策对民间自由企业之生产和贸易的促进作用。可以说，无论是在政策解析还是在理论剖析方面，该文最为全面和深刻地表达了当时《自由中国》针砭时弊类文章，要

---

① 分别见社论："从李慕白套汇案谈外汇政策"，《自由中国》第11卷8期，1954年10月16日，社论："从满街苹果谈到外汇管制的弊端"，《自由中国》第18卷5期，1958年3月1日。

求解除各项管制、实行市场经济自由化的思想主张。

值得注意的是，除了考虑效率以外，《自由中国》还将战后初期台湾当局普遍的贪污问题与经济管制联系起来进行了深刻的揭露，指出“一项经济政策如果违背了市场供求法则，不管是出于无知，或是出于有意，都一定会造成特权。照市场法则，物资求过于供，必然涨价，倘若硬性的把价格平抑，则一定造成市场与官价间的距离，而这个差额便是特权的依据，特权之大小，与此差额之大小成正比；而贪污机会之大小，亦与此特权之大小成正比。”①这种指向制度层面的精论，在1950年代的经济评论中是非常难能可贵的。

（二）要求民营企业的自由发展。台湾光复后，当局借由接收日人产业的机会，将战前占台湾国民生产总值87%的民营企业一律收归公有，除了运用各种有关生产和外贸的管制政策（尤其是“设厂限制”政策）来保护公营企业以外，台湾在战后所接受的“美援”也大部分用于公营企业。在这种情况下，要求民营企业得到自由发展，既是反经济管制的一大主张，也是反经济管制的一大目的。

鉴于战后台湾民营企业处于弱势地位，《自由中国》一方面采取借题发挥的形式通过国际（尤其是给予“美援”的美国）主流思想来对国民党当局进行劝诫和施加压力，如翻译刊载当时新任美国开发借贷基金总署署长布兰德的演讲词：“开发借贷基金总署或其他的公共机构的努力，必须以不妨碍不阻挠不干涉民营工业及民营企业为原则。”② 国民党当局之所以大规模实行企业公营，是有多方面原因的。其中既有中国传统文化的影响、民国时期统制经济与计划经济的思想传承，也有战时经济的需要，等等。但比较明显的一点，就是孙中山关于“节制私人资本，发达国家资本”的思想主张，被国民党当局加以教条化和意识形态化所致。为此，有的文章就通过厘清阐释孙中山思想以劝诫当局，如徐芸书在《论中山先生的全面利用外资政策》（第10卷12期）一文中提出：“我们必须注意两个要点：第一，中山先生的公营企业政策是要建筑在私人经营的基础之上的；第二，这个公营企业政策又是促使一般私人企业迅速发达的前提条

① 社论：“研究贪污问题的第一课——违反经济法则的制度是便利贪污的”，《自由中国》第15卷6期，1956年9月16日。

② Vance Brand讲，毛树清译：“自由经济与开发贷款”，《自由中国》第21卷12期，1959年12月16日。

件。”“实业计划中的公营企业之所以包括了衣食住行、印刷五项‘本部工业’……是要补救一个急趋繁荣的社会中的私人企业的不足，而不是没有工业化的条件，却要空有一个‘公营企业’的原则，反限制私人企业的自由。”

另一方面，对于压制民营企业的弊端，《自由中国》尤其从效率与自由的角度进行了剖析。在这方面，戴杜衡、陈式锐等人的言论最具代表性。戴杜衡综合哲学、政治、经济等人文科学的视角分析了排斥民营经济的弊端，他认为：“由于人性中自私的弱点，仍没有找到一项东西，可以替代利润，来做效率的确切保证。”他还指出民营经济与民主政治两者的发展息息相关，因为“民主政治系植根于各种多样性的私人活动，凭借各种社会基础以获得力量，来对‘政府’权力作有形或无形的制裁。”①陈式锐则尤其从个人主义的哲学观和经济观强调道：“人皆有不可转让之权利：生命、自由及追求幸福；经济自由，亦由此而来，它可以私人经济企业之权代表之。人民组织‘政府’，则为保障这些权利；且为谋个体与群体利害的调和，亦即促进全体的福利，乃容许‘政府’干涉私人企业的活动。”“统观落后地区的情况，政治既不健全，根本不宜侈谈干涉。经济发展之解决之道，只能努力于创造一个适宜的环境，让私人企业自由发展，自可集树木而成林，为着经济的正常增长，应当从速放宽经济管制至最低的限度。”②

（三）关于经济自由的纯理论探讨。《自由中国》对经济自由的纯理论探讨占有十分重要的地位，它直接体现着作者们关于经济自由的理论认识水平。这些探讨首先有很大一部分都是涉及经济自由与经济平等的辨析。其中，最早和最深刻地从理论上厘清了经济自由与经济平等二者之间关系的学者，当推戴杜衡、周德伟二人。戴杜衡在《论经济的国权主义》（第2卷6期）中就追溯了源自霍布斯、洛克、斯密等人思想的古典自由主义理论，他既分析了自由主义在公平分配方面存在的弊端，也分析了一味追求财富均等、全部公营对个人自由和民主政治的妨害。在《从经济平等谈起》（第7卷8期）一文中，他进一步明确道出：“我是主张自由经济的”，并逐一分析了追求绝对贫富均等的有关经济理论的荒谬性。周德伟则分析了私有财产的

① 戴杜衡：“论经济的国权主义”，《自由中国》第2卷3期，1950年3月16日。
② 陈式锐：“论政治干涉经济”，《自由中国》第18卷3期，1958年2月1日。

存在及其发生所得对维护市场经济机能的原理和重要性，指出自由市场竞争虽然造成财产不均，但私有财产能按照不同之需求组织生产，以满足各色各样之欲望，排斥之必然使统治者之极少数以其自己的价值判断、欲望、幻想和嗜好代替大众的真实要求。“自由主义并不排除纠正不均的方案”，但“任何削减不均的方案，不应损害资本的经济机能，不应损害个性自由及创造的原则，此为社会进化之基本动力”。① 这样的认识也广泛体现在其他作者甚至是张君劢、王聿修等非经济学者的讨论中。如，王聿修就专门撰文表达：“正如政治必须自由，在经济上我们亦同样需要自由。一个社会制度，绝不能一半自由，另一半被控制。并且事实上政治经济是分不开的，如果只有政治自由而无经济自由是行不通的。”② 他只是主张在经济自由的前提下用累进所得税、遗产税等制度来缩小贫富差距。

其次，《自由中国》也通过译介和引进古典自由主义的思想和相关经济理论来宣扬和探讨市场经济，但值得注意的是，作者们并非消极被动地引进和译介，而是注重审视其利弊，表达自身关于经济自由的理论思考。这尤以对待凯恩斯主义为典型。在战后各种经济学理论大量传播入台湾的过程当中，凯恩斯主义经济学原理颇得国民党当局信赖。对此，赵冈就提醒道：“凯恩斯的设计是建筑在市场经济的理想上面。凯氏提议的办法是政府利用市场的机构来调节经济，而非以法令来直接干预私人经济活动。经济制度不相同的社会，不能采取同样的对策。”③ 如果说这样的提醒还比较温和的话，那么戴杜衡对凯恩斯经济学的介绍和评析就算得上是釜底抽薪式的。他在《凯恩斯的乘数原理》（第9卷10期）中一针见血地指出，一个开放和多元的社会，大概已无法遵照凯恩斯所指示的途径，解决失业的问题。在《凯恩斯的投资理论》（第10卷11期）中，他则分析了凯恩斯投资理论的全部论据仍不足以推翻古典派的经济学基本原则，并指出“……管制论者，是把自己的政策所造成的后果，归咎于民营企业了。”陈式锐是另一位引人注目的运用古典经济学原理的批判者。他指出：“凯恩斯氏及‘混合经济’的倡导者虽然仍支持私人经济制度，且标榜欲使私人企业‘较善运行’，但‘政府’一旦干涉经济，因其伤害了竞争企业的机

① 周德伟：“从经济的分析批判阶级斗争”，《自由中国》第4卷12期，1951年6月16日。

② 王聿修：“自由经济必然平等”，《自由中国》第10卷11期，1954年6月1日。

③ 赵冈：“怎样以凯恩斯的理论来研究台湾经济”，《自由中国》第16卷7期，1957年4月1日。

能，毛病容易滋长，益使其倾向于增加干涉。”“价格、利润结构为生产的指导力量，主张管制者忽略了干涉就在放弃此一结构，亦则必然地在遗弃竞争底企业制度。”①

第三，非常值得指出的是，《自由中国》不仅鲜明地表达了市场经济自由化的理论立场，而且还初步从“自由化”进而延伸到“国际化”的理论讨论。戴杜衡的《“国民”经济论与战争》（第4卷11、12期）一文尤为杰出。该文首先从“比较利益”这一基本经济原理出发，论证了国际分工与合作的好处，接着指出主张经济“国家”主义的人往往扭曲和拒绝这一显而易见的经济法则，借战争的名义大规模实行管制和贸易保护的政策。② 然后，文章着重分析了其背后所受到的权力欲与野心的操纵，及其对经济自由和人民福利带来的危害，从而明确重申了符合比较利益原则的经济自由化和全球化的理念与政策主张。这种理论认识表明，《自由中国》已经不仅仅局限在一个封闭的经济体内批判经济管制，而是开始进入国际分工和合作的视野来思考经济自由了。这一认识在整个1950年代的学术界都是非常突出的。实际上，从1930年代至战后初期，封闭体系的混合式经济一直是较为流行的经济思潮，随着战后全球经济资源的开始整合，主张全球化的市场经济思想才日益受国际主流经济学界的青睐。

三、《自由中国》经济思想的时代意义
——“五四”后期人物对中国第二代自由主义知识分子的嬗变与超越

《自由中国》在台湾维持了不到11年即停刊，《自由中国》的生命是短暂的，但它对于民主法治的追求、对于经济自由的摸索，却给后人留下了永恒的思考。

诚然，从学术研究和现代经济学的眼光来看，《自由中国》关于市场经济自由化的思想也有诸多不足。《自由中国》虽然秉承了自亚当·斯密以来古典经济学派所提倡的自由经济思想，在其要求“去除管制”、“自由化”的各种批判和分析中，我们处处可见“自然机制”和“均衡”思想

---

① 陈式锐：“论政治干涉经济”，《自由中国》第18卷3期，1958年2月1日。

② 戴杜衡的《国民经济论与战争》发表于1951年6月1、16日。由于蒋介石当局不合时宜的“反攻大陆”政策，早年台湾当局特别青睐钢铁、汽车以及机械等重工业，并实施大量的产业和贸易管制。不过在枉顾基本经济原理的情况下，当局的措施不但未见成效，反而戕害了一个正常经济运转的基本伦理。

的影子。然而，从前述各大经济主题的探讨中，我们也不难看出，不论是时政性还是理论性的文章，《自由中国》都是以批判为主，而对于自由竞争市场机制的运作原理却没有给予充分的探讨。同时，除了提出解除管制、“政府”应当提供良好的环境以外，对于“政府”应当在经济中具体承担什么样的角色，也并没有建设性地完整勾画出来。当然，这一方面是由于《自由中国》作为政论性刊物，侧重于对民主法治的宣扬和对当局的督促，因而激情锐利的批判有余，精微全面的考求不足；另一方面，囿于20世纪上半期经济学理论的发展水平，当时的《自由中国》也无法运用后来出现的“市场失灵”和“政府失灵”等理论来更为理性和深入地探讨市场经济中的“政府”作用。这一任务事实上是由1970年代以后的台湾学者继续完成的。

尽管如此，《自由中国》的经济思想仍然构建了一块值得瞩目的丰碑，它所触及的社会经济制度的本质，至今都具有丰富的时代意义。自近代中国遭受西方冲击以来，在富国强兵的刺激下，我国开始踏上了追索民主法治之路，自由主义也得以在我国传播和发展，严复、梁启超等就是清末民初第一批探索自由主义的先锋，而胡适等人则掀起了“五四”以后的第二拨自由主义思潮。虽然民国时期已经形成了鲜明的政治自由、思想言论自由等主张，但由于受传统思想的制约，以及当时迫切渴望工业化以摆脱落后地位等原因，民国时期的知识分子在经济上普遍排斥以私有产权为基础的自由市场经济，而游离于统制经济和计划经济之中。迁徙到台湾的《自由中国》所集结着的这批知识分子或者说“五四”后期人物，实际上正继承了大陆第二拨自由主义思潮的血脉。他们在《自由中国》初期对于经济自由和经济平等的迷惘与混淆，也正是“五四”时期中国第二代自由主义知识分子的迷惘和混淆。而《自由中国》最终对经济自由和市场经济的皈依，却意味着对其所传承第二拨自由主义思潮的超越和嬗变。这一转变虽然与战后古典自由主义思潮的影响密切相关，但也是《自由中国》的作者们自身思考和成长的结果。事实上，正是国民党当局威权体制所造成的反面刺激，在很大程度上促使《自由中国》接受了古典自由主义思想，并深刻体悟到没有经济自由，则个人和政治的自由均无法存在，经济自由是实现民主法治不可或缺的基础和工具。因此，《自由中国》在追索民主自由的道路上，以经济自由来配合政治民主，以经济自由来批判和瓦解极权专制，并对解除经济管制、让民间企业自由发展提出了深刻的见解和理论探讨，这一思想实际上已实现了中国近代以来关于民主宪政的制度性构想的一次突破，并超越了以胡适为代表的第二拨自由主义思潮的成就。而以经济自由为制度基础来追寻“自由中国”这一理想，其意义正可以用“五四后期人物”殷海光的话来作为注脚：“经济上的解除统治而向着自由经济的道路走去，这一趋势所带来的概念，可以扩大到观念、思想、和言论层次。由此延伸，又可能扩大到政治层次，那末就是接近自由建构的全部实现。”①

此外，作为人文性质的刊物，《自由中国》对市场经济的理解和追求还牵涉和融入了它对自由主义和有秩序个人主义的理解和吸收，而并未局限于纯经济学领域，但正因如此，《自由中国》的经济思想才得以从更广泛的政治、哲学等领域接受启迪、汲取力量。这一特点和成就直到今天仍是极富时代意义的。事实上，正如哈耶克所言，要对自由进行探究，就须将经济学、哲学和法理学等综合起来，以期对当今重要的社会政治和经济问题达到充分理解。② 对当今学术界来说，《自由中国》在这方面的摸索无疑提供了相当有价值的借鉴。

《自由中国》经济思想的时代意义还远不止本文所能道尽，事实上，它对战后台湾走向市场经济自由化的道路，对台湾形成以民营中小企业为主的经济特征，对现代台湾寻求“自由化”、“国际化”和“制度化”的影响，都还有待于深入挖掘和研究。而不论如何，1950 年代的那些“五四”后期人物借由《自由中国》对民主法治的坚持和探索，及其经济思想给予后人的启蒙和借鉴，都值得我们致以崇高的敬意。

---

① 殷海光等：《海耶克和他的思想》，台北，传记文学出版社，1979 年版，代序第 11 页。

② 哈耶克：《自由秩序原理》，北京三联书店，1997 年版，导论第 7 页。

参考文献

中文部分：

1. 于宗先总编：《台湾经济发展重要文献》，台北：联经出版社，1976年版。
2. 刘凤文：《外汇贸易政策与贸易扩展》，台北：联经出版社，1980年版。
3. 李诚主编：《台湾人力资源论文集》，台北：联经出版社，1975年版。
4. 陆民仁主编：《台湾经济发展总论》，台北：联经出版社，1976年版。
5. 杜文田主编：《台湾工业发展论文集》，台北：联经出版社，1976年版。
6. 余玉贤主编：《台湾农业发展论文集》，台北：联经出版社，1975年版。
7. 杨必立主编：《台湾财税改革论文集》，台北：联经出版社，1976年版。
8. 邱正雄主编：《台湾货币与金融论文集》，台北：联经出版社，1975年版。
9. 许嘉栋主编：《台湾货币与金融论文集续编:》，台北：联经出版社，1991年版。
10. 林全主编：《台湾公共经济论文集》，台北：联经出版社，1995年版。
11. 李诚主编：《台湾人力资源论文集》，台北：联经出版社，1975年版。
12. 谢剑平：《现代投资学——分析与管理》，北京：中国人民大学出版社，2004年版。
13. 谢剑平：《现代投资银行》，北京：中国人民大学出版社，2004年版。
14. 谢剑平：《财务管理——新观念与本土化》，北京：中国人民大学出版社，2004年版。
15. 朱浩明：《衍生性金融商品》，北京：中国人民大学出版社，2005年版。
16. 谢剑平：《固定收益证券——投资与创新》，北京：中国人民大学出版社，2004年版。
17. 王文宇等：《金融资产证券化——理论与实务》，北京：中国人民大学出版社，2004年版。

61. 陈明璋主编:《台湾中小企业发展论文集》，台北：联经出版社，1991年版。
62. 周德伟:《尊德性斋论注拾遗》，台北：大陆杂志社，1962年版。
63. 周德伟:《周德伟经济论》，台北：尊德性斋，1968年版。
64. 李国鼎:《台湾的经济计划及其实施》，南京：东南大学出版社，1995年版。
65. 李国鼎:《台湾经济发展中的科技与人才》，南京：东南大学出版社，1994年版。
66. 李国鼎:《台湾的人力资源与人口问题》，南京：东南大学出版社，1994年版。
67. 李国鼎:《台湾经济高速发展的经验》，南京：东南大学出版社，1993年版。
68. 李国鼎:《台湾经济发展背后的政策演变》，南京：东南大学出版社，1995年版。
69. 李国鼎:《台湾的工业化》，南京：东南大学出版社，1996年版。
70. 李国鼎:《台湾的都市建设与公共事业》，南京：东南大学出版社，1996年版。
71. 李国鼎:《台湾的高新技术与现代化》，南京：东南大学出版社，1997年版。
72. 李国鼎:《台湾的对外技术与外资利用》，南京：东南大学出版社，1994年版。
73. 李国鼎:《台湾的企业经营与管理》，南京：东南大学出版社，1995年版。
74. 瞿宛文:《全球化下的台湾经济》，台湾：社会研究杂志社，2003年版。
75. 瞿宛文:《经济增长的机制》，台湾：社会研究杂志社，2002年版。
76. 殷承璞主编:《战后台湾经济》，北京：中国社会科学出版社，1989年版。
77. 陈昭南，许日和:《台湾的货币供给与物价》，台北："经济设计委员会"，1974年版。
78. 郭婉容，拉尼斯，费景汉等:《台湾的经济之路——改进分配，加速增长（1952—1979）》，北京：中国经济出版社，1991年版。

79. 高希均，李诚主编：《台湾经济发展1949—1989》，北京：国际文化出版公司，1992年版。
80.《蒋经国先生全集》，台北："行政院新闻局"，1992年版。
81. 周开庆：《国父的民生思想》，台湾：商务印书馆，1974年版。
82. 李玉彬：《先秦儒家经济思想与民生主义》，台湾：商务印书馆，1971年版。
83. 白俊男：《换挡中的经济》，台北：经济与生活出版事业公司，1983年版。
84. 王作荣：《壮志未酬——王作荣自传》，台北：天下远见出版公司，1999年版。
85. 王作荣：《掌握当前经济方向》，台北：经济与生活出版事业公司，1983年版。
86. 王作荣：《台湾经济发展论文选集》，台北：时报文化出版事业公司，1984年版。
87. 王作荣：《财经文存续编》，台北：时报文化出版事业公司，1982年版。
88. 王作荣：《王作荣谈李登辉》，台北：稻田出版社，1995年版。
89. 张果为：《张果为教授台湾经济论文集》，台北：中国文化学院出版部，1980年版。
90. 尹仲容：《我对台湾经济的看法》三编，"国际经济合作发展委员会"，1966年版。
91. 尹仲容：《我国金融事业》，"美援运用委员会"，1961年版。
92. 刘润田：《当前经济问题》，台北：中国经济月刊社，1958年版。
93. 萧国和：《台湾农业兴衰40年》，台北：自立晚报社，1987年版。
94. 杨胜刚：《台湾金融制度变迁与发展研究》，北京：中国金融出版社，2001年版。
95. 麦朝成主编：《邢慕寰院士的经济理念、政策与学术贡献》，台北：中华经济研究院，2000年版。
96. 梁国树：《国际经贸政策建言》，台北：远流出版社，1998年版。
97. 郭婉容，费景汉等：《台湾的经济之路》，北京：中国经济出版社出版，1991年版。
98. 李康五：《三民主义与礼运大同思想》，台北：幼狮文化事业公司，

1967 年版。
99. 莫世祥:《开放经济的比较优势——珠江口特区群及台湾的实证》，北京：中国时代经济出版社，2003 年版。
100. 高希均等:《台商经验》，台北：天下文化出版事业公司，1995 年版。
101. 李诚等主编:《知识经济之路》，台北：天下远见出版公司，2000 年版。
102. 夏道平:《自由经济的思路》，台北：远流出版社，1989 年版。
103. 夏道平:《我在自由中国》，台北：远流出版社，1989 年版。
104. 瞿荆州:《台湾金融经济论集》，自由中国杂志社，1953 年版。
105. 瞿荆州:《国际经济学提要》，台北：中国经济月刊社，1990 年版。
106. 江宜桦主编:《华人世界的现代国家结构》，台北：商业周刊出版社，2003 年版。
107. 胡适:《胡适文存》，合肥：黄山书社，1996 年版。
108. 蒋梦麟:《西潮》，台北：世界出版社，1959 年版。
109. 汪彝定:《偎栏集》,台北：经济与生活出版事业公司，1984 年版。
110. 张宇燕:《经济发展与制度选择》，北京：中国人民大学出版社，1992 年版。
111. 宋志明，孙小金等:《20 世纪中国实证哲学研究》，北京：中国人民大学出版社，2002 年版。
112. 薛琦主编:《财务金融管理案例Ⅰ》，北京：经济科学出版社，2006 年版。
113. 薛琦主编:《财务金融管理案例Ⅱ》，北京：经济科学出版社，2006 年版。
114. 张汉裕:《经济发展与所得分配》，台北：张汉裕博士文集出版委员会，1983 年版。
115. 张汉裕:《经济发展与经济思想》，台北：张汉裕博士文集出版委员会，1983 年版。
116 王永庆:《革心革新》，台北：联经出版社，1985 年版。
117. 赖建诚:《重商主义的窘境》，台北：三民书局，1991 年版。
118. 陈玉玺:《台湾的依附型发展》，台北：人间出版社，1995 年版。
119. 茅家琦主编:《台湾 30 年（1949—1979)》，郑州：河南人民出版社，1988 年版。
120. 赵靖主编：《中国经济思想通史》四卷本，北京大学出版社，1991 年版。
121. 赵靖：《中国经济思想史述要》，北京大学出版社，1998 年版。
122. 郭熙保主编：《发展经济学经典论著选》，北京：中国经济出版社，1998 年版。
123. 孙中山：《三民主义》，台北：正中书局，1969 年版。
124. 高希均，李诚主编：《台湾经济发展 1949—1989》，北京：国际文化出版公司，1992 年版。
125. 魏萼：《台湾迈向市场经济之路》，上海三联书店，1993 年版。
126. 新境编辑部编：《台湾大企业家奋斗史》上下册，台湾：新境出版公司，1982 年版。
127. 李诚主编：《谁偷走了我们的工作：1996 年以来台湾的失业问题》，台北：天下远见出版公司，2003 年版。
128. 陈师孟，朱敬一等：《解构党国资本主义》，台北：允晨文化公司，1991 年版。
129. 崔之清主编：《当代台湾经济辞典》，南京大学出版社，1993 年版。
130. 张忠栋等主编：《自由经济的主张》，台北：唐山出版社，2002 年版。
131. 朱敬一，林全等：《经济学的视野》，台北：联经出版社，2003 年版。
132. 易纲等主编：《台湾经验与大陆经济改革》，北京：中国经济出版社，1994 年版。
133. 陈式锐：《台湾经济》，台北：财政经济出版社，1954 年版。
134. 陈式锐：《台湾农村隐藏失业问题之研究》，台北：海宇文化事业公司，1990 年版。
135. 黄智辉：《台湾经验的省思》，台北：五南图书出版公司，1990 年版。
136. 胡寄窗：《胡寄窗文集》，北京：中国财政经济出版社，1995 年版。
137. 陈慈玉：《蒋硕杰先生访问记录》，台北："中央研究院"近代史研究所，1992 年版。
138. 侯家驹：《先秦儒家自由经济思想》，台北：联经出版社，1983 年版。
139. 侯家驹：《国际贸易的挑战》，台北：联经出版社，1977 年版。
140. 廖仁义：《异端观点——战后台湾文化霸权的批判》，台北：桂冠图书公司，1990 年版。
141. 于宗先主编：《财政平衡与财政改革》，台北：中华经济研究院，1999 年版。
142. 杨胜刚：《台湾金融制度变迁与发展研究》，北京：中国金融出版社，2001 年版。
143. 许振明：《失业、通货紧缩和财经政策》，台北：联经出版社，2004 年版。
144. “经建会”编：《2006 年台湾统计年鉴》，台北：“行政院经建会”，2006 年版。
145. 曹小衡主编：《2005—2006 年度台湾经济与两岸经济合作研究报告》，北京：九州出版社，2006 年版。
146. 曹小衡：《东亚经济格局变动与两岸经济一体化研究》，北京：中国对外经济贸易出版社，2001 年版。
147. 黄天中主编：《两岸关系与大陆政策》，台北：五南出版社，1993 年版。
148. 黄俊杰：《农复会与台湾经验》，台北：三民书局，1991 年版。
149. 黄俊杰：《儒学与现代台湾》，北京：中国社会科学出版社，2001 年版。
150. 黄俊杰：《台湾意识与台湾文化》，台北：正中书局，2000 年版。
151. 张维安编：《台湾的企业组织结构与竞争力》，台北：联经出版社，2001 年版。
152. 周添城等：《台湾中小企业的发展机制》，台北：联经出版社，1999 年版。
153. 费景汉等：《台湾经济未来的危机与转机》，台北：华视文化公司，1994 年版。
154. 周德伟：《人文现象的理解》，台北：尊德性斋，1954 年版。
155. 刘大中：《刘大中赋税改革言论集》，台北：刘大中先生纪念会，1975 年版。
156. 施建生主编：《1980 年代以来台湾的经济发展》，台北：中华经济研究院，1999 年版。
157. 林钟雄：《台湾经济经验一百年》，台北：三民书局，1998 年版。
158. 萧新煌：《社会力——台湾向前看》，台北：自立晚报社，1989

年版。
159. 朱高正：《新社会》，台北：天下文化公司，1993 年版。
160. 邢慕寰：《邢慕寰先生学术论文集（1—3 卷）》，台北：“中央研究院”经济研究所，2002 年版。
161. 李庸三等主编：《台湾地下经济论文集》，台北：联经出版社，1993 年版。
162. 李登辉：《台湾农业发展的经济分析》，台北：联经出版社，1980 年版。
163. 马凯主编：《台湾工业发展论文集续编》，台北：联经出版社，1994 年版。
164. 陈明璋主编：《台湾中小企业发展论文集》，台北：联经出版社，1991 年版。
165. 欧阳勋等主编：《台湾经济发展总论》，台北：联经出版社，1994 年版。
166. 孙震主编：《台湾对外贸易论文集》，台北：联经出版社，1975 年版。
167. 刘克智：《台湾人口成长与经济发展》，台北：联经出版社，1975 年版。
168. 丁锡镛主编：《台湾企业永续成长的竞争策略》，台北：岚德出版社，1994 年版。
169. 林毓生：《思想与人物》，台北：联经出版社，1983 年版。
170. 林毓生：《政治秩序与多元社会》，台北：联经出版社，1989 年版。
171. 薛化元：《自由中国与民主宪政》，台北：联经出版社，1996 年版。
172. 郭万达等：《中国制造》，南京：江苏人民出版社，2003 年版。
173. 于宗先等：《经济发展与经济自由化》，台北：中华经济研究院，1995 年版。
174. 于宗先主编：《经济政策与经济发展》，台北：中华经济研究院，1997 年版。
175. 吴迎春等：《台湾竞争力的故事》，台北：天下文化公司，1995 年版。
176. 刘仁杰：《重建台湾产业竞争力》，台北：远流出版社，2000 年版。
177. 高希均等：《台商经验》，台北：天下文化公司，1995 年版。
178. 方星海主编：《提升国际竞争力——台湾经验及其对大陆的启示》，北京：中国经济出版社，1998 年版。

179. 谢国兴：《台南帮》，台北：远流出版社，1999 年版。
180. 高希均主编：《台湾经验再定位》，台北：天下文化公司，1995 年版。
181. 周慧菁主编：《变形虫组织》，台北：天下文化公司，1997 年版。
182. 周慧菁主编：《新定位——前瞻台湾》，台北：天下文化公司，1994 年版。
183. 韦政通：《中国文化与现代生活》，台北：水牛出版社，2002 年版。
184. 韦政通：《中国思想传统的创造转化》，台北：红叶出版社，2000 年版。
185. 杨碧川：《台湾的智慧》，台北：国际村文库书店，1996 年版。
186. 章念驰：《统一探究》，台北：海峡学术出版社，2002 年版。
187. 高希均：《八个观念改善台湾》，台北：天下文化公司，2004 年版。
188. 高希均等：《台湾突破：两岸经贸追踪》，台北：天下文化公司，1992 年版。
189. 石之瑜：《堕落与疯狂：民进党的党国文化》，台北：海峡学术出版社，2002 年版。
190. 周添城：《经济奇迹的迷思》，台北：中华征信所，1998 年版。
191. 詹宏志：《趋势报告》，台北：商周文化公司，1990 年版。
192. 吴中书主编：《台湾总体经济计量模型研讨会论文集》，台北："中央研究院"经济研究所，1996 年版。
193. 吴迎春等：《现代成吉思汗：台商征霸全球》，台北：天下文化公司，2002 年版。
194. 薛纪奋：《迈向开放经济之路》，台北：正中书局，1986 年版。
195. 杨渡：《强控制解体》，台北：远流出版社，1988 年版。
196. 高希均等：《台商经验——投资大陆的现场报导》，台北：天下文化公司，1995 年版。
197. 魏萼：《中国国富论》，台北：时报出版社，2000 年版。
198. 严演存：《早年之台湾》，台北：时报文化公司，1989 年版。
199.《自由中国》半月刊杂志，台北：自由中国杂志社，1949 年 11 月 20 日至 1960 年 9 月 1 日止，总计 260 期中所有经济类文章。
200.《经济前瞻》杂志，台北：中华经济研究院，1986 年 1 月至 2006 年 11 月。

201.《大自然季刊》，台北：台湾自然生态保育协会，1983 年 10 月至 2006 年 10 月。
202.《远见》杂志，台北：天下文化公司，2000 年以后各期。
203.《台湾经济研究月刊》杂志，台北：台湾经济研究院，1990 年以后各期。
204.《财讯》杂志，台北：财讯杂志社，2000 年以后各期。
205.《商业周刊》杂志，台北：商周编辑顾问公司，2003 年以后各期。
206. [英] 哈耶克著，夏道平译：《个人主义与经济秩序》，台北：远流出版社，1993 年版。
207. [德] 米塞斯著，夏道平译：《人的行为》上下两卷本，台北：远流出版社，1991 年版。
208. [德] 米塞斯著，夏道平译：《反资本主义的心境》，台北：远流出版社，1989 年版。
209. [德] 洛卜克著，夏道平译：《自由社会的经济学》，台北：台湾银行经济研究室，1979 年版。
210. [英] 马歇尔：《经济学原理》上下两卷本，北京：商务印书馆，1983 年版。
211. 世界银行编，王玉清等译：《东亚奇迹的反思》，北京：中国人民大学出版社，2003 年版。
212. [美] 克鲁格曼：《模糊的数学》，台北时报出版社，2002 年版。
213. [美] 麦金农著，李若谷译：《经济自由化的顺序——向市场经济过渡中的金融控制》，北京：中国金融出版社，1993 年版。
214. [美] 肖：《经济发展中的金融深化》，上海三联书店，1988 年版。
215. [美] 韦德：《驾驭市场——经济理论和东亚工业化中政府的作用》，北京：企业管理出版社，1993 年版。
216. [美] 埃克伦德，赫伯特等：《经济理论和方法史》，北京：中国人民大学出版社，2000 年版。
217. [美] 马拉伯：《迷惘的预言家：当代经济学家的历史》，海口：海南出版社，1997 年版。
218. [英] 巴克豪斯著，晏智杰译：《现代经济分析史》，成都：四川人民出版社，1992 年版。
219. [英] 哈钦森：《经济学的革命与发展》，北京大学出版社，1992 年版。
220. [英] 凯恩斯：《就业利息和货币通论》，北京：商务印书馆，1983 年版。
221. [德] 李斯特：《政治经济学的国民体系》，北京：商务印书馆，1997 年版。
222. [美] 佘罗：《资本主义的未来》，台北：立绪出版社，1998 年版。
223. [英] 莫里斯·铃木：《日本经济思想史》，北京：商务印书馆，2000 年版。
224. [英] 罗尔：《经济思想史》，北京：商务出版社，1981 年版。
225. [英] 布劳格著，冯炳昆等译：《20 世纪百名经济学巨匠》，北京：中国经济出版社，1992 年版。
226. [美] 柯德尔：《东亚之峰》，南京：江苏人民出版社，1995 年版。
227. [美] 吴元黎：《台湾：走向工业化社会》，南京：江苏人民出版社 1989 年版。
228. [美] 莱宾斯坦：《经济落后与经济增长》，台北：台湾银行经济研究室，1970 年版。
229. [美] 罗斯托：《经济发展史观》，菲律宾马尼拉：今日世界出版社，1965 年版。
230. [美] 吉尔平：《全球政治经济学：解读国际经济秩序》，上海人民出版社版，2003 年版。
231. [美] 斯蒂格里茨，尤素福等：《东亚奇迹的反思》，北京：中国人民大学出版社，2003 年版。
232. [美] 布洛威：《经济人之死》，台北：商周文化事业公司，1993 年版。
233. [美] 郑竹园：《当代中西经济思潮论丛》，台北：幼狮文化事业公司，2004 年版。
234. [美] 桑德尔：《自由主义与正义的局限》，南京：译林出版社，2001 年版。
235. [美] 韦艾德等编：《台湾政治经济学诸论辨析》，台北：人间出版社，1997 年版。

236. [美] 何保山：《台湾的经济发展（1860—1970）》，上海译文出版社，1981 年版。
237. [美] 弗里德里克·C. 戴约等：《东亚模式的启示》，北京：中国广播电视出版社，1992 年版。
238. [美] 多玛：《经济成长论文集》，台北：台湾银行经济研究室，1968 年版。
239. [日] 刘进庆：《台湾战后经济分析》，台北：人间出版社，1995 年版。
240. [日] 青木昌彦等：《政府在东亚经济发展的作用—比较制度分析》，北京：中国经济出版社，1998 年版。
241. [日] 谷蒲孝雄：《台湾的工业化：国际加工基地的形成》，台北：人间出版社，1995 年版。
242. [日] 中村哲：《东亚近代史理论的再探讨》，北京：商务印书馆，2002 年版。
243. [日] 大野健一等：《东亚发展经济学》，北京：民族出版社，1999 年版。
244. [日] 刘进庆等：《台湾之经济——典型 NIES 之成就与问题》，台北：人间出版社，1995 版。
245. [日] 速水佑次郎：《发展经济学——从贫困到富裕》，北京：社会科学文献出版社，1998 年版。
246. [日] 田崎仁义：《中国古代经济思想及制度》，台北：台湾商务印书馆，1980 年版。
247. [美] 弗里德曼：《资本主义与自由》，北京：商务印书馆，2001 年版。
248. [意] 阿克塞拉：《经济政策原理：价值与技术》，北京：中国人民大学出版社，2001 年版。
249. [瑞士] 世界经济论坛主编：《世界经济论坛：2002—2003 年全球经济竞争力报告》，北京：机械工业出版社，2003 年版。
250. [法] 佩雷菲特：《论经济奇迹》，北京：中国发展出版社，2001 年版。
251. [智] 希尔贝尔托等：《发展中国家的自由化》，北京：经济科学社，2000 年版。

252. ［澳］阿恩特：《经济发展思想史》，北京：商务印书馆，1999年版。

253. ［美］库兹涅兹：《各国的经济增长》，北京：商务印书馆，1999年版。

254. ［美］韦德：《驾驭市场——经济理论和东亚工业化中政府的作用》，北京：企业管理出版社，1993年版。

255. ［英］米德：《国际收支》，北京：首都经济贸易大学出版社，2001年版。

256. ［英］约翰逊著，杨正润等译：《知识分子》，南京：江苏人民出版社，2003年版。

257. ［美］戈德史密斯：《金融结构与金融发展》，上海三联书店，1996年版。

258. ［美］格罗斯曼等：《全球经济中的创新与增长》，北京：中国人民大学出版社，2002年版。

259. ［美］罗斯托：《经济增长的阶段：非共产党宣言》，北京：中国社会科学出版社，2001年版。

260. ［美］邹志庄：《中国经济转型》，北京：中国人民大学出版社，2005年版。

261. 世界银行政策调研报告《东亚奇迹：经济增长与公共政策》，北京：中国财政经济出版社，1995年版。

262. ［美］麦金农：《经济发展中的货币与资本》，上海三联书店，1997年版。

263. ［美］巴罗：《经济增长的决定因素：跨国经验研究》，北京：中国人民大学出版社，2004年版。

264. ［美］路威：《文明与野蛮》，北京三联书店，1984年版。

265. ［英］斯密：《道德情操论》，北京：商务印书馆，1997年版。

266. ［英］布劳格：《经济学方法论》，北京大学出版社，1990年版。

267. ［德］米塞斯著，夏道平译：《经济学的最后基础》，台北：远流出版社，1989年版。

268. ［英］斯密：《国民财富的性质和原因的研究》上下两卷本，北京：商务印书馆，1988年版。

269. ［英］哈耶克：《科学的反革命：理性滥用之研究》，南京：译林出版社，2003 年版。

270. ［英］哈耶克：《自由秩序原理》，北京三联书店，1997 年版。
271. ［英］哈耶克：《价格与生产》，台北：台湾银行经济研究室，1966 年版。
272. ［美］联合国开发计划署：《2004 年人类发展报告——当今多样化世界中的文化自由》，北京：中国财政经济出版社，2004 年版。
273. ［美］马图等编：《人才流动与服务贸易自由化》，北京：中国财政经济出版社，2004 年版。
274. ［美］马图等编：《国内管制与服务贸易自由化》，北京：中国财政经济出版社，2004 年版。
275. ［美］温特斯等：《区域经济一体化与发展》，北京：中国财政经济出版社，2004 年版。
276. ［美］费格尔等：《穷人的知识：改善发展中国家的知识产权》，北京：中国财政经济出版社，2004 年版。
277. ［美］弗里德曼：《世界是平的》，台北：雅言文化出版公司，2005 年版。
278. 世界银行编：《东亚奇迹——世界银行政策调研报告》，北京：中国财政经济出版社，1995 年版。
279. 世界银行编：《东亚的复苏与超越》，北京：中国人民大学出版社，2001 年版。

英文部分：

1. Arrow, K. (1994), Methodological Individualism and Social Knowledge, *The American Economic Review*, proceedings, 84, 1—9.
2. Chen, Chau-Nan (1973), Diversified Currency Holdings and Flexible Exchange Rates, *Quarterly Journal of Economics*, Vol. 87, No. 1.
3. Chen, Chau-Nan (1974), Capital Mobility and the Stability of the Flexible Exchange Rate System, *Quarterly Journal of Economics*, Vol. 88, No. 3.
4. Chen, Chau-Nan (1976), Currency Denominations and the price Level, *Journal of Political Economy*, Vol. 84, No. 1.
5. Chau-Nan Chen (1980), The Distribution of Income by Factor Components, *Quarterly Journal of Economics*, Vol. 95, No. 3.

6. Chenery, H. B. (1988), *Structural Transformation: A Program of Research*, *The State of Development Economics: Progress and Perspectives*, Edited by Gustav Rains and T. Paul Schultz, Basil Blackwell.

7. Chenery, H. B. (1988), "Handbooks of Development Economics" in *Handbooks in Economics*, 9, North Holland.

8. Hirschman, A. O. (1958), *The Strategy of Economic Development.* New Haven, CT. Yale University Press. 1958.

9. Hirschman, A. O. "The Rise and Decline of Development Economics" in Essays in Trespassing: Economics to politicas and Beyond. Cambridge University Press. 1981.

10. Okun, Arthur (1975). *Equality & Efficiency: The Big Trade-off*, The Brookings Institution.

11. Lamb, G. (1981), Rapid Capitalist Development Models: A New Politics of Dependence in Seers, D. ed. *Dependency Theory: A Critical Assessment.* London: Frances Printer.

12. Lewis, W. A. (1957), *The Theory of Economic Growth*, George Allen and Unwin Ltd.

13. Lipset, Seymour Martin (1959), Some Social Requisites of Democracy: Economic Development and Political Legitimacy. *American Political Science Review* 53.

14. Mai, Chao-Cheng (1990), Effects of Spatial Price Discrimination on Output, Welfare and Location, *The American Economic Review*, Vol. 80, No. 3.

15. Mai, Chao-Cheng (1988), On the Equivalence of Tariffs and Quotas under Duopoly: A Con-jectural variation Approach, *Journal of International Economics*, Vol. 24, No. 3/4.

16. Hsing, Mo-Huan (1957), An Approach to A General Social Framework, *Review of Economics and Statistics*, Vol. 39, No. 1.

17 Hsing, Mo-Huan (1959), The Construction of Social Accounting Models, *Weltwirtschafiliches Arhiv.*

18. Kuznets, Paul W. (1988), An East Asian Model of Economic Development: Japan, Taiwan, and South Korea. *Economic Development and*

Cultural Change 36 (suppl.)

19. Rains, G. and Schultz, T. P. (1980, *The State of Development Economics: Progress and Perspectives*, Basil Blackwell.

20. Rosenstein-Rodan, P. (1961), Notes on the theory of the 'big push' in *Economic Development for Latin America* by H. S. Ellis and H. C. Wallich, Eds. St Martin's.

21. Rosenstein-Rodan, P. (1940, Problems of Industrialization of Eastern and Southeastern Europe, *Economic Journal*, Vol. 53, 202—211. 1943.

22. Rostow, Walt W. (1971), *The Stages of Economic Growth*, (2nd edition), Cambridge: Cambridge University Press. 1971.

23. Simon, Kuznets (1979), *Economic Growth and Structural Change in Taiwan* edited by Walter Galenson, Ithaca and London: Cornell University Press.

24. Syrquin, Moshe, and Chenery, Hollis. (1989), Three Decades of Industrialization. *World Bank Economic Review 3*.

后 记

本书是在我北京大学博士论文的基础上修改、扩充完成的。在大陆这六年学习与工作的生涯，既有欣喜的收获，也有痛苦的彷徨，但无论如何，这段时光都是我人生旅程中一段永远珍藏的记忆。离开北大之后，心中不禁涌起对几位师长的怀念和感激。难忘北京大学经济学院前院长石世奇老师对我的关心、帮助和指导。石世奇老师是我在北京大学所认识的第一位师长，进北大前就很希望能够受业于石老师的门下，但无奈的是我进北大的时候，石老师已退休。尽管如此，在北大求学时，石老师数年来仍是“视同己出”地在各方面给予我细致的关怀与指导。在我撰写博士学位论文时，他深刻周密的学术洞见和严谨的学术思想，促使我对论文应涉及的方面进行了更深入和全面的思考。并且在论文答辩后，他也是第一位建议我将论文出版成专著的师长。也难忘赵靖先生几年以来给予我的鼓励、关怀和指导，这让身居异乡的我倍感温暖。他开放的学术思想，以及对我的博士学位论文提纲挈领、画龙点睛的指正让我受益匪浅。前不久，赵先生已然离世，借着这本书的出版，我也想真切地表达对他永远的感激和怀念。

同时，也十分感谢南开大学经济学院的曹小衡教授，在我这两年的成长中，曹老师的博学、开明和求实给予了我诸多启发和指导，而本书能够早日出版，也是主要得力于曹老师的大力帮助和关心。我对曹老师的感佩之情不是寥寥数语所能表达的，唯愿在以后的工作中，能得到曹老师更多的帮助和关怀。另外，还要感谢南开大学经济学院前院长周立群教授，他对我的鼓励和关怀我铭记在心。天津市社会科学院的姚同发老师对本书的校订和修改付出了不少心血，而他对我的谆谆教诲，让我内心十分感动。

事实上，奥地利学派与新古典学派的经济思想是我在台湾接受本科教育的时候，就已经依稀地体会过。教导我本科宏观经济学的陈碧琇老师就是一位抱持着坚定自由经济思想的信徒。此外，在当时教导我哲学概论与美学的刘千美老师和教导我文学批评的沈谦老师之引导下，我也开始对欧洲的人文思潮感到兴趣，并认知到窗外有蓝天。然而，从我本科毕业到北大博士阶段的前半年时间里，我仍一直在凯恩斯主义与自由经济思想间摇摆！在与南京大学的杨正润老师认识后，经由他所提供的书目与指导，我慢慢开始了系统性地接触从希腊柏拉图到二十世纪后现代主义的欧洲主要文化与哲学思潮。如果不是这数年间断断续续地阅读这些属于全人类思想遗产的知识，我想我是无法真实地去理解欧洲经济自由观念的精髓的。此外，我也感谢杨老师对我的宽容与理解，在我人生知识理念的构建过程中，他也是一位令我发自内心尊重的老师。

我还要感谢我的妻子冯杨。由于过去某些历史上的原因，海峡两岸的许多文化、教育观念都有显著的不同。经过与她的长期交流和对话，不仅加深了我们之间的相互理解，并引发出一些对比分析海峡两岸间的许多经济现象的灵感。我想，在人生旅途上与她一起共同探讨和成长的岁月，是什么也无法替代的。也希望在我与她往后漫长的婚姻生活中，我们能够互相尊重、真诚地关心与敬爱，执子之手，白头偕老。

最后，衷心感谢南开大学经济学院提供经费赞助以及马君潞院长对本书出版的支持。而本书得以顺利付梓，也离不开九州出版社给予的热情帮助与支持，作为一名台湾籍的作者，我对他们十分感激。此外，本书的出版也得到了诸多朋友、同事的关心和帮助，在此谨以致谢！

周呈奇

2007 年 8 月 29 日于天津